# EL EVANGELIO SEGÚN MARX

UN MANUAL PARA **DESPOLITIZAR A JESÚS** EN UN MUNDO ACTIVISTA

## JOE OWEN

Vida

*La misión de Editorial Vida es ser la compañía líder en satisfacer las necesidades de las personas con recursos cuyo contenido glorifique al Señor Jesucristo y promueva principios bíblicos.*

**El evangelio según Marx**
Publicado por Editorial Vida – 2025
501 Nelson Place, Nashville, Tennessee, 37214, Estados Unidos de América.
Editorial Vida es un sello de HarperCollins Christian Publishing, Inc.

Este título también está disponible en formato electrónico y audio.

© 2025 Joseph Arthur Owen
Todos los derechos reservados.

Todos los derechos reservados. Ninguna porción de este libro podrá ser reproducida, almacenada en ningún sistema de recuperación, o transmitida en cualquier forma o por cualquier medio —mecánicos, fotocopias, grabación u otro—, excepto por citas breves en revistas impresas, sin la autorización previa por escrito de la editorial.

Cualquier enlace de la internet (sitios web, blog, etc.) números telefónicos, datos de compañías y productos mencionados en este libro se ofrecen solo como un recurso para el lector. De ninguna manera representan ni implican aprobación ni apoyo de parte de Editorial Vida, ni responde la editorial por la existencia, el contenido o los servicios de estos sitios, números, compañías o productos más allá de la vida de este libro.

Queda expresamente prohibido todo uso no autorizado de esta publicación para entrenar cualquier tecnología de inteligencia artificial (IA) generativa, sin limitación a los derechos exclusivos de cualquier autor, colaborador o editor de esta publicación. HarperCollins también ejerce sus derechos bajo el Artículo 4(3) de la Directiva 2019/790 del Mercado Único Digital y excluye esta publicación de la excepción de minería de textos y datos.

HarperCollins Publishers, Macken House, 39/40 Mayor Street Upper, Dublin 7, D01 C9W8, Ireland (https://www.harpercollins.com)

A menos que se indique lo contrario, todas citas bíblicas han sido tomadas de la Santa Biblia, Versión Reina-Valera 1960 © 1960 por Sociedades Bíblicas en América Latina, © renovada 1988 por Sociedades Bíblicas Unidas. Usada con permiso. Reina-Valera 1960® es una marca registrada de la American Bible Society y puede ser usada solamente bajo licencia.

Las citas bíblicas marcadas «NTV» han sido de la Santa Biblia, Nueva Traducción Viviente, © Tyndale House Foundation, 2010. Usada con permiso de Tyndale House Publishers, Inc., 351 Executive Dr., Carol Stream, IL 60188, Estados Unidos de América. Todos los derechos reservados.

Las citas bíblicas marcadas «NBLA» han sido tomadas de la Santa Biblia, Nueva Biblia de las Américas © 2005 por The Lockman Foundation. Usada con permiso, www.NuevaBiblia.com.

Las opiniones expresadas en esta obra corresponden al autor y no necesariamente representan el punto de vista de la editorial.

Las imágenes que no muestran un crédito específico son propiedad del autor y/o de Respuestas en Génesis. Usadas con permiso.

La información sobre la clasificación de la Biblioteca del Congreso está disponible previa solicitud.

Diseño interior: *Mauricio Diaz*

Tapa rústica: 978-0-82977-384-2
eBook: 978-0-82977-385-9
Audio: 978-0-82977-386-6

CATEGORÍA: Religión / Teología cristiana / Apologética

Impreso en Estados Unidos de América
25 26 27 28 29 LBC 5 4 3 2 1

# CONTENIDO

PRÓLOGO ................................................. 5
INTRODUCCIÓN ............................................ 9

## PRIMERA PARTE:
## DE ESENCIA A EXISTENCIA

**CAPÍTULO 1:** LAS CONFESIONES DE UN HOMBRE CRISTIANO, NO *WOKE*, BLANCO, HETERONORMATIVO Y CISGÉNERO ....... 19

**CAPÍTULO 2:** ¿QUIÉN SOY YO? RECUPERÁNDONOS DE NUESTRA AMNESIA COLECTIVA ................................. 31

**CAPÍTULO 3:** EL HOMBRE FILOSÓFICO .............................. 46

**CAPÍTULO 4:** ¿CÓMO DEBEMOS VIVIR? REDESCUBRIR DESDE EL PROPÓSITO ........................................ 52

**CAPÍTULO 5:** LA DEPRAVACIÓN DE LA HUMANIDAD .................. 63

## SEGUNDA PARTE:
## LA LUCHA POR REDEFINIRNOS

**CAPÍTULO 6:** LA LUCHA POR LA AUTONOMÍA ........................ 77

**CAPÍTULO 7:** LA LUCHA POR LA IDENTIDAD ........................ 88

**CAPÍTULO 8:** LA METANARRATIVA MARXISTA ....................... 102

**CAPÍTULO 9:** ENTRA EN EL POSMODERNISMO ....................... 122

**CAPÍTULO 10:** LOS HOMBRES-SIMIO CALVOS ....................... 138

# TERCERA PARTE:
# UNA SOCIEDAD AUTÓNOMA

**CAPÍTULO 11:** EUGENESIA PARA UNA MEJOR RAZA .................... 163

**CAPÍTULO 12:** FEMINISMO DE LA PRIMERA OLA ...................... 177

**CAPÍTULO 13:** TEJIDOS NO DESEADOS ............................. 199

**CAPÍTULO 14:** LA REVOLUCIÓN SEXUAL (1960 - PRESENTE) ............ 213

**CAPÍTULO 15:** EL FEMINISMO DE LA SEGUNDA OLA Y LA CAÍDA
DE LA UNIDAD FAMILIAR ........................... 234

**CAPÍTULO 16:** ¿QUÉ ES EL HOMBRE? DEL NATURALISMO AL
EXISTENCIALISMO ................................ 256

**CAPÍTULO 17:** LGBTQIA+ E IDEOLOGÍA DE GÉNERO ................... 280

**CAPÍTULO 18:** PAULO FREIRE Y LA CULTURA «WOKE» ................. 304

**CAPÍTULO 19:** «WOKE»: TEORÍA CRÍTICA DE LA RAZA,
INTERSECCIONALIDAD Y JUSTICIA SOCIAL ............. 326

**CAPÍTULO 20:** LA IGLESIA EN LA ENCRUCIJADA .................... 359

**CAPÍTULO 21:** EL EVANGELIO SEGÚN MARX ........................ 380

**CONCLUSIÓN** .................................................. 410

# PRÓLOGO

Las ideas han sido durante mucho tiempo la fuerza motriz de las civilizaciones, dándoles forma a las culturas y dirigiendo el curso de la historia. Sin embargo, pocas ideologías han sido tan polarizadoras o tan profundamente influyentes como el marxismo. Surgido a partir de los escritos de Karl Marx y Friedrich Engels, el marxismo presenta la historia como una lucha continua entre clases económicas, en la que las condiciones materiales y el determinismo económico dictan la evolución de la sociedad.

Estos conceptos no solo han desencadenado revoluciones políticas, sino que también han impregnado las instituciones intelectuales, académicas y culturales. Con el tiempo, el marxismo ha evolucionado más allá de su marco económico y político inicial, dejando su impronta en la filosofía, la sociología, el arte, la educación e incluso el pensamiento religioso.

En *El evangelio según Marx*, Joe Owen se embarca en una sugerente exploración de cómo la ideología marxista ha influido de forma sutil pero persistente en la sociedad contemporánea, incluida la teología cristiana. Este libro va más allá de la mera crítica del marxismo como teoría política o económica; examina cómo sus principios básicos han sido rebautizados con términos modernos como justicia social, teoría crítica, cultura de la cancelación e interseccionalidad, remodelando gradualmente la forma en que los cristianos perciben la fe, la moralidad y la sociedad.

Owen sostiene que, en su sincero deseo de abordar las injusticias sociales y económicas, muchos creyentes bienintencionados han abrazado, sin saberlo, ideas que son fundamentalmente contrarias al evangelio de Jesucristo. En su opinión, no se trata solo de un cambio político o intelectual, sino de una crisis teológica que le da prioridad a la dinámica del poder sobre la redención divina, distorsionando la verdad bíblica en favor de una ideología secular.

Lo que hace que este libro sea especialmente convincente es su enfoque equilibrado. Owen no descarta las preocupaciones legítimas que impulsan a los movimientos por la justicia y la igualdad. Reconoce la realidad de la opresión, el mandato cristiano de mostrar compasión y el llamado bíblico a amar y servir a los demás. No obstante, critica la cosmovisión subyacente a estos movimientos, demostrando cómo a menudo reemplazan la verdad bíblica absoluta por una moral fluida y basada en ideologías.

Su argumento no es que los cristianos deban ignorar la injusticia, sino que deben afrontarla a través de la autoridad de las Escrituras, en lugar de hacerlo mediante las ideologías cambiantes de la filosofía humana. Cada capítulo disecciona diferentes facetas de este conflicto ideológico, abordando el posmodernismo, las políticas de identidad y la metanarrativa marxista, al tiempo que traza sus raíces filosóficas e implicaciones teológicas.

En el centro de este cambio ideológico se encuentra una nueva forma de interpretar la historia. El marxismo clásico enmarcaba la historia como una lucha material entre clases económicas: opresores burgueses frente a oprimidos proletarios. Sin embargo, las adaptaciones modernas, especialmente a través de la influencia de Antonio Gramsci y la Escuela de Frankfurt, han ampliado esta lucha a los ámbitos culturales.

Este cambio, a menudo denominado *marxismo cultural*, postula que el poder no solo está arraigado en las estructuras económicas, sino también en el lenguaje, las tradiciones y las instituciones sociales. Desde esta perspectiva, los pilares tradicionales de la sociedad —incluidas la iglesia, la familia y los marcos morales— se consideran sistemas opresivos que deben desmantelarse y reconstruirse siguiendo líneas ideológicas progresistas.

Para el cristianismo, esta transformación tiene profundas consecuencias. Los movimientos contemporáneos de la justicia social adoptan cada vez más el mismo marco dialéctico de opresor contra oprimido, pero en lugar de a la clase económica, lo aplican a la raza, el género y la sexualidad. Como resultado, las enseñanzas cristianas fundamentales sobre el pecado, la redención y la gracia se reinterpretan con frecuencia a través de la lente de la opresión sistémica y las construcciones sociales.

Owen advierte que esta perspectiva corre el riesgo de sustituir el mensaje bíblico de salvación por un evangelio de activismo, uno en el que la liberación social eclipsa la transformación espiritual.

Una de las preocupaciones centrales de Owen es cómo este cambio ideológico ha llevado a una redefinición de las doctrinas cristianas fundamentales. El concepto bíblico de pecado —históricamente entendido como una condición del corazón humano que requiere la redención a través de Cristo— se formula cada vez más en términos sistémicos y sociales. En lugar de hacer hincapié en el arrepentimiento y la salvación personales, las iglesias influidas por la ideología de la justicia social suelen centrarse en la culpa colectiva, el pecado institucional y la transformación impulsada por el activismo.

Aunque es innegable que las Escrituras piden justicia, misericordia y compasión (Miqueas 6:8), Owen sostiene que la justicia bíblica es fundamentalmente diferente de la justicia ideológica promovida por el marxismo cultural. La justicia bíblica tiene sus raíces en la ley moral de Dios, que se aplica universalmente a todas las personas. Por el contrario, la justicia que promueve la teoría crítica es fluida y a menudo divisiva, clasificando a los individuos en grupos de identidad competidores en lugar de reconocer a todos como igualmente caídos y redimibles a través de Cristo.

Además, Owen critica la suposición marxista de que la naturaleza humana está determinada principalmente por factores externos: condiciones económicas, estructuras sociales y relatos culturales. Esta perspectiva, argumenta, contradice la enseñanza bíblica de que el problema central de la humanidad es el pecado (Romanos 3:23) y la verdadera transformación solo llega a través de Cristo. Una cosmovisión que prioriza el cambio estructural sobre la renovación espiritual socava en última instancia el poder transformador del evangelio.

Lo que hace que *El evangelio según Marx* sea especialmente valioso es su llamamiento a volver a los fundamentos bíblicos. Owen no se limita a diagnosticar el problema, sino que ofrece una solución: la reafirmación de la verdad inmutable del evangelio. Les recuerda a los lectores que el cristianismo no se define por tendencias políticas o culturales, sino por la eterna e inquebrantable Palabra de Dios.

En un momento en el que muchas iglesias sienten la presión de conformarse a las normas sociales, Owen hace un llamado a la renovación del discernimiento bíblico. Las palabras del apóstol Pablo en

Romanos 12:2 son particularmente relevantes: «No os conforméis a este siglo, sino transformaos por medio de la renovación de vuestro entendimiento». Owen argumenta que esta renovación no puede venir a través de infraestructuras ideológicas basadas en las luchas de poder, sino que debe surgir de la obra del Espíritu Santo y un compromiso firme con las Escrituras.

Para cualquiera que esté preocupado por la dirección de la iglesia y la cultura modernas, este libro constituye una lectura esencial. Ya se trate de un pastor, un estudiante de teología o simplemente un creyente que busca comprender el cambiante panorama ideológico, las ideas de Owen ofrecen una perspectiva bien documentada y reflexiva.

Él desafía a los lectores a pensar críticamente, discernir sabiamente y, sobre todo, permanecer anclados en la verdad bíblica.

A medida que el siglo XXI avanza, *El evangelio según Marx* sirve como un recordatorio oportuno de que, aunque las filosofías y las ideologías pueden experimentar un auge y un declive, el reino de Cristo perdura para siempre. Los cristianos no están llamados a aceptar pasivamente todos los movimientos culturales, sino a mantenerse firmes en la fe, cimentados en la sabiduría de las Escrituras.

Este libro es más que una crítica académica de la influencia marxista: es un llamado a la acción. Insta a los creyentes a comprometerse con el mundo, no a través de las lentes siempre cambiantes de la ideología cultural, sino a través del poder eterno del evangelio.

**Rev. Augustus Nicodemus Lopes, Ph. D.**
*Primera Iglesia Presbiteriana de Recife, Brasil*

# INTRODUCCIÓN

## ¿POR QUÉ *EL EVANGELIO SEGÚN MARX*?

Un título así puede provocar curiosidad o incluso aversión. Cualquiera de estas dos reacciones, o alguna otra, encaja bien en los parámetros previstos al elegir un título tan atrevido para este libro, pero la única reacción que espero evitar es la indiferencia. No obstante, podemos dejar esa posibilidad a quienes no hayan leído las primeras frases de la introducción. «Marx» y «marxista» se encuentran entre los numerosos términos que actualmente se utilizan con frecuencia (creo que correctamente, en principio, aunque a veces con bastante ligereza para acusaciones dentro del debate político), normalmente como categorías descriptivas en respuesta a teorías posmodernas como «teoría crítica», «teoría crítica de la raza», «cultura de la cancelación», «*woke*», «interseccionalidad», «teoría *queer*» (aunque incluida en su nomenclatura, no se debe confundir con LGBTQIA+), «heteronormatividad», «cisnormatividad», «fluidez de género», «microagresión», «teoría poscolonial», «justicia social» y muchas más de una lista que parece crecer año tras año.

Es posible que no todos manejemos estos términos en nuestras conversaciones cotidianas o nuestras interacciones en las redes sociales, o que ni siquiera entendamos lo que significan todos ellos, pero la mayoría del mundo occidental está sintiendo sus efectos en el mundo académico, los medios de comunicación, la opinión pública, la legislación, el lugar de trabajo y ahora incluso en el hogar y la iglesia. Pero ¿qué significan y qué tienen en común? Sospecho que muchos que están en el lado opuesto del debate con aquellos que hacen alarde de los mencionados términos de acusación social tal vez no entiendan a fondo lo que significa llamarlos «marxistas». Dicho esto, estos términos tan candentes proceden, de hecho, de una concepción marxista del mundo, que es un molde erróneo para interpretar nuestro mundo tanto a nivel macro como microeconómico.

En muchas universidades, escuelas e iglesias de Sudamérica donde doy conferencias, una respuesta común que recibo cada vez que menciono a Marx es el tenue coro de un suspiro molesto. Otro imperialista blanco (si lees desde algunos lugares como América Latina) o colonialista (si lees desde América o algunos países europeos) ha venido con el anticuado «susto rojo» a reprender al querido mártir literario que ha sufrido casi dos siglos de empalamiento por innumerables plumas capitalistas. También es posible que hayas suspirado o apretado los dientes al ver la portada. Si es así, comparto tu suspiro, ya que yo tampoco quiero resucitar el macartismo del siglo XX en una táctica de miedo con valor de choque para influir en el público o provocar reacciones irreflexivas.

Hace tres semanas terminé una gira de once días por Ecuador con Arturo Valdebenito, quien da conferencias conmigo por toda América Latina. Ofendimos (no intencionalmente) al menos a cuatro personas al utilizar el término «marxista» («la palabra con "m"») para describir una teología *relativamente* nueva, aunque *innegablemente* peligrosa, que se está introduciendo en la iglesia. Aunque nos consternaron las reacciones, no nos sorprendieron. Este término conlleva mucha carga, sobre todo debido a las muchas suposiciones que pueden entrar en juego cuando se utiliza «la palabra con "m"» prohibida, especialmente por parte de cristianos (siendo uno de ellos un americano rubio). Por lo tanto, y como es comprensible, espero que algunos lectores recelen del título, pero ruego que se me dé la oportunidad de probar o refutar las suposiciones que cualquier lector pueda tener, para bien o para mal. En otras palabras, no puedo obligar a nadie a estar de acuerdo conmigo, pero al menos si hay un desacuerdo, prefiero que sea al final de este libro y no que la persona esté predispuesta desde el principio ante lo que se va a desarrollar y argumentar.

Estoy convencido de que no tengo ninguna intención oculta, aun sin saberlo, de criticar a un teórico político muerto en el siglo XIX o de culparlo de nuestros males actuales. Para la consternación de algunos, incluso estoy de acuerdo con algunas de sus evaluaciones, aunque solo a nivel micro.[1] Sin embargo, mi intención no es convertir a Karl Marx (1818-1883) en la piñata favorita de los cristianos conservadores del siglo XXI. Mi principal preocupación es la que todos los cristianos deberían tener por la integridad del evangelio de Jesucristo en otra página de la historia de la iglesia, una en la que cosmovisiones y programas opuestos ajenos a la intención del Autor de las Escrituras se introducen sutilmente (y algunos de forma no tan sutil) en lo que se cree y se enseña en el cuerpo de Cristo. Como dice el refrán, «las ideas tienen consecuencias». No solo eso, sino que las consecuencias de las ideas de antaño se sienten hoy, al igual que las consecuencias de las ideas de hoy influirán también en las vidas de las generaciones siguientes. No podemos darnos el lujo de equivocarnos en esto por nuestros hijos, nietos y la iglesia que nos sucederá.

Además, no escribo buscando más votos conservadores para un partido político o candidato favorito. El marxismo, «comparado con el capitalismo», no es el motivo de este libro ni de ninguna de mis enseñanzas y conferencias. Dicho esto, muchos limitan erróneamente el término «marxista» a la teoría socioeconómica y política. Lamentablemente, una vez que se pone sobre la mesa cualquier debate real sobre los ideales marxistas, o incluso que se señalan desde adentro y entre las líneas de pensamiento que hay detrás de los movimientos, muchos vuelven a una teoría socioeconómica y reprenden al osado bocón por mencionar ese nombre. Si te encuentras en una situación similar, por favor, dale a este bocón la oportunidad de desafiarte y/o animarte amablemente.

El marxismo, en un nivel y categoría más amplios, tiene que ver con una metanarrativa mediante la cual se aprecia (o deprecia), se deconstruye y se reinterpreta la historia, así como también se ofrece una proyección para el futuro de nuestra sociedad. Aunque la cosmovisión de Marx, junto con su influencia actual en el pensamiento del siglo XXI, se tratará más detenidamente en este libro, por ahora espero satisfacer momentáneamente cualquier curiosidad (o recelo) real con el siguiente resumen. Marx interpretó toda la historia como una lucha política de clases por el poder económico y, a través de esa lente monolítica (que resultó ser un antifaz), él y sus herederos concluyeron que toda moralidad se reduce, en esencia, a la ética subjetiva de cualquier sistema

---

1. Aunque podamos estar en desacuerdo con la cosmovisión o la metanarrativa de alguien, no se deduce lógica ni bíblicamente que no tuviera observaciones verdaderas que ofrecer para evaluar el mundo actual.

de poder/autoridad.² En consecuencia, la moral se reinterpretó como construcciones éticas locales que solo son producto de la manipulación masiva de quienes están en el poder. Lo que la Biblia llamaría pecado contra Dios debe interpretarse entonces como la difusión autoritaria de los valores subjetivos de la élite económica para persuadir a las masas a la subyugación.

## LA RESURRECCIÓN DE UN NUEVO MARXISMO DE SUS PROPIOS ESCOMBROS DE LA PRIMERA GUERRA MUNDIAL

Las teorías marxistas actuales, como la «teoría crítica», van más allá de las ideas de Marx anteriores a la Primera Guerra Mundial limitadas al poder económico, abarcando la política y el poder más amplios del lenguaje, la sexualidad, la religión, la identidad y la vida misma. La narrativa marxista subyacente, en sintonía con la teoría freudiana, de todas las revoluciones sociales actuales defiende que todos los que son mayoría (en poder, no siempre en número) se han beneficiado de los valores (ética) subjetivos, tono de piel, religión, etc. compartidos con sus iguales. La teoría interpreta entonces que toda la subjetividad de la mayoría poderosa se protege cristalizándola en verdades objetivas que, por naturaleza, oprimen los valores subjetivos de las minorías.

## ¿POR QUÉ OTRO LIBRO SOBRE ESTE TEMA?

Agradezco sinceramente la cantidad de libros bien investigados y estaré siempre en deuda con sus respectivos autores por escribir sobre este tema. Dicho esto, la gran mayoría de ellos parecen centrarse en una rama de la justicia social y la teoría crítica, la de la teoría crítica de la raza (CRT, por sus siglas en inglés). Sin embargo, no tengo nada negativo que comentar sobre la especificidad. En Estados Unidos (principalmente), la CRT está en auge y causa estragos en la sociedad, las iglesias y los hogares. Empresas, asociaciones, denominaciones eclesiásticas, iglesias y hogares que antes estaban unidos, ahora han sufrido desunión e incluso división a causa de la CRT. Esta teoría se centra en un aspecto de la

---

2. La teoría freudiana proseguiría desarrollando esta idea de ética y autoridad.

población y ha parecido arraigarse más en Estados Unidos. Por otro lado, las ideologías de las que se nutre la CRT —la teoría crítica y la teología de la liberación— están provocando un desastre a nivel mundial. El daño resultante para miles de personas es obvio, pero en otros casos el daño solo puede discernirse cuidadosamente, ya que sus efectos se verán y sentirán en los próximos años. El aspecto «teológico» de la teoría crítica, ahora casada con la teología de la liberación, está eliminando sutilmente todo aspecto del evangelio en las mentes y corazones de la generación que será la que predique y enseñe dentro de diez a veinte años. Por lo tanto, para nuestros propósitos, aunque se discutirá algo sobre la CRT, profundizaremos más en el tema de la teoría crítica y la teología de la liberación con respecto a la situación de las minorías sociales en lugar de centrarnos solo en las minorías étnicas.

Las minorías sociales, como los ateos, los homosexuales, la comunidad transgénero, los promotores del aborto e incluso las personas con peculiaridades fenotípicas que no coinciden con la mayoría de los que están en el poder hoy en día (minorías étnicas) han sido todos taxonómicamente agrupados y catalogados, por defecto, por nuestros teóricos posacadémicos como los «oprimidos». Por lo tanto, según la lente exegética de la teoría crítica, y más recientemente, mezclada con la teología de la liberación latinoamericana (de las que se hablará largo y tendido a lo largo de este libro), cualquier valor subjetivo entre estos grupos minoritarios debe encontrar su camino en lo que es normativo entre el consenso si alguna vez se quiere alcanzar la igualdad (la mayoría de los ideólogos realmente quieren decir «equidad»).[3] Por lo tanto, lo que está en duda no es si todos los grupos minoritarios (minorías étnicas, homosexuales, ateos, etc.) deben estar libres de discriminación en lo que respecta al empleo o el acceso a la educación en la plaza pública, sino si todos los valores subjetivos de cada grupo son inherentes a sus situaciones esenciales y, por consiguiente, deben gozar del mismo alcance en nuestra conciencia, hogares, iglesias y sociedades.

Lamentablemente, lo que es más trágico es que estos ideales marxistas han gozado de un éxito considerable en los últimos tiempos a la hora de introducirse en los hogares y las iglesias cristianas. Durante el siglo XX se hizo popular un «evangelio social» entre algunos católicos

---

3. A excepción de la teoría *queer*, que pretende eliminar todas las categorías binarias en un esfuerzo por deshacer lo «normativo» por completo. De nuevo, este tema se tratará a lo largo del libro.

romanos por parte de grupos jesuitas, sobre todo en América Latina y algunas denominaciones protestantes liberales en Estados Unidos y Europa, pero hoy en día se ha extendido también dentro de la iglesia evangélica conservadora y confesional. Por lo tanto, el nuevo evangelio según Marx es uno en el que la misión de la iglesia en la tierra se ve como traer paz a la tierra, buena voluntad para con los hombres y mujeres pecadores, y enseña que esto se logra relegando las convicciones bíblicas a valores subjetivos y relativistas que deben compartir la misma legitimidad con los valores subjetivos y relativistas de todos, especialmente de las minorías sociales. Tal compromiso de la verdad con el mundo promueve las opiniones personales y los estilos de vida autónomos a la categoría de la canonicidad, al tiempo que anula al Dios-Hombre que murió en un madero por su «intolerante» llamado al arrepentimiento del pecado y a la nueva vida en Jesús como Salvador y en sujeción a Él como Rey y Señor. En consecuencia, aunque Cristo resucitó victorioso, el nuevo evangelio según Marx plantea que Su iglesia ahora solo puede seguir siendo relevante vistiendo a su Señor resucitado con una boina negra del guerrillero Che Guevara y cambiando su cruz por una estrella.

### ACEPTA EL RETO

Si eres un cristiano conservador que busca entender las complejidades de las ideologías posmodernas con el fin de detener su progreso en tu hogar y la iglesia, o si tienes sentimientos encontrados y pensamientos sobre la cantidad de estas ideologías y movimientos que deben ser abrazados por la iglesia, o incluso si estás convencido de que he sido adoctrinado más allá del pensamiento crítico por la retórica política de extrema derecha, este libro es para ti.

En las siguientes páginas se expondrán cuidadosamente los supuestos bíblicos en comparación con los supuestos posmodernos y seculares de hoy en día sobre temas relevantes como la antropología, la ética, el propósito/sentido, el mal y el sufrimiento y, por último, la esperanza. Es justificable suponer que, para la mitad del libro, un lector puede protestar creyendo que los argumentos expuestos hasta entonces no tienen nada que ver con el marxismo o las ideologías posmodernas, y mucho menos con un «evangelio según Marx». Aunque puedo empatizar con esos sentimientos y con muchos otros similares, esa es la razón por la que se escribió este libro. Con demasiada frecuencia se discuten cuestiones muy importantes a nivel político y de manera muy superficial. *El evangelio según Marx* es un esfuerzo por evaluar los supuestos fundamentales de la antropología y cómo se desarrollan no solo en teorías sobre la sociedad, sino también en la función del cristiano y la iglesia al evaluar su propio pensamiento y su postura ante un mundo herido. Y para llegar allí, primero tendremos que ser diligentes en la investigación. Animo al lector a que se mantenga firme e interactúe en su propio pensamiento con los siguientes argumentos, de esa manera, cualquier conclusión a la que se llegue puede basarse en la línea de argumentación que se incluye en el libro.

Por ende, examinaremos los supuestos fundamentales del materialismo naturalista, el positivismo lógico, el romanticismo, la teoría freudiana, el posmodernismo del siglo XX, la teoría crítica, el existencialismo materialista, el humanismo existencialista (el existencialismo ateísta de Jean-Paul Sartre a diferencia del existencialismo materialista de Albert Camus), la teología de la liberación y el posmodernismo aplicado del siglo XXI. Aunque solo una vida entera de investigación —y mucha más capacidad intelectual de la que dispongo— podría ofrecer algo siquiera cercano a un tratamiento exhaustivo de este asunto, ruego al Señor que utilice las siguientes páginas para aportar claridad a un tema que nos afecta a todos; un tema que, por desgracia, ha sido sistemáticamente oscurecido por las luchas políticas y el sentimentalismo infundado. Si alguno de estos términos es nuevo para ti, por favor, no te sientas desanimado, derrotado o incluso intimidado. Recorreremos juntos estos «ismos» con detenimiento, relacionándolos siempre con su influencia en el pensamiento posmoderno actual.

Si eres un seguidor de Cristo, oro para que seas un miembro activo y leal de la única manifestación visible de la iglesia universal, un cuerpo local de creyentes. La iglesia es el cuerpo de Cristo en la tierra, columna y baluarte de la verdad (1 Timoteo 3:15). Ella es la columna que se coloca debajo de las verdades reveladas en las Escrituras, apuntalándolas así por encima de sí misma, y el contrafuerte que blinda la verdad y la protege de sus enemigos. El mundo es un lugar oscuro y la luz del evangelio eclipsará los poderes de las tinieblas, pero recuerda que el evangelio es de Jesucristo y de nadie más.

Si no eres creyente, ojalá pudiera encontrar la forma de expresarte adecuadamente mi gratitud por haber llegado hasta aquí. Te animo a que aceptes el reto y leas este libro en su totalidad. Saldrás ganando. O bien encontrarás más suciedad en otro cristiano ignorante para utilizarla contra nosotros en tus conversaciones y redes sociales, o serás confrontado con la única verdad que da vida y salva del Dios que has rechazado hasta ahora. Sea cual sea el resultado, tienes algo que ganar con esto. Dicho todo lo anterior, veamos si hay algún mérito en plantear la existencia de un evangelio (falso) según Marx.

# PRIMERA PARTE:
# DE ESENCIA A EXISTENCIA

CAPÍTULO 1

# LAS CONFESIONES DE UN HOMBRE CRISTIANO, NO *WOKE*, BLANCO, HETERONORMATIVO Y CISGÉNERO

**INTRODUCCIÓN**

¿Cómo es posible que se le haya permitido publicar a otro opresor colonialista, un vestigio del código azul del patriarcado? Tienes la prueba delante de ti, ya sea en papel en tu mano o publicada digitalmente en algún dispositivo. ¿Acaso no hemos avanzado lo suficiente en el siglo XXI como para volver a ver el manifiesto desesperado de otro hombre enfadado por mantenerse en el poder? Querido lector, puedes o no pensar algo parecido, pero muchos lo harían ante la idea de un libro como este. Así que permíteme comenzar diciendo lo obvio: soy un opresor. He pasado los años de mi vida suprimiendo el conocimiento de Dios con mi pecado (Romanos 1:18). Incluso como creyente en Cristo, cada vez que peco, estoy suprimiendo la verdad de Dios y, debido a mi naturaleza pecaminosa innata, mi rebelión contra Dios se ha filtrado en la forma en que veo a mi prójimo. Confieso que no he amado a mi prójimo (incluyéndote a ti) como debería. Muchas veces he oprimido las necesidades y deseos de otros para alimentar mis ambiciones y deseos egoístas. Confieso que he sido un infractor constante de tal injusticia hacia mi esposa, mis hijos y mi prójimo. Pero no estoy solo en mi pecado. Tú, querido lector, también eres un supresor de las verdades divinas y, en consecuencia, un opresor de tu prójimo. Esto no quiere decir que nuestra culpa compartida como pecadores se anule mutuamente, dejándonos a ambos sin culpa. El pecado en común no se justifica en modo alguno, sino que solo se agrava para mayor destrucción. El punto, entonces, es que nuestro pecado es compartido y también lo es nuestra culpa. El único hombre justo que caminó sobre la tierra es Jesús. Los demás no tenemos defensa.

En el momento en que escribo este libro somos «compañeros de litera» terrestres que compartimos un mundo poblado por poco más de ocho mil millones de personas.[1] La opresión es una pandemia universal que infecta a toda la humanidad, aunque demográficamente distinta en aplicación y grado. Cuando un determinado mal es compartido por un número suficiente de personas, los teóricos de antaño lo calificaban como «sistémico», lo cual les dio a los ideólogos de hoy algo a lo que aferrarse para legitimar su existencia como autoproclamados altruistas sin apenas cuestionarse su propia contribución al problema.

## LA JUSTICIA SOCIAL ES BÍBLICA, ¿VERDAD?

Lo que de forma correcta podría llamarse «justicia social» se ve a lo largo de las leyes positivas reveladas divinamente, en lo que algunos llaman «las leyes civiles de la teocracia de Israel». Además, la enseñanza de Jesús en múltiples ocasiones señaló nuestra necesidad de mostrar amor y misericordia a través de la aplicación práctica a los más pequeños. ¿Qué puede haber de malo entonces en promover la «justicia social» en la iglesia?

Si bien el término «justicia social» describe un objetivo ideal para buscar justicia o equidad dentro de nuestra sociedad, el movimiento ideológico «Justicia Social» de los siglos XX y XXI es diametralmente opuesto a cualquier cosa que las Escrituras enseñen sobre el tema. Y aunque dedicaremos un argumento más riguroso para distinguir la justicia social de la «Justicia Social» en capítulos posteriores, haríamos bien en considerar inmediatamente una falacia común atribuida a esta discusión dentro de la iglesia. Jeffrey D. Johnson advierte

---

1. 8.005.176.000 según «World Population Review», https://worldpopulationreview.com, consultado el 24 de septiembre de 2024.

sobre la falacia etimológica de evaluar un movimiento basándose en la definición de su título en lugar de en sus supuestos y objetivos fundamentales.

> El cristianismo y la justicia social tienen puntos de partida antitéticos. El cristianismo se basa en los presupuestos fundamentales de que existe un Dios que nos ha comunicado lo que está bien y lo que está mal. La justicia social, por otra parte, se basa en cosmovisiones —marxismo y teoría crítica— que rechazan de plano esa verdad básica.[2]

Aunque muchos en el campo de la Justicia Social de hoy en día creen que han hecho conciencia —los llamados «*woke*»— al confesar sus propios beneficios por privilegio, se ha demostrado repetidamente que tal nobleza retratada no es más que un recurso retórico con el fin de ganar una plataforma para promover una agenda deconstruccionista. Por lo tanto, la acusación filosófica, aunque tópica, de la infancia no se sostiene aquí: «Quien la huele, la reparte». Hoy, el nuevo timbre del patio de recreo suena más a «quien lo olió es considerado un héroe y, por defecto, debe ser inocente de su contribución implícita». Hoy en día, una vez desarmados los argumentos racionales, lógicos o incluso bíblicos contra muchas de las agendas posmodernas actuales mediante el descrédito de quienes las utilizan, todos los absolutos son rechazados como culpables por asociación. ¿Cómo es eso? Por favor, perdonen esta simple e incluso tonta ilustración.

## JOHN DOE, EL MALVADO TRAFICANTE DE AGUA

A pesar de que John Doe, como académico en la India, enseñó correctamente durante años que la molécula de agua es $H_2O$, un deconstruccionista posmoderno podría rebatirlo acusándolo de ser un miembro beneficiado del sistema de castas de la India. Por lo tanto, todos los descubrimientos de John, incluidos los relativos al agua, quedan relegados a ser descubrimientos sesgados desde su perspectiva personal, todos ellos hechos a la medida para preservar su estatus social y mantener

---

2. Jeffrey D. Johnson, *What Every Christian Needs to Know about Social Justice* (Conway, AR: Free Grace Press, 2021), p. 14. Existe una edición en español con el título *Lo que todo cristiano debe saber sobre la justicia social* (Legado Bautista Confesional, 2005).

a los demás por debajo. Nuestro amigo John debe ser cancelado de la conversación, junto con cualquier certeza sobre la molécula de agua. Su enseñanza no puede ser defendida ni debe ser criticada solo por sus méritos empíricos, o la falta de ellos. John es ahora demasiado sospechoso para ser considerado, ya que nunca podría haber mirado la molécula de agua objetivamente, pues estaba esclavizado a su agenda subyacente, fuera consciente (o *woke*) de ello o no. El Sr. Doe tenía que estar empeñado en su autoconservación, no en la composición molecular del agua. Por lo tanto, la molécula de agua no es $H_2O$ y cualquiera que no esté de acuerdo no debe ser consciente de su propia inclinación a ser un opresor, al igual que John Doe.

Sin embargo, ten cuidado de no concluir que mi simple, aunque tonta, ilustración debe ser una falacia del hombre de paja.[3] Algunos de los principales posmodernistas niegan abiertamente muchos hallazgos del método científico y de las propias ciencias empíricas. Espero que estemos de acuerdo en que los hallazgos científicos empíricos no son infalibles, ya que no siempre se cumple el número de indicadores incluidos en la experimentación, pero los relativistas posmodernos consideran que la ciencia empírica, en esencia, se reduce a construcciones de opresores del pasado. Aunque existe una vertiente teórica de las ciencias que a menudo se trata más bien de opiniones sobre los orígenes a partir de filosofías naturalistas aplicadas a la interpretación de los fenómenos, no debería decirse lo mismo de las ciencias observacionales y experimentales. Dicho esto, Saul Alinsky (1909-1972), activista y teórico político, resumió sus opiniones relativistas sobre los absolutos en su célebre obra *Rules for Radicals: A Practical Primer for Realistic Radicals* (publicada por primera vez en 1971):

> Los hombres siempre han anhelado y buscado una dirección estableciendo religiones, inventando filosofías políticas, creando sistemas científicos como el de Newton o formulando ideologías de diversa

---

3. «Esta falacia se produce cuando, al intentar refutar el argumento de otra persona, solo se aborda una versión débil o distorsionada del mismo. El argumento de paja es la tergiversación de la posición de un oponente o del producto de un competidor para promocionar el propio argumento o producto como superior. Esta falacia se produce cuando se ataca la versión más débil de un argumento mientras se ignoran las demás fuertes». Universidad Estatal de Texas, Departamento de Filosofía, https://www.txst.edu/philosophy/resources/fallacy-definitions/straw-person.html, consultado el 24 de septiembre de 2024.

índole [...] a pesar de ser conscientes de que todos los valores y factores son relativos, fluidos y cambiantes.[4]

Y tal es la absurda pero creciente evasión que hoy se utiliza para desacreditar todos los absolutos. No se le concede ningún mérito a ninguna explicación racional, lógica o incluso bíblica en el debate público, porque el que defiende una postura debe estar beneficiándose de alguna manera por su perspectiva o interpretación de esta.

Sin embargo, los que argumentan que nuestros prejuicios subjetivos no pueden permitirnos acceder a la verdad objetiva deben haber encontrado una forma de descubrirla objetivamente. ¿Cómo podemos saber que las ideas de los posmodernos sobre la verdad no corren la misma suerte que sus propios prejuicios? Esa relatividad se ha aplicado a la moral universal, como la revelada en las Escrituras. Lo que la Biblia ofrece como verdad para toda la humanidad, especialmente sobre cómo debemos vivir, casarnos, etc., es desacreditado por los medios de comunicación y el mundo académico como meros valores subjetivos, especialmente de la élite opresora. Dicho esto, no se ha dado ningún argumento objetivo —o no se puede dar en un mundo que rechaza la verdad objetiva y absoluta— que pueda siquiera empezar a justificar la difuminación de las líneas que separan categóricamente la relación contingente entre los valores subjetivos y las convicciones objetivas prescritas por Dios. Permíteme explicarme. Aunque soy pecador, eso no relega mis «valores» a nociones relativistas de preferencia por aferrarme al poder y al privilegio. Aunque los valores (que sería mejor describir como convicciones) se abrazan subjetivamente, pueden y deben tener un fundamento objetivo y universal en la Palabra de Dios si no queremos ser engañados por nuestros corazones malvados (Jeremías 17:9).

Por la gracia de Dios en Cristo, soy cristiano. He cambiado mi lealtad a mi carne y al príncipe/gobernante de este mundo y «dios» de este siglo[5] y he sido transferido o trasladado al reino de Jesús (Colosenses 1:13), que no solo es el Autor del universo, sino también el Mediador del pacto de gracia por el que fui rescatado. Él me creó como portador de su imagen y me diseñó como hombre. Me ha revelado no

---

4. Saul D. Alinsky, *Rules for Radicals: A Practical Primer for Realistic Radicals* (Nueva York: Random House, 1972), pp. xv, 10, 11. Existe una edición en español con el título *Tratado para radicales: manual para revolucionarios pragmáticos* (Traficante de sueños, 2012).
5. Juan 12:31-33; 14:30; 16:11; 2 Corintios 4:4.

solo mi identidad como hombre, sino también cómo vivirla para su gloria. Esta verdad objetiva y universal no es producto de ninguna declaración de valores subjetiva, aunque deba ser respetada y obedecida subjetivamente no solo por mí, sino por toda la humanidad. Los ideólogos de hoy son meros humanistas que se ofenden ante la prerrogativa de Dios de ser glorificado a través de sus vidas como nuestro Creador, Señor, Rey y Sustentador. Se ofenden mucho con las verdades objetivas y divinas reveladas por Dios, y se han dictado a sí mismos y al mundo *a priori* que todos los valores son subjetivos en su naturaleza y su fuente. Lamentablemente, pocos parecen darse cuenta de la unilateralidad de tales acusaciones.

Si todos somos prisioneros de nuestros «valores» inherentes y subjetivos, y hemos evolucionado psicológicamente para proteger los nuestros a costa de los demás, ¿cómo podemos confiar en que los «valores» subjetivos de los ideólogos de la Justicia Social y los *woke* no sean cortinas de humo para hacer lo mismo? La conclusión lógica tendría que ser que deberíamos desconfiar de todo el mundo, incluso de los promotores de estas ideologías. Y en parte, estoy de acuerdo. Deberíamos desconfiar no solo de nuestros valores, en correspondencia con el hecho de que en el fondo entran en juego nuestros propios prejuicios, sino también de los de todos los demás. Por eso necesitamos una verdad objetiva que supere los valores y las opiniones subjetivas. Nancy Pearcey lo resume en su clarificador trabajo *Saving Leonardo* (2010) [*Salvemos a Leonardo*]:

> Los cristianos pretenden comunicar verdades vitales y objetivas sobre el mundo real. Pero sus declaraciones se interpretan como intentos de imponer preferencias personales. Para el laicista, los cristianos no solo están equivocados. Están violando las reglas del juego en una sociedad democrática.[6]

Y el que le paga al gaitero elige la melodía. Muchos de los que hoy se autoproclaman héroes ideológicos de los oprimidos no muestran una preocupación sincera por todos los problemas a los que nos

---

6. Nancy Pearcey, *Saving Leonardo: A Call to Resist the Secular Assault on Mind, Morals, & Meaning* (Nashville, TN: B&H Publishing Group, 2010), p. 32. Existe una edición en español con el título *Salvemos a Leonardo: Un llamado a resistir el asalto secular de la mente, la moral y el significado* (Editorial Jucum, 2024).

enfrentamos en este mundo caído, sino solo por aquellos que se alinean con ciertos temas de conversación y agendas políticas. Muchos de los portavoces de las hormonas y cirugías de conversión sexual infantil también se oponen abiertamente a que los niños se conviertan a Cristo.

Al fin y al cabo, los laicos están igual de dispuestos a promover las causas morales que más les preocupan: los derechos de la mujer, el medio ambiente, el derecho al aborto, los derechos de los homosexuales, lo que sea. El problema es que, según su propia definición de valores, sus opiniones morales carecen de valor cognitivo. Esto explica por qué hay tanta presión a favor de la corrección política, porque no hay otra forma de corrección. Si el conocimiento moral es imposible, entonces solo nos quedan las medidas políticas y legales para obligar a la gente a que cumpla.[7]

## ¿QUÉ RAYOS...?

Es probable que el aspecto más difícil de debatir públicamente lo que está ocurriendo en el mundo actual sea precisamente eso: debatirlo. La importancia de los temas de la identidad, la justicia, el significado y la moralidad es demasiado pertinente para nuestras vidas, familias e iglesias como para simplemente deludir una versión relegada de ellos a puntos icónicos de verborrea de cualquier agenda que sea popular ahora. Cualquier debate real se enfrenta hoy con demasiada frecuencia al insulto, la acusación y cualquier hombre de paja que se encuentre en el repertorio de las líneas de interseccionalidad de la teoría crítica. Por ejemplo, si me pongo de pie y pregunto «¿por qué?», en muchos escenarios me gritarán que soy el promotor de un patriarcado cristiano no *woke*, blanco, heteronormativo y cisgénero. Debe haber algún tipo de privilegio de poder que estoy protegiendo, por lo tanto, cualquier discusión racional se cancela en nombre de quien está hablando, antes de evaluar lo que se está diciendo o preguntando. Por lo tanto, se me elimina de la lista de interrogadores aprobados antes incluso de que pueda empezar. ¡Por favor, digan que estoy exagerando!

---

7. *Ibidem*, p. 40.

En 2019, participé en un debate formal en la Universidad Nacional de Colombia junto a Nathaniel Jeanson (doctor en biología celular y del desarrollo, Harvard). Nuestros contrincantes en el debate eran dos profesores de la universidad y el tema a discutir era el origen de las especies. Nunca olvidaré que una de las réplicas de uno de los profesores iba dirigida a nosotros personalmente y no tenía nada que ver con el tema del debate. Su respuesta fue acusarnos al doctor Jeanson y a mí de ser imperialistas que veníamos a Colombia a matar a la población indígena. Estuve tentado a responder que me casé con una mexicana y tengo seis hijos, que he contribuido a aumentar la población, pero no me pareció prudente emplear mi limitado tiempo en defenderme y salirme así del tema. Sin embargo, este es solo uno de los muchos incidentes a lo largo de los años en los que mi herencia nacional y mis compromisos cristianos fueron utilizados para atacarme subjetivamente (a mi persona) cuando se discutía un tema objetivo. Y esto es más común de lo que muchos se dan cuenta. Cuando se trata de las doctrinas fundamentales de la fe cristiana, hoy serán puestas en duda atacándote a ti en lugar de evaluarlas solo por sus méritos.

## ¡NO PIERDAS LA CABEZA!

Este acoso posicional ha provocado que muchos en la iglesia renuncien a influir no solo en el mercado de las ideas de nuestro mundo globalizado, sino también en el liderazgo de nuestras iglesias y hogares. De este modo, nos posicionamos pasivamente en la castración espiritual para dejar de ser la luz de Cristo en el mundo, los hogares y las iglesias, a menos que el tema en cuestión ya esté en la agenda política y nos pongamos del lado de los ideólogos. Tenemos miedo de aplicar un razonamiento crítico basado en principios bíblicos porque les tememos a los hombres en lugar de a Dios. Demasiados han sido lentamente adoctrinados y avergonzados hasta el silencio, y el pensamiento bíblico crítico ha sido embotado hasta convertirse en una versión zombi del juego «Simón dice». Carl Trueman, el historiador formado en Cambridge del Seminario de Westminster, en *Fools Rush in Where Monkeys Fear to Tread*, resumió los peligros del actual efecto de balanceo y atontamiento que la conformidad a las demandas populares tiene en la iglesia:

El peligro en la iglesia, por tanto, no es que personas perfectamente normales y decentes construyan cámaras de gas y lleven a sus vecinos a ellas; más bien, es la entrega de los intelectos que Dios les ha dado a quienes utilizan los clichés, los modismos y las palabras de moda de la cultura en general para conducirlos por el camino que elige el líder. El miedo al líder, el miedo a la manada, el miedo a no pertenecer, pueden hacer que la gente haga cosas extrañas.[8]

No importa qué presión se le aplique a la iglesia, no podemos retroceder. La iglesia de nuestro Señor y Salvador Jesucristo tiene un Comandante y su nombre no es Rousseau, Marx, Freud, Horkheimer, Beauvoir, Freire o cualquier otro teórico mortal y moral de «por favor, hazme relevante». El único Comandante y Rey verdadero es Jesucristo, y ya no vivimos para nosotros mismos, sino para Él y su gloria por siempre. Debemos amar a nuestro Dios y Señor con todo nuestro corazón, alma... y mente.

## TODA VERDAD ES EXCLUSIVA POR DEFINICIÓN Y, POR LO TANTO, INTOLERANTE A TODA PROPOSICIÓN CONTRARIA

*Jesús le dijo: Yo soy el camino, y la verdad, y la vida; nadie viene al Padre, sino por mí.*

—JUAN 14:6

Por definición, la verdad de que Jesús es el camino, la verdad y la vida es exclusiva y, por tanto, intolerante con las opiniones subjetivas o declaraciones de valor de cualquiera que crea lo contrario. Las leyes de la gravedad son intolerantes hacia las opiniones objetoras de cualquiera que salte de un edificio pensando que no se aplican a su situación. Hay un momento y una forma bíblica de interceder en favor de la injusticia, y la iglesia debería estar siempre dispuesta a hacerlo. La iglesia también debe mostrar la misericordia de Dios sirviendo a nuestro prójimo en sus necesidades. Y esto no es una advertencia, sino que debería ser considerado más de lo que ha sido por muchos en el lado conservador del debate sobre la justicia social. Examinaremos los

---

8. Carl R. Trueman, *Fools Rush in Where Monkeys Fear to Tread* (Phillipsburg, NJ: P&R Publishing Company, 2011), p. 11.

imperativos y principios bíblicos sobre cómo la iglesia debe servir a nuestras comunidades en un capítulo posterior. ¡Pero cuidado con las diferentes ideas de lo que es «justicia» por parte de un mundo perdido! Los movimientos posmodernos de hoy tienen su propia definición de justicia e injusticia, y distan mucho de ser bíblicas. La sexualidad bíblica es solo para un hombre y una mujer en el pacto del matrimonio. Por lo tanto, cualquier otro uso de las relaciones sexuales no debe ser tolerado como verdadero o correcto, no importa lo que alguien sienta y especialmente no importa lo que la sociedad actual defina como «amor». Tal exclusividad para el sexo, el matrimonio, e incluso la identidad como hombre o mujer, tal como fue diseñada por Dios, es sopesada y considerada opresiva por la escala de la Justicia Social. Y ahí radica el problema fundamental de mezclar la «justicia social» marxista con el llamado divino de la iglesia a la acción.

Rechazar los principios del movimiento *woke* de la Justicia Social no significa que nosotros, como cristianos, debamos ser indiferentes ante la verdadera y real opresión e injusticia en nuestra sociedad. El cuerpo de Cristo debe tener una voz profética en oposición a todos los que hablan y actúan en contra de la voluntad de nuestro Dios y Salvador. No amar al prójimo es contrario a la voluntad de Dios. Sin embargo, lo que se cuestiona de la justicia social es quién define la «justicia» y quién define el «amor»: ¿el hombre pecador o nuestro Dios santo? Además, al enfrentarnos a la injusticia *bíblica*, deberíamos empezar siempre por nuestro propio corazón, no señalando con el dedo a los sistemas e incluso tachando de anticuada la intolerancia bíblica hacia el pecado. Las buenas nuevas de Jesucristo es que ya no necesitamos coexistir y «tolerar» nuestro pecado, sino que Dios puede clavarlo —junto con nuestro viejo yo— con Jesús en un Árbol de dos mil años y resucitarnos a una nueva vida en Él. Y por eso no podemos ceder. No hay esperanza para la humanidad fuera de la vida, muerte y resurrección de Jesucristo. Tampoco podemos servir a las necesidades temporales y físicas de nuestras comunidades como un sustituto del evangelio, ni siquiera junto al evangelio, sino como una *expresión* justa del evangelio y cómo nos ha transformado, nos sigue transformando y puede transformar nuestras comunidades, pero en los términos de Dios, no en los de los hombres y mujeres pecadores. El evangelio según Jesús nos transforma a la imagen perfecta de Cristo (Romanos 8:29), no a la imagen manchada de Baal.

## «ESTOS DEBATES PARECEN DEMASIADO COMPLEJOS COMO PARA QUE EL CRISTIANO PROMEDIO LOS ENTIENDA»

¿Qué se entiende por «justicia social»? ¿No parece que la Biblia habla mucho de ella de forma positiva? ¿Qué quieres decir con declaraciones como «*woke*», «valores subjetivos» y «exclusividad y tolerancia»? Por eso he escrito este libro. A partir de ahora no despotricaré más (bueno, intentaré no hacerlo mucho). Mi objetivo es analizar y considerar de forma sistemática y didáctica los principales supuestos de los movimientos posmodernos actuales y compararlos con las Escrituras exegéticas (en lugar de escogidas al azar). Solo entonces podremos discernir la naturaleza impía y destructiva de las ideologías posmodernas y proteger así nuestros corazones, familias, sociedades e iglesias de sus peligros inherentes. Todas las ideologías humanas evaluadas contra el peso de la gloria se desvanecerán, pero debemos hacer nuestra parte como cuerpo de Cristo en la tierra para sostenerlas a la luz del conocimiento de la gloria de Dios en el rostro de Cristo, para que pierdan la fortaleza que han estado ganando recientemente entre nosotros y que seamos iluminados con la maravillosa verdad que evade la búsqueda humanista del mundo.

## CONCLUSIÓN

La verdadera esencia de los movimientos sociales y las revoluciones de hoy está metida y bien escondida detrás de muchos términos que, por mera definición, suenan buenos y misericordiosos. Por eso debemos entenderlos a partir de los presupuestos que sostienen sobre lo que significa ser humano, así como el origen del mal y el sufrimiento al que nos enfrentamos. Supongo que todos estaremos de acuerdo en que el mundo es un desastre. Si tienes edad suficiente para leer hasta aquí, es seguro que has sufrido en esta vida, y no solo por tu propio pecado, sino también por el de los demás. Este punto no es discutible. Sin embargo, debemos volver al principio y ver lo que significa ser humano, hecho a imagen de Dios como ser ético, relacional, racional y espiritual. Debemos ver qué pretendía Dios con la autoridad que le otorgó a la humanidad y los mandatos que nos dio como reyes, profetas y sacerdotes entre Él y su creación. Debemos considerar la raíz de nuestros problemas, injusticias y de todo sufrimiento humano: el pecado.

Nuestra rebelión pecaminosa contra Dios ha producido efectos judiciales, relacionales, éticos/morales, racionales, doxológicos (adoración) y deconstruccionistas en toda la humanidad. Debemos entonces considerar más profundamente lo que se ofrece en la redención en Cristo, lo cual no puede entenderse verdaderamente sin considerar lo que Dios revela sobre su reino y nuestro lugar en él. Solo una vez que adquirimos una cosmovisión bíblica podemos evaluar lo que es verdad y distinguirlo de la falsedad. Entonces, y solo entonces, estaremos en una posición bíblica para considerar la justicia; principalmente y en primer lugar la justificación mediante la fe basados en el evangelio según Jesús, no Marx. Desde nuestra posición de filiación en el reino de Dios seremos capaces de compartir audazmente el evangelio del reino con los demás y, en el camino, expresarlo a través de la misericordia y la justicia. Con ese objetivo en mente, los siguientes capítulos son solo un humilde intento de abrir un debate honesto y sincero dentro de la iglesia para cumplir la voluntad de Dios en la tierra como en el cielo.

CAPÍTULO 2

# ¿QUIÉN SOY YO? RECUPERÁNDONOS DE NUESTRA AMNESIA COLECTIVA

**INTRODUCCIÓN**

Me encantan las películas de submarinos. Aunque algunas son fantásticamente inexactas y rozan lo cursi, hay unas cuantas que podría ver varias veces sin aburrirme (créanme, lo he intentado). Mi fascinación se debe probablemente a dos factores: en primer lugar, en mi juventud tuve como base el USS Newport News, SSN (Buque Sumergible Nuclear, por sus siglas en inglés) 750 de Norfolk, Virginia. Se trata de un submarino de ataque rápido de clase Los Ángeles. Los submarinos son asombrosas proezas de la ingeniería y cuanto más se sabe de ellos, de cómo funcionan y de lo que pueden hacer (sin entrar en detalles clasificados, por supuesto), más dignos son de inspirar asombro. La segunda razón por la que creo que las películas de submarinos son las mejores es que, durante mi estancia, el nuestro estuvo en dique seco para modernizarlo durante un largo periodo de tiempo, así que no pude ver mucha acción. Además, era tan inmaduro e indisciplinado que me alegré de obtener la baja médica antes de que terminaran los seis años de compromiso. En consecuencia, desde entonces he lidiado con los tortuosos pensamientos de «si tan solo» por no haber aprovechado al máximo esa oportunidad mientras la tuve. Mirando atrás, creo ahora que venero tanto las películas de submarinos como una forma de fantasear con las experiencias que podría haber disfrutado si no hubiera sido un desastre durante esos años de mi vida. Así que, por estas razones, me encanta una buena historia de la Marina y espero que a ti también.

Es posible que esta anécdota te resulte familiar, pero no estará de más que la repita, ya que es muy ilustrativa. La historia cuenta, o al menos cierta versión de ella, que dos marineros australianos de la Marina Real Australiana disfrutaban de su tiempo libre en el puerto de Londres, Inglaterra. Tenían que regresar a su barco (el término coloquial que los marineros utilizan para referirse a los submarinos) a las siete de la mañana del día siguiente, pero al salir a trompicones del bar a las seis y media, se encontraron horrorizados con la icónica niebla londinense. La visibilidad de un metro de distancia, acompañada de la niebla mental de la embriaguez, los dejó vagando sin esperanza, sin recordar en qué dirección habían llegado la noche anterior. Tras unos minutos tanteando el terreno en la dirección que mejor les parecía, uno de los marineros se percató de la silueta de una figura que se acercaba caminando hacia ellos e inmediatamente gritó desesperado: «¡Oye, amigo! ¿Sabes dónde estamos?». El hombre al que se dirigía se enfureció ante el tono tan familiar del marinero. ¡Cómo no podía ser de otra manera tratándose del capitán de su barco! El oficial le respondió con severidad al marinero irrespetuoso: «¿Tienes idea de quién soy?». El marinero interrogador se volvió hacia su compañero con incredulidad y gritó: «¡Ahora sí estamos en un lío! ¡No sabemos dónde estamos, y este sujeto ni siquiera sabe quién es!».

### ESTAMOS PERDIDOS

Tal es nuestra actual condición posmoderna y posverdad en occidente. Hemos deconstruido la historia; por lo tanto, no sabemos de dónde venimos. Hemos relegado la identidad a sentimientos y experiencias subjetivas; por lo tanto, ya no sabemos quiénes somos. Y hemos vendido nuestras almas a emperadores pseudomesiánicos, delirantemente nudistas (no llevan ropa, por cierto), que nos convencen de que todos somos víctimas, merecedores de redistribución, sin importar el costo para el mundo de nuestros hijos y los hijos de nuestros hijos. No tenemos ni idea de adónde nos dirigimos, ya que nuestras proyecciones no van mucho más allá de lo que consideramos merecer en el momento. Nos hemos creído el sueño utópico del castillo en el aire con tinta que desaparece en el mapa para llegar hasta allí. Pero este es el mundo en el que vivimos, en el que viven nuestros hijos, en el que funciona la iglesia de nuestro Señor Jesucristo, y con el que debemos interactuar mientras compartimos de Cristo y nos esforzamos por ser una voz profética.

Actualmente disfruto del maravilloso, aunque agotador, privilegio de enseñar en una media de dos a tres países al mes durante todo el año desde hace más de una década. Uno de los mayores retos de la apologética, o la defensa de la fe, es ayudar a la gente a comprender los compromisos fundamentales de su entendimiento que obstaculizan o apoyan su pensamiento y desvían sus acciones. Lamentablemente, gran parte de lo que he leído sobre cómo abordar las ideologías posmodernas actuales no profundiza lo suficiente, en mi humilde opinión, en los puntos de partida y los supuestos a nivel fundamental. Por lo tanto, la interacción que podría tener lugar con los supuestos de partida incorporados a las revoluciones posmodernas no se produce tan a menudo como puede y debe. Sin embargo, el problema al que estoy aludiendo es aún mucho peor. En mi opinión, muchos asumen que los cristianos comparten un conjunto unificado de supuestos y compromisos de partida, como si una cosmovisión bíblica se atribuyera por imputación en el momento de la conversión a Cristo.

Me temo que solo un pequeño porcentaje de los cristianos de hoy puede tener una cosmovisión bíblica desde la cual sea capaz de entender quién es Dios, quiénes son ellos y el *telos* o designio final hacia el que apuntan y se mueven la creación y la redención.[1] Al adentrarnos en el pensamiento occidental, las revoluciones sociales, las ideologías posmodernas y su influencia actual en el hogar y la iglesia, no queremos perder de vista una respuesta clara y práctica llena de esperanza que vaya más allá de cualquier insinuación y agenda política. Tal tarea puede contener notas de ilusiones, pero creo que podemos ser realísticamente optimistas para alcanzar perspicacia mental en estos temas.

No obstante, cuidado: si nos metemos de lleno en el actual vaivén del dualismo kantiano, tambaleándonos entre el determinismo fatalista de los realistas positivistas lógicos y la supuesta subjetividad sin

---

1. Véase Ken Ham y Greg Hall, *Already Compromised* (Green Forest, AR: Master Books, 2011).

trabas de los románticos idealistas, podemos perdernos en un torbellino de términos eclécticos y multisilábicos que no harán sino confundirnos más y dejarnos aún más lejos de nuestro objetivo.

¿Recuerdas «La princesa prometida», la película de 1987? Yo sí, y no me importa haber delatado mi edad. El protagonista, un personaje llamado Vizzini, era un fanfarrón secuestrador, verbalmente abusivo y autoproclamado intelectual de élite que mantenía a su tripulación, mucho más numerosa y en forma, bajo su pulgar mediante su persuasión retórica. Su palabra favorita para expresar su frustración incrédula durante toda la película era: «¡Inconcebible!» (que, según Google, dijo cinco veces). Uno de sus secuaces, un español con ganas de venganza, Íñigo Montoya, finalmente tomó la palabra y lo desafió: «Sigues usando esa palabra. No creo que signifique lo que crees que significa». Cada año que pasa estoy más convencido de que gran parte de la lengua vernácula filosóficamente elitista que se lanza por ahí se utiliza más como puñales pseudointelectuales de intimidación retórica y escudos de autopreservación por parte de muchos que en realidad no los entienden. Aunque no sería prudente ignorar la retórica posmoderna, estoy a favor de un enfoque diferente para abordarla. Si empezamos desde los cimientos, no tardaremos en encontrar los supuestos de partida que hay que abordar en la agitación social actual. Solo entonces podremos entender correctamente lo que hay detrás de los términos que todo el mundo parece sentirse cómodo utilizando, ya sea para su defensa o para deslegitimar a los demás. Comenzamos respondiendo a una de las cuestiones más debatidas en la actualidad: el tema de la identidad.

### ¿QUIÉN SOY?

Los materialistas naturalistas de los dos últimos siglos pensaron que podrían responder finalmente a la cuestión de la identidad humana mediante un enfoque reduccionista y realista. En la mente de muchos hombres y mujeres influyentes, el ser humano se reducía a un conjunto de sustancias químicas orgánicas a base de carbono con una ilusión evolucionada de racionalidad, moralidad y libre albedrío. La existencia humana se definía, más o menos, como el hongo accidental de un universo aleatorio. Los románticos protestaron contra las conclusiones mecanicistas que se derivaban y optaron por una identidad idealista, subjetiva, basada sobre todo en sentimientos y valores dentro de un marco de libre albedrío de la existencia. Aquellos que hayan visto las repeticiones de la serie original de *Star Trek* encontrarán estas dos ideas bien ilustradas tanto en el objetivo Spock (el racionalista frío) como en el subjetivo capitán Kirk (el enamoradizo emocional). Analizaremos estas ideas más detenidamente en los siguientes capítulos, pero antes de hacerlo, si vamos a cuestionar la supuesta exclusividad de estos dos extremos, ¿qué o quiénes somos entonces?

# DIOS
## (Eterno, infinito, no-contingente Creador)

### CREADO POR DIOS

> *En el principio creó Dios los cielos y la tierra.*
>
> —Génesis 1:1

No podemos ni siquiera comenzar a responder la pregunta de quiénes somos hasta que no empecemos por quién es Dios. El relato de la creación en Génesis 1 presenta a Dios como el Creador eterno que —en el principio del tiempo, el espacio, la materia y la energía— ya era. Y por su palabra creó todo lo creado (todo lo que está fuera de Él) como algunos declaran *ex nihilo*, o de la nada. «De la nada» parece un poco contradictorio, ya que nada puede ser hecho de la nada, puesto que la nada es nada de lo cual proviene algo. Por lo tanto, prefiero el enfoque «hacia la nada» de Cornelius Van Til antes que «de la nada» para describir el acontecimiento de la creación. Fíjate en cómo se relaciona esto con nuestra identidad. Somos los creados, no los creadores. Somos seres contingentes cuya existencia y finalidad no nos pertenecen. No debemos dar pasos hacia el descubrimiento de nuestra identidad hasta que hayamos descubierto quién es nuestro Creador. Y nuestro Creador nos dice que nos hizo a su imagen.

# DIOS
(Eterno, infinito, no-contingente Creador)

# HOMBRE
(Imagen y semejanza de Dios)

### *IMAGO DEI*

> *Porque toda naturaleza de bestias, y de aves, y de serpientes, y de seres del mar, se doma y ha sido domada por la naturaleza humana; pero ningún hombre puede domar la lengua, que es un mal que no puede ser refrenado, llena de veneno mortal. Con ella bendecimos al Dios y Padre, y con ella maldecimos a los hombres, que están hechos a la semejanza de Dios.*
> —Santiago 3:7-9

Santiago, considerado hermanastro de Jesús, le advierte a la iglesia sobre cómo nuestras palabras pueden ser destructivas más allá de nuestra comprensión. Pero, al hacerlo, fíjate en cómo el líder de la iglesia primitiva clasifica a los diferentes animales en categorías y los separa de la humanidad. Los humanos no son animales. El texto, aunque dado mediatamente por Santiago, es θεόπνευστος, o sea, «soplado» o «inspirado» por Dios, como lo es toda la Escritura (2 Timoteo 3:16). El que quiso, diseñó y llamó a la creación a la existencia nos dice que somos diferentes de los animales. Nos reveló estas verdades a través de Moisés, los profetas, el escritor de Job, los salmistas, los escritores del Nuevo Testamento y a través de Jesús. Pero ¿en qué nos diferenciamos de los animales? Muchas criaturas tienen extremidades, incluso algunas en la misma cantidad y con una estructura similar a la de los humanos. Muchos tienen ojos, son vertebrados, tienen cerebro, sistema digestivo, etc., al igual que los humanos. Entonces, ¿qué diferencia a los humanos de las bestias?

> Y creó Dios al hombre a su imagen, a imagen de Dios lo creó; varón y hembra los creó.
>
> —Génesis 1:27

Fuimos creados a imagen y semejanza de nuestro Creador. No se dice lo mismo de ningún ser material fuera de los humanos. Aunque no discutiremos aquí exhaustivamente el *imago Dei*, o la imagen de Dios, no podremos interactuar con las ideologías posmodernas y las filosofías que compiten hoy con la verdad de las Escrituras sin tener un punto de partida acordado sobre lo que significa ser hechos como seres humanos portadores de una imagen.

## SERES ÉTICOS/MORALES

Como Dios, el hombre y la mujer fueron hechos seres éticos o morales. Soy consciente de que algunas personas de convicciones más Tomistas pueden discrepar de esto. Una antropología (estudio de lo que significa ser humano) basada en parte en la influencia del escolástico del siglo XIII, Tomás de Aquino, reduce nuestra semejanza con Dios a algo meramente analógico, pero cuando se describe acaba siendo meramente metafórico.[2] Sin embargo, debe haber alguna semejanza que sea real, más allá de la metáfora, al igual que nuestra relación y los pactos con Dios son reales.

El Dios del universo es —entre otros atributos morales— santo, justo, amoroso y verdadero. Por lo tanto, los que están hechos a su imagen y semejanza deben ser santos, justos, amorosos y verdaderos. Por esta razón, en las Escrituras se nos ordena ser santos como Dios (Deuteronomio 28:9; Isaías 62:12; 1 Pedro 2:9) y se nos advierte del juicio venidero para todos los que han vivido en contra de la santidad de Dios (Apocalipsis 21:8). Por ende, a diferencia de Dios, los seres humanos tienen la capacidad de *no* ser santos, justos, amorosos y verdaderos. Y todos nos hemos quedado cortos, de lo cual hablaremos más adelante.

## SERES RELACIONALES

Otro aspecto del *imago Dei* es que hemos sido creados para mantener una relación de pacto con Dios y entre nosotros. Un pacto en el Antiguo Testamento es un «vínculo sagrado de parentesco entre dos

---

2. Véase Jeffrey D. Johnson, *The Failure of Natural Theology: A Critical Appraisal of the Philosophical Theology of Thomas Aquinas* (Greenbrier, AR: Free Grace Press, 2021).

partes, ratificado mediante juramento».[3] Se puede decir mucho sobre los pactos, pero para nuestro propósito actual, nos centraremos en su aspecto relacional. Los seres humanos no son seres individualistas que solo celebran contratos sociales para un bienestar utilitario, como muchos enseñan hoy en día. Tenemos relaciones reales en comunidad y comunión, primero con Dios y segundo con nuestro prójimo. Aunque no todas las relaciones que tenemos con nuestro prójimo son estrictamente de pacto, ninguna relación que tengamos está libre de los compromisos de pacto que tenemos con Dios.

> *Jesús le dijo: Amarás al Señor tu Dios con todo tu corazón, y con toda tu alma, y con toda tu mente. Este es el primero y grande mandamiento. Y el segundo es semejante: Amarás a tu prójimo como a ti mismo. De estos dos mandamientos depende toda la ley y los profetas.*
> —Mateo 22:37-40

Aunque Dios es trascendente, también es inmanente. Esto significa que no está tan lejos como para no interactuar, relacionarse o comunicarse con nosotros. Dios es relacional, primero dentro de las tres Personas de la Trinidad y luego con los seres humanos hechos a su imagen y semejanza. Por tanto, Dios también nos ha hecho relacionales. Y los aspectos relacionales de Dios son una efusión de su amor, porque Dios es amor. Por lo tanto, como se ve en Mateo 22:37-40, nuestras relaciones, primero con Dios y luego con nuestro prójimo, deben estar caracterizadas por el amor.[4]

Dentro del marco de haber sido hechos seres relacionales existen la comunión y el compañerismo. Dios nos hizo seres, por naturaleza, diseñados para tener comunicación y usar el lenguaje para fomentar la vivencia de nuestra relación con Dios y nuestro prójimo. Vern Poythress, del Seminario de Westminster, defiende a fondo el orden y el uso del lenguaje para la comunicación dentro de una relación.

> En el caso de la lengua, la respuesta que da la Biblia es que la lengua existe en primer lugar en Dios, y luego se ofrece como un don a la

---

3. Scott Hahn, «Pacto», ed. John D. Barry et al., *The Lexham Bible Dictionary* (Bellingham, WA: Lexham Press, 2016).
4. Más adelante veremos qué se entiende por «amor» en contraposición al sentimentalismo vacío de verdad que se enseña como amor en nuestra sociedad posmoderna.

humanidad, para ser utilizada en la comunicación divina-humana y humana-humana. El uso del lenguaje tiene lugar en dos niveles distintos, el divino y el humano. La Biblia indica que la distinción entre Creador y criatura es fundamental. Al mismo tiempo, precisamente porque Dios es el Creador todopoderoso, puede revelarse verdaderamente a los seres humanos a través del medio del lenguaje que Él mismo ha ordenado para ese fin.[5]

Contrariamente a la creencia popular, el lenguaje *no es* un invento humano. El lenguaje procede de Dios y fue, por designio, dado a los humanos para fomentar los aspectos multiformes de nuestra esencia relacional con Dios y con el prójimo. Sospecho que de esta afirmación pueden surgir al menos tres objeciones: (1) Desde una perspectiva evolutiva, el lenguaje evolucionó por primera vez dentro de las comunidades de *Homo sapiens* hace más de cien mil años. (2) Hoy en día no se puede demostrar que todas las lenguas, especialmente las tribales, se remonten a un tronco común de familias lingüísticas, por lo que las lenguas pueden ser inventadas por las personas. (3) Ciertos animales, como los de tipo aviario y canino, se comunican entre sí y algunos incluso pueden aprender el lenguaje humano (por ejemplo, el loro parlante y el perro que aprende a obedecer órdenes verbales). A algunos lectores se les ocurrirán más objeciones, pero sospecho que estas tres serán las más comunes. Sin embargo, las tres objeciones posibles no se sostienen si se examinan más detenidamente.

Desde una perspectiva evolutiva, toda la vida, el significado, las relaciones y la moralidad son categorías arbitrarias. No habría ninguna razón lógica para ahondar en la identidad, ya sea subjetiva u objetiva, si somos el escape del azar. Tampoco avanzaríamos realmente en el tratamiento de temas como la justicia y los derechos. Si la perspectiva darwiniana de la vida fuera correcta, el propósito de la vida sería transmitir nuestros genes a la siguiente generación, propagando de este modo nuestra especie en el futuro. ¿Dónde encaja la «justicia» en una visión así? ¿No sería la indignación ante una ofensa solo una reacción subjetiva del «gen egoísta» de uno contra el «gen egoísta» de la propia víctima? No

---

5. Vern Sheridan Poythress, *Logic: A God-Centered Approach to the Foundation of Western Thought* (Wheaton, IL: Crossway, 2013), p. 108. Existe una edición en español con el título *Redimiendo la Filosofía: Un enfoque centrado en Dios sobre las grandes preguntas* (Teología para vivir, 2020).

puede haber un árbitro objetivo entre dos *Homo sapiens* egoístas, porque él o ella tendrían sus propios intereses subjetivos en juego.

No obstante, lamentablemente, algunos cristianos han transigido en esta cuestión, forjando una teoría sincretista según la cual Dios impulsó algún tipo de proceso evolutivo. Pero de lo que muchos no se dan cuenta es de que, al hacerlo, sitúan el motor teórico de la evolución (muerte, sufrimiento, violación, supervivencia del más fuerte, etc.) cronológicamente antes de la caída del hombre en el pecado. En esta perspectiva, la humanidad se encuentra en un proceso de civilización, pasando de ser un grupo caótico y asesino a tener una especie de futuro utópico de paz. Independientemente de que todos los evolucionistas teístas adopten o no esta postura sobre la evolución social hacia la «salvación», solo aquellos que lo hacen están mostrando alguna coherencia interna. En otras palabras, si crees que Dios utilizó la evolución como un proceso en la creación, o bien redefines la salvación como un movimiento social hacia la utopía (lo que niega por completo el evangelio de Jesucristo) o te mantienes fiel al evangelio, aunque siendo incoherente en cada punto de tu evaluación.

La segunda objeción sobre el lenguaje tiene que ver con la invención de las lenguas por el ser humano. Sin embargo, podemos empatizar un poco con esta objeción. Las lenguas pueden ser inventadas por los humanos y, si usted nació a finales del siglo XX, es posible que haya sido testigo de este fenómeno. Si nos remontamos a la saga *Star Trek*, la lengua de los klingons fue inventada y enseñada a muchos. De hecho, la popular aplicación de aprendizaje de idiomas *Duo Lingo* ofrece klingon así como inglés, francés, español, ruso y muchos otros idiomas. Hoy en día, existe un Instituto de la Lengua Klingon[6] para ayudar a quienes quieran unirse y conectarse con esta lengua (si es que puede llamarse así). Pero la invención de una lengua no tiene nada que ver con el argumento de que el lenguaje procede de Dios. Cualquier objeción en este sentido equivale a lo que los lógicos llaman un «error de categoría».

El argumento de que el lenguaje procede de Dios es un argumento categórico. La categoría del lenguaje viene de Dios, no cada lenguaje. La lengua es una categoría de comunicación y *una* lengua es un ejemplo. Aunque cuando Dios habla, no podemos deducir que el lenguaje de Dios sea en todo punto igual al lenguaje humano, la categoría u ontología (esencia) del lenguaje humano se deriva del lenguaje de Dios. De nuevo,

---

6. https://www.kli.org.

eso no significa que el lenguaje concreto que tú y yo hablamos se derive del lenguaje que habla Dios (ya oigo las objeciones). El lenguaje como categoría es derivado y dado por Dios a los humanos.

> *Por la palabra de Jehová fueron hechos los cielos, y todo el ejército de ellos por el aliento de su boca [...] Porque él dijo, y fue hecho; Él mandó, y existió.*
> —SALMO 33:6, 9

Sin embargo, volviendo al relato de la creación en Génesis 1, fíjate en cómo Dios creó. Surgen ciertos patrones que no solo revelan más sobre nuestro Dios Creador, sino también acerca de cómo quiso hacer nuestro mundo.

> *Y dijo Dios: Sea la luz; y fue la luz. Y vio Dios que la luz era buena; y separó Dios la luz de las tinieblas. Y llamó Dios a la luz Día, y a las tinieblas llamó Noche. Y fue la tarde y la mañana un día.*
> —GÉNESIS 1:3-5

Nótese el patrón de «Dios dijo/Dios llamó/Dios los bendijo, diciendo» (vv. 3, 5, 6, 8, 9, 10, 11, 14, 20, 22, 24, 26, 28, 29). De nuevo, ten cuidado de no comparar a Dios con los humanos hablando a todos los niveles. No podemos decir algo en la nada. Cuando decimos algo, por mucho que queramos que sea así, no se crea nada en el acto. Además, Dios no tiene pulmones ni cuerdas vocales, pero debemos recordar que en la comunicación el lenguaje se transmite a través de muchos medios, ya sean palabras vocales, palabras escritas, símbolos, e incluso el lenguaje corporal, las expresiones faciales, etc. Dios no utiliza los mismos medios que nosotros para el lenguaje, pero no deja de ser lenguaje. Obsérvese también que de todos los casos en que Dios habla en Génesis 1, solo los vv. 28 y 29 denotan que Dios habló después de que los seres humanos fueran hechos. Por tanto, el lenguaje no es una invención humana. El Dios que dio origen al universo y comenzó a establecer distinciones taxonómicas en su creación, creó al hombre y a la mujer, les habló y les encomendó la tarea de seguir nombrando a sus criaturas según sus distinciones (Génesis 2:19-20). A continuación, Dios dotó a los seres humanos de la capacidad del lenguaje para darse a conocer a sí mismo, dar a conocer su voluntad a través de su Palabra (revelación especial) y para fomentar y propiciar la comunión del hombre en su relación con Dios y con su prójimo.

La tercera objeción sobre los animales que hablan y entienden algún lenguaje también se puede desechar fácilmente. Cuando hablamos de la categoría del lenguaje divino y humano (no de lenguas concretas, atención) hay otra dimensión en juego, que incluye tanto el pensamiento abstracto como el racional. En otras palabras, un loro puede decir «hola», pero no puede filosofar sobre por qué un saludo es una forma objetivamente legítima de iniciar una conversación. Un lobo puede oír el aullido de otro para expresar su ubicación, pero no puede reflexionar sobre por qué el aullido de un lobo es ventajoso frente al aullido de un lobo de otra manada. Un perro adiestrado puede aprender que una entonación específica de «siéntate» por parte de su dueño o adiestrador está relacionada de algún modo con el hecho de que coloque sus cuartos traseros en el suelo, lo que se traduce en una sabrosa golosina. Pero si se cambia la palabra, manteniendo la misma entonación y sílabas, como «fiéntate», el perro también se sentará. No obstante, el perro no puede hacer una investigación interna sobre por qué es mejor sentarse que estar de pie en el esquema mayor del propósito y la existencia. Además, un perro puede reaccionar al ver un gato, especialmente uno que no reconoce, y perseguirlo, pero ese mismo perro no puede sentarse en una montaña a mirar las estrellas y preguntarse: «¿Existe un mundo en el que los gatos persiguen a los perros?» o «¿Podría ser que un trauma de mi juventud me haya llevado al punto de odiar a los gatos? ¿Mi desdén por los gatos se debe a la naturaleza, la crianza o ambas cosas?».

### *SERES RACIONALES*

Por lo tanto, al apelar a la exclusividad del lenguaje para Dios y los humanos (sin contar aquí a los ángeles), esto nos convierte por naturaleza[7] en seres relacionales. Y como las relaciones, tanto con Dios como con el prójimo, son interactivas y de comunión, los humanos somos por naturaleza seres racionales. Jeffrey Johnson habla de los tres puntos —ético, relacional y racional— para que exista una verdadera relación con Dios:

---

7. Somos, por naturaleza, seres relacionales que se comunican a través del lenguaje. Esto no significa que el niño en un vientre y alguien en estado de coma no sean humanos. Por naturaleza, son seres que utilizan el lenguaje. Los humanos son humanos desde el momento de la fecundación (término más preciso que concepción) hasta el momento de la muerte. Negar la humanidad de los bebés en el vientre materno y de los que están en estado de coma es como decir que aunque los humanos, por naturaleza, tienen dos manos, si alguien nace con una sola mano, esa persona no es un humano.

Para que la comunicación sea eficaz, debe existir un punto de conexión o similitud entre el que transmite y el que recibe la información. Para la humanidad, esta conexión fue establecida por Dios cuando creó al hombre a Su semejanza racional y ética.[8]

Los seres racionales, por naturaleza, pueden pensar e imaginar algo antes de hacerlo. Por eso un arquitecto puede imaginar un edificio, esbozarlo y construirlo según lo previsto. La racionalidad hace posible la creatividad. Y no solo eso, sino que el pensamiento racional nos permite descubrir los principios matemáticos y la lógica. Esto se debe a que Dios utilizó principios matemáticos, que en cierto modo son descriptivos de sí mismo, y basó en ellos su creación. La lógica también, a diferencia de lo que pensaban muchos filósofos griegos, no es impersonal sino personal. La razón por la que el principio de no contradicción resulta verdadero es porque Dios no tiene contradicciones en sí mismo. Esta verdad de Dios se refleja en su creación. Y la razón por la que el principio de no contradicción será verdadero mañana es porque Dios no tiene contradicciones en sí mismo y Él será el mismo mañana (inmutable). Y la razón por la que podemos adorar de verdad a un Dios que nunca hemos visto es porque tomamos lo que ha revelado sobre sí mismo (a través del lenguaje) y aplicamos estas verdades acerca de Él a nuestras mentes y corazones, y respondemos glorificándolo con gratitud por quién es y lo que ha hecho por nosotros.

**DIOS**

**RELACIONAL**

**ÉTICO/MORAL**     **RACIONAL**

---

8. Jeffrey D. Johnson, *What Every Christian Needs to Know About Social Justice* (Greenbrier, AR: Free Grace Press, 2021), p. 15.

### SERES HOLÍSTICOS

Ningún aspecto de la composición humana está completamente desligado del otro. Entre otras facetas de la naturaleza humana, somos seres morales, relacionales y racionales. Por lo tanto, lo que somos moralmente afecta de forma directa a nuestras vidas relacionales y racionales. Van Til aborda acertadamente nuestra interdependencia de la naturaleza en el sentido de que nuestra «visión de la realidad o del ser implica una visión del conocimiento y de la ética, al igual que nuestra visión del conocimiento y de la ética implica y se basa en nuestra visión del ser».[9] Por lo tanto, los distintos aspectos de lo que somos como portadores de la imagen no pueden trivializarse y mucho menos compartimentarse como no relacionados con los demás. Este punto será crucial para comprender la visión bíblica de lo que está mal en la humanidad, y por lo tanto en la sociedad, frente a lo que promueven respectivamente los ideólogos posmodernos.

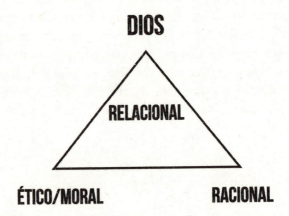

### CONCLUSIÓN

Aunque hay más categorías implicadas en la discusión de lo que significa ser hecho a imagen de Dios, aquí limitaremos nuestra discusión a los puntos mencionados más el modo en que funcionamos como portadores de la imagen. Por ahora, solo estamos empezando a construir un

---

9. Cornelius Van Til, *The Defense of the Faith* (Barakaldo Books, 2020), p. 49. Existe una edición en español con el título *La defensa de la fe* (Reforma Press, 2023).

marco en el que más tarde discutiremos las teorías de los pensadores modernos y posmodernos. Dado que tanto las teorías antropológicas modernas como las posmodernas hacen suposiciones no bíblicas sobre la identidad humana, debemos seguir construyendo sobre una base bíblica la naturaleza del *imago Dei*, sin negar la importancia de otros aspectos.[10]

Una vez que tengamos una imagen más completa de lo que significa estar hechos a semejanza de Dios como seres éticos/morales, relacionales y racionales (por naturaleza) podremos tener un punto de referencia bíblico para hacer comparaciones objetivas con puntos de vista opuestos. Conocer lo que enseñan las Escrituras sobre la naturaleza de los seres humanos es necesario para señalar dónde los pensadores de antaño han influido en los ideólogos reconocidos de hoy con el fin de desviarse de los puntos bíblicos básicos sobre quiénes somos a la luz de quién es Dios, los cuales están en el nivel fundamental para toda comprensión correcta. Pero antes de abordar estos puntos básicos —aunque fundamentales— sería útil desarrollarlos más para hacer una comparación con las categorías filosóficas que se debaten hoy: ontología, epistemología y ética.

---

10. Para una lectura más profunda sobre la imagen de Dios en el hombre, considere la obra de Anthony A. Hoekema, *Creados a imagen de Dios* (publicada originalmente en 1986, reeditada en 1994 por Eerdmans).

# CAPÍTULO 3

# EL HOMBRE FILOSÓFICO

## INTRODUCCIÓN

Estoy muy en deuda con Jeffrey D. Johnson por el enfoque didáctico que utilizó para construir una comprensión de los aspectos éticos, relacionales y racionales de la *imago Dei*. Lo que hemos visto en la ilustración del triángulo y cómo se desarrollará en este libro se basará en gran medida (aunque no completamente) en su obra *What Every Christian Needs to Know about Social Justice*.[1] Por favor, ten en cuenta que no todas las categorías bíblicas de lo que Dios revela sobre sí mismo y sobre nosotros se alinearán de manera uniforme o extensa con cada concepto filosófico aquí expuesto. Dicho esto, algunas comparaciones se ofrecen simplemente para permitir puntos de equiparación y comunicación con el fin de fomentar la interacción con lo que el mundo está presentando como «verdad» en oposición a la Palabra de Dios.

---

1. Jeffrey D. Johnson, *What Every Christian Needs to Know about Social Justice*. Utilizado con el permiso del autor concedido a través de correspondencia personal, 24 de septiembre de 2024.

Aunque fuimos hechos como seres éticos, Dios no dejó que nuestra conciencia fuera la autoridad sobre la cual tomamos decisiones éticas. Él ha revelado su voluntad en su Palabra. Aunque fuimos hechos para ser seres relacionales, Dios no nos ha dejado razonar hasta obtener una versión de sí mismo basada en nuestro frágil y falible razonamiento inductivo para alcanzar una comprensión de Él que refleja su creación (de la física a la metafísica) en lugar de quién es Él realmente. Por el contrario, Dios se nos ha revelado a través de la creación (de la metafísica a la física), lo que se conoce como Revelación General o Natural. Además, también se ha revelado de una forma más autoritativa y específica. En la Palabra de Dios y a través de su Hijo, Él ha revelado lo que no puede ser comprendido por la Revelación General, como la Trinidad y su mensaje evangélico, a lo cual se le denomina Revelación Especial.

La imagen de Dios no fue erradicada en la caída del hombre. Dicho esto, podemos añadir que está estropeada casi hasta hacerla irreconocible. Por lo tanto, las tres dinámicas que los humanos somos por naturaleza —seres éticos, relacionales[2] (primero con Dios y con nuestro prójimo) y racionales— se reflejan (aunque estropeadas) en los humanos caídos. Los humanos seguimos siendo seres éticos, aunque endurezcamos nuestros corazones a la ley de Dios. Somos seres relacionales, aunque nos neguemos a honrar a Dios y a agradecerle (Romanos 1:21) y no amemos a nuestro prójimo como a nosotros mismos. Somos seres racionales,

---

2. Aunque la relación de comunión con Dios se perdió con la caída del hombre, no ocurrió lo mismo con la naturaleza relacional del ser humano. Estamos en relación con Dios hoy y siempre, ya sea como escabel de sus pies o adoptados como hijos e hijas mediante el pacto de redención. Nadie está «libre» de Dios.

aunque suprimimos el conocimiento de Dios que se nos ha revelado con nuestros corazones pecadores, mientras nos hacemos una imagen de Él según nuestros propios deseos o lo negamos rotundamente. Por lo tanto, nuestra búsqueda de respuesta a las tres categorías (ética, relacional con lo divino, racional) ha sido y será siempre holística e irremediablemente defectuosa fuera del poder redentor de Dios en Cristo.

Teniendo en cuenta estas advertencias, obsérvese la relación entre el modo en que Dios nos hizo a su imagen y semejanza y las búsquedas filosóficas a lo largo de la historia de la humanidad:

> Así pues, estas tres cosas —el ser divino de Dios, la revelación divina de Dios y la ley divina de Dios— son el fundamento de la sociedad. Y no es casualidad que también respondan a la pregunta más básica de cada una de las tres ramas principales de la filosofía: ¿Qué es la realidad última? (Ontología). ¿Cómo sabemos lo que sabemos? (Epistemología). ¿Quién decide lo que está bien y lo que está mal? (Ética).[3]

## ÉTICA/MORALIDAD

> *Porque cuando los gentiles que no tienen ley, hacen por naturaleza lo que es de la ley, estos, aunque no tengan ley, son ley para sí mismos, mostrando la obra de la ley escrita en sus corazones, dando testimonio su conciencia,*

---

3. Johnson, *What Every Christian Needs*, p. 12.

> *y acusándoles o defendiéndoles sus razonamientos, en el día en que Dios juzgará por Jesucristo los secretos de los hombres, conforme a mi evangelio.*
>
> —ROMANOS 2:14-16

Aunque Dios les dio la ley a los hebreos en el desierto, todos los seres humanos —judíos o gentiles— son responsables ante Dios por sus pecados. Por eso Dios llama «abominaciones» a los pecados sexuales (como el adulterio, el bestialismo y la homosexualidad) de los cananeos y los juzga expulsándolos de la tierra, a pesar de que no tenían la ley escrita en la que Dios revela su voluntad sobre la santidad y exclusividad del sexo dentro de un matrimonio que —por definición de Dios, quien instituyó el matrimonio— es entre un hombre y una mujer para toda la vida (Génesis 1:27; 2:24; Mateo 19:3-6).

> *En ninguna de estas cosas os amancillaréis; pues en todas estas cosas se han corrompido las naciones que yo echo de delante de vosotros, y la tierra fue contaminada; y yo visité su maldad sobre ella, y la tierra vomitó sus moradores. Guardad, pues, vosotros mis estatutos y mis ordenanzas, y no hagáis ninguna de estas abominaciones, ni el natural ni el extranjero que mora entre vosotros.*
>
> —LEVÍTICO 18:24-26

Observa cómo Dios «castigó» la «iniquidad» de las naciones que no tienen la ley escrita. ¿Por qué? ¿Cómo podrían las naciones paganas que no recibieron la ley escrita de Dios estar al tanto de su voluntad en absoluto y, como en este caso, con respecto a la sexualidad? Como dice el apóstol Pablo, no tenemos excusa (Romanos 1:20), porque toda la ley de Dios está enraizada, directa o indirectamente, en las ordenanzas de la creación que, aunque fueron escritas por Dios en el Decálogo (Diez Mandamientos) en el Sinaí, también están escritas en el corazón de cada hombre y mujer. Por lo tanto, el hecho de que los seres humanos sean seres éticos/morales no es una construcción social relativista como muchos enseñan hoy en día —lo que se discutirá más extensamente en capítulos posteriores— sino que se basa en la santa, eterna y buena ley de Dios. Y estas leyes no son arbitrarias, las mismas reflejan el carácter de Dios.

## ONTOLOGÍA

La ontología puede definirse vagamente como la esencia de la realidad o lo que algo o alguien *es* intrínsecamente. Por ejemplo, aunque Adán es considerado «hijo de Dios» (Lucas 3:38), fue creado relacionalmente como hijo, no *ontológicamente*. En otras palabras, Adán no era divino. Jesús es *el* Hijo de Dios. El Hijo es, en esencia, divino (Juan 1:1). Cuando se lleva a un nivel filosófico con respecto a la existencia, la ontología trata de la naturaleza de la realidad última.

## EPISTEMOLOGÍA

¿Cómo sabemos lo que sabemos? ¿Por deducción (de la metafísica a la física), por inducción a través de la observación sensorial (de la física a la metafísica) o por una combinación de ambas cosas? ¿Hasta qué punto es objetivo el razonamiento humano? ¿Existe una realidad objetiva fuera de nuestro razonamiento o todo acceso a la verdad se basa más bien en la experiencia subjetiva (compárese empirismo, racionalismo, positivismo lógico, dialéctica hegeliana, romanticismo/relativismo, etc.)? Para el teórico crítico, ¿cómo se relaciona el contexto histórico y social con el modo en que las personas de distintos lugares y épocas llegan a conocer las cosas? Para el cristiano, ¿cómo se relaciona la Revelación General con el razonamiento humano? ¿Cómo se relaciona la Revelación Especial con razonamientos hermenéuticos (interpretación) como la exégesis intertextual, el contexto histórico, la sintaxis gramatical, *el sensus plenior* (el sentido más pleno) y la *regula fidei* (la regla de la fe)?

La verdad es que desde el momento en que nuestro cerebro ha alcanzado una cierta etapa de desarrollo, aprendemos cosas utilizando muchas vías sin tener en cuenta cómo llegamos a aprenderlas. Y por ello suponemos que comprendemos de verdad las situaciones y los hechos cuando muchas veces no nos planteamos si nos han engañado o nos hemos engañado a nosotros mismos. Aunque un estudio exhaustivo de la epistemología está fuera del alcance de este libro, en capítulos posteriores resumiremos una epistemología bíblica en contraste con las teorías epistemológicas que la contradicen.

## ¿POR QUÉ LA ÉTICA, LA ONTOLOGÍA Y LA EPISTEMOLOGÍA SON VITALES PARA COMPRENDER LAS IDEOLOGÍAS POSMODERNAS?

¿Has visto alguna vez un debate político? Si es así, siento tu dolor. La frustración de ver a dos o más candidatos cometer todas las falacias lógicas registradas (y tal vez de descubrir nuevas falacias) valúa la necesidad de llevar el fruto del espíritu en mi vida. Rara vez se ve a un candidato hablar a nivel de supuestos fundamentales; por lo tanto, no se les ofrece a los espectadores una verdadera interacción de ideas. Lo mismo ocurre con gran parte de la enseñanza y muchos recursos literarios que abordan —a favor o en contra— los temas candentes de la actualidad, como el aborto, la teoría crítica, la teología de la liberación, el marxismo social, LGBTQIA+, la ideología de género y la teoría *queer*. Por lo tanto, sugiero que no podemos interactuar con ninguna ideología no bíblica a menos que podamos hacerlo a un nivel fundamental. Por favor, ten esto en mente mientras continuamos adentrándonos en las complejidades del pensamiento moderno y posmoderno. Debemos hacer el trabajo ahora para poder proclamar un mensaje evangélico holístico y un discipulado bíblico si tenemos alguna posibilidad de detener la infiltración actual de ideologías antibíblicas en la liturgia, la mente y el corazón de la iglesia del siglo XXI.

## CONCLUSIÓN

Solo hemos empezado a discutir los puntos fundamentales y más básicos de lo que somos como seres hechos a imagen y semejanza de Dios. En el próximo capítulo nos basaremos en este triángulo, no solo en lo que somos, sino también en los aspectos funcionales (lo que hacemos). Ninguna cosmovisión puede hacerle frente a la complejidad del dilema de lo que llamamos existencia y vida si está desarticulada, y como veremos, solo la cosmovisión bíblica se mantiene unida y en última instancia da respuestas a preguntas como quiénes somos y qué hacemos aquí. Únicamente entonces seremos capaces de evaluar los males y las injusticias de nuestro mundo más allá de la mera superficialidad de las teorías relativistas sobre las fortalezas sistémicas.

CAPÍTULO 4

# ¿CÓMO DEBEMOS VIVIR? REDESCUBRIR DESDE EL PROPÓSITO

**INTRODUCCIÓN**

Los humanos somos seres motivados y ambiciosos. No nos limitamos a sobrevivir el momento como los animales, sino que tenemos convicciones muy arraigadas sobre cómo debemos vivir. Este instinto nos fue codificado por nuestro Creador y revelado en su Palabra. Sin embargo, lo que hacemos en la vida no nos atribuye identidad ni valor, sino que es la consecuencia natural de lo que somos intrínsecamente, tal como lo hemos experimentado a lo largo de nuestra vida. Por lo tanto, la cuestión de quiénes somos es una cuestión ontológica o *estructural*. Es una cuestión de esencia. La cuestión de lo que debemos hacer es una cuestión *funcional* que depende de lo que somos estructuralmente. Lo que pensamos que somos, independientemente de la respuesta que adoptemos, influirá de un modo muy profundo en lo que creemos que debemos hacer en la vida. En otras palabras, el mero hecho de existir como portadores de una imagen es lo que nos da identidad y, por ello, nos planteamos cómo debemos vivir y para quién.

**LA IDENTIDAD EXPRESADA EN LO QUE HACEMOS**

**ASPECTOS FUNCIONALES**

*Entonces dijo Dios: Hagamos al hombre a nuestra imagen, conforme a nuestra semejanza; y señoree en los peces del mar, en las aves de los cielos, en las bestias, en toda la tierra, y en todo animal que se arrastra sobre la tierra. Y creó Dios al hombre a su imagen, a imagen de Dios lo creó; varón y hembra los creó. Y los bendijo Dios, y les dijo: Fructificad y multiplicaos; llenad la tierra, y sojuzgadla, y señoread en los peces del mar, en las aves de los cielos, y en todas las bestias que se mueven sobre la tierra.*

—Génesis 1:26-28

Los seres humanos no son una ocurrencia de último momento. Aunque Dios creó las plantas y los animales antes que a Adán y Eva, estaba preparando un lugar para que la humanidad habitara, se multiplicara y gobernara. Dios bendijo al hombre y a la mujer en el pacto matrimonial que estableció y los unió (Génesis 2:22) no solo para que gobernaran sobre su creación, sino también como sacerdotes y profetas entre Dios y su creación. El hombre y la mujer debían ser imagen de Dios al hacer más portadores de la imagen por medio de la procreación y enseñarles, como Dios les había enseñado a Adán y Eva, su identidad estructural y su mandato funcional. Adán y Eva debían tomar lo que Dios había establecido en el jardín del Edén, que era el templo terrenal de Dios que representaba su presencia, y expandirlo por todo el mundo. Esta labor sacerdotal de acceso a la presencia pactada de Dios en su templo para extenderla hacia el exterior sería reflejada posteriormente por los sacerdotes en el tabernáculo tras el éxodo y más tarde en el templo de Jerusalén. Por último, todos los templos (ya fuera el Edén, el tabernáculo o el templo) prefiguraban a Cristo, que no solo es el Templo de Dios, sino también nuestro Sumo Sacerdote, quien a causa de nuestro pecado derramó su propia sangre para darnos acceso a la presencia pactada de Dios.

Nuestro papel profético puede resumirse en que los humanos somos portavoces de Dios para comunicar y advertir sobre la voluntad de Dios. Y como trabajadores, sacerdotes y profetas de Dios, gobernamos su creación, no de acuerdo con nuestras propias voluntades arbitrarias, sino según la voluntad de Él. Sin embargo, lo que hacemos como hombres y mujeres no es uniforme ni monolítico. Dios hizo al hombre y a la mujer con igual dignidad y valor, pero con funciones distintas. Las distinciones son, de hecho, una parte necesaria de la creación de Dios. En su primer día de existencia, Dios le trajo a Adán los distintos tipos de animales terrestres y aves para que les pusiera nombre. Hoy le llamamos «taxonomía» a esta labor, que desde entonces ha sido una búsqueda filosófica.

¿Te has preguntado alguna vez qué hace que una vaca y un caballo pertenezcan a distintos tipos de animales? Si haces un inventario de sus características, te darás cuenta de que tienen mucho más en común que diferencias. ¿Cómo, entonces, se clasifican de forma distinta? El filósofo ateniense Platón (ca. 424-348 a. C.) creía en formas metafísicas para las distinciones que se reconocen físicamente en el mundo. ¿Qué es lo que hace que el caballo sea un caballo y la vaca una vaca? Entre los caballos existe una miríada de diferencias, así que ¿cuál es la esencia «caballerística» que podemos reconocer para categorizarlos como tales, separados de los bóvidos (vacas)? Platón argumentaría que existe una forma metafísica (o idea) de tipo caballo que se reconoce, así como una forma metafísica de tipo vaca para reconocer a la vaca. El alumno de Platón, Aristóteles (384-322 a. C.), rechazaba este tipo de razonamiento de la metafísica a la física, o el acceso a las formas, y creía que los seres humanos empiezan la vida como pizarras limpias y razonan hacia afuera a partir de observaciones. Creía, por ejemplo, que observamos diferencias en los animales y razonamos para categorizarlos. En otras palabras, razonaba de la física a la metafísica, o inductivamente. En este trabajo de taxonomía, o en cualquier distinción que se haga, ya sea deductivamente a partir de formas o inductivamente partiendo de la mera observación, hay una regla aparentemente arbitraria sobre qué diferencias se deben esperar dentro de un tipo de distinción.

Entonces, ¿por qué aceptamos las distinciones dentro de una categoría, pero las utilizamos para separarnos en otras categorías? Por ejemplo, reconocemos diferencias entre vacas y caballos que relegan a cada uno a un taxón diferenciado, al tiempo que aceptamos diferencias entre los que pertenecen a una misma categoría. Dentro de la esencia «caballerística», hay distinciones como el color, el tamaño, etc. Entonces, ¿por qué no creamos un grupo específico para cada diferencia? Bueno, si lo hiciéramos, esencialmente no habría agrupaciones más allá del hiperindividualismo. Cada animal sería su propia categoría, lo que convertiría la taxonomía en algo obsoleto y, por lo tanto, frívolo. Aristóteles se dio cuenta de ello y relegó las diferencias dentro de los grupos a lo que denominó *accidentes* dentro de una esencia.

Cuando Adán estaba haciendo las distinciones correctas entre los animales, no sabemos qué «accidentes» existían entre ellos, si es que existía alguno, ya que todas las diferencias entre los animales dentro de un grupo familiar específico se expresan a lo largo de sus generaciones desde dentro de sus genomas, pues se producen diferentes combinaciones genéticas con cada descendencia. Sin embargo, la cuestión es que lo que Dios le encomendó a Adán fue, en mi humilde opinión, buscar la mente de Dios en cuanto a cómo Él creó a los diferentes seres tanto conociendo a Dios como observando. Así, Adán habría utilizado tanto un enfoque de la metafísica a la física como uno de la física a la metafísica. Platón y Aristóteles no eran seguidores de Dios, por lo que lucharon por encontrar un enfoque holístico que incluyera tanto la relación con Dios como el razonamiento deductivo de lo que Él ha revelado (tanto de forma general como especial) y el uso de esa epistemología para razonar desde la observación en físico hasta la metafísica.

Sin embargo, Adán no estaba categorizando a los animales para reconocerlos taxonómicamente, sino para llegar a la misma conclusión que Dios al hacer una mujer. Los animales tenían una compañera del sexo opuesto y Adán estaba solo. Adán se dio cuenta de que cada animal que se le presentaba tenía otro animal que era parecido, pero también complementario en lo diferente, y en esto se dio cuenta de que no tenía a nadie como él para igualar el patrón de Dios con los animales. Así, cuando Eva fue hecha de una de sus costillas y le fue presentada por Dios, Adán reconoció que ella era su compañera y ayuda idónea, quien era de su misma carne y huesos (Génesis 2:23).

La mujer que se le presenta a Adán para ser su esposa es como Adán en el sentido de que está hecha a imagen y semejanza de Dios (Génesis 1:27), pero también es distinta de Adán en su feminidad, en contraste con su virilidad. Solo juntos, como una sola carne, podrían cumplir el mandato de Dios de multiplicarse y llenar la tierra. Para tener dominio sobre la tierra, hay un subarrendamiento del gobierno supremo de Dios a un gobierno inferior. La autoridad de Dios sobre la creación se ejercerá, en parte, a través de la autoridad que Él le concedió a la humanidad. La autoridad, por lo tanto, es una parte necesaria del diseño divino para el florecimiento humano en la tierra de Dios. Solo Dios tiene la autoridad suprema, y la humanidad tiene una autoridad designada y derivada que se modera y se utiliza con responsabilidad para defender la voluntad revelada de Dios.

## *AUTORIDAD Y RESPONSABILIDAD INDIVIDUALES*

*Mostrando la obra de la ley escrita en sus corazones, dando testimonio su conciencia, y acusándoles o defendiéndoles sus razonamientos, en el día en que Dios juzgará por Jesucristo los secretos de los hombres, conforme a mi evangelio.*

—Romanos 2:15-16

> *Mas Pedro y Juan respondieron diciéndoles: Juzgad si es justo delante de Dios obedecer a vosotros antes que a Dios; porque no podemos dejar de decir lo que hemos visto y oído.*
> —Hechos 4:19-20

La Reforma Protestante estaba estallando no solo en Sajonia, sino también en las provincias circundantes de la actual Alemania. Martín Lutero tuvo que defenderse ante el cardenal Tomás Cayetano en la Dieta de Augsburgo (1518), y ante el abogado y teólogo Juan Eck en la Dieta de Leipzig (1519). Sin embargo, Roma no toleraría más a este disidente, y el 25 de junio de 1520 el papa León X emitió una bula papal *Exsurge Domine* («Levántate, Señor») contra Lutero, en la que enumeraba cuarenta y un errores condenables de Lutero en sus diversos libelos escritos contra los abusos y el dogma romanos. A Lutero se le dieron sesenta días para someterse y quemar sus escritos, pero él, manteniendo su postura apasionada, se negó a retractarse y seis meses después, el 10 de diciembre, quemó públicamente la bula.

La persistencia de Lutero no solo le valió la excomunión del papa León X, sino también una audiencia con el emperador del Sacro Imperio Romano Germánico, Carlos V, en la Dieta de Worms en abril de 1521. Allí, Lutero se estremeció al ser obligado a responder si se retractaba o no de sus escritos y pidió un día para reflexionar. Tras lo que se cree que fue una noche agitada, Lutero respondió célebremente: «A menos que me convenzan la Escritura y la razón, mi conciencia es cautiva de la Palabra de Dios. No puedo ni quiero retractarme de nada, porque ir en contra de la conciencia no sería ni correcto ni seguro.[1] Que Dios me ayude».[2] Lutero, apeló a su responsabilidad frente a su conciencia antes que a la de la iglesia y el estado.

Aunque la relación de autoridad entre la libertad de conciencia, la iglesia y el estado no se limaría del todo hasta los escritos de los separatistas y bautistas ingleses y continentales durante el siglo siguiente, Lutero sentó en última instancia las bases para reconsiderar lo que las Escrituras enseñan sobre este tema. La autoridad viene dada por Dios al

---

1. Muchos citan la respuesta de Lutero incluyendo: «Aquí estoy, no puedo hacer otra cosa», pero la transcripción posterior de Lutero del evento no incluye esta parte, aunque las primeras versiones impresas sí lo hacen.
2. John MacArthur, «A Conscience Captive to God's Word», Grace to You, publicado el 27 de octubre de 2021. https://www.gty.org/library/blog/B140403/a-conscience-captive-to-gods-word, consultado el 16 de noviembre de 2024.

individuo y, por lo tanto, la conciencia de cada uno debe guiarse primero que todo por la Palabra de Dios antes de someterse a otras autoridades. Dicho esto, no vivimos en la hiperindividualidad. Los seres humanos fueron diseñados para vivir entre otros seres humanos y, en última instancia, formar sociedades. Por lo tanto, Dios también estableció otras estructuras de autoridad que estructuran las relaciones comunitarias.

## AUTORIDAD Y RESPONSABILIDAD FAMILIAR

> *La mujer no tiene potestad sobre su propio cuerpo, sino el marido; ni tampoco tiene el marido potestad sobre su propio cuerpo, sino la mujer.*
> —1 Corintios 7:4

> *Las casadas estén sujetas a sus propios maridos, como al Señor; porque el marido es cabeza de la mujer, así como Cristo es cabeza de la iglesia, la cual es su cuerpo, y él es su Salvador. Así que, como la iglesia está sujeta a Cristo, así también las casadas lo estén a sus maridos en todo. Maridos, amad a vuestras mujeres, así como Cristo amó a la iglesia, y se entregó a sí mismo por ella, para santificarla, habiéndola purificado en el lavamiento del agua por la palabra, a fin de presentársela a sí mismo, una iglesia gloriosa, que no tuviese mancha ni arruga ni cosa semejante, sino que fuese santa y sin mancha.*
> —Efesios 5:22-27

> *Hijos, obedeced en el Señor a vuestros padres, porque esto es justo. Honra a tu padre y a tu madre, que es el primer mandamiento con promesa; para que te vaya bien, y seas de larga vida sobre la tierra.*
> —Efesios 6:1-3

Dios no dispuso a Adán para una existencia individualista en la tierra. Se le dio una esposa y su relación no se basaría en una interdependencia pragmática para el beneficio individual, sino en última instancia, en una alianza diseñada por Dios. Tanto el hombre como la mujer estarían tan unidos en este pacto matrimonial que funcionarían como una sola carne, cada uno perteneciendo al otro (Génesis 2:24; 1 Corintios 7:4). El pacto del matrimonio fue diseñado e instituido por Dios para establecerse entre un hombre y una mujer para toda la vida. Al hombre se le dio el liderazgo sobre la mujer en lo que se refiere a las funciones, pero fundamentalmente él solo puede dirigir de acuerdo con la voluntad de Dios y la mujer debe ser dirigida de acuerdo con la voluntad revelada de Dios. Por lo tanto, la conciencia de la mujer responde a Dios primero, antes que a la voluntad del hombre.

> *Oye, Israel: Jehová nuestro Dios, Jehová uno es. Y amarás a Jehová tu Dios de todo tu corazón, y de toda tu alma, y con todas tus fuerzas. Y estas palabras que yo te mando hoy, estarán sobre tu corazón; y las repetirás a tus hijos, y hablarás de ellas estando en tu casa, y andando por el camino, y al acostarte, y cuando te levantes.*
> —DEUTERONOMIO 6:4-7

Cuando a una familia se le conceden hijos, tanto el padre como la madre tienen autoridad sobre los hijos y estos deben honrar a sus progenitores. Es responsabilidad entonces de los padres enseñar a sus hijos sobre la voluntad revelada de Dios. Solo los padres tienen la responsabilidad de usar la autoridad dada por Dios sobre sus hijos para enseñarles acerca de la voluntad de Él para sus vidas y el plan de Dios para la redención. Los padres deben amonestar, corregir, edificar y finalmente explicarles a sus hijos su necesidad de Cristo. Dios reveló quién es Él, quiénes somos nosotros, lo que Él espera de nosotros, cómo todos hemos fallado en Adán y el plan de salvación en Cristo. No es tarea del niño llegar a sus propias conclusiones o que la iglesia o el gobierno le enseñen sobre Dios, la identidad o cualquier otra cosa revelada en las Escrituras. La iglesia va al lado de los padres para equiparlos a fin de cumplir con sus responsabilidades en estas áreas, y los padres sientan a sus hijos bajo la enseñanza de una iglesia local en un ambiente corporativo.

## AUTORIDAD Y RESPONSABILIDAD DE LA IGLESIA

> *Obedeced a vuestros pastores, y sujetaos a ellos; porque ellos velan por vuestras almas, como quienes han de dar cuenta; para que lo hagan con alegría, y no quejándose, porque esto no os es provechoso.*
> —HEBREOS 13:17

> *Por tanto, mirad por vosotros, y por todo el rebaño en que el Espíritu Santo os ha puesto por obispos, para apacentar la iglesia del Señor, la cual él ganó por su propia sangre.*
> —HECHOS 20:28

Debido a nuestro pecado y nuestra necesidad de redención, Dios Padre envió a su Hijo, nacido de una virgen, para vivir y morir por nuestros pecados. De este modo Jesús, el Hijo, estableció la iglesia de la cual Él es la cabeza, y la iglesia es su cuerpo. La iglesia desempeña un papel crucial de autoridad en sus reuniones locales. El Espíritu Santo ha establecido funciones que implican liderazgo en ellas, aunque bíblicamente la autoridad que tiene la iglesia se promulga mediante la sumisión voluntaria. Aunque al individuo redimido se le ordena ocupar su lugar en el entorno de la iglesia local, este toma la decisión de someterse voluntariamente a un cuerpo específico de la iglesia local en concordancia con el acuerdo de su conciencia sobre la posición de la iglesia con respecto a las posiciones bíblicas y eclesiológicas.

En otras palabras, ningún liderazgo eclesiástico tiene la autoridad dada por Dios para obligar a nadie a formar parte de su cuerpo local, pero todos los cristianos tienen la responsabilidad ante Dios de pertenecer voluntariamente y someterse a un cuerpo local de creyentes, siempre y cuando la autoridad usada por el cuerpo local esté de acuerdo con la Palabra revelada de Dios y no vaya más allá de ella. La iglesia tiene la responsabilidad no solo de predicar la Palabra y administrar las ordenanzas dadas por Cristo, sino de que cada miembro utilice sus dones para la edificación mutua (Efesios 4:11-16).

## AUTORIDAD Y RESPONSABILIDAD CIVIL

*Sométase toda persona a las autoridades superiores; porque no hay autoridad sino de parte de Dios, y las que hay, por Dios han sido establecidas. De modo que quien se opone a la autoridad, a lo establecido por Dios resiste; y los que resisten, acarrean condenación para sí mismos. Porque los magistrados no están para infundir temor al que hace el bien, sino al malo. ¿Quieres, pues, no temer la autoridad? Haz lo bueno, y tendrás alabanza de ella; porque es servidor de Dios para tu bien. Pero si haces lo malo, teme; porque no en vano lleva la espada, pues es servidor de Dios, vengador para castigar al que hace lo malo.*

—Romanos 13:1-4

*Por causa del Señor someteos a toda institución humana, ya sea al rey, como a superior, ya a los gobernadores, como por él enviados para castigo de los malhechores y alabanza de los que hacen bien. Porque esta es la*

*voluntad de Dios: que haciendo bien, hagáis callar la ignorancia de los hombres insensatos.*
—1 Pedro 2:13-15

Debido a nuestro pecado, los humanos somos injustos y egoístas, incluso violentos a veces. Por eso, Dios creó el estado. A excepción de la teocracia de Israel durante los tiempos del Antiguo Testamento, todas las autoridades gubernamentales fueron diseñadas para frenar la maldad y la injusticia humanas. En última instancia, ningún gobierno es fuente de esperanza ni de reforma global. Debido a nuestro pecado, se establecen fronteras y límites y se castiga la anarquía. En otras palabras, el gobierno existe porque hacemos lo que es correcto no para la gloria de Dios principalmente, sino porque no queremos afrontar las consecuencias de hacer lo contrario. Por lo tanto, el gobierno no es ideal para los portadores de la imagen, pero es necesario.

Esto no significa que todos los gobiernos sean justos o equitativos. Muchos son totalmente malvados. Pero, al final, los gobiernos en su conjunto servirán al propósito de Dios en su propia destrucción para la gloria de Dios. Aunque los gobiernos han perseguido a la iglesia, en el fondo existen para restringir el mal de modo que la iglesia pueda llevar el evangelio a cada tribu, lengua y nación. En otras palabras, aun una realidad donde los gobiernos persiguen a la iglesia es mejor que una realidad donde no existen gobiernos. Ninguna situación ideal de gobierno existirá en este lado de la gloria. El único gobierno que seguirá es la continuación del reinado de Cristo en los cielos nuevos y la tierra nueva, al igual que su reinado sobre el lago de fuego, dos lugares donde la consumación de la justicia será completa.

La autoridad que Dios le ha concedido al individuo, la familia, la iglesia y el estado ha sido dada por Él de forma directa y respectivamente. Una institución no le otorga autoridad a la otra. Todas las injusticias del pasado, como veremos, se remontan a un abuso de autoridad en este ámbito. Es primordial que reconozcamos la fuente del abuso, ya que los teóricos sociales y políticos modernos y posmodernos tienden a culpar de todas las injusticias a la propia autoridad. La abolición de la autoridad y las distinciones solo nos llevará a la anarquía, nunca a la utopía.

Con esta imagen más completa de la naturaleza del ser humano y de cómo debe vivirla en el mundo, nuestro primer punto de interacción con las perspectivas erróneas del mundo será ver lo que dice la Escritura sobre los efectos del pecado que todos sufrimos. En el próximo capítulo, no solo consideraremos cómo el pecado ha afectado el aspecto moral del corazón humano, los aspectos relacionales entre el hombre y Dios y el hombre con su prójimo, y los aspectos racionales del razonamiento humano, sino también cómo nuestra naturaleza pecaminosa ha causado estragos histórica y actualmente en la forma en que la autoridad es dada por Dios al individuo, la familia, la iglesia y el estado.

## CONCLUSIÓN

La voluntad de Dios para la estructura de la sociedad, especialmente en un mundo caído, es primordial para comprender los presupuestos básicos que subyacen a las teorías sociales actuales y sus consiguientes movimientos posmodernos. Por último, después de que se haya asentado el polvo de los debates que se desarrollan no solo en un escenario público y en nuestros centros donde se legislan las ideas, sino también donde se sitúan nuestras iglesias y familias, el cambio real solo puede tener lugar en el punto en que se encuentran nuestras convicciones como individuos en su nivel fundamental. Si no buscamos la voluntad de Dios sobre cómo debemos pensar acerca de todo, comenzando en el nivel del portador de la imagen individual que cada uno de nosotros es, no funcionaremos como Él quiere en este mundo caído en ningún nivel.

Aunque somos seres éticos, relacionales y racionales, también somos seres corruptos. No imaginamos a Dios como deberíamos, y todos los aspectos de la existencia humana cayeron bajo la corrupción debido a nuestro pecado contra Dios. Por tanto, no existe un «terreno neutral» en el que podamos debatir lo que significa ser humano o cualquier otro sujeto de la creación de Dios. Solo existe lo que Dios ha revelado como verdad sobre su voluntad y una falsa realidad basada en la depravación humana. Aunque todos nos hemos desviado de la voluntad de Dios hacia la depravación humana, no hay peregrinación que nos haga volver sin la obra regeneradora de Dios en nuestros corazones. El pecado no ha erradicado por completo lo que somos como portadores de la imagen, sin embargo, esto ha sido estropeado por el pecado y la rebelión hasta hacerlo casi irreconocible. Gracias a Dios en Cristo por el evangelio.

CAPÍTULO 5

# LA DEPRAVACIÓN DE LA HUMANIDAD

## INTRODUCCIÓN

Todos subestimamos la profundidad de los efectos nocivos del pecado. Todos hemos encontrado maneras de justificar las malas motivaciones, acciones y palabras, mientras que no mostramos misericordia por los demás incluso cuando sus motivaciones, acciones y palabras son menos ofensivas que las nuestras. Nos apresuramos a descartar nuestro orgullo, pero aún más rápido señalamos el de los demás. Nuestro pecado no es solo profundo sino amplio, alcanzando todos los aspectos de la composición humana.

Nuestro empeño en componer y predicar monólogos interiores elevados y manipuladores para abogar por nuestra propia inocencia solo es igualado por nuestra extraña habilidad para construir complejos argumentos de por qué el Dios trino de las Escrituras no es digno de nuestro estado pseudosofisticado. A causa del pecado, estamos demasiado impresionados con nosotros mismos como para sobrecogernos ante la gloria de Dios; demasiado enamorados de nuestra contemplación ante nuestro autodenominado «heroísmo» como para deleitarnos con la majestad del Rey. La niebla del autoengaño es tan espesa que solo un acto de Dios a través de su Palabra y su Espíritu Santo puede cortar el velo para que la verdad penetre en nuestros corazones endurecidos. El cuadro pintado en Génesis 1—2 es diametralmente opuesto a lo que vemos hoy, y si queremos una comprensión más completa de lo que está sucediendo hoy en el pensamiento posmoderno, primero debemos entender por qué está sucediendo.

## EL ALCANCE DEL PECADO

No se trata de un argumento del tipo «el diablo me obligó a hacerlo». Todo pecado es voluntario de nuestra parte y es el resultado natural de nuestra naturaleza pecaminosa. Somos una raza caída que piensa, habla, actúa y quiere libremente, desde dentro de los límites de nuestra naturaleza pecaminosa, para buscar nuestros propios deseos. Aunque nosotros, como Dios, somos seres éticos, a diferencia de Dios somos seres falibles y caídos. Dios no puede pecar, pero nosotros podemos pecar y lo hacemos, probablemente mejor que cualquier otra cosa que hagamos. Nuestro padre, Adán, como representante federal nuestro, hizo caer a la raza humana y nosotros pecamos en él (Romanos 5:12-17). Y no podemos ignorar las consecuencias del pecado como denominador común al examinar las teorías de la antropología y cómo están afectando la forma en que el mundo se ve a sí mismo y a los demás en cualquier época del pasado hasta hoy. Sin importar el periodo de la historia, hay ciertos patrones de pensamiento que siguen siendo los mismos y pueden rastrearse hasta el siguiente resumen bíblico de las consecuencias del pecado.

### CONSECUENCIAS JUDICIALES Y RELACIONALES

> *Por tanto, como el pecado entró en el mundo por un hombre, y por el pecado la muerte, así la muerte pasó a todos los hombres, por cuanto todos pecaron.*
>
> —Romanos 5:12

> *Como está escrito: No hay justo, ni aun uno; no hay quien entienda, no hay quien busque a Dios. Todos se desviaron, a una se hicieron inútiles; no hay quien haga lo bueno, no hay ni siquiera uno.*
>
> —Romanos 3:10-12

> *Y a vosotros también, que erais en otro tiempo extraños y enemigos en vuestra mente, haciendo malas obras, ahora os ha reconciliado.*
>
> —Colosenses 1:21

Debido a nuestro pecado en Adán, hemos sido condenados judicial o posicionalmente. Nuestra posición ante Dios es solo la de culpable,

culpable y culpable. No hay ni habrá nada que podamos hacer para abogar por nosotros mismos ni habrá nadie más a quien culpar. Esta condena afecta drásticamente nuestro aspecto relacional, ya que hemos perdido la comunión con Dios como quebrantadores del pacto. Y al igual que una pelota de playa que solo se mantiene bajo el agua mediante el acto de detenerla constantemente, así también detenemos la verdad de Dios que Él nos ha revelado con nuestros corazones pecaminosos (Romanos 1:18-19), pero por mucho que obstaculicemos la revelación de Dios, nada puede bloquear el conocimiento de Él de nuestra mente y conciencia.

## EFECTOS NOÉTICOS DEL PECADO

> *Pues habiendo conocido a Dios, no le glorificaron como a Dios, ni le dieron gracias, sino que se envanecieron en sus razonamientos, y su necio corazón fue entenebrecido.*
>
> —ROMANOS 1:21

> *Esto, pues, digo y requiero en el Señor: que ya no andéis como los otros gentiles, que andan en la vanidad de su mente, teniendo el entendimiento entenebrecido, ajenos de la vida de Dios por la ignorancia que en ellos hay, por la dureza de su corazón.*
>
> —EFESIOS 4:17-18

El término noético procede del griego *noētikos*, que equivale al adjetivo «intelectual».[1] En otras palabras, los efectos noéticos del pecado afectan la mente. Este aspecto de los efectos del pecado en toda la humanidad se subestima mucho cuando se evalúan los esfuerzos humanos. Nadie busca la verdad, sino todo lo contrario. Estamos constantemente suprimiendo la verdad; nuestras mentes son inútiles y nuestro entendimiento está oscurecido. Incluso mi propio razonamiento trata de abogar en mi favor aquí. ¿Qué hay de toda la verdad que ha sido descubierta por los no creyentes? ¿No son algunas de las personas más inteligentes de la historia? Sí, pero tales protestas son lo que yo llamo «pensamiento plano».

---

1. «Noetic», Mirriam-Webster Online Dictionary, https://www.merriam-webster.com/dictionary/noetic.

C. S. Lewis, en su fascinante obra *El peso de la gloria*, utilizó un triángulo como analogía para mostrar lo que denominó una «transposición» que, en última instancia, señala la diferencia entre una paradoja y una contradicción.[2] Imagina que te encuentras en medio de una carretera desierta que conduce a unas montañas en la distancia. ¿Cómo representarías, entonces, la dimensión de la profundidad si le quisieras explicar lo que estás viendo a un mundo bidimensional? Lewis observa: «Está claro que en ambos casos lo que está pasando en el medio inferior solo puede entenderse si conocemos el medio superior».[3] En otras palabras, la profundidad trasciende a un mundo bidimensional. Por lo tanto, habría que dibujar un triángulo para representar lo que en realidad es un paralelogramo (carretera) que parece agudizarse a medida que se aleja del observador. Lewis prosigue:

> Más aún, entendemos los cuadros porque conocemos y habitamos el mundo en tres dimensiones. Si podemos imaginar una criatura que percibiese solamente dos dimensiones y aun así pudiera ser consciente de algún modo de las líneas mientras reptase sobre ellas en el papel, veríamos cuán imposible sería que lo entendiese. Al principio puede que estuviera preparado para aceptar, por principio de autoridad, nuestra aseveración de que existe un mundo en tres dimensiones. Pero cuando señalásemos las líneas sobre el papel y tratásemos de explicarle: «Esto es una carretera», ¿no respondería que la forma que le estamos pidiendo que acepte como revelación de nuestro misterioso mundo sería la misma forma que, desde nuestro punto de vista, en cualquier otro lugar sería nada más que un triángulo?[4]

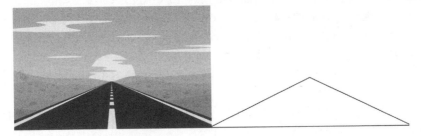

Carretera en el desierto. sanchesnet1/iStock.com

---

2. Lewis planteaba una cuestión similar, pero en esencia, creo que su objetivo era la diferencia entre una paradoja y una contradicción.
3. C. S. Lewis, *El peso de la gloria* (1942; reimpr. HarperCollins Español, 2016), p. 98.
4. *Ibidem*, p. 98.

Obsérvese el principio que enuncia Lewis. Existe una realidad bidimensional, pero sería insensato suponer que es la dimensión más elevada de la realidad solo porque el observador está confinado en ella. De lo contrario, cuando alguien que existe en una dimensión trascendental (tres dimensiones) habla de profundidad, la comprensión más completa desde el punto de vista de una realidad bidimensional queda fuera del marco de todos los que residen en ella. Por eso, el que trasciende utiliza un triángulo como analogía para representar un camino que incluye el rasgo de la profundidad. Aunque la dimensión que trasciende no relega a la dimensión inferior a la obsolescencia, sí significa que algunos rasgos se explican por condescendencia. Por analogía, el camino se explica con un triángulo, aunque algún misterio persistirá perpetuamente para quienes estén atrapados en dos dimensiones. Sin embargo, solo los necios no aceptarán el misterio y calificarán la comparación «triángulo-carretera» como contradicción en lugar de apreciar la paradoja.

Una de las mayores diferencias entre una contradicción y una paradoja tiene que ver con el reconocimiento de las categorías. Según la ley de no contradicción, dos proposiciones contradictorias no pueden ser verdaderas al mismo tiempo, en el mismo lugar y de la misma *manera*. Una carretera es un rectángulo o un paralelogramo que no es un triángulo. Pero eso solo es cierto cuando ambos caen completa o nítidamente dentro de la misma dimensión o categoría (manera). Una carretera puede *representarse* como un triángulo en un contexto bidimensional para señalar el aspecto trascendental de la profundidad. La carretera en profundidad no encaja en el ámbito de las dos dimensiones, por lo que no hay manera de hacer una comparación de uno a uno sin trascender de dos dimensiones a una tercera. La analogía de la tríada se da, aunque con cierto misterio necesario, para indicarles a los que viven en un mundo bidimensional una realidad que, aunque no niega la suya, trasciende más allá de esta hacia una más rica. Por lo tanto, a menos que alguien acepte el misterio de una realidad que trasciende, se verá obligado a negar todo misterio e intentar explicar toda realidad como si solo perteneciera a la suya.

Permíteme ampliar la ilustración de Lewis. Imagina este mundo bidimensional en el que te tropiezas con un triángulo. Algunas de las personas más inteligentes de este mundo pueden resolver los grados exactos en los que un ángulo es obtuso y los otros dos son agudos. Pueden ser capaces de explicar todo tipo de propiedades trigonométricas, negando al mismo tiempo cualquier explicación que trascienda la suya.

Este es verdaderamente el peor tipo de orgullo: «Yo soy el ser máximo, por lo tanto, ninguna realidad puede trascender aquella en la que vivo y actúo. En consecuencia, ninguna explicación procedente de la revelación de la trascendencia puede ser una explicación viable, especialmente si provoca misterio en mi realidad». Así pues, según ellos, toda realidad debe encapsularse nítida y plenamente en el marco limitado de la suya propia. ¿Cuánto tiempo sufrirías la vanidad de unas figuras de palo bidimensionales que se burlan de la idea de la existencia de la profundidad en una dimensión que trasciende la suya?

Del mismo modo, los incrédulos pueden comprender y descubrir detalles asombrosos *dentro* de nuestro universo. Los agujeros negros, la materia y la energía oscuras se descubrieron mediante fórmulas astrofísicas. ¡Y no fue hasta tiempos relativamente recientes que tuvimos la prueba visual del agujero negro con un disco de acreción! Entonces, ¿cómo afecta el pecado a la mente? En términos analógicos, el mundo incrédulo ve en última instancia un mero triángulo. Se niegan a asombrarse de la dimensión revelada que incluye la profundidad. Los astrónomos pueden calcular distancias, elementos, temperaturas, tamaños y otras características de las estrellas, pero el salmista exclama que los cielos declaran la gloria de Dios (Salmo 19:1). Los cielos apuntan a la dimensión trascendental y eterna en la que un Creador santo y glorioso no solo los diseñó y creó (y nos creó a nosotros), sino que los diseñó (y nos diseñó) para reflejar o apuntar hacia su gloria. Lamentablemente, debido a los efectos noéticos del pecado, podemos ser buenos para hacer mediciones, pero muchos de nosotros somos tan orgullosos que nos creemos de la más alta dimensión. Rechazamos el misterio y acusamos de contradicción a una paradoja necesaria, y así «pretendiendo ser sabios, se hicieron necios» (Romanos 1:22).

> *Dice el necio en su corazón: no hay Dios. Se han corrompido, hacen obras abominables; no hay quien haga el bien. Jehová miró desde los cielos sobre los hijos de los hombres, para ver si había algún entendido, que buscara a Dios. Todos se desviaron, a una se han corrompido; no hay quien haga lo bueno, no hay ni siquiera uno. ¿No tienen discernimiento todos los que hacen iniquidad, que devoran a mi pueblo como si comiesen pan, y a Jehová no invocan?*
>
> —Salmo 14:1-4

## EFECTOS ÉTICOS/MORALES DEL PECADO: CORAZONES OSCURECIDOS Y ENDURECIDOS

> *Engañoso es el corazón más que todas las cosas, y perverso; ¿quién lo conocerá?*
>
> —JEREMÍAS 17:9

> *Pero lo que sale de la boca, del corazón sale; y esto contamina al hombre. Porque del corazón salen los malos pensamientos, los homicidios, los adulterios, las fornicaciones, los hurtos, los falsos testimonios, las blasfemias.*
>
> —MATEO 15:18-19

Romanos 1:21 y Efesios 4:17-18 también hablan del corazón, que es la sede de nuestra voluntad. Cometemos voluntariamente traición contra nuestro Creador y aun así encontramos formas de tranquilizar nuestra conciencia hasta el punto de poder mirarnos al espejo y alegar inocencia. Nuestra rebelión no es solo personal, individual e interna, sino que somos deconstruccionistas agresivos del orden creativo de Dios. Nuestra rebelión compartida contra Dios no tiene límites. Como decía siempre mi padre, «la miseria ama la compañía». No nos conformamos con rebelarnos en nuestras propias vidas, sino que también buscamos socavar el mundo de cualquier vestigio de la intención original de Dios.

## DECONSTRUCCIONISMO: EFECTOS DOXOLÓGICOS

> *Profesando ser sabios, se hicieron necios, y cambiaron la gloria del Dios incorruptible en semejanza de imagen de hombre corruptible, de aves, de cuadrúpedos y de reptiles.*
> —ROMANOS 1:22-23

El apóstol Pablo continúa en Romanos 1 con una evaluación descriptiva de la naturaleza deconstructiva del pecado. La raza humana portadora de la imagen es una raza adoradora. Así como vivimos y respiramos, adoramos. Una llamada al arrepentimiento no es una llamada a la adoración, sino un intercambio de a quién estamos adorando. Estamos adorando al Dios del universo, o nos estamos adorando a nosotros mismos, a una cosa creada o incluso a una falsa idea de Dios (que también es adoración de uno mismo, ver Salmo 50:21). Puesto que el hombre se niega constantemente a responder a la revelación que Dios hace de sí mismo a través de la creación honrándole con gratitud, y en cambio suprime esa verdad (Romanos 1:21), no le queda más remedio que encontrar otro objeto de adoración.

Sin embargo, el pecado no provoca un intercambio de adoración, lo cual se llama idolatría, sino que es al revés. Observa primero cómo la humanidad forma y adora a una imagen a semejanza de hombre, ave, bestia, reptil. No la forma para caer solo entonces en la idolatría. Es su corazón idólatra el que busca algo para adorar. La idolatría no ocurre a los pies de una imagen o estatua, sino en el corazón. El objeto es solo un endeble sustituto, porque el corazón idólatra se niega a postrarse ante el Dios tres veces santo. Pero, ¿por qué fue Pablo tan específico con su descripción acerca de las imágenes de hombres, pájaros, bestias y cosas espeluznantes?

Algunos comentarios sugieren que Pablo se refiere a las imágenes que en su época se veneraban en las ciudades grecorromanas. Es muy posible que así sea, pero el texto deja claro que Pablo se refiere principalmente a un deconstruccionismo del orden de la creación en Génesis 1, lo cual le da sentido a lo que sigue en Romanos 1.

- Romanos 1:23 — καὶ ἤλλαξαν τὴν δόξαν τοῦ ἀφθάρτου θεοῦ ἐν ὁμοιώματι εἰκόνος φθαρτοῦ ἀνθρώπου καὶ πετεινῶν καὶ τετραπόδων καὶ ἑρπετῶν.[5]

---

5. Michael W. Holmes, *El Nuevo Testamento griego: SBL Edition* (Lexham Press; Society of Biblical Literature, 2011-2013), Romanos 1:23.

→ Traducción literal — Y cambiaron la gloria del Dios inmortal en semejanza de hombre mortal, aves, animales terrestres y reptiles.[6]

- Génesis 1:26 (Septuaginta griega, LXX) — καὶ εἶπεν ὁ θεός Ποιήσωμεν ἄνθρωπον κατ' εἰκόνα ἡμετέραν καὶ καθ' ὁμοίωσιν, καὶ ἀρχέτωσαν τῶν ἰχθύων τῆς θαλάσσης καὶ τῶν πετεινῶν τοῦ οὐρανοῦ καὶ τῶν κτηνῶν καὶ πάσης τῆς γῆς καὶ πάντων τῶν ἑρπετῶν τῶν ἑρπόντων ἐπὶ τῆς γῆς.[7]

→ Traducción literal — Y dijo Dios: «Hagamos al hombre (o más literalmente, a los humanos) según nuestra imagen y según nuestra semejanza para que gobiernen sobre los peces del mar y las aves del cielo y los animales (domésticos), y sobre toda la tierra (terreno), y sobre todos los reptiles que se arrastran sobre la tierra (terreno)».[8]

Fíjate primero en ese juego de palabras que sugiere que Pablo está aludiendo al orden de la creación en Génesis 1:26. Primero vemos que Dios hizo *al hombre* a su *imagen* y *semejanza*. Pablo dice que el *hombre*, en el pecado, se hace una *imagen a* su *semejanza*. El hombre trata de recrearse como si fuera un dios. En Génesis, Dios hace que el hombre gobierne bajo Dios sobre las aves, los animales terrestres y los reptiles. Pablo dice que el hombre, en pecado, adora a la imagen del hombre, las aves, los animales terrestres y los reptiles. Nótese que él omitió aquí a los peces. Esto puede ser una pista de que Pablo está haciendo una conexión entre la idolatría grecorromana y Génesis 1, por medio de la cual está señalando la idolatría de la que es testigo, que tal vez no incluya la idolatría de los peces. Así pues, el hombre se niega a adorar al único Dios Creador y trata de jugar él mismo a ser Dios, buscando desordenar y deconstruir el orden de la creación. Sin embargo, el hombre no es Dios. Por lo tanto, solo puede hacer imágenes de lo que Él ha hecho. No podemos tomar la imagen de Dios como igual a Dios mismo. Solo Dios puede crear el universo y todo lo que hay en él de la nada (o como muchos declaran *ex nihilo*, de la nada), nosotros solo podemos tomar la arcilla de Dios e impresionarnos con nuestros tristes castillos de arena, pensando que son dignos objetos de culto. Pablo no ha terminado aquí.

---

6. Traducción de Justino Hickey, profesor de Lengua, Instituto Universitario Cristiano de las Américas, vía correspondencia personal, 21 de noviembre de 2024.
7. *Septuaginta: con morfología* (Stuttgart: Deutsche Bibelgesellschaft, 1996), Génesis 1:26.
8. Traducción de Justino Hickey, 21 de noviembre de 2024.

Ten paciencia conmigo, la evidencia solo se hace más fuerte a medida que continuamos en Romanos 1.

> *Por esto Dios los entregó a pasiones vergonzosas; pues aun sus mujeres cambiaron el uso natural por el que es contra naturaleza, y de igual modo también los hombres, dejando el uso natural de la mujer, se encendieron en su lascivia unos con otros, cometiendo hechos vergonzosos hombres con hombres, y recibiendo en sí mismos la retribución debida a su extravío.*
> —ROMANOS 1:26-27

Aunque muchas de nuestras traducciones utilizan «mujer» y «hombre» para Romanos 1:26-27, los términos que usó Pablo son «femenino» y «masculino». La palabra griega empleada aquí es θήλειαι (hembras) y ἄρσενες (varones) en lugar de γυναικὶ (mujer) y ἄνθρωπος (hombre), que utilizan Pablo y otros autores del Nuevo Testamento. La cuidadosa selección de términos por parte de Pablo es muy importante, y para entender su razonamiento debemos remontarnos primero a Mateo 19, cuando se le hizo a Jesús la pregunta sobre el divorcio.

> *Él, respondiendo, les dijo: ¿No habéis leído que el que los hizo al principio, varón y hembra los hizo, y dijo: Por esto el hombre dejará padre y madre, y se unirá a su mujer, y los dos serán una sola carne? Así que no son ya más dos, sino una sola carne; por tanto, lo que Dios juntó, no lo separe el hombre.*
> —MATEO 19:4-6

Obsérvese que los traductores utilizan «varón» y «hembra» en el versículo 4, pero cambian a «hombre» y «mujer» o «esposa» en el versículo 5. Esto se debe a que Jesús está citando la Septuaginta, al igual que Pablo la parafrasea en Romanos 1. La Septuaginta griega (LXX) es una traducción al griego de lo que llamamos «Antiguo Testamento», así como de otros documentos importantes, un proyecto que se completó en Alejandría, en el norte de África, aproximadamente un par de siglos antes de Cristo. Esta traducción sería utilizada en diferentes grados por Jesús y los escritores del Nuevo Testamento al citar el Antiguo Testamento. En la LXX, Génesis 1 habla de «varón» y «hembra», pero Génesis 2 los llama «hombre» y «mujer». De ello se deduce que cuando Jesús citó partes de Génesis 1 y 2 para rebatir la pregunta capciosa sobre el divorcio, estaba citando la LXX. Por lo tanto, Él usa primero los términos «varón» y «hembra» cuando cita Génesis 1 y luego «hombre» y «mujer» cuando cita Génesis 2. Por favor, ten cuidado de no perderte buscando algún significado secreto entre los términos «varón-hombre» y «hembra-mujer». El punto aquí es mostrar cómo en Romanos 1 el apóstol Pablo está haciendo lo mismo. ¡Pablo se refiere a Génesis 1!

| GÉNESIS 1 | ROMANOS 1 |
|---|---|
| ▷ Dios inmortal hace al hombre a su imagen/semejanza.<br>▷ Dios otorga al hombre dominio sobre peces, aves, bestias de la tierra, los reptiles. | ▷ El hombre mortal hace y adora imagen a su propia semejanza.<br>▷ El hombre adora la imagen de aves, cuadrúpedos, y los reptiles. |
| ▷ Dios instituye el pacto matrimonial de «varón» y «hembra». | ▷ «Hembras» cambian lo natural (varones) por «hembras» y «varones» también cambian lo natural («hembras») por «varones». |

Así pues, el argumento de Pablo continúa. En el pecado, el hombre no solo hace tristes intentos de jugar a ser Dios, no solo está tan encantado con su creatividad mediocre que adora, sino que el hombre se propone continuar en su comportamiento deconstructivo retorciendo la alianza matrimonial hasta hacerla irreconocible. Dios hizo al varón y a la mujer, y al unirlos a ambos en una sola carne, su aspecto relacional horizontal se muestra más fuerte que cualquier otro pacto posible entre humanos. El pacto matrimonial es hetero, uno en el que un hombre y una mujer se convierten en uno. Como se señaló en un capítulo anterior, Pablo nos muestra en Efesios 5:31-32 cómo el pacto de redención reveló el misterio inherente en el matrimonio; de esa manera, nuestro matrimonio reflejaría el aspecto hetero-relacional de Cristo y su iglesia. Pero el hombre, en su pecado, trata de deshacer el orden de Dios, y por lo tanto su propósito. La mujer se une sexualmente a otra mujer y los hombres hacen lo mismo, hombres con hombres.

Un patrón similar de intentos de deconstruir el orden de la creación emerge a lo largo de la historia humana, ya sea en la Roma del siglo I o en la Ciudad de México del siglo XXI. El vientre de la mujer fue diseñado para proteger al bebé de los elementos y nutrirlo hasta que pudiera ser alimentado y cuidado después del nacimiento. Hoy en día, al igual que en la época de Pablo, se les dice a las mujeres que pueden convertir sus vientres en incubadoras de muerte. Muchos hombres, al igual que en la época de Pablo, han sido hirientes en lugar de pastorales, o se les engaña para que sean afeminados y pasivos.

## CONCLUSIÓN

Cualquier movimiento ideológico posmoderno de hoy encaja perfectamente en la descripción de Pablo del triste intento de la humanidad de jugar a ser Dios, deconstruyendo el orden y las ordenanzas de su creación con la esperanza de hacer una utopía para sí mismos sin Dios. No hay utopía porque somos pecadores. Incluso si pudiéramos lograr algo como lo que Marx y otros soñaron, sería el infierno, un lugar sin comunión con Dios, donde cada hombre y mujer cosecharía las recompensas de una vida haciendo lo que sus corazones pecaminosos los llevaron a hacer. Solo el evangelio de Jesucristo puede darnos un nuevo corazón y solo la consumación del reino de Cristo en su segunda venida traerá justicia para siempre.

A continuación, veremos cómo los efectos judiciales, relacionales, noéticos y doxológicos del pecado han provocado un intento de deconstruir las instituciones y sus funciones de autoridad. Únicamente así podremos observar la historia y el presente con lentes bíblicas. Sin un diagnóstico correcto, ¿cómo tendremos la oportunidad de empezar siquiera a encontrar una solución real en nuestro mundo inquieto?

SEGUNDA PARTE:

# LA LUCHA POR REDEFINIRNOS

CAPÍTULO 6

# LA LUCHA POR LA AUTONOMÍA

**INTRODUCCIÓN**

La etimología de la palabra *autonomía* proviene de *auto* (uno mismo) y *nomos* (ley). La autonomía significa intentar ser una ley para uno mismo. En otras palabras, la autonomía es un intento de ser Dios. Aunque muchos teóricos consideran que la autoridad es la raíz de toda disparidad, solo su abuso provoca problemas. La autoridad procede de Dios y se concede a diferentes instituciones para la gloria de Dios y el bien del hombre. No fue hasta que el hombre pecó que las posiciones de autoridad empezaron a ser utilizadas, debido a los deseos pecaminosos de algunos, para buscar el beneficio personal por encima de los derechos de los demás.

## ABUSO DE AUTORIDAD

*¿Por qué se amotinan las gentes, y los pueblos piensan cosas vanas? Se levantarán los reyes de la tierra, y príncipes consultarán unidos contra Jehová y contra su ungido, diciendo: Rompamos sus ligaduras, y echemos de nosotros sus cuerdas. El que mora en los cielos se reirá; el Señor se burlará de ellos. Luego hablará a ellos en su furor, y los turbará con su ira. Pero yo he puesto mi rey sobre Sion, mi santo monte.*

—Salmo 2:1-6

*Como los repartimientos de las aguas, así está el corazón del rey en la mano de Jehová; a todo lo que quiere lo inclina.*

—Proverbios 21:1

*A este, entregado por el determinado consejo y anticipado conocimiento de Dios, prendisteis y matasteis por manos de inicuos, crucificándole.*

—Hechos 2:23

Aunque en última instancia el hombre nunca podrá socavar la autoridad de Dios —en otras palabras, nadie podrá destronar a Dios ni frustrar su voluntad decretada—, a lo largo de la Escritura se le dieron mandatos sobre la voluntad de Dios que debía seguir o rechazar. El hombre puede, ha podido rebelarse y sigue rebelándose contra la voluntad revelada de Dios en todos los frentes, incluida la autoridad individual e institucional. Sin embargo, la providencia de Dios no se ve amenazada por el objetivo del hombre de alcanzar la autonomía, ya que *la verdadera* autonomía es lógica y teológicamente imposible. Dicho esto, la acusación del apóstol Pablo de que los seres humanos «no tienen excusa» (Romanos 1:20) nos recuerda que el fin no justifica los medios. La humanidad no actúa como una marioneta que se mueve únicamente por fuerzas exteriores (gravedad, viento, la voluntad del titiritero y, por lo tanto, hilos), sino a partir de los deseos de su propia naturaleza pecaminosa. En otras palabras, aunque la humanidad se haya rebelado, Dios es soberano; Dios ha llevado, lleva y llevará a cabo su plan soberano en la creación, el juicio y la redención según el designio de su voluntad (Efesios 1:11). Sin embargo, la humanidad se cree Dios y perpetúa sus propios reinos autoproclamados, engañada por el hecho de que solo hay un Rey que decreta para gloria de su nombre.

### *ANARQUÍA*

El término *anarquía*, en su sentido más literal,[1] significa «sin autoridad». La idea anarquista de que todas las instituciones son focos de abuso autoritario no es, en última instancia, un intento de borrar toda autoridad, sino solo de situarla directamente en el individuo. La anarquía es el grito de muchos manifestantes hoy en día, especialmente de jóvenes adultos en edad universitaria. Puede sonar atractiva para quienes creen que toda norma institucional obstaculiza sus derechos, pero si los anarquistas se salen con la suya, nadie tendrá sus derechos protegidos. El Estado de Derecho es necesario para la protección de los derechos.

La anarquía es, en última instancia, un intento ilusorio de sentarse en el trono de Dios y no solo confiar en el sentido propio del bien y del mal, sino de servirse solo a uno mismo y esperar que los demás hagan únicamente aquello que se alinea con nuestros intereses. El problema

---

1. No debe confundirse con la forma en que se entiende la anarquía en la ciencia política con respecto a la política y las relaciones internacionales.

es cómo poder esperar que los demás sirvan a mis intereses —o al menos no los obstaculicen— si cada individuo se sienta en su propio trono y se somete solo a su propia voluntad autoritaria. ¿Qué ocurre cuando los intereses de mi vecino obstaculizan los míos? ¿A quién o a qué puedo apelar si no existe un Estado de Derecho? La anarquía solo puede conducir a una manipulación tipo «sálvese quien pueda» y a la violencia. Todos los intentos históricos de verdadera anarquía han durado poco y, en el momento en que escribo esto, si quieres ver cómo funciona la anarquía, puedes visitar Somalia, aunque el Departamento de Estado de Estados Unidos te recomienda encarecidamente que te abstengas.

> No viaje a Somalia debido a la delincuencia, el terrorismo, los disturbios civiles, los problemas de salud, los secuestros, la piratería y la falta de disponibilidad de servicios consulares de rutina.
>
> Resumen del país: La delincuencia violenta, como secuestros y asesinatos, es común en toda Somalia. Los controles ilegales de carreteras están muy extendidos. El gobierno de Estados Unidos tiene una capacidad extremadamente limitada para ayudar a los ciudadanos estadounidenses en Somalia porque no hay ningún funcionario consular permanente en Somalia, incluida la región de Somalilandia. Si el pasaporte de un viajero se pierde, es robado o caduca, o el viajero se convierte en indigente, el gobierno de Estados Unidos puede ser incapaz de ayudar. Algunas escuelas y otras instalaciones actúan como centros de «rehabilitación» y campos de «desoccidentalización». Estas instalaciones existen en toda Somalia con escasa o nula autorización y supervisión. Las denuncias de abusos físicos son frecuentes. Las personas también denuncian haber sido retenidas contra su voluntad en estos centros.[2]

No obstante, a fin de cuentas, la anarquía asume fundamentalmente que el hombre es su propio hacedor. El individuo vive para su propia gloria, intereses y beneficios sin tener en cuenta la gloria y majestad de nuestro Hacedor y Rey. Siendo que fuimos diseñados de tal manera

---

2. Departamento de Estado de Estados Unidos, Oficina de Asuntos Consulares, «Somalia Travel Advisory», https://travel.state.gov/content/travel/en/traveladvisories/traveladvisories/somalia-travel-advisory.html#:~:text=Do%20not%20travel%20to%20Somalia,Illegal%20roadblocks%20are%20widespread., consultado el 21 de noviembre de 2024.

que nuestra mayor alegría proviene de glorificar a Dios y saber quiénes somos en Cristo, disfrutando de Dios para siempre, no puede haber verdadera paz, alegría o propósito final en la anarquía.

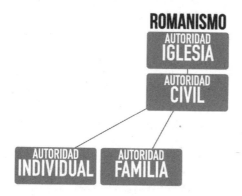

### EL ROMANISMO: EL SACRO IMPERIO ROMANO GERMÁNICO

La iglesia romana primitiva era una iglesia separada de este mundo y su sistema, y perseguida especialmente tras su ruptura con el judaísmo como secta ilegal en el imperio. Según el senador e historiador romano Cornelio Tácito (ca. 56-120 d. C.), el emperador Nerón llegó a culpar a la iglesia de un devastador incendio que se sospecha que él mismo provocó.[3] Entre los siguientes Césares de Roma se encontrarían algunos de los peores enemigos de la iglesia, pero esta perseveró y las puertas del Hades no prevalecieron contra ella.

La historia de la iglesia romana, a través de una serie de acontecimientos, acabó convirtiéndose en una superpotencia casada con el estado, persiguiendo a los cristianos de una forma posiblemente peor que cualquier otra potencia secular anterior a ella. Una compleja red de factores debatidos contribuiría a la corrupción de la iglesia, derivada de decisiones tomadas como la «cristianización» del Imperio romano por el emperador Teodosio I en el 380 d. C., el trato dado por Agustín a los donatistas (Concilio de Cartago, 411 d. C.) que más tarde se utilizaría como precedente para el abuso de poder sobre los herejes, el ascenso del papado y la coronación del primer emperador del Sacro Imperio Romano Germánico, Carlomagno, en la Navidad del 800 d. C. por el papa León III.

---

3. Cornelio Tácito, *Los Anales*, libro XV, capítulo 38 (Alianza Editorial, 2017).

Con el tiempo, los papas medievales utilizarían su poder político junto con el control del acceso a la «sangre» y el «cuerpo» de Cristo de la Eucaristía para castigar a los poderes monárquicos locales que se salieran de la línea. De este modo, se forjó un sistema que otorgaba al papa la máxima autoridad sobre el Estado y, a la vez, sobre el individuo y la familia. Lo que sobrevendría serían siglos de luchas de poder entre la iglesia y el estado, además de la servidumbre coaccionada de la conciencia al dogma incontestable.

Sólido de Teodosio I el Grande. Cortesía de Wikipedia. Dominio público.

Ninguna sociedad, ni siquiera una que lleve la bandera de la cristiandad, tiene precedentes bíblicos para someter la voluntad y la conciencia de sus miembros a una dictadura humana monolítica. El equilibrio, incluso cuando se inclina hacia un lado casi religioso, es la única manera de que el individuo, la familia, la iglesia y el estado lleven a cabo sus respectivos propósitos, cada uno bajo la autoridad que Dios les ha concedido.

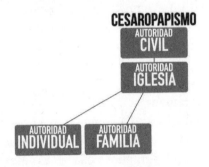

### CESAROPAPISMO: LA POTENCIA BIZANTINA

La iglesia bizantina oriental se desarrolló bajo un sistema que, aunque en cierto modo estaba vinculado al estado, no tenía una figura papal como en occidente. Por lo tanto, un grupo de «patriarcas» en la iglesia básicamente se sometieron a los emperadores en todas sus decisiones importantes, una estructura política que continuó en la formación del Imperio otomano e incluso la Unión Soviética del siglo XX.

Un par de años después de mi conversión a Cristo, me matriculé en un seminario para estudiar teología. Mi profesor favorito y más impactante, que ahora está con el Señor, era un refugiado de Rumanía durante la era comunista. El hermano Benjamin Cocar sirvió al Señor como pastor en Rumanía, pero debido a su celo por la evangelización el servicio secreto comunista lo persiguió y encarceló en más de una ocasión por «contrabando de Biblias». Benjamin fue finalmente investigado bajo la amenaza de años de encarcelamiento por ser culpable de bautizar a demasiadas personas en un año determinado. Debido al cesaropapismo bajo el que estaba estructurado el país, incluso la iglesia establecida impuso un control diabólico para limitar el crecimiento de grupos fuera de su dominio por parte de las fuerzas comunistas. La iglesia ortodoxa rumana, sierva del gobierno para las relaciones públicas y para mantener el control sobre el púlpito, las familias y la conciencia de los creyentes, ayudó al gobierno a perseguir al pastor Cocar hasta que se le concedió asilo para huir a Estados Unidos.

El patriarca Justiniano con los dirigentes del Partido Comunista en el Festival Mundial de la Juventud, 1953. Fototeca en línea del comunismo rumano 50 (52)/1953.

La iglesia no fue establecida por Cristo para ser un instrumento de ningún gobierno, sino para ser el cuerpo de Cristo. El cesaropapismo socava fundamentalmente la autoridad y la responsabilidad de la conciencia individual, la familia e incluso la iglesia.

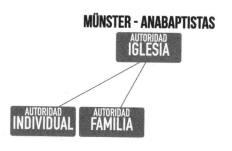

## AUTORIDAD INSTITUCIONAL, PERO SIN EL ESTADO

Durante la Reforma protestante, surgió un movimiento sectario dentro de los anabaptistas conocido como los «quiliastas» (*khilioi*; «mil» en griego), quienes creían que todo gobierno era del anticristo y tomaron Münster entre 1534 y 1535. Anteriormente, Melchior Hoffman —luterano convertido al anabaptismo— había profetizado el regreso de Cristo para 1532 en Estrasburgo, Francia. Después de que el año 1532 pasó sin la Segunda Venida, muchos anabaptistas dejaron Estrasburgo y emigraron a Münster, Alemania, y la profecía se cambió por un segundo retorno de Cristo en su nueva ciudad de residencia. Pronto tomaron el control de la ciudad y extraditaron a los luteranos. De entre la población anabaptista, Jan Matthys (ca. 1500-1534) afirmó tener revelación directa de Dios y declaró que Münster era la Nueva Jerusalén de Apocalipsis 21:2. El «Milenio» estaba en marcha y las masas fueron llamadas a convertirse.[4]

El poder de Jan no permitía excepciones, ya que los «traidores» eran ejecutados públicamente y se formó un estado militar comunista. Jan convenció a sus seguidores de que en la Nueva Jerusalén no podía existir ninguna autoridad «secular» de más de quinientos soldados de los poderes seculares. Naturalmente, Jan y sus hombres fueron asesinados y aunque los rumores de su inminente resurrección consolaron a los seguidores anabaptistas, Jan de Leiden (ca. 1509-1536) tomó su lugar como líder, derrotó a los poderes seculares, estableció la poligamia (él mismo tuvo dieciséis esposas antes de decapitar a una de ellas),[5] y fue ungido rey de la Nueva Jerusalén.

El príncipe-obispo de los poderes «seculares» construyó un muro más allá del alcance de los cañones anabaptistas, cortando el suministro de alimentos. Una vez que gran parte de la población disminuyó por el hambre, los anabaptistas fueron atacados y casi todos asesinados. Jan fue capturado y el 22 de enero de 1536, él junto con dos de sus líderes fueron torturados, asesinados y colocados en tres jaulas colgadas de la catedral donde permanecen hasta hoy.[6]

---

[4]. En enero de 1534, se bautizaron aproximadamente mil personas en un solo día.

[5]. Una de las esposas de Jan se quejó de su fastuoso estilo de vida, y él respondió haciendo que sus otras esposas cantaran himnos mientras la decapitaba.

[6]. Para leer más sobre la rebellion de Münster, considera Friedrich Reck-Malleczewen, *A History of the Münster Anabaptists: Inner Emigration and the Third Reich* (New York: Palgrave Macmillan, 2008).

Iglesia de San Lamberto (Sankt Lamberti), Münster, Alemania, donde los cadáveres de tres líderes de la rebelión anabaptista (Jan van Leiden, Bernd Knipperdolling y Bernd Krechting) fueron colocados después de su ejecución en 1536. frantic00/iStock.com.

Ocurrirán revoluciones y contrarrevoluciones, los viejos gobiernos serán reemplazados por nuevos gobiernos, a veces para el bien neto de la población y a veces para su perjuicio. No hay naciones o sistemas de gobierno ideales, dado que los humanos somos pecadores y nuestros corazones rebeldes a nivel micro producen macrosistemas de autoridad que, en un grado u otro, nunca serán justos en este lado de la gloria. Dicho esto, Dios ha establecido gobiernos mundanos no como medio para establecer su reino, sino para frenar el mal mientras la iglesia lleva el evangelio a toda lengua, tribu y nación. La revuelta de Münster fue solo un ejemplo de lo que sucede cuando la gente utiliza interpretaciones subjetivas y sesgadas de las Escrituras para justificar lo que las Escrituras prohíben enfáticamente. Hasta que Cristo regrese, los gobiernos mundanos continuarán y su autoridad, aunque mal utilizada, juega su papel en el diseño de Dios para la sociedad.

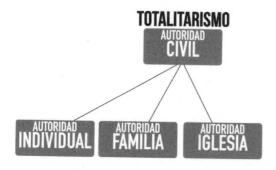

## *TOTALITARISMO: EL ESTADO LO ES TODO*

Otra forma de abuso de autoridad ha ido y venido a lo largo de la historia, dejando siempre un rastro de destrucción. El totalitarismo es la idea según la cual toda la autoridad recae en última instancia en el estado, incluso en lo que respecta a cuestiones éticas. Durante el siglo XX, superpotencias como el régimen de Joseph Stalin en la URSS (Unión de Repúblicas Socialistas Soviéticas), los regímenes fascistas de Alemania e Italia durante la Segunda Guerra Mundial y el estado español de principios y mediados del siglo XX[7] han sido considerados, por consenso de los expertos, estados totalitarios.

El totalitarismo les niega al individuo, la familia y la iglesia el derecho que Dios les ha dado a ejercer la autoridad en el cumplimiento de sus responsabilidades prescritas. Karl Marx sugirió la formación de un estado de este tipo, aunque fuera como medida temporal, como único medio de eliminar las clases económicas y marcar el comienzo de la utopía humana. El totalitarismo se analizará más detenidamente en capítulos posteriores. No obstante, deberíamos tomar nota aquí de que, aunque muchos ideólogos posmodernistas de hoy en día hacen todo lo posible por negar su marxismo inherente, y muchos marxistas de hoy en día, especialmente en Sudamérica, niegan cualquier relación con las ideologías posmodernas, los teóricos de ambos bandos están presionando para que un gobierno con excesivos poderes les arrebate a otras instituciones el derecho a ejercer su respectiva autoridad para tomar decisiones basadas en convicciones inherentes.

Por ejemplo, en enero de 2022, Canadá aprobó el proyecto de ley C-4, que prohíbe lo que se denomina «terapia de conversión», y desde entonces otros países, como México, están siguiendo su ejemplo. Aunque tratar de cambiar la preferencia sexual o la identidad de género de alguien en lugar de aconsejarlo hacia una comprensión de la redención y la semejanza a Cristo puede ser contraproducente, un llamado al arrepentimiento y al discipulado sobre lo que las Escrituras dictan como prácticas sexuales pecaminosas está incluido en las órdenes de marcha de todos los cristianos. Un estado totalitario controla lo que se enseña desde el púlpito y en el hogar. Esto socava

---

7. Stanley Payne, *Fascism in Spain, 1923-1977* (Madison, WI: University of Wisconsin Press, 1999), pp. 347, 476.

todo lo que las Escrituras enseñan sobre las responsabilidades del individuo, la familia, la iglesia y el estado, y finalmente crea condiciones opresivas que destruyen las sociedades.

## CONCLUSIÓN

En definitiva, el abuso de poder a lo largo de la historia es un problema también hoy. No existe ningún país en el que este abuso no esté presente en la actualidad. En nuestro camino hacia las ideologías y el activismo «posmodernistas aplicados» de hoy, no debemos perder de vista que lo que está en la raíz de toda opresión es el pecado. Si no tenemos eso en la mente y en el corazón, podemos caer finalmente en el humanismo y cambiar el evangelio bíblico por un falso mensaje de salvación que hace uso del pragmatismo y la hiperautonomía, prometiendo siempre un mundo utópico, hecho por nosotros. Y sin una comprensión bíblica del propósito, la autoridad y por lo tanto la responsabilidad del individuo, la familia, la iglesia y el estado, cambiaremos la esperanza de gloria por la elusiva Babel y el sueño de una torre para nuestra gloria, la cual, por diseño, se destruirá a sí misma.

# CAPÍTULO 7

# LA LUCHA POR LA IDENTIDAD

## INTRODUCCIÓN

Prácticamente no hay rama del conocimiento, la pedagogía o la empresa profesional actual que no esté en deuda con el filósofo ateniense Aristóteles (384-322 a. C.). Gran parte de la forma en que la mayor parte del pensamiento occidental ha tratado la lógica se basa en su obra, ya sea directa o indirectamente. Esto no significa en absoluto que Aristóteles inventara la lógica, sino solo que la manera en que la codificó o sistematizó ha ayudado a muchos a reconocer formas universales de pensar y describir los fenómenos entre los seres humanos que razonan. Sin embargo, Aristóteles erró cuando razonó desde el ámbito físico (física) al ámbito trascendental (metafísica), y por lo tanto utilizó el mundo como lente para comprender (o malinterpretar) a Dios. Él llegó a la conclusión errónea de que un simple motor inmóvil es lo que en el fondo mueve (sin mover) el mundo material, de forma parecida a como un imán no mueve los metales hacia sí, sino que estos se mueven por atracción hacia él. En resumen, Aristóteles llegó a la conclusión de que un motor incognoscible e impasible es la perfección completa, y todo actúa hacia él, pero sin alcanzarlo nunca. El impasible motor es ajeno al mundo material y no lo ha creado. Ambos son coeternos.

Por lo tanto, aunque un filósofo pagano pueda describir correctamente los fenómenos físicos y su actividad en el ámbito físico, nada en el mundo material puede crear una ventana al cielo sin tratar con la obra regeneradora de Dios sobre un corazón de piedra. Es Dios quien se revela al hombre a través de la creación y la conciencia (de la metafísica a la física), no el hombre quien razona desde su corazón endurecido a través de la creación para descubrir a Dios (de la física a la metafísica). Por consiguiente, con suma cautela, podemos aprender física de los filósofos sin seguir su ejemplo en sus especulaciones sobre la metafísica. Y Aristóteles no es una excepción. Su trabajo sobre retórica y persuasión es paralelo al de muchos a lo largo de la historia que han buscado la identidad aparte de lo que se revela en las Escrituras sobre nosotros.

## ¿QUIÉN SOY?

Aristóteles enseñó que la capacidad de un orador para persuadir a un público se basa en su capacidad para apelar a ese público en tres áreas diferentes: *logos*, *ethos* y *pathos*. Considerados en conjunto, forman lo que los retóricos posteriores han llamado «el triángulo retórico».[1]

### ETHOS, LOGOS Y PATHOS

Los argumentos que utilizamos para persuadir pertenecen a la categoría de *la retórica*. Según el diccionario de Cambridge, la retórica es «el habla o la escritura con la intención de ser eficaz e influir en las personas; el estudio de las formas de utilizar el lenguaje con eficacia; el lenguaje ingenioso que suena bien pero no es sincero o no tiene un

---

1. Jaclyn Lutzke y Mary F. Henggeler, «The Rhetorical Triangle: Understanding and Using Logos, Ethos, and Pathos», School of Liberal Arts, Indiana University, 2009, https://www.lsu.edu/hss/english/university_writing/university_writing_files/item35402.pdf, consultado el 24 de agosto de 2024.

significado».[2] Consideremos la siguiente situación: un padre tiene que recordarle constantemente a su hija pequeña que se lave las manos antes de comer. A la tierna edad de cinco años, hace uso de su autoridad como padre: «Soy tu padre, obedece y lávate las manos». Ella obedece de momento, pero solo cuando está bajo supervisión. El padre le habla entonces de higiene y de la enfermedad resultante de llevarse las manos llenas de bacterias a la boca, pero ella sigue sin ceder. Finalmente, en un momento de desesperación, el padre le dice que su papá y su mamá se ponen tristes cuando no se lava las manos, mientras muestra su escasa capacidad para actuar con falsos sollozos.

En este lamentable escenario (pido disculpas, porque fue la primera ilustración que me vino a la cabeza mientras me tomaba mi tercera taza de café esta mañana), podemos distinguir fácilmente lo que Aristóteles acuñó como las tres áreas de apelación retórica: *ethos*, *logos* y *pathos*. Cuando el padre apelaba a su autoridad o credibilidad, estaba utilizando el *ethos*; cuando intentaba explicar racionalmente la lógica que hay detrás de una buena higiene, estaba apelando al *logos*; y cuando apelaba a las emociones de su hija (en este caso, de forma manipuladora), estaba utilizando el *pathos*. La cuestión es que en el discurso y la escritura se utiliza una combinación diferente de estos tres elementos para defender cualquier tesis. No obstante, nuestro punto aquí es que *ethos*, *logos* y *pathos* van mucho más allá de la persuasión literaria, sino que también son vitales para entender cómo el mundo ha buscado la identidad individual y social.

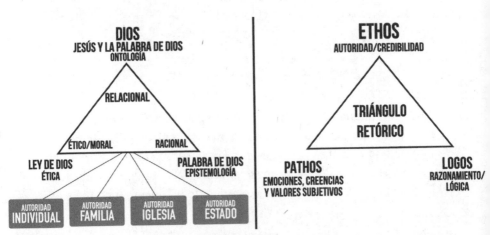

---

2. «Rhetoric», Cambridge Dictionary, https://dictionary.cambridge.org/dictionary/english/rhetoric, consultado el 24 de diciembre de 2024.

Nótese el paralelismo entre nuestro debate sobre la identidad como portadores de imágenes y el triángulo retórico de Aristóteles. Estoy convencido de que aquí reside la razón fundamental por la que *ethos*, *logos* y *pathos* van mucho más allá de los recursos retóricos, siendo sintomáticos de cómo entendemos nuestra propia identidad como humanos. Dios es nuestro Creador y Sustentador. Él es el *ethos* o la autoridad suprema. Todo y todos fuera de Dios son seres contingentes, que deben su existencia y propósito a la voluntad y la gloria de Él. Dios no solo nos revela quién es Él y quiénes somos nosotros, sino que también nos ordena vivir de acuerdo con el propósito que tuvo al crearnos. Sin embargo, Dios también nos hizo seres racionales. Por lo tanto, Él nos da a conocer muchas de las razones por las que nos hizo como nos hizo y el porqué de sus mandamientos. Pero aquí es donde Eva fue engañada y Adán transgredió abiertamente en el huerto de Edén. La serpiente puso en duda el razonamiento de Dios y la sinceridad detrás de sus mandamientos. Eva utilizó así su propio *logos*, o razonamiento finito, para suplantar los mandamientos de Dios (*ethos*).

> *Pero la serpiente era astuta, más que todos los animales del campo que Jehová Dios había hecho; la cual dijo a la mujer: ¿Conque Dios os ha dicho: No comáis de todo árbol del huerto? Y la mujer respondió a la serpiente: Del fruto de los árboles del huerto podemos comer; pero del fruto del árbol que está en medio del huerto dijo Dios: No comeréis de él, ni le tocaréis, para que no muráis. Entonces la serpiente dijo a la mujer: No moriréis; sino que sabe Dios que el día que comáis de él, serán abiertos vuestros ojos, y seréis como Dios, sabiendo el bien y el mal. Y vio la mujer que el árbol era bueno para comer, y que era agradable a los ojos, y árbol codiciable para alcanzar la sabiduría; y tomó de su fruto, y comió; y dio también a su marido, el cual comió así como ella.*
>
> —Génesis 3:1-6

¿Ves el argumento? Primero, la serpiente citó mal a Dios mediante una astuta sugerencia dentro de una pregunta aparentemente inocente. Permíteme parafrasear cuidadosamente: «Así que Dios realmente dijo que no puedes comer de ningún árbol del jardín». La serpiente utilizó la única restricción de Dios sobre los árboles del jardín para sugerir que Él no provee para su creación. Finalmente, la serpiente tienta a la mujer a usar un *logos* o razonamiento creatural y finito para cuestionar el *ethos* o la autoridad de Dios. Una vez que la mujer adoptó el *logos* frustrado al comer del único árbol prohibido (de la metafísica a la física), entonces se sometió a un razonamiento empírico (de la física a la metafísica) como sus sentidos para concluir que el fruto del árbol prohibido es lo que trae el verdadero deleite en lugar de caminar en obediencia con su Creador, y deseó destronar a Dios y reinventarse a sí misma como la fuente de la sabiduría.

Aunque no podemos ahondar aquí en las profundidades de lo que ocurre en el huerto de Edén para nuestros propósitos actuales, toma nota de que el razonamiento humano (*logos*) no puede usurpar la autoridad de Dios (*ethos*) para evaluar cómo y si debemos seguir sus mandamientos. Observa también cómo la mujer fue engañada para que estableciera su propio *ethos*, o valores subjetivos, sobre lo que es bueno y malo. La serpiente le dijo que si comía del fruto, conocería el bien y el mal. La mujer sería capaz de hacer su propio juicio basado en sus valores sobre qué hacer. Por favor, considera esto teniendo en cuenta los dos triángulos anteriores. Cuanto más estudies los dos, creo que más te darás cuenta de las maneras en que son paralelos. Saber cómo se interrelacionan Dios/ontología/*ethos*, la Palabra de Dios/epistemología/*logos*, y la Ley de Dios/ética/*pathos* se hará más claro a medida que observemos el pensamiento occidental y será crucial para descifrar las declaraciones de las tesis posmodernas.

## ETHOS DE LA MONARQUÍA

En todo el mundo, los imperios y las monarquías han disfrutado de un largo periodo de poder y expansión. El decreto de un rey era ley, y una prueba de honor era el compromiso inquebrantable y la lealtad al trono. La autoridad inherente al rey era todo lo que se necesitaba para establecer la voluntad prescrita e incuestionable de un reino. Por lo tanto, no solo la persuasión estaba arraigada en el *ethos*, sino también la identidad. La relación o proximidad de un individuo con la realeza era un lugar casi arreglado en la sociedad. Ya fuera la realeza, la nobleza, los caballeros, el clero, el señor feudal, el campesino o el siervo, un individuo sabía al menos cuál era su posición dentro del escalafón. Aunque esta clasificación no era monolítica en todo el feudalismo europeo,[3] existía un entendimiento general de cómo se veía a alguien según su

---

3. Por ejemplo, debido a la lucha por el poder entre algunos reyes y el Papa, algunos clérigos gozaban de mayor rango que otros dentro de sus respectivos reinos.

posición en cada categoría. Pero en los siglos XV y XVI se produjeron cambios, como el humanismo renacentista, la reforma protestante y la consiguiente revolución científica. Tal vez el lugar del individuo no estaba grabado en piedra, y al pensador individual se le concedió otra opción de identidad.

Anteriormente, el cristianismo fue la religión del Imperio romano establecida por Teodosio I (347-395 d. C.), y aunque el imperio cayó un siglo después, un Sacro Imperio Romano se forjó en el año 800, cuando el papa León III coronó a Carlomagno como emperador del Sacro Imperio Romano Germánico el día de Navidad durante la misa. Por lo tanto, se pensaba que las monarquías eran brazos gobernantes del reino de Dios en la tierra designados divinamente. La autoridad de un rey y la de un papa eran las manos vicarias de Dios para mover la actividad humana y no podían verse de otro modo. Los dos brazos nunca podían estar de acuerdo en mucho, como si Dios tuviera voluntades diferentes que estuvieran en conflicto y la paz entre los dos nunca fuera a ser disfrutada más allá de un momentáneo alto al fuego. Pero ahora, la supuesta inerrancia de los papas y los nombramientos divinos de las monarquías estaban siendo cuestionados, y sus baluartes se encontraron faltos al desmoronarse bajo la presión de la reforma y la revolución.

## LOGOS DE LA ILUSTRACIÓN

Se pasó del *ethos* al *logos*, de la autoridad al razonamiento, al cuestionarse el autoritarismo epistemológico. No obstante, lamentablemente, se cuestionó toda autoridad, no solo la del rey y el papa, sino también la de Dios. En lugar de la Palabra de Dios como fundamento epistemológico y autoridad, el razonamiento humano se deificó en gran parte del pensamiento occidental. Según una concepción racionalista, la autoridad final para el conocimiento no puede ser revelada desde afuera, sino concebida por el razonamiento humano. Así pues, la naturaleza humana estaba enraizada básicamente en el racionalismo.

Recordemos que hablamos de que los humanos, por naturaleza, somos seres racionales. Pero afirmar que nuestra identidad última se basa en el racionalismo nos limita a robots lógicos que solo actúan por caprichos de deducción racional y, finalmente, sitúa nuestra comprensión como dogma. Sin embargo, el racionalismo tenía un gemelo que veía las cosas de forma un poco diferente.

El empirismo era como el racionalismo en lo que respecta a la autoridad epistemológica, pero diferente en el proceso. Según el empirismo, todo conocimiento procede de la experiencia sensorial. Aunque el racionalismo era afín al pensamiento platónico (de la metafísica a la física), el pensamiento empírico estaba más cerca del pensamiento aristotélico (de la física a la metafísica). En última instancia, ¿el conocimiento se obtiene por deducción o por inducción? Un pensador ayudaría a cerrar la brecha y dejaría un legado de pensamiento que se mantiene hasta hoy.

Entre los muchos pensadores notables del siglo XVII, Immanuel Kant (1724-1804) tiene una influencia duradera que no puede ignorarse.

Kant fue un filósofo alemán que contribuyó en gran medida a la Ilustración europea (finales del siglo XVII al XVIII). Una vez cuestionada la idea de la autoridad divina monárquica, ¿por qué íbamos a seguir sometidos a la autoridad divina en ningún sentido? Kant creía que no solo estábamos libres de la autoridad divina para la epistemología, sino que también tendió un puente entre los métodos racionalistas y empíricos de conocimiento. En *Crítica de la razón pura*, Kant escribió:

> No cabe duda de que todo nuestro conocimiento comienza con la experiencia. Porque ¿cómo es posible que la facultad de conocer se despierte a su ejercicio de otro modo que por medio de objetos que afectan a nuestros sentidos y que, en parte, producen por sí mismos representaciones y, en parte, ponen en actividad nuestras facultades de entendimiento para comparar, conectar o separar estas representaciones, convirtiendo de ese modo la materia prima de nuestras impresiones sensoriales en un conocimiento de los objetos que se llama experiencia? Por consiguiente, en lo que se refiere al tiempo, ningún conocimiento nuestro es anterior a la experiencia, sino que comienza con ella.
>
> Pero, aunque todo nuestro conocimiento comienza con la experiencia, de ningún modo se deduce que todo surja de la experiencia.[4]

A Kant le preocupaban tanto el *logos* como el *pathos*: el conocimiento y la experiencia. Los filósofos de la Ilustración de su época ponían en duda la validez del conocimiento objetivo, y la relación entre el yo y el objeto se difuminaba.

Para comprender la obra de Kant, que se ocupaba del problema del conocimiento, es necesario ver contra qué estaba luchando. Kant estaba preocupado por el colapso de la epistemología, por la reducción del conocimiento a ilusión en la filosofía contemporánea. Así, atacaba y superaba tanto al empirismo como al racionalismo; al empirismo por su aceptación de la validez de las sensaciones como fuente de todo conocimiento y al racionalismo por su aceptación de las ideas innatas como no necesitadas de materia fuera de sí mismas. El infeliz resultado de ambas escuelas fue un desdichado dualismo entre mente y materia,

---

4. Immanuel Kant, *Critique of Pure Reason*, 1781, p. 32. Existe una edición en español con el título *Crítica de la razón pura* (Taurus, 2013).

entre el conocedor y la facticidad bruta —el universo físico— sin medios para salvar la distancia o establecer la validez de las sensaciones o de la razón. La preocupación de Kant era la epistemología, no la metafísica; no lo que es real, sino lo que podemos saber. Kant descartó el antiguo enfoque por considerarlo dogmático, ya que se limitaba a intentar rastrear las ideas hasta sus fuentes, ya fueran ideas innatas o sensaciones, y en ambos casos el yo desempeñaba un papel esencialmente negativo.[5]

Lo que siguió fue esencialmente que el hombre solicitó el divorcio de Dios. La humanidad podía ser un ser racional sin los grilletes de la responsabilidad divina y la contingencia trascendente. En otras palabras, ya no necesitábamos al «Dios de las brechas», pues ahora el hombre podía darle sentido a todo sin su anticuada niñera. Aunque no todos los pensadores de la Ilustración eran ateos, según su epistemología, Dios había «muerto» filosóficamente en lo que a relevancia se refiere.

Si se mantuviera la postura de Kant, tanto el conocimiento como la fe quedarían destruidos. El conocimiento y la fe no son contradictorios, sino complementarios. Kant no dio cabida a la fe porque destruyó al Dios en el que solo debe fijarse la fe. Es cierto, por supuesto, que Kant habló de un Dios como posiblemente existente. Sin embargo, este Dios no podía ser más que un Dios finito, ya que al menos no tenía o no necesitaba tener un conocimiento originario del mundo fenoménico. Kant pensaba que el hombre podía arreglárselas sin Dios en materia de conocimiento científico. Es así como se deja de lado el principio representacional que vimos ser el corazón de la teoría teísta-cristiana del conocimiento. Si el hombre conoce ciertos hechos independientemente de que Dios conozca o no esos hechos, como sería el caso si la posición kantiana fuera cierta [...] cualquiera que sea la clase de Dios que pueda quedar no es la categoría interpretativa suprema de la experiencia humana.[6]

---

5. R. J. Rushdoony, *Van Til and The Limits of Reason* (Vallecito, CA: Chalcedon / Ross House Books, 1960, 2013), p. 33.
6. Cornelius Van Til, *A Survey of Christian Epistemology*, vol. 2 de *In Defense of the Faith/ Biblical Christianity* (Nutley, NJ: Presbyterian and Reformed, 1969), p. 101.

La Ilustración volvió a poner de moda una forma de naturalismo griego. Los griegos, aunque no eran materialistas estrictos, eran naturalistas en el fondo. Entre la plétora de sus deidades no se encontraba ningún Dios creador y no contingente. Llegaron a la conclusión de que el azar y el tiempo profundo dieron forma a todo lo que tenemos hoy. El padre de la iglesia del siglo IV, Basilio de Cesarea (330-378), escribió contra la filosofía naturalista de los griegos:

> «En el principio creó Dios los cielos y la tierra». Los filósofos de Grecia han hecho mucho para explicar la naturaleza, y ninguno de sus sistemas ha permanecido firme e inamovible, siendo cada uno descartado por su sucesor. Refutarlos es en vano; ellos mismos hacen lo suficiente para destruirse unos a otros. Aquellos que eran demasiado ignorantes para llegar al conocimiento de un Dios no podían permitir que una causa inteligente gobernara en el nacimiento del Universo [...] Engañados por su ateísmo inherente, les parecía que nada gobernaba o reinaba en el universo y que todo se debía a la casualidad.[7]

Sin embargo, ahora se produciría una versión más materialista del naturalismo, en la que el universo se vería como un sistema cerrado sin intervención trascendental. Imaginemos que miramos dentro de un reloj mecánico y vemos una multitud de engranajes que interactúan entre sí, cada uno de los cuales actúa sobre otro engranaje. En un sistema así, todos somos consecuencias naturales de la naturaleza y creadores de consecuencias para los demás. No hay libre decisión, ni moralidad, ni creatividad y, en última instancia, la experiencia subjetiva es una ilusión. El hombre es, a fin de cuentas, un motor racional sobre el que se actúa y que actúa sobre los demás. Las ideas del deísmo, en las que Dios es el relojero que no interactúa ni condesciende con la creación, pronto llegaron a su conclusión natural: si Dios es incognoscible, intratable e irrelevante para la actividad humana, entonces cualquier creencia en Dios es obsoleta. El ateísmo puro sustituyó a Dios por el naturalismo y a su ley por el determinismo. Sin Dios no hay moral, pues todos somos marionetas de un sistema titiritero cerrado que simplemente es.

---

7. Basilio de Cesarea, *Hexaemeron*, 1.2 en Alexander Roberts, James Donaldson, Philip Schaff, Henry Wase, eds., *The Nicene and Post Nicene Fathers*, serie 2 (Peabody, MA: Hendrickson, 1994), vol. 8.

Ese pensamiento abrió la puerta a legitimar las teorías naturalistas acerca de los orígenes en la mente de un occidente antes «cristianizado», como las teorías uniformistas o gradualistas sobre geología de Charles Lyell (1797-1875), que negaban la historia catastrófica de la estratificación y la formación de cañones (como por ejemplo el diluvio universal en la época de Noé). Lyell dedujo que todos los fenómenos geológicos eran el resultado de una formación y erosión graduales a lo largo de millones de años, sin tener en cuenta la intervención de Dios con un diluvio de juicio. La obra de Lyell fue muy influyente para muchos, como Charles Darwin (1809-1882), quien en su obra *Sobre el origen de las especies* (1859) propuso un antepasado común para todas las especies y en *La descendencia del hombre* (1871), propuso una jerarquía de razas humanas, siendo la superior la caucásica, ramificada a partir de la ascendencia de los simios. Según Darwin, cuanto más clara es la tez, más lejos se ha evolucionado de los simios. Darwin predijo entonces que los «blancos» superiores acabarían formando la raza humana exclusiva y superior, los monos inferiores formarían la suya, y todas las formas intermedias se extinguirían.

> En algún periodo futuro, no muy lejano si se mide en siglos, es casi seguro que las razas civilizadas del hombre exterminarán y sustituirán a las razas salvajes del mundo. Al mismo tiempo, los simios antropomorfos [...] serán sin duda exterminados. La brecha entre el hombre y sus parientes más próximos se ampliará, ya que se extenderá entre el

hombre en un estado más civilizado, como podemos esperar, incluso que el caucásico y algunos simios tan inferiores como un mandril, en lugar de, como ocurre ahora, entre el negro o el australiano [aborigen] y el gorila.[8]

En última instancia, el pensamiento popular sobre la identidad humana estaba muy lejos de considerar haber sido creados a imagen del Dios Creador que hizo este universo con un propósito. Se nos reducía a especies erguidas y calvas con una estrecha relación con los simios, las cuales habían desarrollado un sentido de racionalidad y autoconciencia del que las demás especies aún carecían. Los humanos, supuestamente, no eran portadores de la imagen de un Creador santo. Los humanos como seres éticos que tenían una relación con Dios y una existencia futura más allá del mundo material eran la ilusión compartida de millones de personas que se desarrollaron mientras intentaban dar sentido a su existencia. Estas máquinas accidentales, hongos de un universo aleatorio, finalmente se dieron cuenta de que no eran nada y de que el propósito era un mito. El nihilismo provocó una desesperación que no se pudo abrazar durante mucho tiempo, porque sencillamente no se puede vivir y es prácticamente falso.

## *PATHOS DEL ROMANTICISMO*

El 8 de septiembre de 1966 se emitió en la NBC[9] el primer episodio de *Star Trek*, cuando los vuelos espaciales habían abierto la puerta a una avalancha de curiosidad humana por lo de arriba y lo de más allá. Leonard Nimoy interpretaba a un vulcano, mitad humano y mitad alienígena, llamado Spock. Spock era un racionalista frío. La lógica se consideraba meramente objetiva, y la experiencia subjetiva y las emociones eran desconocidas para la especie vulcana. Creo que el señor Spock encarnaba el pensamiento racionalista de la Ilustración, pero esa es mi opinión, que puede no ser compartida por todos. Sin embargo, los humanos no somos, en último término, seres materiales y racionales. Somos seres creativos, espirituales, éticos y relacionales, con experiencias, esperanzas, sueños

---

8. Charles Darwin, *The Descent of Man* publicado originalmente en 1871 (Chicago, editor William Benton en Great Books of the Western World, 1952), p. 336.
9. https://www.epguides.com/startrek/, consultado el 26 de diciembre de 2024.

y valores. El naturalismo materialista no podía darle sentido a nuestra existencia y tampoco, sorprendentemente, Immanuel Kant.

Sin embargo, la cosmovisión de la Ilustración tenía un lado oscuro. Si la naturaleza era una máquina que funcionaba según las leyes naturales, esto implicaba determinismo: la doctrina de que todo está controlado por las leyes implacables de la naturaleza. No hay libertad, ni creatividad, ni responsabilidad moral. La naturaleza parecía fría y muerta.[10]

Algunos de los escritos de Kant se habían opuesto a sus propios escritos racionalistas. Él también enseñó sobre la moral, la creatividad y el libre albedrío de la experiencia humana.

Kant concluyó que los seres humanos pertenecen a «dos mundos». Por un lado, forman parte de la naturaleza, con lo que se refería al sistema determinista y mecanicista conocido por la ciencia. Por otro lado, también operan en el mundo de la libertad como agentes libres que toman decisiones morales. Estos dos mundos son claramente contradictorios. La libertad es imposible en un mundo materialista en el que todas las acciones están determinadas por fuerzas naturales. Kant nunca encontró la manera de resolver esta contradicción.[11]

Lo que siguió se ha denominado «dualismo kantiano». Lo que escribió sobre el lado subjetivo y libre de la experiencia humana ayudó a impulsar lo que desarrollaría Jean-Jacques Rousseau (1712-1778) y que se conoce como romanticismo. Rousseau escribió *Contrato social* y *Emilio* en 1762, donde enseñaba que «el hombre nace libre y, sin embargo, lo vemos por todas partes encadenado» y que «la gente se guía mejor por sus sentimientos». Rousseau sostenía que el libre albedrío busca alcanzar objetivos basados en las emociones humanas. Por lo tanto, los humanos son en última instancia seres subjetivos, no racionalistas. Volviendo al ejemplo de *Star Trek*, William Shatner interpretó al capitán Kirk, que era en muchos sentidos lo opuesto al señor Spock. Kirk parecía dejarse llevar por sus emociones (y sus hormonas) y enamorarse de

---

10. Nancy Pearcey, *Saving Leonardo: A Call to Resist the Secular Assault on Mind, Morals, & Meaning* (Nashville, TN: B&H Publishing Group, 2010), p. 89.
11. *Ibidem*, p. 93.

todas las mujeres alienígenas guapas con las que se cruzaban mientras viajaban por el espacio, la última frontera. Spock y Kirk simplemente no podían entenderse. Spock era fríamente racionalista, y Kirk era irremediablemente romántico.

El señor Spock, en mi falible opinión, es el arquetipo del racionalismo y el capitán Kirk es el arquetipo del romanticismo. Sus interacciones a lo largo de la serie son bastante reveladoras de las que se producen en el debate entre la ultimidad del *logos* frente a la del *pathos*.

## CONCLUSIÓN

Imagino que algunos lectores pueden estar rascándose la cabeza en este punto en cuanto a cómo esta identidad dual se relaciona con la inundación ideológica posmoderna a la que nos enfrentamos hoy en día en el siglo XXI. Cualquier duda es válida, pero a medida que continuemos adentrándonos en las teorías sociales en el próximo capítulo, empezaremos a ver cómo la lucha por la identidad actúa en la asignación de grupos de identidad de las políticas identitarias actuales que se han desarrollado a lo largo del tiempo. Si el *ethos*, o la autoridad, fueran solo parte de una evolución social que se ha roto de forma determinista para permitir una sociedad «ilustrada», ¿cómo debe entonces considerarse la autoridad como una categoría? ¿Debe la iglesia seguir sometiéndose a la autoridad de Dios sobre nosotros? ¿Debe tener autoridad su Palabra? ¿Es la autoridad en última instancia una categoría maligna que crea opresión? Esto nos lleva a nuestra siguiente figura a analizar: Karl Marx.

CAPÍTULO 8

# LA METANARRATIVA MARXISTA

## INTRODUCCIÓN

La Revolución Industrial desafió el poder de los aristócratas terratenientes con un nuevo capital. Los teóricos y activistas sociales y políticos se dieron cuenta de la transición de una clase dominante a otra y de cómo una gran mayoría de la población se mantenía lejos del acceso a los privilegios y al poder. Y una de las personas más impactantes de entre estos activistas/teóricos políticos del siglo XIX fue Karl Marx. Sin embargo, su influencia se vería y sentiría principalmente de manera póstuma y se extendería hasta el siglo XXI. Dicho esto, aunque su nombre es uno de los más icónicos y controvertidos en todo el mundo hoy en día, solo se puede entender estudiando a un filósofo que lo precedió y del que Marx fue crítico.

### DIALÉCTICA HEGELIANA

Georg Wilhelm Friedrich Hegel (1770-1831) fue un filósofo alemán cuya obra podría haber tenido más impacto en el pensamiento occidental si la de Marx no se hubiera utilizado tanto para la agitación política. Hegel continuó el trabajo de su predecesor, Immanuel Kant, para establecer una fundación epistemológica. Carl Trueman, en su magistral obra *Crisis of Confidence: Reclaiming the Historic Faith in a Culture Consumed with Individualism and Identity* [Crisis de confianza: Reclamando la fe histórica en una cultura consumida por el individualismo y la identidad], ofrece lo que creo que es una evaluación justa e imparcial:

Ahora bien, Hegel alcanzó la mayoría de edad en un mundo donde la discusión filosófica estaba dominada por el pensamiento de Immanuel Kant. Por lo tanto, su propio trabajo constituyó quizás la parte más importante de la discusión en curso sobre Kant que tuvo lugar en la filosofía alemana en las décadas posteriores a la muerte de Kant. El proyecto de Kant, desarrollado en su célebre *Crítica de la Razón Pura* (1781/87), de la *Razón Práctica* (1788) y del *Juicio* (1790), fue un intento de establecer las condiciones por las que el conocimiento humano era posible.[1]

Creo que es justo concluir que Hegel creía en una forma de semirrelativismo en la que «los seres humanos conocen las cosas no como son en sí mismas, sino de acuerdo con la forma en que la mente humana está estructurada para conocerlas».[2] Por lo tanto, la manera en que las cosas son es un aspecto del conocimiento, pero en la epistemología, o cómo conocemos las cosas, esta comprensión se logra mediante la «estructura» interna de la mente. Y la estructura interna de la mente se ve afectada por el contexto histórico y cultural. La búsqueda de cómo tales estructuras afectan al pensamiento llegó a ser conocida como «idealismo alemán». Ahora bien, aquí es donde el lector puede empezar a notar un atisbo de familiaridad con las teorías posmodernas del conocimiento. Sin embargo, debemos considerar primero algunos puntos más del pensamiento hegeliano antes de llegar a Marx.

Hegel creía que la lucha era el motor a lo largo del tiempo en el que se desarrollaban el conocimiento y la comprensión humanos. Él trató de explicar que una idea entendida corporativamente, o *statu quo*, ha sido históricamente desafiada por una idea opuesta y finalmente se ha formado una nueva idea que no es el *statu quo* ni explícitamente la idea o tesis de impugnación.

En su trabajo sobre lógica, por ejemplo, los «lados opuestos» son diferentes definiciones de conceptos lógicos que se oponen entre sí. En la *Fenomenología del espíritu*, que presenta la epistemología o filosofía del conocimiento de Hegel, los «lados opuestos» son diferentes

---

1. Carl R. Trueman, *Crisis of Confidence: Reclaiming the Historic Faith in a Culture Consumed with Individualism and Identity* (Wheaton, IL: Crossway, 2024), p. 16.
2. *Ibidem*, p. 17.

definiciones de la conciencia y del objeto que la conciencia conoce o pretende conocer. Al igual que en los diálogos de Platón, en la dialéctica de Hegel se da un proceso contradictorio entre «lados opuestos» que conduce a una evolución o desarrollo lineal desde definiciones o puntos de vista menos sofisticados a otros más sofisticados posteriores. El proceso dialéctico constituye, por lo tanto, el método de Hegel para argumentar en contra de las definiciones o puntos de vista anteriores y menos sofisticados, y a favor de los más sofisticados posteriores.[3]

Por lo tanto, el modelo de Hegel de una evolución lineal del pensamiento se explica hoy como «tesis, antítesis y síntesis». Trueman enfatiza:

> Una implicación importante del pensamiento de Hegel aquí debería ser clara: el pensamiento, las creencias y el comportamiento humanos son relativizados por el proceso histórico. En cualquier momento en el tiempo, el pensamiento y el comportamiento de cualquier sociedad dada son contingentes, no una función necesaria de alguna naturaleza humana trascendente.[4]

Las complejidades de la filosofía hegeliana del conocimiento están mucho más allá del alcance de este libro (y de la inteligencia de su autor). Sin embargo, lo que debemos ver aquí son las consecuencias antropológicas de este tipo de pensamiento. Recuerda lo que aprendimos en capítulos anteriores acerca de lo que significa ser humano. La teoría hegeliana niega en el fondo lo que las Escrituras enseñan sobre la racionalidad y la cognoscibilidad de la humanidad para conocer a Dios, a sí misma y al mundo que la rodea. Esto no quiere decir que el contexto histórico no influya en cómo sabemos lo que sabemos. Cualquier negación de eso sería absurda. Dicho esto, la pregunta es si los seres humanos pueden y deben conocer a Dios, a sí mismos y al mundo que los rodea a partir de lo que Dios ha revelado en su mundo y aparte del contexto. O mejor aún, ¿puede Dios revelar y reveló la verdad sobre sí

---

3. «Hegel's Dialectics», Enciclopedia de Filosofía de Stanford, publicado por primera vez el viernes 3 de junio de 2016; revisión sustantiva viernes, 2 de octubre de 2020, https://plato.stanford.edu/entries/hegel-dialectics/, consultado el 26 de diciembre de 2024.
4. Trueman, *Crisis of Confidence*, p. 19.

mismo, quiénes somos y el mundo que nos rodea, sin que el contexto histórico la sesgue más allá de la veracidad?

Si no es así, entonces el relativismo epistemológico es la respuesta, pero solo alguien que trasciende la naturaleza humana sería capaz de saberlo. Si todos somos mentalmente esclavos de nuestros contextos históricos, ¿cómo trascendió Hegel su contexto para descubrirlo? Hegel y sus herederos deben tener un verdadero conocimiento para mirar hacia atrás en la caverna y ver que solo hay sombras. Por lo tanto, si una persona (Hegel en este caso) puede ver la verdad por lo que es, entonces cualquiera *puede* ver la verdad por lo que es, aunque no todo el mundo lo haga.

### DIALÉCTICA MARXISTA

Karl Marx (1818-1883) fue un filósofo y crítico hegeliano alemán conocido sobre todo por su obra revolucionaria socialista. Marx es más conocido hoy en día por escribir, junto con Friedrich Engels (1820-1895), un panfleto originalmente titulado *Manifiesto del Partido Comunista*, conocido hoy como *El manifiesto comunista* (1848), y su obra *El capital. Crítica de la economía política* (vol. 1 en 1867, vol. 2 en 1885, vol. 3 en 1894).

Marx respondía a las clases económicas que se formaron a partir de la Revolución Industrial y la explotación de la clase obrera. Tomó prestadas algunas de las premisas de Hegel para interpretar la historia en una dialéctica materialista.

> Aquí hay una idea: la libertad; su negación, el despotismo; y su resolución, la democracia representativa. Es este tipo de dinámica la que influirá en Marx, aunque no basará el movimiento en las ideas sino en las cosas materiales, específicamente en cómo los seres humanos están conectados con los medios de producción: quién es el dueño de la materia prima; quién es el dueño de la fábrica donde se convierte en producto; quién convierte la materia prima en ese producto; y quién es el propietario de ese producto.[5]

Con el tiempo, Marx lograría influir en una nueva forma de interpretar toda la historia a través de una lente política en la que todo se categoriza en lucha de clases por medio de una evolución social.

---

5. *Ibidem*, p. 25.

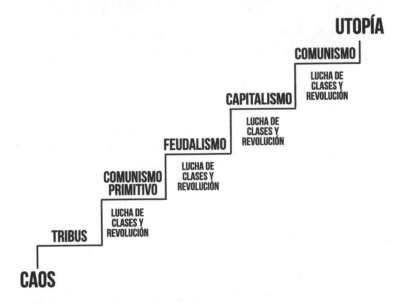

A medida que los grupos humanos comenzaron a formarse en sociedades a lo largo de la historia, aquellos que obtuvieron el control de las pertenencias y la tierra lo usarían para ejercer poder sobre otros y proteger su estatus y privilegio. Así, se formarían clases económicas y se produciría la lucha. Esta situación opresiva (tesis) continuaría hasta que la clase oprimida se uniera en rebelión y tuviera lugar una revolución (antítesis), derrocando a la clase dominante y formando un nuevo sistema de sociedad (síntesis) que mantiene algunos aspectos de la clase dominante anterior (tesis) y algunos de los aspectos revolucionarios (antítesis). Sin embargo, debido a los males inherentes de la opresión todavía dentro del nuevo sistema social (síntesis), aunque menores que en el sistema anterior, pronto sobrevendría la lucha de clases y una revolución sería inmanente. Poco a poco, el sistema sería purgado de su maldad inherente, pasando del caos a la utopía de forma determinista. Mientras que la teoría hegeliana y las formas de pensar (metafísica) actuarían sobre las sociedades (física), la dialéctica materialista de Marx proponía que la evolución social determinista (física) produciría diferentes formas de pensar e ideas sobre la ética (metafísica). En *Historias y falacias*, Carl Trueman señala cómo Marx, siendo un crítico de Hegel, les dio la vuelta a sus dialectos.

> Esencialmente, la teoría de la historia de Marx representaba una modificación de la propuesta por G. W. F. Hegel. De hecho, se ha dicho que Marx le dio la vuelta a Hegel. La gran contribución de Hegel fue ver

la historia como dinámica, como una serie de fuerzas enfrentadas y contradictorias que continuamente impulsaban la historia hacia adelante. Podríamos describir este movimiento de la historia como una progresión dialéctica. El modelo general de la realidad de Hegel parte de un elemento existente, o tesis, que contiene en sí mismo contradicciones que causan involuntariamente el opuesto o antítesis de la tesis. Durante un tiempo hay un conflicto entre los dos, hasta que surge un nuevo elemento, una síntesis. Esta, a su vez, contiene sus propias contradicciones internas, y así el proceso comienza de nuevo. Cada síntesis se considera un avance con respecto a la anterior porque está más cerca del fin o del objetivo final del proceso.[6]

Trueman sugiere entonces que la contribución de Marx fue única debido a dos «innovaciones distintivas» en la forma en que la gente interpreta la historia:

> En primer lugar, Marx hizo la dramática afirmación de que toda la historia podía interpretarse en términos del esquema que ofrecía. En otras palabras, la dialéctica de Marx lo consumía todo, una teoría, si se quiere, de todo; y, a medida que el marxismo se desarrollaba en el siglo XX, estaba claro que aquellos que seguían su ejemplo lo veían en todas sus ramificaciones, a medida que desarrollaban teorías marxistas de todo, desde las bellas artes hasta las relaciones industriales y la naturaleza de la familia.
> En segundo lugar, afirmaba que no era simplemente el materialismo el que ofrecía la clave del sentido de la historia. Más bien, fue un tipo muy específico de materialismo el que lo hizo. De acuerdo con Hegel, era el materialismo dialéctico, y la manifestación histórica clave de esta dialéctica era la lucha de clases.[7]

Mientras Charles Darwin revolucionaba la forma en que el mundo interpretaría los orígenes biológicos, Marx revolucionó la forma en que el mundo interpretaría los orígenes sociales. Marx creía que el golpe final al sistema dialéctico sería uno que tomaría el control de los medios de

---

6. Carl R. Trueman, *Histories and Fallacies: Problems Faced in the Writing of History* (Wheaton, IL: Crossway, 2010), p. 83.
7. *Ibidem*, p. 84.

producción y la propiedad de la tierra (totalitarismo) no para traer equidad a las clases, sino para finalmente eliminar todas las clases. Una vez que se lograra una sociedad sin clases, el estado controlador quedaría obsoleto y caería por fuerza. Una vez que se erradicara el «pecado» del sistema que impone su voluntad a una clase para oprimir y a la otra clase para sobrevivir a toda costa, todos disfrutarían de la salvación en una utopía de «nuevos cielos y nueva tierra».

Marx logró —tal vez no en su vida, pero sí *a posteriori*— pintar un nuevo cuadro en el que la gente interpreta el pasado, el presente y el futuro (metanarrativa). Desde la nueva metanarrativa o cosmovisión de la lucha de Marx, él ofreció un nuevo enemigo común a erradicar antes del advenimiento de la salvación utópica: la religión.

La religión no tenía cabida en el marco de Marx. Él declaró: «El socialismo santo no es más que el agua bendita con la que el sacerdote bendice las fulminaciones del aristócrata». Como resultado, Marx intentó responder a la objeción de que el «comunismo» aboliría las «verdades eternas», incluida la «justicia». La respuesta de Marx no fue argumentar a favor de un principio trascendente común de justicia compatible con el comunismo, sino más bien criticar la comprensión establecida de la justicia como una forma de «explotación [...] común a los siglos pasados».[8]

En la metanarrativa de Marx, la religión era una idea trascendental utilizada por los que estaban en el poder para mantener a raya a los oprimidos, manteniéndolos mirando hacia la nada y hacia adelante en un mundo de ensueño de restitución que nunca podría llegar verdaderamente sin una revolución sangrienta. Aquí radica la famosa frase de Marx de que la religión es el opio del pueblo, donde él «siguió su declaración afirmando que abolir la religión comerciaría con la "felicidad ilusoria del pueblo [...] por su verdadera felicidad"».[9] Jeffrey Johnson, en su obra *What Every Christian Needs to Know about Social Justice* [Lo que

---

8. Jon Harris, *Christianity and Social Justice: Religions in Conflict* (Ann Arbor, MI: Reformation Zion Publishing, 2021), p. 5. Citas de Karl Marx y Friedrich Engels, *The Communist Manifesto*, ed. Mark Cowling (NYU Press, 1998), pp. 24, 28-30.
9. Jon Harris, *Christianity and Social Justice*, cita a Karl Marx, *A Contribution to the Critique of Hegel's Philosophy of Rights, 1844*, ed. Andy Blunden y Matthew Carmody (1843),https://www.marxists.org/archive/marx/works/1843/critique-hpr/intro.htm

todo cristiano debe saber sobre la justicia social], resume el ataque de Marx a la religión y la eternidad de una manera reveladora.

> [Marx] dejó esto claro en *El manifiesto comunista* (1848) cuando él y el coautor Friedrich Engels (1820-1895) declararon: «El comunismo abolió las verdades eternas». Todo lo que se relaciona con la verdad, con Dios y la eternidad debe ser desechado. El comunismo comienza sobre una base totalmente nueva. Como Marx y Engels llegaron a decir: «Suprime toda religión y toda moral, en lugar de constituirlas sobre unas nuevas».[10]

Por lo tanto, dentro de esta metanarrativa marxista, el mal reside en los sistemas y se erradica determinísticamente con el tiempo a través de su dialéctica materialista; la única forma de deshacerse de la religión, y por lo tanto de Dios, es erradicarlo de todas las instituciones dentro del sistema. En el caso del cristianismo, se soportan muchas pruebas y tribulaciones mientras esperamos el día no solo de nuestra redención, sino también la de la creación.

> *Pues tengo por cierto que las aflicciones del tiempo presente no son comparables con la gloria venidera que en nosotros ha de manifestarse. Porque el anhelo ardiente de la creación es el aguardar la manifestación de los hijos de Dios. Porque la creación fue sujetada a vanidad, no por su propia voluntad, sino por causa del que la sujetó en esperanza; porque también la creación misma será libertada de la esclavitud de corrupción, a la libertad gloriosa de los hijos de Dios. Porque sabemos que toda la creación gime a una, y a una está con dolores de parto hasta ahora; y no solo ella, sino que también nosotros mismos, que tenemos las primicias del Espíritu, nosotros también gemimos dentro de nosotros mismos, esperando la adopción, la redención de nuestro cuerpo. Porque en esperanza fuimos salvos; pero la esperanza que se ve, no es esperanza; porque lo que alguno ve, ¿a qué esperarlo? Pero si esperamos lo que no vemos, con paciencia lo aguardamos.*
> 
> —ROMANOS 8:18-25

---

10. Jeffrey D. Johnson, *What Every Christian Needs to Know about Social Justice* (Conway, AR: Free Grace Press, 2020), p. 35. Cita a Karl Marx y Frederick Engels, *The Manifest of the Communist Party* (Nueva York: International Publishers, 2020), p. 22.

Aunque los cristianos *no* son llamados a ser completamente pasivos, indiferentes a los sufrimientos e injusticias presentes (por el contrario), nuestra esperanza no está en ganar la salvación en la tierra, en crear una utopía aquí. Y esto se debe a que las Escrituras rechazan cualquier idea del «pecado» sistémico como la raíz del mal. Sí, los sistemas ejercen opresión, pero solo son descriptivos de las empresas conjuntas de los pecadores. El pecado reside en el corazón de los hombres y mujeres. Marx cree que el sistema debe ser juzgado y condenado. La Biblia enseña que los pecadores deben ser juzgados y condenados, y alabado sea Dios porque el Hijo de Dios encarnado fue crucificado y condenado por nosotros.

Sin embargo, para que el programa escatológico de Marx se lleve a cabo, estas quimeras de «cruzar el Jordán» deben ser erradicadas de cada institución que utilice su autoridad para promoverlas.

Debido a que nuestras instituciones actuales derivan su autoridad delegada de Dios, estas instituciones (el individuo, la familia, la iglesia y el estado) primero deben ser deconstruidas y despojadas de su autoridad para eliminar completamente a Dios de la sociedad. De hecho, para Marx, la liberación de los males del capitalismo no puede ocurrir hasta que todos los rastros de Dios sean eliminados de este mundo.[11]

Por lo tanto, no bastaba con sacar a Dios de los ámbitos ontológicos, epistemológicos y éticos de la academia. ¿Quién realmente tuvo que

---

11. *Ibidem*, p. 43.

recibir una educación superior para aprender acerca de Dios? La mayoría de las personas aprenden sobre la religión o Dios de sus padres, luego de la iglesia. Y tales personas consideran la autoridad dada a la conciencia individual, la familia, la iglesia y el estado como proveniente de Dios (como se enseña en las Escrituras). Por lo tanto, Marx propuso la deconstrucción de todas las instituciones de Dios como necesarias para su desaparición final.

## *UN RIVAL IMPROBABLE*

Durante una fuerte tormenta de nieve en la mañana del domingo 6 de enero de 1850, un joven de quince años salió de su casa en Colchester, Inglaterra, para asistir a la iglesia. Religioso por educación, fue criado por sus abuelos piadosos, ya que sus padres tenían más hijos de los que se podían criar en un hogar. Sin embargo, este joven aún no había abrazado la fe de sus abuelos, aunque devoraba la literatura puritana de su abuelo ministro congregacionalista, y su abuela le pagaba en monedas por memorizar himnos y atrapar ratas.

Cuando el joven enfrentó la tormenta para congregarse ese domingo por la mañana, se vio obligado a tomar un desvío, ya que su camino estaba bloqueado por montones de nieve, y se encontró frente a una capilla metodista primitiva en Artillery Street, Newton. Debe haber estado en verdad comprometido a ir a la iglesia de una forma u otra, por lo que optó por visitar ese lugar en vez de darse por vencido y regresar a casa. Entre doce y quince feligreses habían llegado a la iglesia esa mañana y se sentaron frente a un púlpito vacío, ya que el pastor de la iglesia también estaba ausente por hallarse entre aquellos que se encontraban atrapados en la tormenta. Por lo tanto, un humilde zapatero, o reparador de zapatos, compartiría el mensaje. El suyo fue un mensaje sencillo basado en Isaías 45:22: «Mirad a mí, y sed salvos, todos los términos de la tierra, porque yo soy Dios, y no hay más». Entonces, lo que sucedió después no sería aceptado en la gran mayoría de nuestras iglesias hoy en día.

El zapatero/predicador preguntó: «¿A quién debemos mirar? ¡A Cristo!». Luego señaló a este joven visitante y exclamó algo parecido: «¡Joven, pareces miserable! ¡Y así permanecerás hasta que mires a Cristo!». Este joven se sintió tan conmovido y desafiado por tales palabras que no perdió tiempo para regresar con su familia y predicarles el mismo mensaje de salvación de inmediato. El joven que se convirtió a Cristo ese domingo por la mañana en una tormenta de nieve era Charles Haddon

Spurgeon (1834-1892), cuya vida y ministerio dejarían un impacto (y todavía lo tiene) no solo en la iglesia, sino fuera de sus muros; no solo en Inglaterra, sino en todo el mundo. Spurgeon pasaría su vida predicando y enseñando el evangelio de Jesucristo, lo que le granjeó muchos admiradores y opositores por igual. Y hablando de detractores, uno de ellos fue Friedrich Engels, coautor de *El manifiesto comunista* con Marx.

David Aikman, en *The Delusion of Disbelief* [El engaño de la incredulidad], afirma que «el coautor del Manifiesto Comunista de Marx, Friedrich Engels, se refirió a Spurgeon como la persona que más odiaba en el mundo».[12] Aunque algunos pueden sentirse tentados a ignorar la declaración de Engels como inventada póstumamente por sus detractores, él, de hecho, hizo esta declaración en una entrevista escrita.

541

1

**FREDERICK ENGELS**[669]

CONFESSION

[London, early April 1868]

| | |
|---|---|
| Your favourite virtue in man quality in man | jollity to mind his own business |
| in woman | not to mislay things |
| Chief characteristic | knowing everything by halves |
| Idea of happiness | Château Margaux 1848 |
| " misery | to go to a dentist |
| The vice you excuse | excess of any sort |
| " detest | Cant |
| Your aversion | affected stuck up woman |
| The characters you most dislike | Spurgeon |
| Favourite occupation | chaffing and being chaffed |
| — Hero | none |
| — Heroine | too many to name one |
| — Poet | Reineke de Vos,[670] Shakespeare, Ariosto, etc. |
| — Prose writer | Goethe, Lessing, Dr Samelson |
| — Flower | Blue Bell |
| — Colour | any one not Aniline |
| — Dish | Cold: Salad, hot: Irish Stew |
| — Maxim | not to have any |
| — Motto | take it aisy |

F. Engels

First published in: Marx and Engels, *Works*, Second Russian Edition, Vol. 32, Moscow, 1964

Reproduced from the original

---

12. David Aikman, *The Delusion of Disbelief: Why the New Atheism is a Threat to Your Life, Liberty, and Pursuit of Happiness* (Carol Stream, IL: Tyndale House Publishers, 2008), pp. 106-107.

En las *Obras completas de Marx y Engels* (volumen 43, página 541), Engels está respondiendo a un cuestionario sobre gustos y disgustos, y como se puede ver en la reproducción del original de la página anterior, en la categoría de «Los personajes que más te desagradan», responde con una sola palabra sin más explicación: «Spurgeon».[13] Spurgeon no era un activista político ni un teórico social, ¿por qué iba entonces a tener el honor de ser el único nombre en la lista de los más odiados por Engels? Larry Alex Taunton, un columnista independiente que colabora con medios de comunicación como *USA Today*, CNN y *Fox News*, hace una comparación clara, aunque espeluznante, entre Spurgeon y Marx/Engels.

> Me parece extraordinario que tanto Karl Marx (1818-1883) como Charles Spurgeon (1834-1892) vivieran y trabajaran en la misma ciudad al mismo tiempo. Ambos eran, en cierto sentido, evangelistas que luchaban por las almas de los hombres con sus visiones opuestas de la humanidad. Además, cada uno estaba en el apogeo de sus poderes al mismo tiempo que el otro. Mientras Marx predicaba la salvación a través de una revolución sangrienta, Spurgeon, al otro lado de la ciudad, predicaba la salvación a través de la sangre y la gracia de Jesucristo [...] Spurgeon sabía que el marxismo no solo busca destruir los cimientos de la sociedad, sino que también socava el pecado personal y el evangelio de Jesucristo en el proceso.[14]

Y aquí radica el punto principal del presente libro, que tú sostienes, y su título. ¿Fue Marx capaz de describir algunos problemas inherentes a la Revolución Industrial y al capitalismo? ¡Sí! ¿Es el individualismo occidental de libre mercado sinónimo de cristianismo? ¡No! ¿Encaja el comunismo más estrechamente con los mandatos bíblicos? ¡No! Aunque el capitalismo tiene sus propios demonios, el comunismo va en contra de todos los principios bíblicos para la sociedad. Pero no nos dejemos enredar en la maleza aquí. La cuestión no es qué sistema socioeconómico

---

13. https://archive.org/details/MarxEngelsCollectedWorksVolume10MKarlMarx/Marx%20%26%20Engels%20Collected%20Works%20Volume%201_%20Ka%20-%20Karl%20Marx/, consultado el 27 de diciembre de 2024.
14. Larry Alex Taunton, «Karl Marx vs Charles Spurgeon: An Epic Struggle for the Souls of Men in 19th-Century London», *Founders Ministry*, publicado el 2 de septiembre de 2020, https://founders.org/articles/karl-marx-vs-charles-spurgeon-an-epic-struggle-for-the-souls-of-men-in-19th-century-london/, consultado el 17 de febrero de 2025.

es el mejor. El punto es cómo defines lo que significa ser un ser humano, una sociedad, el bien, el mal y la salvación. Si el mal es en última instancia sistémico, la salvación es a través de la revolución. Si el mal reside en los corazones de las personas, la salvación es a través de la muerte y la resurrección de Jesucristo. ¿Es el objetivo un nuevo sistema o un nuevo corazón? En otras palabras, si pudiéramos erradicar todos los males de un sistema, ¿se levantaría uno bueno para ocupar su lugar? ¿Son los seres humanos, por naturaleza, buenos y solo hacen el mal debido a la opresión sistémica? ¿La sociedad produce ladrones, mentirosos y personas violentas, o los corazones malvados los producen?

La sociedad, de hecho, influye hacia el mal, pero no lo produce. Volviendo a Spurgeon, ¿por qué le desagradaría tanto a Engels? Los sermones de Spurgeon se publicaban en el periódico y así llegaban a multitudes con una influencia bíblica. En un sermón sobre Isaías 66 en abril de 1889, Spurgeon predicó:

> Durante muchos años, mediante las verdades grandiosas y antiguas del evangelio, los pecadores se convirtieron, y los santos fueron edificados, y el mundo conoció que hay un Dios en Israel. Pero estas son demasiado anticuadas para la actual raza culta de seres superiores. Van a regenerar el mundo por medio del socialismo democrático, y a establecer un reino para Cristo sin el nuevo nacimiento ni el perdón de los pecados. Verdaderamente, el Señor no se ha llevado a los siete mil que no han doblado la rodilla ante Baal [...]
>
> El evangelio de los últimos días no es el evangelio por el cual fuimos salvos. A mí me parece una maraña de sueños en constante cambio. Es, según la confesión de sus inventores, el resultado de la época, el nacimiento monstruoso de un «progreso» jactancioso, la escoria del caldero de la presunción. No ha sido dado por la revelación infalible de Dios, no pretende haberlo sido. No es divino, no tiene la Escritura inspirada a sus espaldas. ¡Es, cuando toca la Cruz, un enemigo! Cuando habla de Aquel que murió en ella, es un amigo engañoso. Muchas son sus burlas a la verdad de la sustitución; se enfurece ante la mención de la preciosa sangre. Muchos púlpitos, donde Cristo una vez fue exaltado en toda la gloria de su muerte expiatoria, ahora son profanados por aquellos que se ríen de la justificación por la fe. De hecho, los hombres no han de ser salvados ahora por la fe, sino por la duda. Los que aman a la Iglesia de Dios sienten un peso

en el corazón porque los maestros del pueblo los hacen errar. Incluso desde el punto de vista nacional, los hombres previsores ven motivos de grave preocupación.[15]

En resumen, Spurgeon argumentó que las teorías socialistas eran un intento de llevar a la salvación aparte de lidiar con el pecado personal. Prometieron un reino nuevo y duradero a partir de su propia forma de «justicia», al matar al sistema y no al pecado. Esta promesa de utopía no tiene respaldo bíblico, y el mensaje de la Cruz es una enemistad con ella en todos los niveles, aunque algunas iglesias comenzaron a cambiar el evangelio por este sueño utópico como su mensaje.[16] En última instancia, no hay esperanza para la humanidad sin regeneración y no hay regeneración sin el evangelio según Jesús, no Marx. La humanidad es inventora de todo tipo de maldad y todos los sistemas creados por el hombre serán malos de un grado a otro. Dicho esto, Spurgeon no fue el único que hizo sonar la alarma contra la realidad de un mundo paradisíaco secular.

## *OTRO RIVAL IMPROBABLE*

La serie de películas que comenzó con su primer *Dios no está muerto* en 2014 tuvo un impacto para muchos, especialmente para los jóvenes, dentro de la iglesia. No deseo ofrecer una opinión sobre su tesis, argumentación o tema, ya que eso no contribuiría al presente libro que nos ocupa. Dicho esto, el título *Dios no está muerto* parece ser una negación de la famosa frase de Nietzsche, «Dios ha muerto». No puedo presumir de saber lo que estaba en la mente de quien decidiera ese título, pero es seguro asumir que, para muchos, es visto como un desaire o un golpe contra Nietzsche. Basta con tomar nota del popular meme que se hizo viral hace unos años que dice: «Dios ha muerto» —Nietzsche, 1883. «Nietzsche ha muerto» —Dios, 1900. Tal como se lee, el meme es *fácticamente* cierto. Nietzsche escribió en 1883 que Dios estaba muerto. Y Nietzsche, de hecho, murió en 1900. Sin embargo, para aquellos que se oponen a la declaración de Nietzsche sobre Dios y su supuesta muerte, me atrevo a desafiarlos a que pueden haber perdido el punto. De nuevo, me viene a la mente la famosa frase de Íñigo Montoya en *La princesa*

---

15. *Ibidem*.
16. En capítulos posteriores, veremos cómo Spurgeon respondió a la influencia del «evangelio social» en la iglesia.

*prometida*: «Sigues usando esa palabra. No creo que signifique lo que tú piensas que significa».

Friedrich Wilhelm Nietzsche (1844-1900) fue un filósofo y crítico alemán. Era materialista y ateo. Dicho esto, dentro de su obra *La gaya ciencia* (publicada por primera vez en 1882) ofrece un poema titulado «Der tolle Mensch» [Parábola del loco]. Por favor, anímate a leerlo, tal vez unas cuantas veces, mientras lees entre líneas para considerar lo que está diciendo.

> ¿No has oído hablar de ese loco que encendió una linterna en las horas luminosas de la mañana, corrió al mercado y gritó incesantemente: «¡Busco a Dios! ¡Busco a Dios!»? Como muchos de los que no creían en Dios estaban de pie en ese momento, provocó muchas risas.
> —¿Se ha perdido? —preguntó uno.
> —¿Se perdió como un niño? —preguntó otro.
> —¿O se está escondiendo? ¿Nos tiene miedo? ¿Se ha ido de viaje? ¿Emigrado?
> Así gritaron y rieron. El loco saltó en medio de ellos y los traspasó con sus ojos.
> —¿Dónde está Dios? —exclamó—. Te lo diré. Lo hemos matado, tú y yo. Todos nosotros somos sus asesinos. Pero ¿cómo lo hicimos? ¿Cómo podríamos beber el mar? ¿Quién nos dio la esponja para borrar todo el horizonte? ¿Qué estábamos haciendo cuando liberamos a esta tierra de su sol? ¿Hacia dónde se está moviendo ahora? ¿Hacia dónde vamos nosotros? ¿Lejos de todos los soles? ¿No nos estamos hundiendo continuamente? ¿Hacia atrás, hacia los lados, hacia adelante, en todas las direcciones? ¿Todavía hay un arriba y un abajo? ¿No estamos errando, como a través de una nada infinita? ¿No sentimos el soplo del espacio vacío? ¿No hace más frío? ¿No se nos acerca continuamente la noche? ¿No necesitamos encender linternas por la mañana? ¿Acaso todavía no oímos nada del ruido de los sepultureros que están enterrando a Dios? ¿No olemos todavía nada de la divina descomposición? Los dioses también se descomponen. Dios ha muerto. Dios sigue muerto. Y lo hemos matado. ¿Cómo nos consolaremos a nosotros mismos, los asesinos de todos los asesinos? Lo que era lo más santo y poderoso de todo lo que el mundo ha poseído hasta ahora, ha muerto desangrado bajo nuestros cuchillos: ¿quién limpiará esta sangre de nosotros? ¿Qué agua hay para que nos limpiemos? ¿Qué

fiestas de expiación, qué juegos sagrados tendremos que inventar? ¿No es la grandeza de esta hazaña demasiado grande para nosotros? ¿No debemos nosotros mismos convertirnos en dioses simplemente para parecer dignos de ello? Nunca ha habido una hazaña más grande; y el que nazca después de nosotros, por causa de esta acción, pertenecerá a una historia más alta que toda la historia hasta ahora. Aquí el loco calló y volvió a mirar a sus oyentes; y ellos también callaron y lo miraron con asombro. Al fin arrojó su linterna al suelo, y esta se rompió en pedazos y se apagó.

—He llegado demasiado pronto —dijo entonces—. Todavía no es mi hora. Este tremendo acontecimiento sigue en camino, sigue vagando; todavía no ha llegado a los oídos de los hombres. Los relámpagos y los truenos requieren tiempo; la luz de las estrellas requiere tiempo; las obras, aun después de realizadas, requieren tiempo para ser vistas y escuchadas. Este hecho está aún más lejos de ellos que la mayoría de las estrellas distantes, y sin embargo son ellos mismos los que lo han cometido. Todavía se cuenta que ese mismo día el loco entró en varias iglesias y allí entonó su *réquiem aeternam deo*. Conducido al exterior y llamado a rendir cuentas, se dice que siempre respondió con esta única frase: «¿Qué son ahora estas iglesias más que las tumbas y los sepulcros de Dios?».[17]

Aunque ateo, aunque enemigo de Dios y del Rey Jesús, Nietzsche estaba teniendo aquí un momento de honestidad. El loco termina siendo el único hombre cuerdo. Ha hecho el trabajo de predecir a dónde nos llevaría el secularismo y la «muerte» filosófica de Dios en occidente. Entonces, corre al mercado y encuentra a los racionalistas ateos y ociosos de pie, aparentemente divirtiéndose con su grandeza. El loco es ridiculizado cuando, presa del pánico, busca a Dios. ¿Por qué estaría buscando a Dios? Porque se ha dado cuenta de algo que otros aún no han entendido. Se dio cuenta de que, al borrar a Dios, se habían borrado a sí mismos. Sin embargo, los racionalistas se burlan de la búsqueda del loco como trivial e insensata. El loco responde con una severa advertencia de que ellos (incluido el loco) habían «matado» a Dios. Pero ¿cómo pueden los humanos mortales «matar» a Dios? ¿No se dieron cuenta de que hacer eso borraría el horizonte (punto de referencia para los marineros)

---

17. Friedrich Nietzsche, *The Gay Science*, publicado por primera vez en 1882 (Delhi, Mumbai: Grapevine India Publishers, 2022), pp. 180-181. Existe una edición en español con el título *La gaya ciencia* (Editorial Ariel, 2019).

y desharía toda la atracción y el movimiento que mantiene intacto al universo y, por lo tanto, permite la vida? Sin Dios, y por consiguiente sin esperanza, ¿cómo encontrarían el perdón y la restauración? Los racionalistas miran al loco como un loco. Con incredulidad, el «loco» arroja su linterna al suelo, ahora viendo que sus palabras y la luz traída por el mensaje son vistas como basura. Había vuelto en sí pronto. El evento de cuyo impacto destructivo se hablaría para siempre estaba aquí y nadie lo sabía. En otras palabras, la mayoría de las personas tendrán que vivir y sufrir las terribles consecuencias de lo que entonces se consideraba intrascendente: negar a Dios.

Asumimos el valor y la dignidad humanos, pero ¿por qué? ¿Qué norma moral universal nos da eso si no es Dios? Asumimos el bien y el mal, pero ¿por qué? Sin Dios, no hay horizonte para llevar la verdad en medio de las tormentas de la vida y la lucha. C. S. Lewis saca a relucir esta idea de las normas universales al relatar sus argumentos pasados contra Dios cuando era ateo.

> Mi argumento en contra de Dios era que el universo parecía tan injusto y cruel. ¿Pero cómo había yo adquirido esta idea de lo que era justo y lo que era injusto? Un hombre no dice que una línea está torcida a menos que tenga una idea de lo que es una línea recta. ¿Con qué estaba yo comparando este universo cuando lo llamaba injusto? Si todo el tinglado era malo y sin sentido de la A a la Z, por así decirlo, ¿por qué yo, que supuestamente formaba parte de ese tinglado, me encontraba reaccionando tan violentamente en su contra? Un hombre se siente mojado cuando cae el agua porque el hombre no es un animal acuático: un pez no se sentiría mojado.[18]

Así, Nietzsche estaba prediciendo que el derramamiento de sangre y el nihilismo, o la idea de que la vida no tiene sentido, aguardaban a los felices racionalistas y ni siquiera lo vieron venir.

Nietzsche predijo las consecuencias antropológicas del abandono de Dios por parte del hombre. Considera que el hombre del siglo XX pasará de la afirmación de que Dios ha muerto a un punto en el que comenzará a vivir como si realmente lo creyera. La humanidad, eventualmente, percibiría la vida como carente de verdadera moralidad y comenzaría a

---

18. *Clásicos selectos de C. S. Lewis. Mero cristianismo*, Grupo Nelson, 2021, p. 43.

inventar su propia idea del «bien» y del «mal». Sin embargo, Nietzsche no fue optimista sobre los resultados y presentía que el siglo XX sería el más violento y homicida.

La visita del loco a la iglesia también es reveladora. ¿Por qué la iglesia continuaría adorando a un Dios «muerto»? Hay que establecer un punto aquí, aunque dudo que fuera el mismo que pretendía plantear Nietzsche. Muchos han adoptado una nueva forma de interpretar las Escrituras desde la Ilustración con suposiciones racionalistas. Muchos han eliminado a Moisés como el autor del Pentateuco (Génesis, Éxodo, Levítico, Números y Deuteronomio) y lo han atribuido a una colección de autores para que coincida con la supuesta evolución del teísmo. Nancy Pearcey demuestra cómo tales suposiciones, que son escépticas por naturaleza, son ahora parte de la enseñanza principal en muchos seminarios.

> La primera etapa en la evolución de la religión es el totemismo o animismo (que parecía simple para los pensadores del siglo XIX). La siguiente etapa es el politeísmo (muchos dioses), luego el henoteísmo (un dios principal, como Zeus en el monte Olimpo), luego el monoteísmo (un dios). La etapa final es el monoteísmo ético de profetas como Amós y Oseas, quienes enseñaron que Dios no solo es uno, sino también santo. ¿Exhibe la Biblia esta progresión evolutiva? Claramente no. La misma enseña el monoteísmo ético desde las primeras páginas de Génesis 1. Los seguidores de Hegel respondieron diciendo, en esencia, que eso solo demuestra que la Biblia es poco confiable y está plagada de errores. Tomaron unas tijeras y pegaron el texto y lo reorganizaron hasta que se ajustó a su secuencia preconcebida. Los pasajes que se pensaba que expresaban nociones toscas o primitivas (como los versículos que describían a Dios enojado) fueron fechados antes, mientras que los pasajes considerados sublimes o avanzados fueron fechados después. Para darle al proyecto un tono de credibilidad científica, en 1878 el alumno de Hegel, K. H. Graf, junto con su alumno Julius Wellhausen, propusieron un método de «alta crítica» que descomponía los libros del Antiguo Testamento y reasignaba las partes a diferentes fechas y autores. Esto se conoció como la hipótesis de Graf-Wellhausen.[19]

---

19. Nancy Pearcey, *Saving Leonardo: A Call to Resist the Secular Assault on Mind, Morals, and Meaning* (Nashville, TN: B&H Publishing Group, 2010), p. 197.

Otros han ido tan lejos como para negar todos los milagros considerándolos metafóricos, exageraciones, o simplemente inventados por los autores bíblicos después de los hechos. Creo que el punto de Nietzsche sobre el loco que entra en las iglesias puede ser solo para preguntarle a la iglesia por qué todavía existe si Dios no existe. Sin embargo, su poema plantea otro punto, ya sea que lo pretendiera o no. ¿Por qué modificar la Biblia y el evangelio para convertirlos en un pensamiento racionalista? Si es así, sé honesto y niégalo todo junto. El liberalismo teológico es una negación completa de la naturaleza y el contenido de las Escrituras, al mismo tiempo que habla de labios para afuera sobre su funcionalidad. A menos que adoptemos una posición firme sobre la inerrancia plenaria y la infalibilidad de la Escritura en todo lo que afirma, el loco también nos llama la atención sobre nuestra hipocresía.

### CONCLUSIÓN

Marx predijo que una evolución determinista de la sociedad en una dialéctica purgaría el sistema de sus males y, una vez que lleguemos a un estado comunista y totalitario, la utopía estaría en la cima de la colina, lista para compartir sus delicias con todos. Con la ayuda de Immanuel Kant y otros, diferentes aspectos del racionalismo y el empirismo se forjaron en lo que se llama positivismo lógico, y por lo tanto la humanidad podría ser ahora conocedora de todo, el nuevo omnisciente para eliminar al viejo Uno. Estábamos tan orgullosos de nuestros logros que pensábamos que habíamos superado a Dios. El Creador puede haber hecho el huerto del Edén, pero el hombre pudo crear el suyo propio sin las restricciones y la subyugación del primero. Dios fue rechazado para ser solo un producto de la imaginación iracunda de antaño que no nos permitía comer de *ningún* fruto en su jardín (¿te suena familiar?). Entonces, ¿no sería mejor que el hombre ilustrado fuera la máxima autoridad en ética, entre el bien y el mal?

Una vez que el Jehová encarnado fuera relegado a las miríadas de deidades retiradas del pasado, ¿no haríamos nosotros nuestro propio camino? El marxismo fue mucho más allá de las oportunidades económicas. Era, y sigue siendo, una promesa de salvación que contradice el mensaje de salvación de la Biblia en todo momento. Spurgeon lo llamó «un evangelio falso y delirante». Nietzsche advirtió que se produciría un derramamiento de sangre. Y Van Til cerrará ahora nuestro capítulo antes de que nos asomemos a lo que el sueño de la utopía traería o no traería en el siglo XX.

> El resultado para el hombre fue que se hizo un *falso ideal del conocimiento*. El hombre se creó el ideal de la comprensión absoluta del conocimiento. Esto nunca lo habría podido hacer si hubiera seguido reconociendo que era una criatura. Es totalmente incompatible con la idea de la condición de criatura que el hombre se esfuerce por alcanzar un conocimiento integral; si pudiera alcanzarlo, borraría a Dios de la existencia; el hombre sería entonces Dios. Y como veremos más adelante, debido a que el hombre buscó este ideal inalcanzable, atrajo sobre sí un sinfín de aflicciones.[20]

---

20. Cornelius Van Til, *In Defense of the Faith* (Barakaldo Books, 2020), p. 39.

## CAPÍTULO 9

# ENTRA EN EL POSMODERNISMO

**INTRODUCCIÓN**

El horror de los asesinatos masivos durante la Primera Guerra Mundial (1914-1918) cambió el mundo para siempre. La carnicería derribó algo más que imperios y poblaciones, también el optimismo y las teorías filosóficas y sociales elevadas. La humanidad no era tan «buena» como muchos habían asumido, y la guerra terminó solo para preparar el escenario para la siguiente (Segunda Guerra Mundial, 1939-1945). El siglo XX sería testigo de múltiples conflictos, que terminaron con más de 230 millones de muertes por guerra y genocidio, relegando a ese siglo como el más sangriento de la historia de la humanidad. No solo eso, sino que el siglo XX también fue testigo de más derramamiento de sangre que los diecinueve siglos anteriores juntos.[1] El régimen fascista de Adolf Hitler fue responsable del genocidio de más de seis millones de judíos, y el régimen comunista de Stalin fue el único responsable de la matanza de más de veinte millones de detractores.[2] Las elevadas promesas del positivismo resultante de la Ilustración quedaron reducidas a unos oscuros escombros de sueños caídos.

El loco de Nietzsche había llegado demasiado pronto para los racionalistas y Spurgeon demasiado temprano para la iglesia, pero ahora ambos se ganaron póstumamente una audiencia dentro de sus respectivos

---

1. https://cissm.umd.edu/research-impact/publications/deaths-wars-and-conflicts-20th-century#:~:text=%2D%20An%20itemized%20total%20sum%20of,of%20this%20sum%20are%20provided.
2. El consenso es de alrededor de veinte millones, y algunos estiman que mucho más.

campos. Figuras que abarcan desde Herman Bavinck (1854-1921) hasta Albert Mohler (nacido en 1959) cubrirían el lapso del siglo XX ayudando a la iglesia a regresar a sus Escrituras y, por lo tanto, a su Señor. En el otro campo, el positivismo lógico fue denunciado como presuntuoso, y el romanticismo más el relativismo hegeliano finalmente tendrían su día dentro de los salones de la academia secular. La fría objetividad del señor Spock estaba bajo sospecha, pero la cálida subjetividad del capitán Kirk recibió la bienvenida que tanto deseaba.

## *ENTRA EN EL POSMODERNISMO*

La tragedia tiene una forma de cambiar la mentalidad de las multitudes mucho más impactante que la de cualquier político u otra personalidad influyente. ¿Es la verdad verdadera debido a la realidad objetiva y universal o es verdadera en la medida en que nos beneficia de forma subjetiva? Históricamente, la tragedia ha hecho oscilar el péndulo de un lado a otro de esa cuestión.

> Sócrates nació en el año 468 a. C., y aunque era una época de guerra entre las ciudades-estado de Atenas y Esparta, vivió en una época de éxito y poder (relativamente) que los griegos nunca habían experimentado. Cuando Esparta derrotó a Atenas, la cultura de los atenienses concluyó que sus dioses los habían defraudado, lo que llevó a una sensación de escepticismo. En ese entorno, es necesario volver a centrarse en una postura más pragmática. En consecuencia, surgieron los sofistas. Este grupo estaba formado por maestros profesionales que eran itinerantes, cobrando por sus enseñanzas dondequiera que viajaran.[3]

Por lo tanto, la tragedia puede traer un tipo de escepticismo contra la objetividad o utilidad (en un sentido idealista) de la verdad objetiva después que el suceso fatal ha ocurrido. Al igual que en Atenas, la Primera Guerra Mundial ofreció otra tragedia que trajo una sensación de decepción y desilusión, y por lo tanto de sospecha sobre la verdad. La comprensión relativista del conocimiento de Hegel con la subjetividad de la experiencia de Rousseau reemplazaron al positivismo lógico como autoridad epistemológica.

---

3. Joe Owen, *Autonomía sexual en un mundo posmoderno: Una respuesta teológica, pastoral y apologética* (Bogotá, Col: CLC Colombia, 2021), p. 68.

Cualquier acceso a las verdades objetivas (como en el idealismo objetivo), si es que había alguno en primer lugar, era el error de las potencias europeas que asumían una naturaleza humana universal y una metanarrativa en la que todos encajamos de alguna manera. La idea no era tanto que la gente no tuviera acceso a la verdad, sino que la gente reclamaba sus perspectivas como si fueran absolutas, utilizándolas así para retener el poder sobre los demás. Saul Alinsky (1909-1972), activista y teórico político del siglo XX, en su libro *Rules for Radicals* [Tratado para radicales] afirmó:

> Los hombres siempre han anhelado y buscado dirección mediante la creación de religiones, la invención de filosofías políticas, la creación de sistemas científicos como el de Newton o la formulación de ideologías de diversos tipos [...] a pesar de darse cuenta de que todos los valores y factores son relativos, fluidos y cambiantes.[4]

El señor Alinsky no se dio cuenta de que, si «todos los valores y factores son relativos, fluidos y cambiantes», entonces lo mismo sería cierto de su evaluación. En teoría, si el hombre es virtualmente un ser emocional o subjetivo, entonces la experiencia subjetiva de cada persona debería definir su propia verdad por sí misma. En otras palabras, los del relativismo de Alinsky postulan que es *objetivamente* cierto que todas

---

4. Saul D. Alinsky, *Rules for Radicals: A Pragmatic Primer for Realistic Radicals* (Nueva York: Random House, 1972), pp. xv, 10, 11.

las verdades que se transmiten como objetivas son realmente *subjetivas* (idealismo subjetivo).

## LA ESCUELA DE FRANKFURT

La Primera Guerra Mundial había terminado y una Alemania cada vez más antisemita sufría bajo las restricciones del Tratado de Versalles. Solo sería cuestión de tiempo antes de que Adolf Hitler llegara al poder y llevara a su país a una venganza conquistadora que ayudó a desencadenar la Segunda Guerra Mundial. El marxismo necesitaba un cambio de imagen posmoderno si quería tener algún efecto real en los países del primer y segundo mundo de occidente. Así, en 1923, Carl Grünberg (1861-1940), un marxista austríaco de origen judío, reúne a un grupo de académicos para formar el Instituto de Investigación Social (más tarde conocido como la Escuela de Frankfurt), que se ocupaba de diversos temas desde dentro de la Universidad Goethe de Frankfurt, Alemania. Él reunió a académicos como Theodor Adorno, Erich Fromm, Walter Benjamin y Max Horkheimer. El grupo conservaría el compromiso ontológico materialista, adoptaría el compromiso epistemológico relativista, pero desafiaría la ética determinista del marxismo clásico. Y para ello, aprovecharon mucho la obra de uno de los personajes más influyentes de los siglos XIX y XX.

## SIGMUND FREUD

Segismund Schlomo Freud (1856-1939), conocido como el padre de la psicología moderna y el psicoanálisis, fue un judío nacido en Austria cuyas teorías sobre la psique, aunque muchas desacreditadas hoy en día, siguen sentando las bases de cómo el mundo posmoderno identifica al yo. Propuso tres niveles de conciencia humana: el ello, el ego y el superyó. El ello es el yo interno, verdadero, experimentado por deseos e impulsos. El ego es el lado consciente de un ser humano, moldeado por presiones e influencias externas, principalmente por figuras de autoridad. El superyó se forma en la persona como reacción a la ética que las figuras de autoridad inculcaron en el niño para luchar contra su verdadero yo, o ello.

Freud también redujo toda la actividad humana a una de dos categorías: libido o tánatos. La libido es un «concepto originado por Sigmund Freud para referirse a la energía instintiva fisiológica o psíquica asociada con los impulsos sexuales y, en sus últimos escritos, con toda actividad humana constructiva».[5] Y «a la libido se oponía el tánatos, el instinto de muerte y fuente de impulsos destructivos».[6] Freud, por lo tanto, propuso que la psicosis era en última instancia un problema causado por la «mala dirección» o la «descarga inadecuada» de la libido.

Por lo tanto, dado que toda actividad humana constructiva se basaba en impulsos sexuales, junto con las teorías de Freud sobre los impulsos sexuales infantiles (niño para su madre e hija para su padre), la autoridad como categoría se consideraba peligrosa para la actividad humana futura. Por ejemplo, según Freud, un niño desea sexualmente a su madre hasta que la autoridad (la familia, y más específicamente, su padre) imprima su propia ética en el ego del niño. La fricción entre el ello del niño (que desea a su madre) y su ego sexualmente reprimido por la autoridad de su padre produciría un superyó que lucharía contra el ello, convenciendo al niño de que el incesto es malo o «pecaminoso». Así, los niños crecen enfrentándose a la fricción constante entre su superyó y su ello, por lo que los sentimientos de culpa y vergüenza los superan. De ese modo, la única manera de evitar que se rompa la «ética» del sistema actual, y así esperar su obliteración final, es desafiar las estructuras de autoridad, comenzando en el hogar.

5. «Libido», Britannica, https://www.britannica.com/science/libido, consultado el 28 de diciembre de 2024.
6. *Ibidem*.

## ÉTICA ANTIAUTORIDAD

Por consiguiente, una mirada más cercana a las estructuras de autoridad en torno a la vida de un niño y un joven necesitaría ser revisada e incluso desafiada para que se forme una nueva ética. Wilhelm Reich, estrechamente asociado a la Escuela de Frankfurt, en su obra *Die Massenpsychologie des Faschismus* [Psicología de masas del fascismo], desarrollaría más tarde esta familia y otras represiones sexuales autoritarias:

> El objetivo de la moral es producir sujetos aquiescentes que, a pesar de la angustia y la humillación, se ajusten al orden autoritario. Así, la familia es el estado autoritario en miniatura, al que el niño debe aprender a adaptarse como preparación para el ajuste social general que se le exija más adelante.[7]

Como resultado, la moralidad no es un reflejo de la santidad de nuestro Creador para aquellos que están hechos a su imagen y semejanza, sino solo una herramienta de control utilizada para subyugar a los grupos a las voluntades de los poderes fascistas. Por lo tanto:

> El entrelazamiento de la estructura socioeconómica con la estructura sexual de la sociedad y la reproducción estructural de la sociedad tienen lugar en los primeros cuatro o cinco años y en la familia autoritaria. La iglesia solo continúa esta función más tarde. Así, el estado autoritario gana un enorme interés en la familia autoritaria. Se convierte en la fábrica en la que se moldean la estructura y la ideología del estado.[8]

Sí, el estado tendría que ver a la familia como el principal represor sexual y tomar las medidas necesarias para que la ética que conduce, en este caso, al fascismo, cambie. El mundo necesitaría una revolución, no contra los dictadores a nivel estatal, sino a nivel familiar. El estado tendría que tener acceso a la juventud mucho más allá de las materias de aritmética, ciencias empíricas y geografía. El estado tendría que hacerse cargo de la enseñanza en todos los asuntos, especialmente en lo que respecta a la identidad, la sexualidad y la ética.

---

7. Wilhelm Reich, *Die Massenpsychologie des Faschismus* (Farrar, Straus y Giroux, 1933), p. 30.
8. Ibidem.

En el marxismo clásico, el estado toma el control de toda la producción y la propiedad, no para finalmente traer equidad entre las clases, sino para eliminarlas, formando una utopía sin clases. En este nuevo marxismo social o cultural, el estado tendría que tomar el control de la educación ideológica, no para salvar en última instancia del fascismo, sino en este caso para eliminar la ética de los sistemas anteriores, que incluyen principios bíblicos.

La Escuela de Frankfurt estaba dirigida en su mayoría por hombres judíos que trataban de lidiar con la preocupación legítima del creciente fascismo, y algunos de sus hallazgos fueron muy reveladores. En 1930, Max Horkheimer se convirtió en el director, y unos años más tarde «fue el primero en acuñar y definir el término "teoría crítica" en su ensayo "Teoría tradicional y crítica" en 1937».[9] La teoría crítica, en esencia, es la idea de que debemos ser críticos de los sesgos mayormente opresivos que subyacen en la perspectiva de aquellos que han escrito sobre la historia, el uso del lenguaje, la ley, etc., y así deconstruirlos como una vez proponentes de la verdad objetiva en la subjetividad. Robin DiAngelo, actual defensor de la justicia social y de varias teorías críticas, sugiere que «la teoría crítica se desarrolló en parte como respuesta a esta supuesta superioridad e infalibilidad del método científico, y planteó preguntas sobre qué racionalidad y qué presunta objetividad subyace a los métodos».[10] En otras palabras,

---

9. Jeffrey D. Johnson, *What Every Christian Needs to Know about Social Justice* (Conway, AR: Free Grace Press, 2021), p. 44.
10. Özlem Sensoy y Robin DiAngelo, *Is Everyone Really Equal?: An Introduction to Key Concepts in Social Justice Education* (Nueva York: Teachers College Press, 2012), p. 4.

a todo el conocimiento, ya sea histórico, empírico, político y demás, se le ha otorgado superioridad sin cuestionar los motivos sesgados de sus defensores.

Sin embargo, recuerda que había un problema real al que se enfrentaban los teóricos críticos de la Escuela de Frankfurt en ese momento. Académicos judíos en la Alemania antisemita estaban tratando de entender cómo las masas son inducidas a los males del fascismo.

> Se trata de un punto de vital importancia, dado que su proyecto comenzó en Alemania a finales de la década de 1920 y principios de la de 1930 y, por lo tanto, se concibió en el contexto del ascenso a la prominencia y luego al poder del brutal antisemitismo ideológico del Partido Nazi bajo su líder, Adolf Hitler. En efecto [...] la lucha con la razón por la que el nazismo y el fascismo estaban resultando tan atractivos para las clases trabajadoras de Europa fue la preocupación central de su trabajo teórico durante este tiempo. Figuras clave también tuvieron que huir de Alemania para salvar sus vidas, como Theodor Adorno, Max Horkheimer y Herbert Marcuse. Walter Benjamin, un amigo cercano de la Escuela, mezcló el misticismo escatológico judío, la crítica y el marxismo. Benjamin se suicidó en 1940 en la frontera entre Francia y España cuando se le negó la entrada a esta última. Escapaba del régimen nazi.[11]

No se puede subestimar la importancia del contexto político de estos hombres. Esto se debe a que muchos grupos hoy en día utilizan la teoría crítica como base para legitimar las ideologías posmodernas, como la CRT (teoría crítica de la raza), la teoría *queer*, la justicia social y muchos de los estudios de género actuales. La teoría crítica puede haber tenido una queja válida, sin embargo, sus suposiciones sobre la identidad humana (antropología) eran incorrectas. Por otro lado, los teóricos de hoy y los *influencers* posmodernos son demasiado simplistas, reduciendo toda la injusticia social al grupo de identidad al que se pertenece. La teoría crítica, y más aún hoy en día, es:

> Una filosofía social de la lucha de clases que afirma que el lenguaje es una construcción social utilizada como medio de opresión por quienes

---

11. Carl R. Trueman, *To Change all Worlds: Critical Theory from Marx to Marcuse* (Brentwood, TN: B&H Academic, 2024), pp. 7-8.

están en el poder y llama a la deconstrucción de las estructuras de poder a través de la deconstrucción del lenguaje.[12]

El lenguaje era uno de los poderes que se utilizaban para manipular a las masas. Se sospechaba que el significado detrás del lenguaje constituía una herramienta para usar sobre los grupos con el fin de mantenerlos a raya. Jeffrey Johnson continúa resumiendo:

> Y este es el corazón de la teoría crítica: cualquier significado autoritario que se haga pasar por verdad objetiva es inherentemente discriminatorio y opresivo. Por lo tanto, la teoría crítica busca deconstruir el significado objetivo dondequiera que se encuentre. La teoría crítica se aplica al estudio del derecho (teoría crítica del derecho), al estudio de la historia (teoría crítica de la historia), al estudio de la sexualidad y el género (teoría crítica del homosexual y teoría crítica del género) y al estudio de la raza (teoría crítica de la raza).[13]

Max Horkheimer, en su ensayo donde se acuñó la «teoría crítica» como «teoría tradicional y crítica», afirmó que los positivistas (racionalistas que siguieron la síntesis de Kant del racionalismo con el empirismo para formar el positivismo lógico) y los pragmáticos, ambos haciendo conexiones históricas y formando teorías empíricas que mejor se adaptan a la Revolución Industrial, basan todo el conocimiento en cómo se interpretan los datos en su marco prefabricado de pensamiento. Él afirma:

> El erudito y su ciencia se incorporan al aparato de la sociedad; sus logros son un factor en la conservación y renovación continua del estado de cosas existente, sin importar los bellos nombres que dé a lo que hace. Se espera que sus conocimientos y resultados correspondan a su propio «concepto», es decir, deben constituir la teoría en el sentido antes descrito. En la división social del trabajo, el papel del sabio es integrar los hechos en los marcos conceptuales y mantenerlos actualizados para que él mismo y todos los que los utilizan puedan dominar la gama más amplia posible de hechos. El experimento tiene la función científica de establecer los hechos de tal manera que encajen en la

---

12. Jeffrey D. Johnson, *What Every Christian Needs to Know about Social Justice*, p. 54.
13. *Ibidem*, pp. 61-62.

teoría actualmente aceptada [...] Por lo tanto, aunque la división del trabajo en el sistema capitalista funcione mal, sus ramas, incluida la ciencia, no llegan a ser por ello autosuficientes e independientes. Son ejemplos particulares de la manera en que la sociedad se enfrenta a la naturaleza y mantiene su propia forma heredada.[14]

Debemos recordar la naturaleza hegeliana del marxismo si queremos entender lo que Horkheimer está diciendo. En la dialéctica de Hegel, la verdad es una interacción entre los hechos y la estructura humana actual del pensamiento. Por lo tanto, lo que se considera verificable incluso desde métodos empíricos solo es cierto dentro del *statu quo* de una estructura social dada. En otras palabras, en una era posterior a la revolución industrial, algo se considera verdadero siempre y cuando se ajuste a la narrativa y estructura capitalistas, en las que la «aparente autosuficiencia de la que disfrutan los procesos de trabajo cuyo curso está supuestamente determinado por la naturaleza misma del objeto corresponde a la aparente libertad del sujeto económico en la sociedad burguesa».[15] Si una idea produce una mejor producción, sea o no buena para la clase obrera, tiene que ser verdadera. En consecuencia, incluso el lenguaje adquiere su propio significado asignado por aquellos que se benefician, en este caso dentro de los poderes de la «sociedad burguesa».

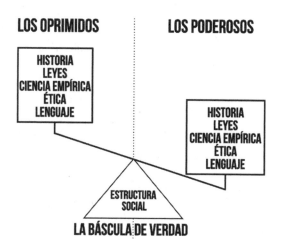

---

14. Max Horkheimer, «Traditional and Critical Theory», publicado por primera vez en 1937, https://blogs.law.columbia.edu/critique1313/files/2019/09/Horkheimer-Traditional-and-Critical-Theory-2.pdf, consultado el 29 de diciembre de 2024, pp. 196, 197.
15. *Ibidem*, p. 197.

Para comprender lo que se entiende por «sociedad burguesa» debemos revisar brevemente la teoría marxista. Recordemos que, según Marx, en cada paso de la evolución dialéctica de la sociedad, debido a la opresión sistémica en el sistema, se formaron clases: los que tienen y los que no tienen. Marx creía que las divisiones de poder se basaban en la propiedad económica. La estructura social capitalista subsiguiente fue gobernada por la clase media o «burguesa», una palabra proveniente de un término francés que significa «ciudadano de una ciudad» o «habitante de la ciudad». Los burgueses son la clase dominante porque utilizan el capital y la propiedad para obtener poder. Los herederos posmodernos de Hegel y Marx extenderían el poder de control más allá del capital y la economía a los burgueses como pertenecientes a un grupo que es mayoritario en binarios (hetero vs. homosexuales, hombres vs. mujeres, religiosos vs. no religiosos, cristianos vs. ateos, «blancos» vs. «negros», cisgénero vs. transgénero, etc.). Por ejemplo, si eres heterosexual, perteneces a la mayoría; por lo tanto, tu ética, lo que crees que es bueno o malo, se basa en tus valores subjetivos y ha sido impuesta o utilizada contra otros para mantener tu grupo de identidad en el poder.

En la teoría crítica, categorías como la ciencia empírica, el derecho, la historia y el lenguaje eran vistas como recipientes que se forjaban dentro de una estructura existente, y las perspectivas sobre ellas que dominaban y se vendían como hechos eran las que mejor se adaptaban a los poderosos. Lo mismo debe decirse, pues, de la moral o la ética. Recuerda, de acuerdo con el pensamiento naturalista, no existe el bien o el mal universal. La ética son construcciones sociales que evolucionan de una etapa a otra a medida que las sociedades crecen. Son reglas subjetivas para la mejor supervivencia de los grupos o se imponen a las clases bajas para su subyugación. Nótese que este punto será vital en capítulos posteriores para entender todas las ideologías posmodernas. Cuando la ética pasa de una norma objetiva a una subjetiva, todas las convicciones que podamos tener se reducen a valores personales, subjetivos. Trueman, al comentar la contribución de Marx a la teoría crítica, ofrece perspicuidad a la relación entre subjetividad y ética:

> [El marxismo] puso muy claramente de manifiesto la conexión entre la moral social y la estructura de clases. Dada la base material de la realidad y la conexión de las clases económicas, la moral funcionaba

como un reflejo y un medio para reforzar los valores de la sociedad tal como existía: así, habría una moral feudal, una moral burguesa y, finalmente, una moral comunista, cada una determinada por el marco y las condiciones económicas.[16]

Por lo tanto, una vez que se forma un estado totalitario que toma de los poderosos y distribuye para que se logre la equidad, finalmente el estado puede desmoronarse y una sociedad sin clases puede compartir una versión de la historia (o evitar cualquier veracidad en la historia por completo), una estructura legal, una comprensión científica, una ética y un lenguaje conceptual que no haga daño, ya que estarán libres de una ventaja inherente para los opresores como se asume que tienen ahora. Entonces, ¿cómo llegamos allí y por qué no ha funcionado el experimento comunista?

---

16. Carl R. Trueman, *Crisis of Confidence*, p. 85.

## ¿HEGEMO CULTURAL QUÉ?

A lo largo del siglo XX, la metanarrativa religiosa de Marx fue puesta a prueba, primero en Rusia bajo Lenin y Stalin, luego en China bajo Mao, y más tarde en Corea del Norte, Vietnam, Camboya y Cuba. Estos vastos experimentos sociales fueron desastres absolutos, produciendo estados carcelarios, gulags y genocidios que mataron a cientos de millones de personas. Y, sin embargo, a pesar de este miserable historial, el marxismo sigue con nosotros.[17]

Si la clase dominante usa su propia cosmovisión para infundir el lenguaje, la ciencia, la ley y la ética con sus propios sesgos con el fin de mantener el privilegio, entonces tomar la propiedad y el capital de la clase dominante y distribuirlo entre la clase baja no es suficiente. Debes cambiar la mente de la cultura para cambiar la cultura. La redistribución por la fuerza bruta no creará una sociedad sin clases, sino que solo barajará las existentes. Nicki Lisa Cole, estudiosa de la sociología, en su artículo «La Escuela de Frankfurt de teoría crítica», señala cómo Horkheimer y los otros estudiosos de la Escuela de Frankfurt llegaron a un acuerdo con las predicciones fallidas de Marx.

A raíz de la fallida predicción de Marx sobre la revolución, estos individuos se sintieron consternados por el ascenso del marxismo del partido ortodoxo y una forma dictatorial de comunismo. Dirigieron su atención al problema del dominio a través de la ideología, o el gobierno ejercido en el ámbito de la cultura. Creían que los avances tecnológicos en las comunicaciones y la reproducción de ideas posibilitaban esta forma de gobierno.[18]

Paralelamente a la investigación de la Escuela de Frankfurt, el erudito italiano Antonio Gramsci estaba elaborando su teoría, llamada «hegemonía cultural». Cole, en el artículo «Qué es la hegemonía cultural», explica:

---

17. Scott David Allen, *Why Social Justice Is Not Biblical Justice: An Urgent Appeal to Fellow Christians in a Time of Social Crisis* (Grand Rapids, MI: Credo House Publishers, 2020), p. 53.
18. Nicki Lisa Cole, «The Frankfurt School of Critical Theory», *ThoughtCo*, https://www.thoughtco.com/frankfurt-school-3026079, consultado el 30 de diciembre de 2024.

La hegemonía cultural se refiere a la dominación o el gobierno mantenido a través de medios ideológicos o culturales. Por lo general, se logra a través de las instituciones sociales, que permiten a quienes están en el poder influir fuertemente en los valores, normas, ideas, expectativas, cosmovisiones y comportamientos del resto de la sociedad.

La hegemonía cultural funciona enmarcando la cosmovisión de la clase dominante, y las estructuras sociales y económicas que la encarnan, como justa, legítima y diseñada para el beneficio de todos, aunque estas estructuras solo beneficien a la clase dominante.[19]

## *ANTONIO FRANCESCO GRAMSCI*

Dominio público.

Antonio Gramsci (1891-1937)[20] fue uno de los fundadores del Partido de la Comunidad Italiana en 1921. Como en el caso de muchos estudiosos de la Escuela de Frankfurt, Gramsci se oponía al fascismo. Mientras Horkheimer y sus colegas buscaban refutar el fascismo nazi y el racismo, Gramsci se opuso a Mussolini y su fascismo en Italia. De hecho, gran parte de los escritos de Gramsci sobre teoría política fueron escritos mientras estaba encarcelado (1926-1937) por su oposición a Mussolini, provocada por un fallido complot de asesinato.[21] Una vez más, el contexto histórico de las teorías sociales es útil al menos por dos razones. En primer lugar, no hay que satanizarlos, ya que estos hombres estaban tratando de luchar contra regímenes fascistas, genocidas y racistas malvados. Dicho esto, la legitimidad de su erudición y la virtud de su lucha no relegan sus conclusiones a la veracidad. Tener

---

19. Nicki Lisa Cole, «What is Cultural Hegemony», *ThoughtCo*, https://www.thoughtco.com/cultural-hegemony-3026121, consultado el 1 de noviembre de 2024.
20. A la derecha de la página aparece la foto de Gramsci en 1916, https://en.m.wikipedia.org/wiki/Antonio_Gramsci, consultado el 29 de diciembre de 2024.
21. Tom Shakespeare, Collection: Disable Lives, https://farmerofthoughts.co.uk/collected_pieces/antonio-gramsci/, consultado el 29 de diciembre de 2024. Dominio público.

un reclamo legítimo no prueba, por defecto, la validez de un argumento. Por ejemplo:

> **Premisa principal**: Las columnas vertebrales provocan dolor de espalda en la vida de casi todos.
> **Premisa menor**: Todos los seres humanos nacen con columna vertebral.
> **Conclusión**: ¡Es mejor eliminar todas las columnas vertebrales de los humanos!

Una vez más, pido disculpas por la ilustración un poco tonta, pero espero que ayude a entender el punto. En otras palabras, el que reconoce un problema no necesariamente conoce la mejor solución. Donde hombres como Gramsci y Horkheimer se equivocan es en su antropología, o en lo que significa ser humano. Gramsci, aunque no estaba completamente en contra de la idea de los posibles beneficios de la religión, era ateo. Horkheimer fue un crítico de la religión, aunque existe un debate sobre si era un ateo materialista. Dicho esto, estos teóricos no basaron su comprensión antropológica en una cosmovisión bíblica.

El punto, por lo tanto, con la hegemonía cultural, es que el poder que la clase dominante tiene sobre la psique se utiliza para imponer su cosmovisión por encima de la de la clase oprimida. Por consiguiente, todo lo que se ha enseñado como historia, lenguaje/conceptos, ética, religión, derecho, ciencia y demás debe ser deconstruido y despojado de su autoridad. La ética antiautoritaria de Freud, Horkheimer y Gramsci se utilizaría en conjunto con las teorías de Michel Foucault (1926-1984) para deconstruir las mentes de los jóvenes, especialmente durante sus años universitarios.

## CONCLUSIÓN

¿Qué sucede entonces cuando se observan todos los puntos de vista y las poblaciones de la mayoría frente a las minorías con esta lente política de lucha? Todas y cada una de las distinciones inherentes deben ser entonces productos de la hegemonía cultural. La normalización de cualquier cosa no es más que una herramienta mental de un grupo de identidad popular para mantener el poder y subyugar a aquellos que están fuera de sus distintivos. Términos como heteronormatividad surgen al afirmar que, dado que la mayoría de los que están en el poder son heterosexuales, deben subyugar a los homosexuales para mantener los privilegios de los que gozan del *statu quo*, la actual «estructura de la verdad» hegeliana dentro de la sociedad marxista llamada «burguesía». Por lo tanto, ¿qué se puede decir acerca de la iglesia y su llamado al arrepentimiento? ¿No está entonces la iglesia usando solo la ética subjetiva de la burguesía para juzgar la ética subjetiva, o los valores, de la minoría oprimida y marginada, relegando sus valores al «pecado» y llamándolos al arrepentimiento? Imagino que muchos lectores podrán ver hacia dónde va esto. Finalmente, cuando miramos a la justicia social, tendremos que ser muy cuidadosos acerca de si estamos adoptando una definición bíblica de «justicia» o una marxista. Sin embargo, antes de examinar cómo la teoría crítica ha sido utilizada por los ideólogos posmodernos para la subsiguiente revolución sexual y los movimientos de «justicia social» de los últimos tiempos, debemos examinar más a fondo lo que se quiere decir a lo largo de estos capítulos sobre antropología, lo que significa ser humano, porque ahí es donde radican las diferencias fundamentales entre una cosmovisión bíblica y una cosmovisión naturalista cuando se trata del tema de la humanidad, la sociedad, la sexualidad, la identidad y la justicia.

CAPÍTULO 10

# LOS HOMBRES-SIMIO CALVOS

**INTRODUCCIÓN**

Comenzamos nuestra discusión analizando el relato de la creación para ver lo que Dios ha revelado acerca de lo que significa ser hechos a su imagen. Los temas de la identidad y la teleología (función, propósito y fin) para la humanidad subyacen continuamente en nuestra discusión, ya que su importancia no puede ser exagerada al considerar la opresión, la injusticia y cualquier esperanza de remedio. ¿Es la opresión en la sociedad, en última instancia, sistémica (inherente al sistema) como un modo de actuar sobre individuos inocentes, o es el resultado de los portadores de la imagen caídos que componen una sociedad? ¿Es el matrimonio un pacto santo e instituido por Dios entre un hombre y una mujer, que proyecta el pacto de gracia que Cristo ha otorgado a su iglesia en el mundo, todo para la gloria de Cristo en su iglesia, o es un contrato social instituido y definido por los órganos de gobierno locales? ¿Somos inherentemente buenos y solo actuamos mal debido a presiones sistémicas, o nacemos con una naturaleza pecaminosa que solo puede ser rectificada por un nuevo nacimiento en Cristo? ¿O algunos de nosotros nacemos en diferentes grupos de identidad que, sin saberlo, disfrutan y protegen el privilegio inherente dentro de un grupo respectivo y otros en grupos que sufren las consecuencias de los grupos privilegiados? Estas son preguntas teológicas y antropológicas que no pueden ser contestadas hasta que respondamos quién es Dios y quiénes somos nosotros según Él, lo cual ya comenzamos a discutir en capítulos anteriores. Sin embargo, ¿qué enseña el mundo hoy acerca de quiénes somos? Comenzamos con la discusión de los orígenes según Darwin. Pero primero, nuestra discusión debe tratar acerca de las teorías evolucionistas de los orígenes formuladas por especulaciones naturalistas tal como las enseñan sus promotores, no sobre una versión simplista de ellas.

## CUIDADO CON EL HOMBRE DE PAJA

Me imagino que muchos han escuchado el argumento popular contra la teoría de la evolución de que, si venimos de los simios, ¿por qué no han evolucionado los simios modernos? Esta popular respuesta de una sola línea puede ser común, pero es igualmente inexacta. Según la teoría moderna de la evolución biológica, los humanos no provienen, de hecho, de los simios. Al examinar la teoría moderna más popular sobre la evolución humana, creo que es sabio y prudente examinar y poner a descansar nuestros propios argumentos de hombre de paja en contra de ella.

Una falacia del hombre de paja ocurre cuando un oponente explica el argumento que quiere refutar, pero de una manera simplista o mezclada con falsedades, solo para derribar el argumento inestable y fácilmente refutable. Dicho esto, el argumento que muere bajo el *jaque mate* no representa fielmente la posición de un oponente. Por ejemplo, un argumento de hombre de paja contra el cristianismo (y abundan, por cierto) podría sonar como algo así: «Si Jesús fuera real y pudiera sanar, sanaría a todos los que sufren enfermedades tal como lo hizo mientras estaba en la tierra. Entonces, ¿por qué la gente no está siendo sanada de enfermedades en todas partes hoy en día, excepto principalmente por los charlatanes que fingen sanar para obtener dinero?». Este es un argumento típico de hombre de paja, porque las curaciones a lo largo de toda la historia (incluida la historia bíblica) siempre han sido la excepción y no la regla. Desde Adán hasta el final del período del Nuevo Testamento (aproximadamente cuatro mil años de historia), la Biblia registra muchas más enfermedades y muertes, como resultado de la rebelión del hombre en el huerto del Edén, que curaciones y milagros. Durante la vida de Jesús en la tierra, sus curaciones fueron para mostrar misericordia, sí, pero en última instancia fueron para probar lo que estaba escrito sobre Él en el Antiguo Testamento, para mostrar que Él era (y es) el Mesías prometido. Fíjate en cómo, cuando estaba en prisión, Juan el Bautista luchó con la duda sobre si Jesús era el Mesías o no. Los discípulos de Juan llevaron sus dudas a Jesús y su respuesta fue:

*Respondiendo Jesús, les dijo: Id, y haced saber a Juan las cosas que oís y veis. Los ciegos ven, los cojos andan, los leprosos son limpiados, los sordos oyen, los muertos son resucitados, y a los pobres es anunciado el evangelio.*

—MATEO 11:4-5

¿Qué clase de respuesta fue esa? ¿Entonces Jesús tiene el poder de dar vista a los ciegos, sanar a los cojos, a los leprosos, a los sordos e incluso resucitar a los muertos, pero no salvará a su propio familiar de la prisión? No obstante, ahí radica el propósito de los milagros. Jesús estaba citando dos textos de Isaías.

*Decid a los de corazón apocado: Esforzaos, no temáis; he aquí que vuestro Dios viene con retribución, con pago; Dios mismo vendrá, y os salvará. Entonces los ojos de los ciegos serán abiertos, y los oídos de los sordos se abrirán. Entonces el cojo saltará como un ciervo, y cantará la lengua del mudo; porque aguas serán cavadas en el desierto, y torrentes en la soledad.*

—ISAÍAS 35:4-6

*El Espíritu del SEÑOR Soberano está sobre mí, porque el SEÑOR me ha ungido para llevar buenas noticias a los pobres.*

—ISAÍAS 61:1A (NTV)

Jesús había predicado previamente sobre Isaías 61:1, afirmando que Él era el cumplimiento del Mesías siendo «ungido para llevar buenas noticias a los pobres» (Lucas 4:14-30). Poco tiempo después, Jesús le responde a Juan el Bautista, quien no será rescatado de la prisión, sino que finalmente será decapitado. Jesús le recuerda a Juan que Isaías predijo lo que el Mesías lograría a su llegada. En otras palabras, Él está desafiando a Juan a evaluar su fe por las Escrituras y no por sus circunstancias presentes. Sin embargo, cada persona que fue sanada por Jesús finalmente se encontró en una situación en la que no fueron sanadas; en otras palabras, todas murieron.

En última instancia, la sanidad que Jesús promete es nuestra resurrección en un cuerpo glorificado para todos los que creen en Él. El cristianismo, como se enseña en las Escrituras, no promete la curación corporal en esta vida. De hecho, todos los cristianos anteriores a nosotros han muerto a la larga de una enfermedad u otra, aunque sabemos por las Escrituras que están espiritualmente presentes con el Señor esperando su segunda venida. Jesús puede sanar hoy, pero eso sería la excepción y no la regla. Por lo tanto, es una falacia de hombre de paja afirmar que, si no te curas de una enfermedad en esta vida, de alguna manera eso refuta al cristianismo.

Tal vez se pregunten por qué dediqué tanto espacio a hablar de Jesús y los milagros aquí. Las falacias de los hombres de paja se disciernen fácilmente cuando un oponente ataca tus convicciones, pero no se perciben con tanta facilidad cuando somos nosotros los que las usamos. Muchos cristianos se apresuran a señalar las falacias del hombre de paja de los oponentes de nuestra fe, pero necesitamos que se nos recuerde que muchos de nosotros las hemos usado y continuamos haciéndolo contra otros. En el caso de nuestros argumentos en contra de que los humanos asciendan de los simios o los monos, lo mismo es cierto. Eso no quiere decir que la enseñanza evolutiva sobre los orígenes humanos y animales sea cierta. Pero debemos saber lo que los teóricos de la evolución están diciendo acerca de los orígenes humanos antes de que podamos evaluar sus teorías. No podemos discutir productivamente lo que debería ser una sociedad hasta que entendamos lo que significa ser humano, y no podemos entender lo que significa ser humano hasta que sepamos de dónde venimos y quién llegamos a ser.

### *LOS HOMBRES-SIMIO DE DARWIN*

La Ilustración europea cambió la forma en que muchos veían el cosmos y su existencia dentro de él. Carl Trueman señala un cambio significativo que ocurrió durante los siglos XVII y XVIII en el mundo occidental, de un conjunto de supuestos compartidos a otro.

Él discute los dos términos utilizados para hacer la distinción entre las dos suposiciones por el erudito (experto en muchos campos de estudio) y filósofo político Charles Taylor: *mimesis* y *poiesis*.

> En pocas palabras, estos términos se refieren a dos formas diferentes de pensar sobre el mundo. Una visión mimética considera que el mundo tiene un orden y un significado dados y, por lo tanto, ve a los seres humanos como necesarios para descubrir ese significado y conformarse a él. La *poiesis*, por el contrario, ve el mundo como una materia prima a partir de la cual el individuo puede crear significado y propósito.[1]

---

1. Carl R. Trueman, *The Rise and Triumph of the Modern Self* (Wheaton, IL: Crossway, 2020), pp. 39-40.

Tales suposiciones sobre el propósito y el significado caen en la categoría de la teleología. Como se mencionó anteriormente, la teleología es el estudio de la función, el propósito y el destino (o fines). La teleología es definida por el Merriam-Webster como «(1) (a) el estudio de las evidencias del diseño en la naturaleza, (b) una doctrina (como en el vitalismo) de que los fines son inmanentes a la naturaleza, (c) doctrina que explica los fenómenos por causas finales; (2) el hecho o carácter atribuido a la naturaleza o a los procesos naturales de ser dirigidos hacia un fin o moldeados por un propósito; (3) el uso del diseño o propósito como explicación de los fenómenos naturales».[2] Una de las principales suposiciones subyacentes en la discusión de la justicia y la sociedad es lo que consideramos nuestra teleología. En *mimesis*, nuestro propósito y meta están de alguna manera unificados en el sentido de que ambos son atribuidos por nuestro Creador y caen dentro de su plan para la creación y el universo. Sin embargo, no todos los que creían que fuimos diseñados también creían en la revelación de nuestro Diseñador (las Escrituras). Por otro lado, si somos el resultado de procesos aleatorios sin una dirección o propósito inherente (*poiesis*), entonces, usando una comprensión materialista de la realidad, uno debe darle sentido a cómo llegamos aquí sin un Creador.[3]

Las teorías modernas de la evolución animal y humana se basan principalmente en el trabajo de Charles Darwin (1809-1882) que aparece en su obra *Sobre el origen de las especies por medio de la selección natural, o la preservación de las razas favorecidas en la lucha por la vida* (publicado por primera vez en 1859), el cual trata principalmente de sus pensamientos sobre los orígenes de las especies animales como ramificadas de un ancestro común. Sin embargo, en 1871, Darwin se centraría en los orígenes humanos en su obra *El origen del hombre y la selección en relación al sexo*. En esta última obra, y como ya se citó en un capítulo anterior, Darwin no enseña que descendemos de Adán y Eva, sino que ascendemos a una jerarquía de razas como parte de un árbol de la vida.

---

2. «Teleología», Mirriam-Webster en línea, https://www.merriam-webster.com/dictionary/teleology.
3. Esto no significa que todos los evolucionistas sean ateos materialistas. Algunos de los que creen en Dios afirman un origen evolutivo de la vida, pero bajo la dirección de Dios. Este sincretismo entre la Biblia y la teoría naturalista es infundado desde el punto de vista bíblico y científico, y en última instancia resulta peligroso. Considere visitar www.answersingenesis.org para encontrar artículos, revistas y libros sobre este tema.

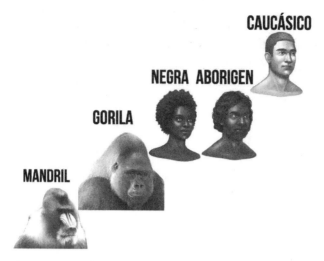

En algún periodo futuro, no muy lejano si se mide en siglos, es casi seguro que las razas civilizadas del hombre exterminarán y sustituirán a las razas salvajes del mundo. Al mismo tiempo, los simios antropomorfos [...] serán sin duda exterminados. La brecha entre el hombre y sus parientes más próximos se ampliará, ya que se extenderá entre el hombre en un estado más civilizado, como podemos esperar, incluso que el caucásico y algunos simios tan inferiores como un mandril, en lugar de, como ocurre ahora entre el negro o el australiano [aborigen] y el gorila.[4]

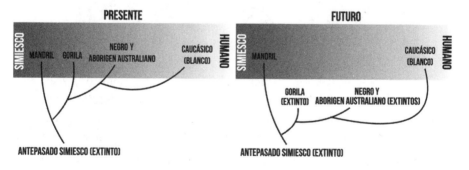

Darwin teorizó que la raza caucásica de los hombres está más separada de la semejanza con los simios que los negros y los aborígenes australianos, y que el gorila es más antropomorfo o humano que el mandril. Predijo que, en un futuro no muy lejano, las razas humanas

---

4. Charles Darwin, *The Descent of Man and Selection in Relation to Sex* (Chicago, editor William Benton en Great Books of the Western World, 1952), p. 336. Existe una edición en español con el título *El origen del hombre y la selección en relación al sexo* (Libros de la Catarata, 2019).

«salvajes» que están inherentemente más cerca de los simios y el gorila similar al humano se extinguirían, separando así a los humanos y los simios aún más en el árbol evolutivo de la vida. Nótese primero que él no enseñó que los humanos evolucionaron de los simios. Darwin enseñó que los simios modernos y los humanos tienen un ancestro simiesco en común. Por lo tanto, hablando de la falacia del hombre de paja, debemos observar esta teoría por lo que es y no por la versión simplista y errónea que muchos creen que es. Darwin no enseñó que los hombres provenían de los simios, sino que tanto los hombres como los simios ascendieron a partir de criaturas parecidas a los simios que hoy están extintas. Ahora, con ese concepto erróneo fuera de la vista, podemos hacer observaciones basadas en suposiciones precisas dentro de la «teoría»[5] de la evolución humana.

**SUPUESTA EVOLUCIÓN HUMANA**

En primer lugar, nótese el racismo inherente al argumento de Darwin. El paleontólogo y biólogo de Harvard, Stephen Jay Gould (1941-2002) recordó que «los argumentos biológicos para el racismo pueden haber sido comunes antes de 1859, pero crecieron en órdenes de magnitud tras la aceptación de la teoría de la evolución».[6] Esto no significa suponer que el racismo comenzó y nace de la teoría evolutiva darwiniana. La creencia de que un grupo étnico es inherentemente superior a otro es producto de corazones humanos malvados que buscan un estatus

---

5. «Teoría» entre comillas porque en realidad no cumple con los requisitos científicos para una teoría, sino que en realidad es solo una hipótesis.
6. Stephen Jay Gould, *Ontogeny and Philogeny* (Cambridge, MA: Belknap-Harvard Press, 1977), pp. 127-128. Existe una edición en español de este libro con el título *Ontogenia y filogenia: La ley fundamental biogenética* (Crítica, 2010).

elitista por encima de los demás. Dicho esto, desde Darwin se utilizó una justificación biológica basada en teorías erróneas de los orígenes de una manera explosiva.[7] No obstante, la teoría fue adoptada en los departamentos de Ciencias Naturales como creencias consensuadas sobre los orígenes dentro de nuestras instituciones educativas.

Sin embargo, desde una cosmovisión bíblica, las diferencias superficiales y fenotípicas[8] entre grupos humanos (no razas) se entienden fácilmente como un resultado de las grandes migraciones humanas que ocurrieron desde las separaciones en Babel (Génesis 10—11) y, por lo tanto, los grupos de población que se casaron entre sí dentro de sus respectivos grupos geográficos formaron acervos genéticos compartidos distintivos, formando grupos de personas. No obstante, todos los humanos son descendientes de la primera pareja que Dios hizo en el sexto día de la creación y, por lo tanto, no comparten ascendencia con los simios.

## SUPUESTA EVIDENCIA DE ASCENDENCIA COMPARTIDA ENTRE HUMANOS Y SIMIOS

Aunque un tratamiento exhaustivo del siglo y medio de supuesta evidencia de una ascendencia compartida entre los simios modernos y los humanos está mucho más allá del alcance de este libro, creo que sería beneficioso discutirlo un poco aquí.[9] En primer lugar, consideremos el ejemplo icónico que se retrata en libros de texto, documentales y museos de todo el mundo.

### LUCY

Lucy fue el nombre dado a los restos fósiles descubiertos en 1974 por Donald Johanson en Etiopía. Lucy pertenece a una especie de ancestro humano teóricamente parecida a un simio de hace tres millones de años llamada *Australopithecus afarensis* (o «simio del sur»). Su famoso nombre le fue dado cuando sus descubridores celebraron el hallazgo. Justo siete años antes (1967) los Beatles lanzaron «Lucy in the Sky with Diamonds» y el nombre debió haberles parecido bien.

---

7. Algunos ejemplos ofrecidos: Ken Ham, «Darwin's Garden», capítulo del libro *One Race One Blood*, publicado en línea el 15 de mayo de 2021, https://answersingenesis.org/charles-darwin/racism/darwins-garden/, consultado el 17 de enero de 2025.
8. Los rasgos fenotípicos son las diferencias externas, como el color de los ojos, el tono de la piel, los rasgos faciales, etc., que constituyen una diferencia mínima entre un grupo.
9. Si desea investigar este tema más a fondo, visite www.answersingenesis.org y escriba «Ape Man» en la barra de búsqueda de varios artículos, medios y libros.

# LUCY
## AUSTRALOPITHECUS AFARENSIS

Obra de arte que representa los restos fósiles de Lucy. Creada y utilizada con el permiso explícito de Answers in Genesis, www.answersingenesis.org.

La evidencia no interpretada de Lucy que se encontró está constituida por aproximadamente el 40% de un fósil de simio que se asumió que no era completamente simio, sino solo tenía la apariencia de uno. Lucy medía un metro de largo, lo cual está en el rango inferior de la anatomía de un chimpancé (de 1 a 1,5 metros). Dicho esto, los paleontólogos afirmaron que lo que la diferenciaba de los simios eran sus antebrazos más cortos, sus pies parecidos a los humanos, el ángulo de carga en la rodilla y la postura erguida.

Aunque sus manos no fueron descubiertas, se han hecho representaciones en lugares como el Museo de Historia Natural de Londres, el Museo Field de Historia Natural de Chicago y el Museo Nacional de Antropología de la Ciudad de México. Los paleontólogos y artistas solo asumieron que sus antebrazos no eran tan largos como los de los simios de hoy, pero esa es solo una interpretación basada en sus suposiciones de un pasado evolutivo humano. Únicamente se encontraron fragmentos de sus antebrazos, los cuales, de hecho, no nos permiten saber la longitud de su brazo. Se encontró un hueso de la pelvis, que daría una pista sobre su postura, ya sea erguida como un humano o arrastrando los nudillos como un simio. Para no beneficiar a los teóricos, su pelvis es simiesca, similar a la de un chimpancé, que obviamente es un arrastrador de nudillos. La forma de la pelvis muestra cómo se unirían los músculos y tendones para proporcionar un equilibrio erguido como en el caso de los humanos o un bamboleo de lado a lado, como en los chimpancés que arrastran los nudillos. En el caso de Lucy, la evidencia encontrada en su pelvis fue moldeada para un movimiento de lado a lado como el que usan los simios que no caminan erguidos.

**SIMIO**
POSTURA AGACHADA

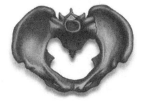
**HUMANO**
POSTURA ERGUIDA

Dibujos de una pelvis de simio y pelvis humana realizados por el departamento de Diseño Answers in Genesis.

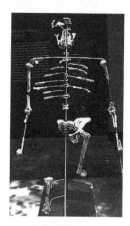

Nombre común: Lucy. Especie: *Australopithecus afarensis*.[10] Dominio público.

En la serie de televisión de 1981, *Nova*, se ofreció una teoría para explicar su cadera simiesca en lugar de ser igual a la de un humano, curvada hacia adentro para caminar erguido. Esta teoría alegaba que Lucy debe haber tenido las caderas curvadas como un humano, pero después de morir, un animal, como un ciervo, pudo haber pisado su cadáver y aplastado su pelvis. Luego, en el proceso de fosilización, las piezas trituradas se «fusionaron» para formar una cadera que parece la

---

10. Número de catálogo. AL 288-1. Edad: 3,2 millones de años. Lugar de descubrimiento: Depresión de Afar, Etiopía. Fecha de descubrimiento: 24 de noviembre de 1974. Descubierto por: Johanson y Gray.

de un chimpancé.[11] Donald Johanson, uno de los descubridores de Lucy, teorizó que su cadera estaba distorsionada de su forma original. Por absurdo que parezca, incluso si fuera cierto, Lucy todavía necesitaría pies humanos para mantener el equilibrio si tuviera que caminar erguida. Sus pies no se encontraron entre los fósiles, pero aun así se proporcionaron pruebas indirectas de ellos.

Mary Leakey, quien junto con su esposo Louis Leakey y su hijo Richard Leakey, dedicó su vida a hallar y clasificar lo que se cree que son fósiles de «homínidos», encontró un par de huellas humanas en Laetoli, Tanzania (a unos 1.600 km del sitio de excavación de Lucy en Etiopía) en la década de 1970. Aunque los pies de Lucy no estaban disponibles, los investigadores ahora creían que tenían evidencia indirecta. Pero considere las suposiciones que los llevaron a la conclusión de que Lucy debía tener pies humanos. En resumen, de acuerdo con las suposiciones evolucionistas sobre la historia, no hay forma de que los humanos (evidencia de la huella) y los simios (evidencia de Lucy) pudieran haber existido al mismo tiempo en el pasado, porque eso desacreditaría la teoría evolutiva. Por lo tanto, los investigadores concluyeron que se trataba de huellas de *Australopithecus afarensis*, deduciendo así que Lucy tenía pies humanos.[12] Esa es una falacia llamada «petición de principio», en la que se asume la conclusión en la premisa.

Otra evidencia considerada para la postura erguida se encontraría en el ángulo de carga de sus rodillas. La articulación de la rodilla de Lucy mostraba un ángulo de transporte de alrededor de quince grados, lo que sugiere que sus pies no estaban separados como en algunos simios, sino curvados hacia adentro como los de un humano (que tienen un ángulo de transporte de diez grados). En primer lugar, ha habido mucho debate sobre la articulación de su rodilla, ya que se encontró a pocos kilómetros de distancia y mucho más profunda en el suelo. Pero Johanson, en su libro *Lucy: The Beginnings of Humankind* (1981) [Lucy: Los comienzos de la humanidad], argumenta que, aunque la primera articulación de la rodilla se encontró antes de Lucy y a una distancia y profundidad distintas, más tarde se halló otra articulación de la rodilla en el sitio con los otros

---

11. Donald Johanson. *Nova*, En busca de los orígenes humanos (primera parte). PBS. Fecha de emisión: 3 de junio de 1997. Transcripción en http://www.pbs.org/wgbh/nova/transcripts/2106hum1.html.
12. Para leer más sobre este argumento, véase Elizabeth Mitchell, MD, «Laetoli Footprints Revisited», *News to Know*, publicado 12 de noviembre de 2011, https://answersingenesis.org/human-evolution/lucy/laetoli-footprints-revisited/, consultado el 31 de diciembre de 2024.

fragmentos fosilizados de Lucy. Por el bien del argumento, supongamos que Johanson está siendo honesto y que Lucy, de hecho, tiene una articulación de rodilla con un ángulo de carga. El hecho es que, aunque muchos simios no tienen un ángulo de carga en la rodilla, los que viven en los árboles como el mono araña y el orangután sí lo tienen. El mono araña y el orangután no caminan erguidos, sino que tienen ángulos de carga para mantener los pies juntos debajo de su porte corporal. Esto se debe a que no tienen un terreno ancho debajo de ellos, sino una rama delgada en la que equilibrarse. Simplemente no había suficiente evidencia para sugerir que Lucy caminaba erguida, pero nadie se convierte en un investigador famoso por descubrir un fósil de simio. Por lo tanto, la narrativa de los ancestros humanos simiescos continuó.[13]

Sin embargo, solo un año después (1982), Richard Leaky, que había testificado sobre la postura erguida de Lucy, se retractó, según lo registrado en la revista *New Scientist*.[14] En el año 2000, la *BBC News* informó que, aunque las manos de Lucy no fueron descubiertas, la articulación de sus nudillos sí lo fue y demostró que arrastraba los nudillos (por lo tanto, no caminaba erguida).[15] En 2012, la revista *Nature* publicó un artículo sobre cómo un fósil descubierto en el mismo período de tiempo que Lucy tenía pies simiescos.[16] Por lo tanto, en 1974, Lucy fue encontrada sin pies y los paleontólogos le atribuyeron pies humanos, pero cuando se encontró otro fósil de la misma época, vemos pies de simio.

Resulta que incluso la «evidencia» indirecta de que Lucy es una criatura mitad humana mitad simio se ha reducido a casi nada. Se han encontrado otros fósiles de otras supuestas especies prehumanas, pero se enfrentan a problemas muy similares a los de Lucy. Hasta la fecha, simplemente no tenemos ninguna evidencia fósil que respalde una «teoría» del origen humano simiesco. Aunque algunos investigadores hoy en día dudan del lugar de Lucy en los orígenes humanos, su legado continúa. Como concluyen David Menton (doctor en biología, profesor universitario de anatomía) y Elizabeth Mitchell (doctora en medicina):

---

13. Para leer más sobre este argumento y otros, véase David Menton, PhD y Elizabeth Mitchell, MD, «A Look at Lucy's Legacy», *Answers in Depth*, publicado 6 de junio de 2012, https://answersingenesis.org/human-evolution/lucy/a-look-at-lucys-legacy/, consultado el 31 de diciembre de 2024.
14. Anónimo, «Leakey Changes his Mind on Man's Age», *New Scientist*, marzo de 1982, p. 695.
15. «Ancestors Walked on Knuckles», *BBC News*, 22 de marzo de 2000, http://news.bbc.co.uk/2/hi/science/nature/687341.stm, consultado el 31 de diciembre de 2024.
16. Brian Switek, «Ancient human ancestor had feet like an ape», *Nature*, 28 de marzo de 2012, https://www.nature.com/articles/nature.2012.10342, consultado el 31 de diciembre de 2024.

El legado de Lucy es realmente el mismo, ya sea que los evolucionistas todavía la consideren en la línea ancestral humana o no. ¿Por qué? Porque Lucy popularizó entre el público la idea de que el hombre evolucionó a partir de un ancestro simiesco, uno con un nombre lindo.[17]

Desde Lucy, otros hallazgos de fósiles han ocupado la atención para respaldar las teorías sobre una ascensión común entre simios y humanos, pero continúan cayendo en especulaciones similares a las de Lucy.[18] En otras palabras, se concedió mucho tiempo, recursos y fama a unos pocos hombres y mujeres que descubrieron los restos de un simio que habitaba en los árboles, llamado cariñosamente «Lucy».

### ¿EL 98-99 % COMPARTÍA ADN CON LOS CHIMPANCÉS?

Muchos pueden contrarrestar la falta de evidencia de fósil congruente con estudios genéticos que demuestran que los chimpancés de hoy son parientes cercanos de los humanos. Y es por eso que siempre debemos tener cuidado con el uso de los titulares publicados para llegar a conclusiones. La mayoría de los titulares están diseñados específicamente para captar la atención o despertar la curiosidad. Pero si lees el estudio científico al que suele enlazar el cuerpo del artículo, te sorprendería la frecuencia con la que el titular es solo una hipótesis que se está explorando e investigando actualmente, o es una suposición no empírica basada en otras suposiciones dentro de un campo de estudio o interés.

Georgia Purdom (doctora en genética molecular), Nathaniel Jeanson (doctor en biología celular y del desarrollo) y Terry Mortenson (doctor en historia de la geología) aclaran algunos conceptos erróneos y suposiciones apresuradas en el argumento de la similitud del 98-99 % entre el ADN humano y el de los chimpancés.

La cifra del 98-99 % proviene de comparar solo el ADN entre humanos y chimpancés que se «alinean». Esto se refiere a cualquier secuencia genética que sea lo suficientemente similar (aunque no coincida al 100 %) como para que un programa informático pueda alinearlas. Y

---

17. David Menton y Elizabeth Mitchell, «A Look at Lucy's Legacy», *Answers in Depth*, 6 de junio de 2012, https://answersingenesis.org/human-evolution/lucy/a-look-at-lucys-legacy/, consultado el 17 de enero de 2025.
18. Para leer más sobre otros supuestos fósiles de «homínidos», léase Marvin L. Lubenow, *Bones of Contention: A Creationist Assessment of Human Fossils* (Ada, MI: Baker Books, 2004).

dentro de esta región alineada solo hay un tipo de diferencia que los evolucionistas suelen contar. Estas diferencias se denominan sustituciones. Por ejemplo, el ADN humano puede tener una *T*, pero el ADN de los chimpancés en el mismo lugar tiene una *G*. Las ideas evolucionistas proponen que el ancestro común de los humanos y los chimpancés probablemente tenía una *G* en esa posición, pero una mutación cambió la *G* a *T* en la línea que finalmente condujo a los humanos. Este tipo de diferencias explican la diferencia del 1-2 % entre el ADN humano y el de los chimpancés.

¿Qué pasa con las otras diferencias dentro del ADN alineado, como las brechas donde secciones enteras de ADN humano no coinciden con la secuencia en el ADN de chimpancé (y viceversa)? También hay otras diferencias que suman aproximadamente el 16 %. ¡Son 480 millones de diferencias de base!

¿Qué pasa con el ADN que no se alinea? Millones de bases de ADN fuera de las regiones alineadas en el ADN humano no coinciden con el ADN de chimpancé y viceversa. Aproximadamente el 4 % del ADN humano no está alineado con el ADN de chimpancé. ¡Esa es una diferencia total del 20 % entre el ADN humano y el de chimpancé![19]

La similitud del ADN del 98-99 % con los chimpancés era la suposición, pero al final no es el caso. Una sola célula de nuestro cuerpo tiene cientos de millones de pares de bases en el ADN nuclear diferentes a las de un chimpancé. Dicho esto, hay similitudes. Los chimpancés, al igual que muchos mamíferos y otras criaturas, aunque están separados en ecosistemas diferentes a los humanos, viven en relativamente el mismo entorno que nosotros. Respiran aire, usan las extremidades para moverse y agarrar la comida, necesitan ojos para ver lo que está frente a ellos, etc. Gran parte de nuestro genoma sería similar, ya que compartimos un Diseñador común y vivimos en el mismo mundo. Lo que nos hace diferentes de los simios es nuestra ascendencia de grupos separados en la creación (los chimpancés de los animales terrestres en el día seis y los humanos de Adán y Eva en el sexto día) y el hecho de que fuimos hechos a imagen de Dios. Las similitudes genéticas, así como todas las

---

19. Georgia Purdom, Nathaniel Jeanson y Terry Mortenson, «Making the Leap from Ape to Adam», *Answers Magazine*, publicado 1 de marzo de 2019, https://answersingenesis.org/human-evolution/making-leap-ape-adam/?srsltid=AfmBOorH-NHQ_kyhBaTUm0Ta1Ydzp_4s9ldDRg Mh2ae6Vd7T-NXLfXas, publicado en línea 27 de octubre de 2024.

demás, no apuntan a un ancestro común, sino a un Diseñador común. Lo mismo puede decirse del mundo del arte.

Cuando estaba en la escuela secundaria, mi materia favorita era el español. Pasé cuatro años estudiando no solo el idioma español en la escuela, sino también ciertos aspectos culturales del mundo latinoamericano. Recuerdo que a los quince años conocí al muralista Diego Rivera (1886-1957). Él y su icónica esposa, Frida Kahlo (1907-1954), tuvieron un matrimonio tumultuoso, pero encontraron el éxito principalmente en el arte. Aunque no simpatizaba con la agenda política de Diego, apreciaba (y aún lo hago) su forma de transmitir la cosmovisión y los sentimientos que la acompañan a través de sus murales. Uno de sus frescos más famosos (tipo de pintura mural), llamado *El hombre en la encrucijada*, fue encargado en 1933 para ser instalado en el edificio RCA en el Rockefeller Center en Nueva York, pero debido a su inclinación comunista de estilo leninista fue cubierto antes de que pudiera ser terminado. Rivera volvió a pintar el fresco en la Ciudad de México, llamándolo allí *El hombre, controlador del universo* (1934) con una adición fascinante. Dentro de la pintura, Rivera pintó a John Rockefeller Jr. consumiendo alcohol con una mujer (John estaba en contra de beber alcohol) y colocó una bacteria de sífilis (enfermedad de transmisión sexual) en una placa de Petri sobre su cabeza.

Fotografía de Joe Owen en el Palacio de Bellas Artes, CDMX, mientras explicaba el mural de Diego Rivera, *El hombre, controlador del universo*, de 1934.

A lo largo de los años, me he dado cuenta de que es fácil reconocer una pintura de Diego Rivera solo por las similitudes en colores, formas, personajes y *pathos* que comparten todas sus obras. Sin embargo, estas similitudes no deben llevarnos a creer que hace millones de años existió una pintura primordial o primitiva que se dividió en varias, sino que todas son expresiones de la mente y las manos del mismo artista. Lo mismo puede decirse de las similitudes entre los seres vivos de la tierra. Compartimos muchas de las mismas necesidades biológicas (oxígeno, alimentación, agua, etc.) y vivimos en el mismo mundo, diseñado y creado por Dios.

## *NEANDERTALES*

Muchos han utilizado al famoso hombre de las cavernas neandertal para suponer una historia humana simiesca. Cierta imagen icónica viene a la mente de muchas personas cuando escuchan ese término, pero ¿qué tan cerca está de la realidad?

El Hombre de Neandertal fue el nombre dado a los huesos encontrados en 1856 en el valle de Neander en Alemania («*tal*» o «*thal*» en la ortografía alemana antigua). El nombre Neander era un seudónimo del ministro del siglo XVII, Joachim Neumann, la traducción griega de su nombre («hombre nuevo»). Una importante serie de televisión de PBS representó al Hombre de Neandertal como solo medio humano y no muy inteligente, uno que vivió una vida muy inferior en comparación con los supuestos primeros humanos, el pueblo de Cro-Magnon.[20]

Aunque a finales del siglo XIX se le ofrecía al público un tipo de criatura peluda de gran tamaño y joroba, hoy en día, tras encontrar cientos de sus restos y con evidencias arqueológicas, descubrimos que eran humanos como lo somos ahora. Enterraban a sus muertos con ceremonia, hacían flautas con huesos de fémur de oso, e incluso tenían calentadores de agua y vertederos de basura. La revista oficial del Instituto Smithsonian, la revista *Smithsonian*, informó en 2015 sobre el cambio de perspectiva sobre los neandertales a medida que surgen nuevas pruebas.

En particular, los arqueólogos descubrieron lo que creen que es un agujero ubicado cerca de los hogares que podría haber sido utilizado

---

20. Michael J. Oard, «Neandertal Man – the Changing Picture», publicado originalmente en Creation 25, n. 4 (septiembre de 2003), pp. 10-14, *Answers in Genesis*, publicado el 1 de septiembre de 2003, https://answersingenesis.org/human-evolution/neanderthal/neandertal-man-the-changing-picture/, consultado el 17 de enero de 2025.

para calentar agua. Otros restos muestran evidencia de áreas para dormir, áreas de eliminación de basura y áreas utilizadas para la creación de herramientas de piedra e incluso la matanza de animales, informa Bellmunt. Parece que los neandertales comían ciervos, cabras salvajes e incluso caballos. Las revelaciones de que los neandertales vivían en cuevas con agua caliente y mucha comida se suman a una imagen cada vez mayor del comportamiento de estos primeros humanos. En 2013, escribe Ker Than de National Geographic, los científicos confirmaron que los neandertales también enterraban cuidadosamente a sus muertos. Parece que los hombres de las cavernas tenían mejores modales (y mejores condiciones de vida) de lo que algunos pensaban inicialmente.[21]

Una vez más, las suposiciones evolutivas han sido históricamente constantes en presionar para sacar conclusiones precipitadas sobre la evidencia, solo para ser deshechas en su mayoría más tarde. Aunque las características anatómicas comunes, como una caja cerebral más grande y crestas en la frente, son algo diferentes a lo que la mayoría de la gente ve hoy en día, caen dentro de las variaciones humanas. Compárese la recreación del busto de un hombre de Neandertal con una imagen del ruso León Tolstói (1828-1910), ganador del premio Nobel. Las diferencias entre los dos son equiparables a las diferencias encontradas entre los distintos grupos étnicos de todo el mundo que viven al mismo tiempo o alrededor de la misma época.

Por ejemplo, si se compara el tamaño del cráneo y los rasgos faciales de una persona indonesia o guatemalteca promedio con los de un europeo occidental y un estadounidense promedio, se pueden encontrar variaciones similares. Obsérvese las diferencias de tamaño y forma entre la frente, el borde de las cejas y la estructura facial de una niña esquimal en comparación con las de una niña de Europa occidental. Sabemos que bíblica y genéticamente, ambas niñas pertenecen a la misma raza humana. Ni siquiera están separadas «racialmente», como muchos pensaban anteriormente.[22] Si una población del grupo étnico

---

21. Erin Blakemore, «Neanderthals Had Houses With Hot Water», *Smithsonian Magazine*, 31 de agosto de 2015, https://www.smithsonianmag.com/smart-news/neanderthals-had-houses-hot-water-180956438/?no-ist, consultado el 17 de enero de 2025.
22. Joachim G. Voss, «Race: How the Post-Genomic Era Has Unmasked a Misconception Promoted by Healthcare», *Biblioteca Nacional de Medicina*, publicado el 28 de abril de 2023, https://pmc.ncbi.nlm.nih.gov/articles/PMC10223560/, consultado el 17 de enero de 2025.

Hombre de Neandertal. Werner Ustorf/ CC BY-SA 2.0

León Tolstói. Dominio público.

Niña esquimal. Dominio público.

Niña de Europa occidental. Iiievgeniy/ iStock.com

neandertal viviera hoy en día, simplemente se verían como personas de un grupo étnico distinto.

Aunque el tratamiento de los neandertales como formas inferiores de humanos puede haber sido una narrativa útil para promover ideas evolucionistas en el pasado, recientemente ha enfrentado tiempos difíciles a medida que el mundo occidental ha convertido la señalización de la virtud en una distancia más de la historia que muchos desean deconstruir. Hoy en día, todo lo que se necesita para obtener una plataforma pública y legitimar una ideología es señalar con el dedo a todos los que están fuera de uno mismo por ser intolerantes y discriminatorios. Muchos parecen querer encontrar una superioridad moral asumiendo la virtud inherente sobre otros que creen que no son tan inclusivos y amorosos como ellos. Por lo tanto, la imagen jerárquica evolutiva que pintaron los naturalistas de los siglos XIX y XX ha sido atacada por los moralistas posmodernos de hoy. Por ejemplo, la revista del *New York*

*Times* publicó un artículo en 2017 titulado «Los neandertales también eran personas», en el que su autor, Jon Mooallem, después de darse cuenta de que el pensamiento evolutivo popular sobre los neandertales no encaja con la justicia social posmoderna, corre hacia las colinas de la superioridad moral y señala investigaciones y conclusiones pasadas.

> Descubrí que el estudio de los orígenes humanos está plagado de desacuerdos vehementes y de científicos que desmantelan fácilmente las premisas incluso de las preguntas más sencillas. (En este caso, la incertidumbre radica, en parte, en cuándo, en este largo proceso evolutivo, los neandertales se convirtieron oficialmente en «neandertales»). Lo que está más claro es que hace aproximadamente 40.000 años, justo cuando nuestro propio linaje se expandió desde África y se apoderó de Eurasia, los neandertales desaparecieron. Los científicos siempre han asumido que el momento no fue una coincidencia. Tal vez usamos nuestros intelectos superiores para competir con los neandertales por los recursos; tal vez los matamos a todos a golpes. Cualquiera que fuera el mecanismo de este supuesto reemplazo, parecía implicar que nuestra especie era de alguna manera mejor que la suya. Al fin y al cabo, seguimos aquí, y su camino terminó en cuanto nos cruzamos con ellos.
>
> Pero los neandertales no eran los tontos que nos imaginábamos, no eran solo un grupo de neandertales. Como dijo una revisión de los hallazgos publicada el año pasado, en realidad eran «muy similares» a sus contemporáneos *Homo sapiens* de África, en términos de «marcadores estándares de las capacidades cognitivas y conductuales modernas». Técnicamente, siempre hemos clasificado a los neandertales como humanos, parte del género *Homo*. Pero resulta que también hicieron las cosas que nos hacen humanos [...] Sin embargo, cuando se trataba de los neandertales, muchos investigadores literalmente no podían ver la evidencia que se encontraba frente a ellos. Gran parte de la nueva forma de pensar sobre los neandertales proviene de la revisión del material de las colecciones de los museos, excavado hace décadas, y de su reexamen con nueva tecnología o simplemente con mentes abiertas. La verdadera sorpresa de estos descubrimientos puede no ser la competencia de los neandertales, sino lo odiosamente bajas que han sido nuestras expectativas para ellos, el sesgo con el que demasiados

científicos se acercaron a ese otro Nosotros. Un arqueólogo les llamó a estos investigadores «supremacistas modernos».[23]

Aunque las conclusiones del señor Mooallem acerca de los neandertales son exactas en el sentido de que también eran humanos, veremos en capítulos subsiguientes que los motivos expresados por él para llegar a tal conclusión eran probablemente más políticos que empíricos. ¿Cómo nos relacionamos entonces con esta etnia neandertal? En pocas palabras, todos los grupos humanos vivos hoy en día llegaron de una forma u otra a partir de la separación y la mezcla de los distintos grupos que emigraron de Babel (Génesis 10—11). Lo mismo ocurre con los grupos de personas que han vivido después de Babel y que hoy no existen. Los neandertales y los diferentes grupos de personas de hoy nos muestran que cuando Dios les dijo a Adán y Eva que se multiplicaran y llenaran la tierra (Génesis 1:28), su intención no era proporcionar poblaciones de clones. Por lo tanto, nuestras diferencias fenotípicas menores son por diseño de Dios y se resuelven desde dentro de la variabilidad genética (llamada «heterocigosidad») que Él colocó en el genoma nuclear[24] de Adán y Eva desde la creación.

Los neandertales, como nosotros hoy en día, eran hijos de Adán y Eva, creados en el sexto día de la creación. Lamentablemente, el momento de su descubrimiento coincidió relativamente con la formación

---

23. Jon Mooallem, «Neanderthals Were People, Too», *The New York Times Magazine*, 11 de enero de 2017, https://www.nytimes.com/2017/01/11/magazine/neanderthals-were-people-too.html, consultado el 17 de enero de 2025.
24. A diferencia de nuestro genoma mitocondrial, que no produce expresión biológica y parece haber sido el mismo en el momento de la creación.

de fantasías naturalistas sobre la evolución humana a través de procesos aleatorios. Y cuanto más descubrimos sobre ellos (a través de la investigación arqueológica y genética), la brecha entre nosotros y los neandertales se cierra ante la conclusión vergonzosa, pero aleccionadora, de que las suposiciones naturalistas impulsaron las interpretaciones hasta que más evidencia pudo ponerse al día.

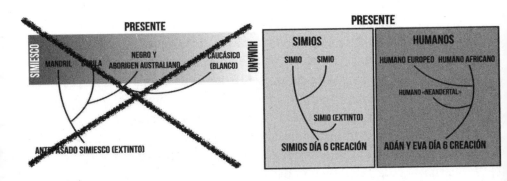

## CONCLUSIÓN

No podemos simplemente ignorar las suposiciones subyacentes sobre lo que significa ser humano si vamos a adentrarnos en temas de justicia y opresión. No podemos simplemente «estar de acuerdo en estar en desacuerdo» sobre los orígenes humanos y pensar que se puede llegar a un consenso sobre la condición humana sobre la base de un terreno común. Si algo nos ha enseñado la historia es que las ideas tienen consecuencias, y las ideas se forman desde las entrañas de las cosmovisiones. Si las sociedades humanas son grupos formados al azar de simios brutos, erguidos y calvos, entonces el problema del sufrimiento no es realmente un problema en absoluto. El sufrimiento, el genocidio y la muerte son medios deterministas por los cuales los más aptos pueden promover sus genes superiores en un universo amoral.

Si las sociedades humanas son grupos comunitarios de portadores de la imagen de Dios, entonces todos los males dentro de un grupo deben ser aborrecidos. Así como Adán pecó, nosotros también lo hicimos (Romanos 5:12-17), y todo sufrimiento humano comparte el denominador común, ya sea directa o indirectamente, del *pecado*. Además, Jesús nos recuerda que el pecado no es en última instancia sistémico, sino el resultado de los corazones individuales.

*Porque del corazón salen los malos pensamientos, los homicidios, los adulterios, las fornicaciones, los hurtos, los falsos testimonios, las blasfemias.*
—Mateo 15:19

Dicho esto, la reforma social solo puede alcanzarse, aunque únicamente a nivel micro y temporal, por la influencia cultural y social de aquellos que son redimidos al creer en lo que Jesús hizo durante su vida, muerte en una cruz y posterior resurrección. Aunque las Escrituras no enseñan que antes de la segunda venida de Jesús las poblaciones de la sociedad serán completamente redimidas, la influencia de los individuos redimidos ha influido e influirá en sus respectivas sociedades. Sin embargo, la verdadera reforma solo puede ser alcanzada en el nivel macro y perpetuo con la glorificación de los redimidos en la venida de Cristo y la formación de un nuevo cielo y una nueva tierra. Y ese día llegará por la voluntad de Dios y en su tiempo. El trabajo del cristiano, entonces, es esforzarse por ser hecho a la imagen de Cristo, amando a Dios y amando a nuestro prójimo como a nosotros mismos. Y no podemos amar a nuestro prójimo cayendo en movimientos ideológicos no bíblicos que se jactan de términos socialmente aceptables, como el amor y la tolerancia, mientras niegan cómo Dios los ha descrito y prescrito.

TERCERA PARTE:

# UNA SOCIEDAD AUTÓNOMA

CAPÍTULO 11

# EUGENESIA PARA UNA MEJOR RAZA

**INTRODUCCIÓN**

Imagina crecer en una familia en la que conoces tu lugar como hijo o hija, tienes una convicción común del bien y el mal, y te han establecido metas honorables de propósito desde que naciste, solo para que te quiten todo en la edad adulta. Descubres que no tienes padres ni hermanos, las ideas del bien y el mal se hacen añicos y ya no eres susceptible a la culpa o a las deudas, y todas las nociones de propósito y deber quedan abolidas. Tal era el estado de la mentalidad del siglo XX en occidente. El romanticismo allanó el camino para el relativismo hegeliano, y sufrimos una gran decepción con respecto a nosotros mismos por ser tan ingenuos como para suponer que podíamos tener acceso a cualquier verdad objetiva que estuviera libre de corrupción. Negamos con la cabeza por creer en lo que enseñaban las autoridades (*ethos*) y por aprender de los racionalistas (*logos*) como si no tuvieran una agenda de adoctrinamiento para promover el poder. Marx había ofrecido una nueva lente para ser absueltos de nuestros propios pecados y culpar en cambio a la malevolencia de la sociedad, aunque era demasiado miope para ver más allá del poder económico. El naturalismo reemplazó nuestros estudios bíblicos con cuentos darwinianos para antes de dormir sobre una ocasión en que las criaturas salvajes que habitan en los árboles comenzaron su peregrinaje hacia la existencia recta, despojando así a los humanos de su lugar especial en el mundo. Occidente se creía libre y estaba tan cegado por las fantasías de autonomía que no podía ver ni sentir las cadenas que estaba forjando.

La vida ya no era un derecho sagrado de nacimiento, especialmente cuando incomodaba la existencia de la mercancía y la autonomía de otro. Las ideas tienen consecuencias. El hombre, en un esfuerzo por ser su propio dios, tuvo que «matar» a Dios; en un esfuerzo por tener su propia verdad subjetiva, tuvo que matar la verdad objetiva; en un esfuerzo por amar su propia vida, tuvo que devaluar la vida de los demás. En otras palabras, desde el punto de vista epistemológico, ontológico y ético, la vida era una situación en la que el perro se come al perro. Sin embargo, de lo que no nos dimos cuenta fue de que, cuando nuestra nueva forma de pensar volviera a nosotros, no tendríamos a un Dios que nos justificara, una verdad que nos definiera o una ética que nos defendiera. Occidente finalmente llegaría a una situación en la que insistiríamos en el derecho a la vida (o mejor, al estilo de vida) por parte de los poderosos, devaluando la vida de aquellos cuyos pulmones estaban demasiado llenos de líquido amniótico para refutarlo. En caso de que lo olvidemos, somos meros animales, los hongos accidentales de un universo aleatorio sin ningún propósito u objetivo real.

### *«¡EL HOMBRE ESTÁ MUERTO, EL HOMBRE ESTÁ MUERTO!»*

Nietzsche, en el siglo XIX, les advirtió sin éxito a los racionalistas sobre las consecuencias de su mantra «Dios ha muerto»; llegaron muy pronto, y el siglo XX demostró la cordura del loco. Sin embargo, ¿quién estaba allí para advertirnos en el siglo XX que «el hombre está muerto»? Si Dios estuviera muerto, el hombre inevitablemente también lo estaría. ¡No puedes negar a tu Hacedor sin negar lo que Él hizo! El periodista británico Malcolm Muggeridge (1903-1990), alguien ingenioso, aunque pesimista, quien llegó tarde a Cristo, resumió claramente la resultante «muerte del hombre» en el siglo XX:

> Del mismo modo, en la segunda mitad del siglo XX se ha hecho muy evidente que el hombre occidental ha decidido abolirse a sí mismo. Cansado de la lucha por ser él mismo, ha creado su propio aburrimiento a partir de su propia opulencia, su propia impotencia a partir de su propia erotomanía, su propia vulnerabilidad a partir de su propia fuerza; lo ha hecho él mismo, tocando la trompeta que hace derrumbar las murallas de su propia ciudad y, en un proceso de autogenocidio, convenciéndose a sí mismo de que es demasiado numeroso, y trabajando en consecuencia con la píldora, el bisturí y la jeringa para hacerse menos

a fin de ser una presa más fácil para sus enemigos; hasta que por fin, habiéndose educado en la imbecilidad, y contaminado y drogado hasta la estupefacción, se desploma, como un viejo brontosaurio cansado y maltratado, y se extingue.[1]

Una de las primeras estructuras en desaparecer fue la familia. La forma en que Dios estructuró a la familia no es de consuelo para la jerarquía humanista del valor percibido. Dios enseña que los roles son complementarios, en los que el pacto familiar funciona como una unidad, con cada persona cumpliendo funciones que apoyan a la otra. En otras palabras, la comunidad de pacto, ya sea la unidad familiar o la unidad de la iglesia, está diseñada para glorificar a Dios haciendo su voluntad revelada dentro de su diseño para la existencia humana. Por lo tanto, el individuo glorifica a Dios viviendo, compartiendo, perteneciendo y sirviendo dentro de las comunidades de pacto. Tal funcionalidad complementaria no encaja bien con la recién formada sociedad occidental hiperindividualista de los siglos XX y XXI. Nuestra justificación recién establecida para el narcisismo anhela ser el centro de atención y se esfuerza por vivir, confraternizar, pertenecer y servir para nuestra propia gloria. Así es el humanismo y así es nuestro mundo de hoy. En un pacto familiar, por ejemplo, cada persona tiene roles y, en general, un papel invaluable para las mujeres es tener hijos.[2] El papel más glorioso y privilegiado se le da a la mujer. ¡Ella hace una nueva vida! Dicho esto, su papel con frecuencia tiende a no ser tan público como el del hombre debido al compromiso de amamantar y cuidar a sus hijos. Aunque los padres también tienen un papel importante en la crianza de los hijos, de forma habitual también tienen una vida pública, ya que llevan la carga principal de proveer financieramente para la familia (Génesis 2:15).

A medida que el hiperindividualismo encontró legitimidad en el siglo XX, la idea de la familia y la comunidad (especialmente la idea de los roles y la autoridad en su interior) perdió atractivo y la maternidad, por ejemplo, pasó de ser una bendición a convertirse en una carga. La alimentación y la crianza de los hijos se interponían en el camino del

---

1. Malcolm Muggeridge, *Seeing Through the Eye: Malcolm Muggeridge on Faith*, ed. E-Book, ed. Cecil Kuhne (San Francisco, CA: Ignatius Press, 2005), p. 47.
2. Por diseño, aunque algunas mujeres no pueden tener hijos y otras no se casan. Con hijos o sin ellos, la mujer está completa en Cristo. La actitud del corazón hacia la familia y los hijos puede ser un signo revelador de la sumisión de una persona a su lugar en el plan de Dios, pero tener familia e hijos no hace a alguien más «espiritual» o «santificado».

narcisismo y la autopromoción, ya que una comprensión elitista de los roles se confundía erróneamente con la autoestima. Una unidad familiar que vive por el diseño de Dios requiere sacrificio para la gloria de Dios. Una unidad individualista que vive para sí misma requiere el sacrificio de los hijos para su propia gloria. El aborto se utilizaría como uno de los métodos para «liberar» a las mujeres del hogar de modo que puedan vivir sus propias ambiciones como mejor les parezca. No obstante, el aborto legalizado y patrocinado por el gobierno no comenzó allí, sino que su desarrollo provendría de las ideas evolucionistas de superioridad racial.

### VALOR HUMANO: LA CAPACIDAD DE CONTRIBUIR DE FORMA INDEPENDIENTE A NUESTRA SOCIEDAD AUTÓNOMA Y VANIDOSA

> *Porque tú formaste mis entrañas; tú me hiciste en el vientre de mi madre. Te alabaré; porque formidables, maravillosas son tus obras; estoy maravillado, y mi alma lo sabe muy bien. No fue encubierto de ti mi cuerpo, bien que en oculto fui formado, y entretejido en lo más profundo de la tierra. Mi embrión vieron tus ojos, y en tu libro estaban escritas todas aquellas cosas que fueron luego formadas, sin faltar una de ellas.*
> —Salmo 139:13-16

Sabemos por las Escrituras que una vida humana es sagrada porque estamos hechos a imagen y semejanza de Dios. Ninguna circunstancia que rodee los medios por los cuales somos concebidos y nacemos tiene ningún peso a la hora de considerar el valor, porque nadie es un accidente en la creación de Dios. Muchas circunstancias, como las madres jóvenes, las madres solteras o la pobreza, traen desafíos, pero el valor es una categoría que es inmaleable y no contingente. Los seres humanos tenemos un valor intrínseco, inherente a nosotros debido a Aquel cuya imagen llevamos. Sin embargo, después de celebrar la «muerte» filosófica de Dios, la humanidad en occidente se encontró sin una fuente externa de valor intrínseco y tuvo que buscarla extrínsecamente o fuera de sí misma.

Una vez que el valor humano fue visto como algo que se podía crear o encontrar fuera de lo que somos en el diseño de Dios, se convirtió en algo para adquirir. Hoy en día escuchamos muchos argumentos a favor del aborto que se centran en la autonomía de la madre y su derecho sobre su cuerpo. Fíjate en que no se hace referencia al hijo que ella está teniendo como una vida. Esto se debe a que el bebé en el vientre materno no puede ser independiente y contribuir a la progresión (o degradación) de la sociedad. El bebé en el vientre materno aún no ha ganado valor, ni puede protestar por ello porque no tiene voz en el asunto, ya que sus pulmones están llenos de líquido amniótico y permanecen ocultos a la vista del público en el interior del útero. Y hoy en día, algunos estados de Estados Unidos permiten el aborto hasta el momento del nacimiento.[3] ¿Cómo llegamos a un lugar en el que las teorías académicas de la evolución humana eran lo suficientemente aceptables desde el punto de vista social como para permitir y patrocinar el genocidio en el vientre materno?

### DARWIN, DALTON Y LA EUGENESIA

Charles Darwin (1809-1882) es conocido por su trabajo sobre la «teoría»,[4] pero pronto sus ideas fueron llevadas a sus implicaciones sociales y antropológicas. Si todas las especies orgánicas tienen un ancestro común, se deduce lógicamente que las variaciones que han sobrevivido y formado grupos son las que han sido más aptas para sobrevivir y transmitir sus genes. A nivel social, considerando a los humanos, ¿cómo afectaría eso la forma en que deberíamos ver a los diferentes grupos de personas en todo el mundo? Los más avanzados tecnológica y culturalmente, estructurados para manejar su crecimiento y sostenibilidad, serían considerados lógicamente el grupo más apto y deberían transmitir sus genes para el mejoramiento de las futuras generaciones de humanos. Los grupos menos «desarrollados» socialmente serían vistos como las variaciones que deberían desvanecerse. Este tipo de superioridad racial puede sonar como una novela de ciencia ficción, pero en realidad es lo que sucedió cerca de finales del siglo XIX y se desarrolló en la primera mitad del siglo XX.

Francis Galton (1822-1911) acuñó el término *eugenesia* para describir el movimiento que comenzaría a partir de las teorías evolutivas humanas. La eugenesia se deriva de las palabras griegas *eu* (bueno) y *genesia* (en el nacimiento), por lo que significa «bueno en el nacimiento»

---

3. https://www.axios.com/2024/04/11/abortion-laws-bans-state-map, consultado el 20 de enero de 2025.
4. Como se desarrolló en el capítulo anterior.

o «bien nacido». La idea era promover tasas de natalidad más altas en las familias que se consideraban de un acervo genético superior y persuadir a la sociedad de que las tasas de natalidad fueran más bajas en las familias que se consideraban de grupos inferiores, incluidas las «razas» que se consideraban menos evolucionadas.

En el libro *Inquiries into Human Faculty and Its Development* (1883) [Investigaciones sobre la fertilidad humana y su desarrollo], Galton acuñó el término «eugenesia», y en sus ensayos de 1909 sugiere cómo se debería enseñar la eugenesia a la sociedad:

> [La eugenesia] debe ser introducida en la conciencia nacional como una nueva religión. De hecho, tiene fuertes pretensiones de convertirse en un principio religioso ortodoxo del futuro, ya que la eugenesia coopera con el funcionamiento de la naturaleza asegurando que la humanidad esté representada por las razas más aptas. Lo que la naturaleza hace ciega, lenta y despiadadamente, el hombre puede hacerlo providencial, rápida y bondadosamente. Así como está dentro de su poder, se convierte en su deber trabajar en esa dirección; del mismo modo que es su deber socorrer a los vecinos que sufren desgracias. El mejoramiento de nuestro ganado me parece uno de los objetivos más elevados que razonablemente podemos intentar.[5]

Galton sugiere que la eugenesia debe ser vista por la conciencia nacional como una religión (verdadera y de la mayor importancia y que trabaja para el avance de la sociedad). Suponiendo que la evolución humana sea cierta, Galton cree que naturalmente, a través de la lucha, la muerte y el sufrimiento, han surgido las distintas razas de la humanidad. Si se permite que continúen por medio de la naturaleza, las razas inferiores y menos aptas serán exterminadas o se extinguirán por algún otro medio. Galton parecía creer que la sociedad debía echarle una mano a la naturaleza en este proceso para asegurarse de que la raza humana superior por excelencia surgiera de entre la variedad que está presente hoy en día. Él creía que la naturaleza traerá una raza superior y librará al mundo de las menos aptas, pero el camino de la naturaleza es despiadado y lento. La intervención humana en el proceso, según Galton, haría que la erradicación de las razas inferiores y el éxito de las razas superiores fuera

---

5. Francis Galton, *Essays on Eugenics* (Londres: Eugenics Education Society, 1909), p. 42.

un proceso más humano. Termina el párrafo con urgencia, afirmando que la eugenesia para un futuro éxito de las razas superiores debería ser la máxima prioridad de la sociedad. Galton justifica su razonamiento estableciendo una comparación con los principios de la cría de animales, los cuales deberían utilizarse para la reproducción humana.

Percibí que la importancia que todos los agricultores y jardineros inteligentes le atribuyen a un buen ganado puede tener un rango más amplio. Es un primer paso para los agricultores y jardineros esforzarse por obtener buenas razas de animales domésticos y cultivar diligentemente las plantas, ya que les compensa mucho hacerlo. Todos los investigadores serios de la herencia saben ahora que las cualidades adquiridas por una buena alimentación y una buena educación nunca descienden por herencia, sino que perecen con el individuo, mientras que las cualidades innatas se transmiten. Por lo tanto, es un desperdicio de trabajo tratar de mejorar a una población pobre mediante una alimentación o una jardinería cuidadosas para colocarla al nivel de una buena población. Así que se me impuso la pregunta: ¿No podría mejorarse de manera similar la raza humana? ¿No podría deshacerse de los indeseables y multiplicar los deseables? Evidentemente, los métodos utilizados en la cría de animales eran inapropiados por completo para la sociedad humana, pero ¿no había formas más suaves de obtener el mismo fin, lo cual podría ser más lentamente, pero casi con la misma seguridad? La respuesta a estas preguntas fue un rotundo «sí», y de esta manera entendí lo que ahora se conoce como «eugenesia».[6]

Un análisis cuidadoso de lo que Galton está proponiendo es tan serio como espeluznante. Él habla de la inutilidad de tratar de mejorar lo que ya existe. En otras palabras, si alimentas a una planta o animal enfermo, cualquier mejora que logres morirá con la planta o el animal. El objetivo de un buen agricultor no es estar constantemente incubando plantas o animales enfermos, porque los genes que transmiten son enfermizos y cualquier progreso que hagas con la planta o el animal morirá con ellos. El granjero inteligente se centrará en la cría de plantas y animales naturalmente sanos, porque sus buenos genes producirán más como

---

6. Karl Pearson, *The Life, Letters, and Labours of Francis Galton* (Cambridge: Cambridge University Press, 1930), v. 3A, p. 348.

ellos. Luego, Galton lleva esta lógica a la reproducción humana. Afirma que, aunque los mismos métodos del agricultor no deben aplicarse a los humanos, se debe poner en práctica el mismo proceso o mentalidad en lo que respecta a ellos. La afirmación de la tesis en el texto citado es: «¿No podría mejorarse de manera similar la raza humana? ¿No podría deshacerse de los indeseables y multiplicar los deseables?», y termina con un rotundo «sí».

La sociedad, según Francis Galton, no debería centrarse tanto en la educación y las actividades filantrópicas en áreas necesitadas, sino en promover las tasas de natalidad de aquellos que nacen sin tales necesidades. En última instancia, la lógica detrás de las preocupaciones eugenésicas no es gastar recursos en los vivos que están necesitados, sino en los exitosos e independientes. Una vez más, las ideas tienen consecuencias, y es por eso que debemos defender la antropología bíblica y refutar los cuentos evolucionistas de los orígenes humanos. Las implicaciones de cada uno para la sociedad son diametralmente opuestas.

Las ideas de Francis Galton suenan muy darwinianas. De hecho, Galton y Darwin eran primos y compartían mucha correspondencia sobre la teoría de Darwin y sus implicaciones sociales para el futuro de la raza humana. Darwin, en su libro *El origen del hombre* atribuye su comprensión de cómo nuestra visión de la sociedad debería verse afectada por la teoría de la evolución a W. R. Greg, un tal Wallace, y a su primo Francis Galton. Él lo corrobora comentando:

> Con los salvajes, los débiles de cuerpo o mente son pronto eliminados; y los que sobreviven comúnmente exhiben un estado vigoroso de salud. Nosotros, los hombres civilizados, en cambio, hacemos todo lo posible para detener el proceso de eliminación; construimos asilos para los imbéciles, los lisiados y los enfermos; instituimos leyes de pobres y nuestros médicos ejercen su máxima habilidad para salvar la vida de cada uno hasta el último momento. Hay razones para creer que la vacunación ha preservado a miles de personas que, por una constitución débil, habrían sucumbido con anterioridad a la viruela. Así, los miembros débiles de las sociedades civilizadas propagan su especie. Nadie que se haya ocupado de la cría de animales domésticos dudará de que esto debe ser altamente perjudicial para la raza humana. Es sorprendente cuán pronto una falta de cuidado, o un cuidado mal dirigido, conduce a la degeneración de una raza doméstica; pero exceptuando el

caso del hombre mismo, casi nadie es tan ignorante como para permitir que sus peores animales se reproduzcan.⁷

En 1906, John Harvey Kellogg, Irving Fisher y Charles Davenport fundaron la *Race Betterment Foundation* en Battle Creek, Michigan. Durante la Primera Conferencia Nacional sobre el Mejoramiento de la Raza (1914), Kellogg, el inventor de los copos de maíz de Kellogg's, concluyó: «Tenemos nuevas y maravillosas razas de caballos, vacas y cerdos. ¿Por qué no habríamos de tener una nueva y mejorada raza de hombres?».⁸ Edwin Black, en su libro *War Against the Weak* [La guerra contra los débiles], señala: «Él [Kellogg] quería que "las razas blancas de Europa [...] pudieran establecer una Raza Pura de Humanos"».⁹ Las ideas evolucionistas de Darwin, llevadas a las implicaciones sociales por su primo Galton, ahora estaban siendo promovidas para asegurar que se tomaran medidas. Las ideas tienen consecuencias.

**LOGOTIPO**
**SEGUNDO CONGRESO INTERNACIONAL DE EUGENESIA**

«La eugenesia es la autodirección de la evolución humana»

Entre 1912 y 1932, tres Congresos Internacionales de Eugenesia ofrecieron otra plataforma para que las ideas de Galton fueran discutidas

---

7. Charles Darwin, *The Descent of Man and Selection in Relation to Sex*, primera edición (Londres: John Murray, 1871) pp. 168-169.
8. Actas de la Primera Conferencia Nacional sobre el Mejoramiento de la Raza, 1914, Battle Creek, MI, http://www.archive.org/details/proceedingsoffir14nati, pp. 431, 433. Diane B. Paul, *Controlling Human Heredity* (Atlantic Highlands, NJ: Humanities Press International, 1995), p. 9.
9. Edwin Black, *War Against the Weak: Eugenics and America's Campaign to Create a Master Race* (Washington, DC: Dialog Press, 2012), p. 153. Citando Actas de la Primera Conferencia Nacional sobre el Mejoramiento de la Raza, 1914, Battle Creek, MI, http://www.archive.org/details/proceedingsoffir14nati, p. 447.

a nivel práctico. El Segundo Congreso Internacional de Eugenesia (1921) se celebró en el Museo Americano de Historia Natural de Nueva York. El presidente del museo, Henry F. Osborn, inauguró el evento con la siguiente perspectiva sobre la necesidad de Estados Unidos de emplear la comprensión eugenésica en cuanto a los diversos grupos étnicos dentro de sus fronteras:

> En los Estados Unidos estamos despertando lentamente a la conciencia de que la educación y el medio ambiente no alteran fundamentalmente los valores raciales. Estamos comprometidos en una lucha seria para mantener nuestras instituciones republicanas históricas mediante el bloqueo de la entrada de aquellos que no son aptos para compartir los deberes y responsabilidades de nuestro gobierno bien fundado [...] En cuanto a las virtudes raciales, mi opinión es que, a partir de los principios biológicos, hay pocas promesas en la teoría del crisol de razas. Si se juntan tres razas (la caucásica, la mongola y la negroide), es probable que se unan los vicios de las tres como virtudes [...] Para el trabajo del mundo, dame una sangre pura [...] Debemos determinar a través de la observación y el experimento qué es lo que cada raza está mejor preparada para lograr [...] Si el negro fracasa en el gobierno, puede convertirse en un excelente agricultor o mecánico [...] El derecho del estado a salvaguardar el carácter y la integridad de la raza o razas de las que depende su futuro es, en mi opinión, tan indiscutible como el derecho del estado a salvaguardar la salud y la moral de sus pueblos.[10]

A medida que las ideas eugenésicas ganaron popularidad durante las primeras décadas del siglo XX, se les impuso una mayor presión sobre la sociedad para que tomara medidas por parte de instituciones como la Oficina de Registro de Eugenesia, la Asociación de Investigación Eugenésica, la Asociación Americana para el Avance de la Ciencia y la Sociedad Americana de Eugenesia.

### *EUGENESIA «POSITIVA» Y «NEGATIVA»*

A nivel práctico, se produjeron dos tipos de eugenesia: positiva y negativa. Aunque ambas son moralmente negativas, la eugenesia

---

10. Steven A. Farber, «U. S. Scientists' Role in the Eugenics Movement (1907-1939): A Contemporary Biologist's Perspective», *Biblioteca Nacional de Medicina*, publicado el 5 de diciembre de 2008, https://pmc.ncbi.nlm.nih.gov/articles/PMC2757926/, consultado el 20 de enero de 2025.

positiva describe los esfuerzos para promover familias más numerosas entre las comunidades «exitosas» y «blancas».

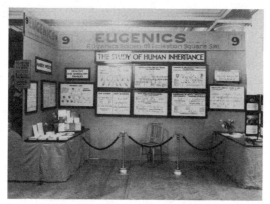

Eugenesia, American Natural History Museum, https://americanhistory.si.edu/ explore/exhibitions/everybody/citizens/eugenics. Welcome Library/CC BY 4.0

Dominio público (CC0)

Se instalarían puestos en las ferias estatales para alentar a las familias a investigar los árboles genealógicos antes de casarse como modo de evitar tener hijos de razas mixtas, delincuentes, con deficiencias anatómicas y alcohólicos. Premios como la medalla de la familia más apta se ofrecieron a las familias más grandes, saludables y ricas (y, por supuesto, de ascendencia caucásica) con el fin de incentivar el crecimiento de un acervo genético «superior» para el futuro de los Estados Unidos.

La categoría eugenésica «negativa» incluía la promoción del control de la natalidad, la esterilización, el aborto, la segregación (como las leyes que restringían el matrimonio interracial) y la institucionalización de aquellos que no se consideraban adecuados. Los «no aptos» fueron:

Primero, los estupefactos; segundo, la clase pobre; tercero, la clase de los borrachos o alcohólicos; cuarto, los delincuentes de todo tipo, incluidos los delincuentes penales, los encarcelados por falta de pago de multas; quinto, epilépticos; sexto, los dementes; séptimo, la clase constitucionalmente débil; octavo, los predispuestos a enfermedades específicas; noveno, los deformes; décimo, los que tienen órganos sensoriales defectuosos, es decir, los sordos, los ciegos y los mudos.[11]

En 1907, el estado de Indiana firmó la primera legislación para la esterilización forzada y, poco después, treinta estados siguieron su ejemplo. Entre 1900 y 1970, alrededor de setenta mil personas fueron esterilizadas,[12] muchos por la fuerza, por no cumplir con los requisitos para tener hijos.

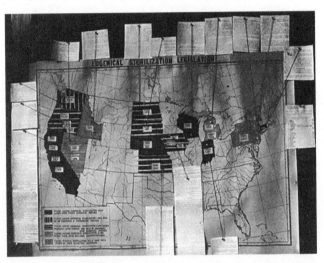

Mapa de 1935 que muestra los estados con leyes de esterilización en vigor y los estados con leyes de esterilización pendientes. Dominio público.

## *EUGENESIA: ¿A DÓNDE FUE?*

La promoción abierta de la eugenesia cayó en desgracia después de que las atrocidades del holocausto de Hitler fueran reveladas a un mundo asombrado. Poco después de la Primera Guerra Mundial (1914-1918),

---

11. Edwin Black, *War Against the Weak: Eugenics and America's Campaign to Create a Master Race* (New York, NY: Four Walls Eight Windows, 2003), p. 58.
12. https://www.npr.org/sections/health-shots/2016/03/07/469478098/the-supreme-court-ruling-that-led-to-70-000-forced-sterilizations#:~:text=All%20told%2C%20as%20many%20as,were%20deaf%2C%20blind%20and%20diseased.

la eugenesia fue bien recibida en la Alemania en bancarrota como un medio para aliviar a su economía de la población «improductiva». Luego creció en la Alemania nazi durante la Segunda Guerra Mundial (1939-1945) con un mayor número de esterilizaciones forzadas y asesinatos de personas discapacitadas. En total, se estima que cuatrocientos mil alemanes fueron esterilizados después de la promulgación de la Ley para la Prevención de la Descendencia con Enfermedades Hereditarias (1933). En 1935, la Ley de Higiene Marital incluiría prohibiciones contra la mezcla de la raza aria «sana» con las «inferiores».[13] En última instancia, la eugenesia jugó un papel en la justificación de la muerte de más de seis millones de judíos en el holocausto y la «eugenesia» en su forma popular se convirtió rápidamente en tabú.

Otra razón para la desaparición de la eugenesia popular se debió a un descubrimiento de la investigación dentro del Proyecto Genoma Humano (1990-2003). Con posterioridad, en 2020, los investigadores informaron que la idea de las «razas» humanas no era genéticamente precisa. Solo hay una raza humana. La pseudociencia de la eugenesia cayó en desgracia, aunque el fundamento biológico de la misma (la evolución darwiniana) permaneció intacto. Las ideas tienen consecuencias.

## CONCLUSIÓN

Predigo posibles refutaciones a los argumentos contra el racismo inherente dentro del movimiento eugenésico. Con el propósito de más claridad, diré que la teoría darwiniana de la evolución no *inventó* el racismo. Personas de todos los credos han sido «racistas» a lo largo de la historia. ¡Los cristianos han sido racistas! Sin embargo, la diferencia es que un cristiano racista se aferra a creencias que contradicen su confesión de fe, pero la evolución darwiniana concluye lógicamente con una justificación biológica para el racismo. ¡Esto no significa que todos los evolucionistas sean racistas! El punto es que un argumento a favor del racismo basado en la teoría de la evolución sería válido. Dicho esto, el argumento sería válido, pero no sólido, porque no evolucionamos. Todos

---

13. United States Holocaust Memorial Museum, «Eugenics», Enciclopedia del Holocausto. https://encyclopedia.ushmm.org/content/en/article/eugenics, consultado el 20 de enero de 2025.

los seres humanos son hijos e hijas portadores de la imagen de Adán y Eva y tienen el mismo valor inherente; gracias a Dios.

De hecho, la eugenesia continúa hoy en día. La Sociedad Americana de Eugenesia todavía existe y funciona, pero bajo el nombre de Biodemografía y Biología Social.

No obstante, la eugenesia goza de un gran éxito hoy en día con una de sus promotoras y fundadora de *Planned Parenthood*, Margaret Sanger. En los próximos capítulos, investigaremos el desarrollo del escenario histórico en el que la unidad familiar se deprecio y los niños en el vientre materno comenzaron a perder su valor inherente en la mente del occidente moderno. Luego veremos cómo las ideas eugenésicas de Sanger fueron utilizadas para fomentar el aborto, incluso a grupos racistas, con el fin de promover una raza superior mediante la eliminación gradual de las inferiores. Algunos argumentan que las ideas de Sanger, aunque racistas, no tienen nada que ver con el aborto en la actualidad. Tales argumentos son inválidos, ya que el legado racista y eugenésico de Sanger continúa a través de las fábricas de abortos en todos nuestros territorios. En los Estados Unidos, millones de bebés son abortados y el mayor porcentaje son de familias afroamericanas, aunque constituyen solo alrededor del 13 % de la población estadounidense. Después de ellos, los hispanos tienen el siguiente porcentaje más alto de abortos.

A partir del aborto, veremos cómo el mismo se está utilizando como herramienta dentro de las ideologías neomarxistas detrás de los movimientos posmodernos como la revolución sexual y las posteriores olas del feminismo. Sin embargo, primero debemos dar un paso atrás y considerar el universo cambiante de los siglos XIX y XX que llevó a occidente a ser un mundo que se jacta del amor al mismo tiempo que destruye las vidas de nuestros seres humanos más vulnerables, los cuales no tienen voz para exigir su propio derecho a vivir.

## CAPÍTULO 12

# FEMINISMO DE LA PRIMERA OLA

**INTRODUCCIÓN**

Las creencias populares sostenidas por muchos hoy en día sobre los orígenes humanos y las conclusiones resultantes sobre el valor y la dignidad de la vida estaban en sus etapas de desarrollo a lo largo de los siglos XIX y XX. Al final, la manera en que una sociedad evalúa la vida individual se utilizará para pintar una imagen de lo que la gente imagina que es una sociedad ideal. Los indicadores resultantes serán utilizados por varios movimientos en un esfuerzo por alcanzar alguna forma de utopía. Uno de los movimientos más impactantes en correlación con el desarrollo de las teorías evolutivas populares y la eugenesia se denominaría más tarde como «feminismo de la primera ola». El feminismo, en todas sus formas y olas, continúa impactando los hogares en gran parte del mundo, y antes de ir más allá debe ser discutido a partir de su contexto y desarrollo histórico. La historia se entiende mejor analizando el lugar de la primera ola del feminismo entre varios eventos, y la Revolución Industrial contribuyó en gran medida a una infraestructura socioeconómica en la que la sociedad pudo reconsiderar los roles bíblicos para hombres y mujeres. El presente capítulo asume una tarea difícil y peligrosa. Seamos realistas, cualquier discusión que incluya los roles de género es polarizadora y se encontrará con acusaciones, no solo por su contenido explícito, sino por suposiciones a menudo sesgadas sobre lo que se quiere decir implícitamente con lo que se alega. Las conclusiones sobre los pensamientos de uno hacia las mujeres y/o los hombres se hacen apresuradamente, en especial si dicha persona evalúa la narrativa popular en sus propios términos.

Me reto a mí mismo, y a todos los hombres y mujeres, a darle la oportunidad a una consideración imparcial en este asunto. Sin embargo, no podemos considerar una evaluación honesta y justa, aunque resumida, de los acontecimientos de principios del siglo XX con reacciones emocionales e hipérboles, ya sea ignorando por completo el abuso legítimo o exagerando el abuso que ocurrió y cómo se consideró históricamente que los roles de género se relacionaban con ellos. Si leemos nuestros motivos y agendas presentes en los eventos históricos, siempre nos perderemos lo que estaba sucediendo y cómo los eventos, de hecho, afectaron los movimientos posteriores y las creencias populares de hoy.

Y aquí radica uno de los desafíos más enfocados en el uso de una metanarrativa marxista para interpretar la historia que seguirá siendo cuestionado en el presente libro. Uno de los legados más influyentes de Marx para el pensamiento de los siglos XX y XXI es la legitimación de la simplificación excesiva dentro de la interpretación histórica. Carl Trueman, en *Historias y falacias*, advierte sobre los movimientos que simplifican en exceso las distinciones categóricas dentro de la historia, de los cuales hoy el marxismo carga con la mayor culpa.

> Los grandes esquemas interpretativos como el marxismo han demostrado ser útiles históricamente para ofrecer marcos mediante los cuales darle sentido al caos que tan a menudo es la primera impresión que tiene el historiador cuando observa los artefactos de la historia. ¿Qué califica como evidencia? ¿Cómo encaja? ¿Cuáles son los grandes temas de la historia? A todas estas preguntas responden las grandes teorías de la historia, de las cuales el marxismo es quizás el ejemplo más reciente y destacado. El peligro viene cuando la teoría se convierte menos en un medio para penetrar en la historia y más en un lecho prescriptivo de Procrusto en el que la evidencia debe encajar o ser retorcida para que encaje.[1]

Sin embargo, los teóricos marxistas no son los únicos hoy en día que tuercen la historia para encajarla en un marco posterior con el fin

---

1. Carl R. Trueman, *Histories and Fallacies: Problems Faced in the Writing of History* (Wheaton, IL: Crossway, 2010), pp. 106-107.

de apoyar una teoría favorita. Todos hacemos esto en un grado u otro y debemos asumir el reto de crecer continuamente a partir de ello, pero sin desesperación. El escepticismo puro de la comprensión de la historia conduce al relativismo, pero la cautela realista, aunque optimista, al evaluar la historia conduce a una coherencia comprensible, si bien no exhaustiva, de las relaciones de causa y efecto a lo largo del desarrollo histórico. Mi objetivo en el presente libro es llegar a un punto en el que podamos evaluar honestamente los movimientos ideológicos del siglo XXI y su creciente influencia dentro de la conciencia del individuo, la familia, la iglesia y su comprensión del evangelio y la sociedad. Si no se alcanza tal objetivo, constantemente cabalgaremos sobre el péndulo oscilante que nos compromete demasiado hacia un lado de un debate político, en el que las agendas de los que están en el poder se convierten en nuestro único indicador para reflexionar sobre los temas importantes de la vida, la familia, la iglesia y la sociedad.

Nuestra próxima *gran* parada en nuestro actual viaje hacia los movimientos ideológicos posmodernos del siglo XXI nos llevará a la revolución sexual, pero primero tendremos que trabajar para llegar allí. Múltiples corrientes de pensamiento pronto se unirían en la revolución sexual a mediados del siglo XX, de modo que las principales deben ser consideradas por sus propios méritos antes de hacer una evaluación honesta. Y así, comenzaremos con un resumen sobre lo que se llama «la era progresista» de finales del siglo XIX, principios del siglo XX en occidente y la primera ola del feminismo.

### *LA ERA PROGRESISTA*

La era progresista (1890-1920)[2] fue una época de la historia de Estados Unidos marcada por las reformas políticas y sociales. Anteriormente se habían establecido monopolios perjudiciales, los niños estaban expuestos al trabajo en las fábricas, los esclavos recién liberados en los Estados Unidos necesitaban oportunidades para esforzarse, y a los inmigrantes de varios países europeos y asiáticos no siempre se les concedían los mismos derechos y oportunidades que a los que habían emigrado del Reino Unido. Dentro de las estructuras sociales, se cuestionaban los roles de las poblaciones dentro de sus filas, lo que incluiría el sufragio femenino o el derecho de las mujeres al voto. A medida que

---

2. https://picturethis.museumca.org/timeline/progressive-era-1890-1920s.

la infraestructura socioeconómica de occidente continuó cambiando después de la Revolución Industrial, las máquinas comenzaron a reemplazar la necesidad de herramientas pesadas y anticuadas y de la fuerza bruta. Una vez que se desarrollaron la maquinaria y los sistemas industriales automatizados, las mujeres pudieron comenzar a trabajar junto a los hombres y ocupar más puestos de liderazgo que antes. Las nuevas oportunidades que se les ofrecieron a las mujeres también plantearon desafíos, ya que el voto era un derecho del estado y no todos los estados permitían aún que las mujeres votaran.

Según la tradición, los hombres participaban principalmente en la vida pública y en las decisiones públicas, y las mujeres se dedicaban más a la crianza de los hijos y el mantenimiento diario del hogar. Sin embargo, con más mujeres en el lugar de trabajo, su presencia pública creció, lo que ayudó a muchas a poner en primer plano su deseo de votar al involucrarse en organizaciones sociales. Tales restricciones a las mujeres en el pasado nos parecen extrañas en el siglo XXI, pero entendido desde su contexto histórico, el panorama puede ser más completo. En otras palabras, no tenemos que estar de acuerdo con un hecho histórico para apreciar su historicidad desde su contexto.

En nuestra compartida «justicia propia» posmoderna, me atrevo a sugerir que muchos deconstruccionistas históricos de hoy son cronológicamente disléxicos. Leen la historia desde el presente, pero el tiempo es lineal y se mueve de atrás hacia adelante. Es comparable a un hombre hoy en día que pinta una casa recién construida solo para terminar alardeando de la obra terminada. Se jacta de su superioridad sobre los arquitectos, carpinteros y electricistas, porque cuando trabajaban en la casa no estaba tan completa, y en comparación con el producto terminado, el trabajo de los que le precedieron era estéticamente espantoso. Leer hacia atrás en la historia solo alimenta nuestra arrogancia y pinta una fantasía de la realidad en lugar de una evaluación confiable.

Por el contrario, si rastreamos las sociedades monárquicas y feudales medievales desde el pasado hasta el presente, el panorama cambia y es posible que podamos liberarnos de lo que se le atribuye a C. S. Lewis como «esnobismo cronológico». Y lo peor de este «esnobismo» es que muchos presumen que habrían podido crear toda la casa de la nada si hubieran estado vivos durante el tiempo en que estuvieran siendo privados de sus derechos.

# ESNOBISMO CRONOLÓGICO

Casa: NaturesDisplay/iStock.com.
Hombre: izusek/iStock.com.

Casa: Kirk Fisher/iStock.com.
Hombre: izusek/iStock.com.

La democracia representativa moderna en occidente es todavía un fenómeno relativamente nuevo. Algunas formas de ella existieron en el pasado, como en la República romana (509 a. C.) hasta que se perdió en el 27 a. C. con el ascenso del primer emperador romano. Doce milenios después, en occidente, aunque se dio cierta representación en el Parlamento de Inglaterra (siglo XIII-1707), se limitó a la nobleza, como obispos y lores, a un papel de consejero de la monarquía. Debido a que la democracia verdaderamente representativa solo comenzó a surgir en los siglos XVIII y XIX, especialmente en los recién formados y liberados Estados Unidos de América, los derechos de voto se otorgaron principalmente a los terratenientes. Sin embargo, algunos estados comenzaron a otorgarles derechos de voto a los hombres sin propiedad ya en 1789, y a lo largo del siglo siguiente otros estados comenzaron a seguir su ejemplo. De hecho, algunos estados también les permitían votar a las mujeres solteras o viudas desde 1789.[3]

La idea detrás de este tipo de voto selectivo era ofrecerles representación a aquellos que tenían tierras y pagaban impuestos para decidir quiénes y cómo iban a ser representados. Los niños no podían votar (así como no se les permite votar hoy), y en muchos estados las mujeres casadas tampoco podían votar. Aunque la mayoría no estaría de acuerdo con las restricciones a las mujeres hoy en día, la mentalidad detrás de la restricción era que la representación por hogar fuera la de un hombre propietario de tierras que pagara impuestos y representara las necesidades de su familia.

---

3. Judith Apter Klinghoffer y Lois Elkis, «The Petticoat Politicians of 1776: New Jersey's First Female Voters», *Journal of the Early Republic*, 1992, 12 (2), pp. 159-193.

No fue hasta principios de 1800 que la mayoría de los hombres blancos que no poseían propiedades pudieron votar. Y aunque a algunos hombres negros libres se les concedió el sufragio en 1789, se les retiró rápidamente hasta 1866-1867, cuando se comenzó a concederles el derecho al voto a los hombres de todos los orígenes étnicos. Del mismo modo, a medida que las mujeres empezaron a tener una mayor presencia en la fuerza de trabajo industrializada, se les permitió votar en varios estados, ya que la representación individual se consideró en lugar de la representación del hogar. Y dentro de la era progresista, un movimiento que más tarde se acuñaría como *la primera ola del feminismo*[4] ayudó a influir en el sufragio femenino para todos los estados. Así, las asociaciones dentro de la primera ola del feminismo, como la Alianza Internacional de Mujeres, se centraron en la igualdad formal o legal de las mujeres.

Como en toda la historia, la prudencia y el examen cuidadoso y objetivo (no impulsado por agendas posmodernas y el *patetismo desenfrenado*) deberían advertirnos sobre la falacia de la bifurcación[5] y/o el dualismo[6] de demonizar a un lado mientras se canoniza al otro en santidad. La historia, para disgusto de la teoría deconstruccionista, no es tan pulcra como nos gustaría que fuera. La historia debe ser investigada e interpretada correctamente, no deconstruida, una hazaña que muchos teóricos críticos han tratado de lograr. El sufragio femenino, considerando lo que discutimos en capítulos anteriores, cae dentro de lo que aprendimos sobre la autoridad (*ethos*) que Dios ha otorgado al individuo, la familia, la iglesia y el estado. Creo que cualquier prohibición del derecho al voto de las mujeres ciudadanas (mayores de edad) viola los principios bíblicos. No tengo la intención de discutir si los mandatos y principios bíblicos insisten en gobiernos que sí tienen representación o no, ya que eso sería un debate fuera del alcance de nuestro tema actual. Dicho esto, debemos aplicar los principios bíblicos a cualquier situación y estructura de gobierno en la que nos encontremos, pudiéndose argumentar que votar es una responsabilidad que debe decidirse desde la conciencia

---

4. Término acuñado por Martha Lear en «The Second Wave Feminist: What do these women want?», *New York Times Magazine*, marzo de 1968.
5. También se conoce como «falsa dicotomía», en la que solo se dan dos opciones opuestas entre más opciones (es decir, «El semáforo está en rojo o verde, ¿en cuál está? ¿Rojo o verde?». Todo el tiempo el semáforo está en amarillo).
6. Enfrentando dos categorías entre sí como diametralmente opuestas (es decir, «Las personas son racionales o religiosas. Por lo tanto, los cristianos no son racionales». Mientras tanto, el cristianismo es racional y no se opone a la razón).

informada del individuo, y en el caso de aquellos que están casados, debe ser discutida y decidida desde dentro del pacto matrimonial y no por parte de la iglesia o el estado (creo que es prudente no discutir aquí el papel del esposo/esposa en la toma de decisiones sobre cómo votar, ya que no contribuiría a nuestro tema actual). Por lo tanto, las restricciones estatales sobre el voto de sus ciudadanos adultos, en mi humilde opinión, son una forma de totalitarismo y, por lo tanto, contradicen los derechos humanos tal como se deducen de cualquier tratamiento serio y exhaustivo de las Escrituras.

## *FEMINISMO DE LA PRIMERA OLA*

Sin embargo, el feminismo de la primera ola no se limitó de ninguna manera a la igualdad formal o legal para el sufragio femenino. Como se discutió anteriormente, después de un análisis cuidadoso, no creo que las Escrituras ofrezcan principios que deban llevarnos a aprobar un gobierno totalitario que niega el derecho al voto a las mujeres o a cualquier otro ciudadano adulto. Y el movimiento feminista de la primera ola fue, de hecho, influyente para llevar esta injusticia a la opinión pública. Pero recuerden la discusión sobre la falacia de la bifurcación y/o el dualismo. El hecho de que un resultado de un movimiento pueda ser beneficioso no legitima todas las ideologías y resultados de dicho movimiento, ni significa que las figuras clave del mismo fueran las únicas que clamaran contra una injusticia ni las únicas influencias que le pusieran fin a una disparidad. Tal pensamiento dualista sería similar a tomar una determinada carretera solo porque está libre de baches o semáforos. Podemos estar de acuerdo en que la superficie de este camino de concreto se encuentra en buen estado y tiene los beneficios de poder circular sin detenerse en cada semáforo. Sin embargo, eso no significa que esta carretera específica deba ser la única que utilicemos, ya que nos estamos olvidando de algunos indicadores importantes para la selección de carreteras, como por ejemplo: ¿a dónde me lleva esta vía? ¿Conduce a la destrucción o al peligro? ¿Este camino me lleva a mi destino deseado? ¿Deberíamos reparar el camino que conduce a nuestro destino deseado? ¿Los semáforos empeoran una carretera? ¿No sirven de nada entonces las carreteras con semáforos?

Del mismo modo, algunos beneficios de la historia que fueron promovidos por ciertas organizaciones o movimientos de ninguna manera validan o legitiman todo lo que representan dichos movimientos; y de igual forma, ningún beneficio de los movimientos históricos legitima otros resultados sobre los que tenían influencia. Este punto será de crucial importancia para entender las ideologías y movimientos actuales, como la teoría *queer*, la ideología de la «igualdad» de género, el movimiento por la justicia social y el movimiento «*woke*». Además, el significado léxico y la legitimidad de los términos utilizados en muchos movimientos posmodernos, como «justicia social», no tienen nada que ver con si el movimiento busca la verdadera justicia social bíblica o no. Pero esta discusión continuará en capítulos posteriores.

Por lo tanto, aunque se puede argumentar que algunos avances y libertades bíblicas se lograron con la ayuda del feminismo de la primera ola, gran parte de la retórica publicada en las publicaciones feministas de la primera ola incluye ataques a los roles bíblicos dentro del hogar y la iglesia. Por ejemplo, Charlotte Perkins Gilman (1860-1935) fue una influyente eugenista y feminista que escribió en 1903 un libro titulado *The Home Its Work and Influence* [El hogar: su trabajo e influencia], donde desafía el modelo bíblico de roles en el hogar. En un artículo que Gilman escribió, «¿Qué es el "feminismo"?», el cual fue publicado en la *Revista de la Constitución de Atlanta*, explica:

Imagen de Charlotte Perkins Gilman en la *Revista de la Constitución de Atlanta*. Dominio público.

El feminismo, en realidad, es el despertar social de las mujeres de todo el mundo. Es ese gran movimiento, en parte consciente y en mayor medida inconsciente, el que está cambiando el centro de gravedad de la vida humana. Hemos tenido, a lo largo de todas estas épocas, un mundo creado por el hombre, un mundo en el que las mujeres eran amadas como sexo, valoradas como madres y explotadas como sirvientas. Fuera de ser amadas, de ser valoradas, de ser explotadas, no tenían existencia [...] En cuanto a las tareas domésticas, es muy cierto que las mujeres del siglo XX se negarán a contentarse con un tipo de trabajo paralelo a los cuchillos de bronce y los arados de madera, pero aprenderán a satisfacer las mismas necesidades mejor, más económicamente, de maneras más modernas. Una mujer que ostenta la posición totalmente ignorante, indefensa y subordinada, tan común hace un siglo o más, es ahora la más conspicua. La hembra es el tipo de raza, no el macho. El macho es el sexo —tipo, especialmente, y luego humano— en la medida en que su masculinidad se lo permite. El hecho de que él sea un hombre impide que sea humano más que el hecho de que ella sea una mujer.[7]

Gilman, al igual que muchas feministas, vio los roles de género bíblicos desde una perspectiva elitista posterior a la Revolución Industrial. Lamentablemente, lo que falta aquí es animar a las mujeres recordándoles el gran honor que es ser una esposa y madre que dedica su vida a su esposo e hijos. Aquí no se habla de los niños que se benefician enormemente de las madres que pueden tener el privilegio de invertir la mayor parte de su vida cotidiana con ellos. Se asume que la maternidad y el cuidado del hogar son serviles y degradantes.

*Tomó, pues, Jehová Dios al hombre, y lo puso en el huerto de Edén, para que lo labrara y lo guardase. Y mandó Jehová Dios al hombre, diciendo: De todo árbol del huerto podrás comer; mas del árbol de la ciencia del bien y del mal no comerás; porque el día que de él comieres, ciertamente morirás.*
—GÉNESIS 2:15-17

---

7. Charlotte Perkins Gilman, «¿What is "Feminism"?», *Atlanta Constitution*, 10 de diciembre de 1916, p. 4.

> *Y dijo Jehová Dios: No es bueno que el hombre esté solo; le haré ayuda idónea para él.*
> —GÉNESIS 2:18

El hombre y la mujer fueron creados en el principio como portadores de la imagen del mismo Creador que los hizo. Inherentes al diseño de Dios, hay ciertas funciones que el hombre y la mujer llevan a cabo que son diferentes entre sí. Los hombres fueron diseñados para un papel pastoral en sus hogares e iglesias. También fueron diseñados y ordenados para proveer y proteger. Las mujeres fueron diseñadas para ser cuidadoras y consoladoras, compañeras de ayuda (literalmente «ayuda opuesta») en funciones que complementan las de los hombres. Como indican las Escrituras posteriores, esto no significa que una mujer deba tener hijos para cumplir su propósito en la vida. De hecho, algunas mujeres no pueden tener hijos y otras nunca se casan. Pero, en general, tal es el designio que Dios dio para el hombre y la mujer, anotado no solo en el Antiguo y el Nuevo Testamentos, sino también en nuestra composición biológica y fisiológica. Georgia Purdom (PhD en genética molecular) da fe de algunas de las diferencias inherentes menos conocidas entre hombres y mujeres.

> Las mujeres convierten más la energía en grasa almacenada, y los hombres la convierten más en músculo. Si bien es posible que a muchas mujeres no les guste la grasa, está directamente relacionada con la fertilidad, ¡así que hay una buena razón para tenerla! Los hombres tienen más glóbulos rojos y factores de coagulación; y las mujeres tienen más glóbulos blancos, producen anticuerpos más rápido y se enferman con menos frecuencia. ¡Esto significa que la gripe masculina puede ser algo real! Tales características fisiológicas distintivas y diseñadas tienen sentido porque los hombres tienden a estar más involucrados en actividades que implican asumir riesgos, cazar, protegerse y hacer la guerra; las mujeres se dedican más a la crianza de los hijos y participan activamente en grupos sociales.[8]

---

8. Georgia Purdom, «The Biology of Gender», *Answers in Genesis*, 1 de septiembre de 2019, https://answersingenesis.org/family/gender/biology-gender/, consultado el 22 de enero de 2025.

Dios creó al hombre y a la mujer de manera diferente. Ambos comparten el mismo valor y dignidad ante el Señor, pero eso no significa que deban hacer todo de la misma manera. Aquellos que promueven la abolición de todas las distinciones entre hombres y mujeres a menudo utilizan argumentos falaces para sostener su queja, como que cualquier distinción entre hombres y mujeres crea disparidad. Confunden igualdad con uniformidad. El hombre y la mujer no tienen que ser clones uniformes y funcionales el uno del otro para disfrutar de la igualdad. Al menos en la creación y la redención, hay distintos roles dentro de la Trinidad que incluyen la sumisión en ella. Pero Dios es uno y ninguna persona de la Trinidad es ontológicamente (en esencia) más grande que la otra.

Entiendo que los roles de género se ven hoy en día como anticuados y misóginos, pero así es el pensamiento de un mundo que niega a Dios de palabra y obra. Entiendo que algunas distinciones en los roles bíblicos de género son socavadas en muchas iglesias y hogares cristianos hoy en día, pero ese es el resultado de nuestra cultura hiperindividualista que ha encontrado su camino en la mente de la iglesia. Los roles de género chocan con la autonomía del individuo en una sociedad en la que el ego está en el centro. Fuimos creados para vivir y prosperar en relaciones de pacto, no como individuos errantes. El individuo dentro de la unidad familiar, cada uno viviendo sus roles de manera complementaria, sirve como profeta, sacerdote y rey entre Dios y su creación. Esto incluye a aquellos que no están casados, ya que la iglesia está compuesta por personas solteras y casadas con roles complementarios. Pero el diseño de gran alcance de los individuos encaja dentro de la comunidad (familia, iglesia, sociedad), no como individuos autónomos.

Por supuesto, esto no significa que las mujeres no puedan desempeñarse fuera de las funciones de la maternidad. Proverbios 31 habla bien de una mujer virtuosa que ayuda a proveer para la familia. La cuestión es si se desprecia o se fomenta el sacrificio que la maternidad supone para el potencial de muchas profesiones. El punto radica en si la maternidad es considerada en nuestras mentes y corazones como una búsqueda menos honorable o venerable, en lugar de como la búsqueda digna de alabanza que es a los ojos de Dios y debería ser a los nuestros. ¿Desalentamos a las mujeres jóvenes en cuanto a casarse y cuidar de un hogar y de los hijos, o las elogiamos por ello?

Permíteme responder de manera preventiva a algunas de las refutaciones que puede provocar el párrafo anterior. Te ruego que te animes a no reaccionar, sino a considerar lo que se está diciendo. Muchas mujeres piadosas ocupan altos puestos en profesiones distinguidas. Se les ha concedido una posición en la que pueden glorificar a Dios en este mundo oscuro, y debemos alabar a Dios por ellas. Sin embargo, el punto se centra en si estamos desalentando a las mujeres a casarse, tener hijos y dedicar su tiempo y energía a nutrirlos física, mental, emocional y espiritualmente. La pregunta para ponderar es si estamos contribuyendo a la mentalidad de una sociedad altamente individualista y humanista que menosprecia a las mujeres jóvenes que se glorían en el Señor diariamente al edificar un hogar saludable y piadoso. Lamentablemente, la retórica de gran parte del feminismo de la primera ola se presta para disuadir en contra de fomentar la maternidad y las tareas domésticas.

Elizabeth Cady Stanton (1815-1902), una mente influyente detrás de la primera ola del feminismo, publicó *The Woman's Bible* [La Biblia de la mujer] en 1895. Esta obra es un comentario autoproclamado sobre las Escrituras que ciertamente carecía de expertos en lenguaje bíblico. El trabajo de Stanton también dedica gran parte de su espacio a negar la inerrancia y la inspiración de las Escrituras, al tiempo que impone interpretaciones fantásticas en ciertas partes para desafiar los roles de género.

> Los historiadores de la Biblia afirman que el Antiguo y el Nuevo Testamento se inspiran especialmente en los registros más contradictorios de los mismos acontecimientos, en milagros opuestos a todas las leyes conocidas, en costumbres que degradan el sexo femenino de toda la vida humana y animal, expresados en el lenguaje más cuestionable que no podría leerse en una asamblea promiscua, y llaman a todo esto «la Palabra de Dios». Los únicos puntos en los que difiero de toda la enseñanza eclesiástica es que no creo que ningún hombre haya visto o hablado con Dios, no creo que Dios haya inspirado el código mosaico, o que les haya dicho a los historiadores lo que dicen que dijo sobre la mujer, porque todas las religiones sobre la faz de la tierra la degradan, y mientras la mujer acepte el cargo que le asignan, su emancipación es imposible. Independientemente de

lo que se haga en la Biblia en hebreo o griego, en español llano no exalta ni dignifica a la mujer.[9]

Stanton y sus colaboradoras malinterpretan y sesgan los textos para convertirlos en una narrativa feminista, pero cuando no pueden hacerlo, simplemente niegan su veracidad. Por ejemplo, al comentar sobre el relato de la creación en Génesis 1:26-28, Stanton utiliza el valor ontológico y la dignidad que Dios atribuye tanto al hombre como a la mujer en el texto para interpretar erróneamente quién es Dios.

> *Entonces dijo Dios: Hagamos al hombre a nuestra imagen, conforme a nuestra semejanza; y señoree en los peces del mar, en las aves de los cielos, en las bestias, en toda la tierra, y en todo animal que se arrastra sobre la tierra. Y creó Dios al hombre a su imagen, a imagen de Dios lo creó; varón y hembra los creó. Y los bendijo Dios, y les dijo: Fructificad y multiplicaos; llenad la tierra, y sojuzgadla, y señoread en los peces del mar, en las aves de los cielos, y en todas las bestias que se mueven sobre la tierra.*
> 
> —Génesis 1:26-28

El primer paso en la elevación de la mujer a su verdadera posición, como factor igual en el progreso humano, es el cultivo del sentimiento religioso con respecto a su dignidad e igualdad, el reconocimiento por parte de la nueva generación de una Madre celestial ideal, a la que deben dirigirse sus oraciones, así como a un Padre. Si el lenguaje tiene algún significado, tenemos en estos textos una clara declaración de la existencia del elemento femenino en la Divinidad, igual en poder y gloria al masculino. ¡La Madre y el Padre Celestiales! «Dios creó al hombre a su imagen, varón y hembra».[10]

Primero, nota el orden en el que Stanton está interpretando a Dios y su creación. Ella está mirando a Dios, o al menos a una versión enrevesada de Él, a través de la creación (de la física a la metafísica), en lugar de considerar lo que Dios ha revelado sobre sí mismo para evaluar su propia comprensión de quién es ella (de la metafísica a la física). Stanton concluye que, dado que tanto el hombre como la mujer fueron creados

---

9. Elizabeth Cady Stanton, *The Woman's Bible*, «Introduction», 1895, dominio público, p. 15.
10. *Ibidem*, p. 17.

a imagen y semejanza de Dios, entonces Dios también debe ser mujer. Pero *los seres humanos* están hechos a *imagen y semejanza de Dios*, no al revés. Dios se refiere a sí mismo en términos masculinos y con pronombres masculinos a lo largo de las Escrituras. Pero eso tampoco significa que la masculinidad revelada de Dios deba entenderse o interpretarse a través de la lente de la masculinidad del hombre. Los hombres también deben entender a Dios interpretando lo que Él reveló acerca de sí mismo, y solo entonces evaluar su hombría en función de cómo Él les revela la imagen de Dios.

Dios diseñó tanto al hombre como a la mujer para reflejar muchos de los mismos aspectos de su carácter. Sin embargo, en muchos casos, los hombres reflejan algo del carácter de Dios más que las mujeres y las mujeres reflejan algo del carácter de Dios más que los hombres. A Dios se le llama guerrero, pastor, protector y proveedor a lo largo de las Escrituras. En Salmo 23, el Señor es llamado mi pastor (cuidado pastoral), y por eso nada me faltará (proveedor); además Él es mi protector, aunque ande por el valle de sombra de muerte. Los hombres fueron especialmente diseñados y se les ordena reflejar a Dios en estas áreas (Génesis 2:15-17; Efesios 5:25-32; 1 Pedro 3:7). De hecho, las mujeres ministran, especialmente a sus hijos. Las mujeres proveen (Proverbios 31) y protegen (o deberían proteger) a sus hijos desde el vientre materno. Pero los hombres tienen la responsabilidad y la carga principal en estas áreas. Esto no significa que debamos estudiar la figura masculina para comprender a Dios, sino todo lo contrario: los hombres deben estudiar a Dios tal como se revela en las Escrituras y lo que Él manda a los hombres para saber cómo actuar como hombres.

Dios también se compara a sí mismo con una madre que consuela a sus hijos (Salmo 131:2, Isaías 66:13). Así que los hombres deben ser sustentadores y consoladores. Dicho esto, las mujeres fueron diseñadas, descritas y ordenadas para ser sustentadoras y consoladoras a lo largo de las Escrituras. Las mujeres también fueron concebidas como las principales sustentadoras (útero y leche materna), siendo la maternidad probablemente el papel más honorable en toda la actividad humana. Esto no significa que debamos estudiar a las mujeres para entender a Dios, sino todo lo contrario: las mujeres deben estudiar a Dios tal como se revela en las Escrituras y lo que Él manda a las mujeres para saber cómo actuar como mujeres.

Sin embargo, Stanton insiste en que Dios debe ser madre o mujer, ya que las mujeres también fueron hechas a su imagen. Una vez más, afirmo que Dios se compara a sí mismo con una madre en algunos textos. Pero Jesús (en Mateo 23:37 y Lucas 13:34) se compara a sí mismo con una gallina. Sin embargo, no podemos decir que Dios es una gallina divina. En las Escrituras, Dios advierte contra los humanos pecadores estableciendo una comparación con nosotros.

*Tu boca metías en mal, y tu lengua componía engaño. Tomabas asiento, y hablabas contra tu hermano; contra el hijo de tu madre ponías infamia. Estas cosas hiciste, y yo he callado; pensabas que de cierto sería yo como tú; pero te reprenderé, y las pondré delante de tus ojos.*
—Salmo 50:19-21

Dios no es como los seres humanos, pero nosotros debemos ser como Él en santidad, bondad y amor. Por lo tanto, debemos aceptar a quien Dios nos hizo ser en obediencia, pero ninguno de nosotros lo ha hecho. Solo el evangelio de Jesucristo ofrece perdón y redención por nuestra rebelión contra Dios, su voluntad para nosotros y su diseño de cómo debemos vivir su voluntad.

En segundo lugar, es cierto que el hombre y la mujer fueron creados con la misma dignidad e igualdad ontológica (en esencia). Somos iguales en el sentido de que estamos al mismo nivel ante Dios, pero eso no significa que seamos iguales. Tanto el hombre como la mujer están hechos a imagen y semejanza de Dios, tienen destinos eternos y, en cuanto al alcance del evangelio de la redención, Dios no muestra parcialidad.

*Ya no hay judío ni griego; no hay esclavo ni libre; no hay varón ni mujer; porque todos vosotros sois uno en Cristo Jesús. Y si vosotros sois de Cristo, ciertamente linaje de Abraham sois, y herederos según la promesa.*
—Gálatas 3:28-29

El contexto del argumento de Pablo prueba que Dios no muestra favoritismo en el alcance de aquellos que están incluidos en la promesa que Él le hizo a Abraham acerca de su Simiente (Jesús), a través de la cual todas las familias del mundo serán bendecidas. Pero esto no significa de ninguna manera que no haya, por lo tanto, diferencias entre hombres y mujeres. Pablo solo limita la similitud a este argumento entre judíos, griegos, hombres y mujeres, como si esos no fueran indicadores de salvación. Aunque muchos usan este versículo para ignorar los roles de género, cometen la falacia del medio no distribuido.

- **Premisa principal:** Todos los elefantes tienen orejas.
- **Premisa menor:** Juan tiene orejas.
- **Conclusión**: Por lo tanto, Juan es un elefante.

El hecho de que dos entidades tengan una cosa en común no significa lógicamente que deban tener todo en común. Aunque todos los elefantes, por naturaleza, tienen dos orejas, eso no excluye otra vida biológica en la que todos los miembros, por naturaleza, tienen orejas. Lo mismo es cierto con el uso perverso de Gálatas 3:28 por parte de tantos hoy en día.

- **Premisa principal:** Dentro de las promesas que Dios hizo en las Escrituras para la salvación, la oferta y el alcance de la salvación no hace distinciones entre hombres y mujeres (en otras palabras, Dios no tiene precepto con respecto a tener más hombres salvados que mujeres o más mujeres que hombres, ya que sus decisiones para la salvación no se basan en el sexo).
- **Premisa menor:** La Biblia habla de hombres y mujeres, especialmente en el hogar y la iglesia.
- **Conclusión**: Por lo tanto, nada de lo que la Biblia habla con respecto a los hombres y las mujeres (incluidos los roles, la identidad, etc.) puede interpretarse como distinciones en cualquier categoría entre ellos, especialmente en el hogar y la iglesia.

El hecho de que tanto el hombre como la mujer hayan sido creados con la misma dignidad y valor esenciales es una categoría distinta de nuestros llamamientos o roles. Solo a través de una lente humanista se equipara la igualdad en el valor y la dignidad con la uniformidad en las funciones. Por lo tanto, Stanton parece estar leyendo en el texto una idea humanista de equiparar el papel con el valor, en la que el valor de una persona se muestra o aprecia en el prestigio popular del papel que ocupa. Sería como si un hombre se quejara de que Dios hace inferiores a los hombres al solo darles vientres a las mujeres. No importa cuánta gente lo diga hoy, los hombres nunca serán madres. Es anatómicamente imposible. ¿Quién usa Gálatas 3:28 para decir que ahora los hombres biológicos deberían poder tener hijos de manera natural, ya que nuestro Creador dijo que no hay hombres ni mujeres? La naturaleza complementaria de los roles entre hombres y mujeres, aunque implícita en Génesis 1, se establece aún más en el siguiente capítulo de Génesis. Como veremos en un momento, Stanton, al darse cuenta de eso, hace todo lo posible por desacreditar el segundo capítulo.

Génesis 1 se lee casi como una tabla de contenido, ya que ofrece un comentario aparentemente resumido de cada día de la creación. Génesis 2, a diferencia de las teorías racionalistas de la teología liberal que se propugnó en el siglo XVIII durante el apogeo de la Ilustración, no es un relato separado de la creación, sino solo una mirada más cercana al sexto día de la creación. Génesis 2 revela que, aunque tanto el hombre como la mujer fueron creados a la imagen de Dios en el sexto día de la creación, Dios primero creó al hombre ese día y le dio algunos mandatos antes de hacer a la mujer más tarde durante ese mismo día.

El hombre debía nombrar a los animales, lo que apunta a una jefatura o liderazgo sobre la creación. La historia muestra que nombrar era una muestra de autoridad (no autoritarismo), así que el hombre más tarde nombraría a su esposa Eva (Génesis 3:20) como una distinción honorable para ser madre de todos los vivientes. El hombre debía ser el proveedor y protector que ministraría el manejo de la voluntad revelada de Dios a su esposa y su familia (Génesis 2:15-17). Esto no significa que una mujer y sus hijos no deban leer las Escrituras por sí mismos, sino solo que el esposo y el padre tienen la responsabilidad de ministrar la Palabra de Dios a su familia (Efesios 5:25-28). No obstante, Stanton se ofende por esto y, al comentar sobre Génesis 2, da a conocer su escepticismo.

> Mi opinión personal es que la segunda historia fue manipulada por algún judío, en un esfuerzo por darle «autoridad celestial» para exigirle a una mujer que obedezca al hombre con el que se casó. En una obra que estoy terminando ahora, doy algunos datos concernientes a la antigua historia israelita, los cuales serán de especial interés para aquellos que deseen comprender el origen de la sujeción de la mujer. El primer relato dignifica a la mujer como un factor importante en la creación, igual en poder y gloria al hombre. El segundo la convierte en una mera ocurrencia tardía. El mundo en buen estado de marcha sin ella. La única razón de su advenimiento es la soledad del hombre.[11]

---

11. *Ibidem*, pp. 21, 22.

Más tarde, Stanton arremete contra el apóstol Pablo por interpretar el orden de los acontecimientos y los mandatos de Génesis 2 que deben aplicarse al hogar y a la iglesia:

> No se puede admitir que Pablo fue inspirado por una sabiduría infinita en esta declaración. Esta fue evidentemente la expresión no iluminada de Pablo, el hombre, sesgado por el prejuicio. Pero se puede afirmar que este edicto se refería especialmente a la enseñanza en las asambleas religiosas. Es sorprendentemente incoherente que Pablo, que había proclamado la definición más amplia de las almas humanas: «Ya no hay judío ni griego; no hay esclavo ni libre; no hay varón ni mujer; porque todos vosotros sois uno en Cristo Jesús», como idea cristiana, haya ordenado la sujeción de la mujer y el silencio como algo esencial para su propia esfera en la iglesia.[12]

Por supuesto, Stanton comete la falacia del medio no distribuido con Gálatas 3:28. Y ella no fue la única que cuestionó la legitimidad de tener roles de género. Dicho esto, otras figuras influyentes del feminismo de la primera ola no expresaron tal escepticismo sobre los roles bíblicos entre hombres y mujeres en el mismo grado, pero fueron comentaristas de los entendimientos sociales entre ellos. ¿Recuerdas lo que vimos antes sobre la bifurcación, la falacia y el dualismo? Admito que estoy de acuerdo con gran parte de lo que se expresa, salvo con las descripciones hiperbólicas y generalizaciones, en el muy influyente libro de Mary Wollstonecraft, *Vindicación de los derechos de la mujer*.

Mary describe las presiones sociales a las que sucumbirían muchas mujeres de su época, las cuales no son bíblicas ni saludables. Describe la cultura en la que las mujeres deben ser tímidas en lugar de humildes y cita figuras influyentes que equiparan el valor de una mujer para la sociedad con su belleza exterior durante la juventud. Expone las exageradas gracias sociales y los modales que se les imponían a las mujeres y desafía a los hombres a amar también las habilidades de razonamiento de sus esposas, que continúan en su vejez. En este punto, Mary está presentando argumentos sólidos que pueden enriquecer un matrimonio más allá de los rasgos superficiales fugaces que se ven afectados con la edad. Un matrimonio en el que tanto el hombre como la mujer aprecian sus respectivas

---

12. *Ibidem*, p. 351.

personalidades y mentes se corresponde más con las normas y principios bíblicos que uno en el que se enfatiza la atracción física de la juventud. Dicho esto, Mary equipara erróneamente las diferencias en los roles vistos en la naturaleza con meras consecuencias de Génesis 3 y la caída del hombre, o al menos argumenta en contra del orden natural porque cree que los argumentos bíblicos para los roles distintos en hombres y mujeres comienzan en Génesis 3. En otras palabras, ella puede estar argumentando en contra de los ministros mal informados que usan Génesis 3 para enseñar los roles de género, pero su respuesta es igual de desinformada, ya que los roles de género comienzan en Génesis 1—2. En la siguiente cita, desafía a Jean-Jacques Rousseau (1712-1778), a quien algunos llaman «el padre del romanticismo», por sus comentarios sobre la mujer vista en el orden natural:

> Basado en una hipótesis falsa, sus argumentos a favor de un estado de naturaleza son plausibles, pero poco sólidos. Digo poco sólidos porque afirmar que un estado de naturaleza es preferible a la civilización en toda su perfección posible es, en otras palabras, poner en entredicho la sabiduría suprema; y la exclamación paradójica de que Dios ha hecho todas las cosas correctas y el error ha sido introducido por la criatura que Él formó, sabiendo lo que formó, es tanto poco filosófica como impía.
> 
> Cuando ese Ser sabio que nos creó y nos colocó aquí vio la hermosa idea, quiso, permitiendo que así fuera, que las pasiones desplegaran nuestra razón, porque podía ver que el mal presente produciría el bien futuro. ¿Podría la criatura indefensa a la que llamó de la nada liberarse de su providencia y aprender audazmente a conocer el bien practicando el mal sin su permiso? No. ¿Cómo pudo ese enérgico defensor de la inmortalidad argumentar de manera tan inconsistente?
> 
> Si la humanidad hubiera permanecido para siempre en el brutal estado de naturaleza, que ni siquiera su pluma mágica puede pintar como un estado en el que una sola virtud echó raíces, habría sido claro, aunque no para el viajero sensible e irreflexivo, que el hombre había nacido para correr el círculo de la vida y la muerte y adornar el jardín de Dios con algún propósito que no podía conciliarse fácilmente con sus atributos.
> 
> Pero si, para coronar el conjunto, se produjeran criaturas racionales, a las que se les permitiera elevarse en excelencia mediante el ejercicio de poderes implantados para ese propósito; si la benignidad misma creyó oportuno llamar a la existencia a una criatura superior a

los brutos, que podía pensar y mejorarse a sí misma, ¿por qué ese don inestimable, que lo era si el hombre fue creado para tener la capacidad de elevarse por encima del estado en que la sensación producía una facilidad brutal, debe ser llamado, en términos directos, una maldición? Podría considerarse una maldición si toda nuestra existencia estuviera limitada por nuestra permanencia en este mundo; porque ¿por qué la fuente de gracia de la vida nos ha de dar pasiones y el poder de reflexionar, solo para amargarnos los días e inspirarnos nociones equivocadas de dignidad? ¿Por qué habría de conducirnos del amor a nosotros mismos a las emociones sublimes que suscita el descubrimiento de su sabiduría y bondad si estos sentimientos no se han puesto en movimiento para mejorar nuestra naturaleza, de la que forman parte, y hacernos capaces de gozar de una porción más divina de felicidad? Firmemente persuadida de que no existe ningún mal en el mundo que Dios no haya dispuesto que ocurra, baso mi creencia en la perfección de Dios.

Rousseau se esfuerza por demostrar que todo ESTABA bien originalmente; una multitud de autores, que ahora todo ESTÁ bien; y yo, que todo ESTARÁ bien.[13]

Mary expresa alguna forma de comprensión evolutiva[14], determinista, del caos a la utopía de la historia humana. Esta misma comprensión sería compartida y promovida más tarde en los escritos de figuras influyentes, como Charles Darwin y Karl Marx. Mary niega la caída del hombre en Génesis 3 y describe alguna expresión sincretista de la historia bíblica con una historia naturalista de los orígenes. Ella cree que la humanidad está subiendo la escalera de los brutos a través del desarrollo de la razón a algo más civilizado en el futuro. Niega que la «muy buena» creación de Génesis 1—2 y la caída en pecado en Génesis 3 sean «tanto poco filosóficas como impías».

Las autoras mencionadas hasta ahora fueron arquitectas intelectuales que influirían (y siguen influyendo) en las futuras feministas. Por lo tanto, el feminismo de la primera ola no se limitó al sufragio

---

13. Mary Wollstonecraft, *A Vindication of the Rights of Woman, with Strictures on Political and Moral Subjects* (1792), pp. 12-13. Aparecen mayúsculas en algunas palabras tal como fueron escritas por el autor en la publicación original. Existe una edición en español con el título *Vindicación de los derechos de la mujer* (Penguin Classics, 2020).
14. Aunque Mary precede a Charles Darwin, una comprensión evolutiva de la formación de la sociedad ya estaba presente en su época.

femenino, sino que constituyó un serio desafío a los roles de género. A medida que muchas mujeres inundaron la escena industrial, especialmente en la primera mitad del siglo XX, las tasas de divorcio se dispararon y la unidad familiar se convirtió en una ocurrencia tardía para muchas mujeres en muchos países de occidente. Con toda prudencia, antes de la era del progreso y el feminismo, resultaba mucho más difícil para algunas mujeres dejar a sus maridos abusivos. A medida que se les ofrecen más oportunidades a las mujeres en su lugar de trabajo, más de ellas pueden ser las únicas proveedoras de sus familias si dejan a sus esposos. Por lo tanto, aunque aproximadamente el 70 % de todos los divorcios son iniciados por mujeres,[15] el aumento de las tasas de divorcio no puede utilizarse para acusar a las feministas de la primera ola de un ataque monolítico contra la familia. Algunos matrimonios abusivos anteriores probablemente permanecieron juntos debido a la necesidad de sobrevivir. Dicho esto, el tiempo ha demostrado que la mayoría de los divorcios no se deben a huir de un hogar abusivo. El feminismo de la primera ola tuvo y sigue teniendo un impacto indudablemente negativo en la familia. Por lo demás, las últimas olas del feminismo impulsadas por el marxismo han traído una destrucción total a las familias en nuestras tierras, pero eso se discutirá en capítulos posteriores.[16]

Mucho se dijo y enseñó en el feminismo de la primera ola sobre la «libertad» del individuo para hacer lo que quiera. Sin embargo, nótese lo poco que se habla sobre el bienestar de los niños. La importancia y el impacto del tiempo diario con una madre rara vez se tiene en cuenta seriamente cuando se debate sobre los roles de género. Seguimos viendo un énfasis desequilibrado en los sentimientos del individuo, muchas veces egoístas, sin preocuparse por la estabilidad del hogar y el bienestar de los niños. Una vida de sacrificio y amor por el hogar y los hijos fue, y sigue siendo, menospreciada y compadecida. Un esposo y padre provisor, pero presente, que sirve junto a una madre cariñosa y más presente (en lo que respecta al tiempo) producen familias saludables y están más en sintonía con el diseño de Dios que una sociedad materialista como

---

15. American Sociological Association, «Women More Likely Than Men to Initiate Divorces, But Not Non-Marital Breakups», https://www.asanet.org/women-more-likely-men-initiate-divorces-not-non-marital-breakups/.
16. Muchas mujeres del movimiento feminista de la primera ola eran, de hecho, socialistas marxistas. Pero el marxismo es la base de las olas posteriores del feminismo, y la teoría marxista es la metodología, como se demostrará en un capítulo posterior.

la que tenemos hoy, que busca sus propios deseos por encima de las necesidades de los demás, y adora más la imagen en el espejo que vivir para adorar a Aquel cuya imagen llevamos.

## CONCLUSIÓN

Sin embargo, ¿qué sucedió después en la «era progresista», cuando a los niños no solo se les quitó prioridad, sino que se les vio como obstáculos para el amor propio autónomo y la búsqueda de la vanidad individualista? El movimiento eugenésico, que se desarrolló a la par de la primera ola del feminismo, ofrecía un caso empírico, que más tarde se demostraría que era pseudociencia, para justificar la obliteración de los niños. Y eso nos lleva a una de las feministas y marxistas más influyentes de la primera ola de los siglos XIX y XX, Margaret Sanger.

# CAPÍTULO 13

# TEJIDOS NO DESEADOS

## INTRODUCCIÓN

Para algunos lectores, los últimos tres capítulos pueden parecer que se han desviado de un asunto relacionado con el marxismo. No obstante, los temas de los orígenes humanos y la eugenesia son dos supuestos fundamentales que juegan un papel vital en el próximo gran movimiento. La revolución sexual subsiguiente, que ha sido el movimiento más impactante dentro de las ideologías posmodernas de hoy, está fuertemente influenciada por una epistemología hegeliana y una visión marxista del mundo. Y la revolución sexual no puede entenderse correctamente si no se considera a la era progresista y al feminismo de la primera ola como sus precursores.

Lamentablemente, el movimiento eugenésico, basado en supuestos evolutivos de los orígenes humanos, ha sobrevivido hasta hoy a pesar de que sus promotores actuales intentan distanciarse de él. El racismo inherente a la eugenesia no encaja con los señaladores de la virtud y los guerreros de la justicia social de hoy en día, pero el movimiento eugenésico de principios del siglo XX está vivo y coleando a pesar de su vergonzoso pasado. La eugenesia ha sobrevivido y se conoce principalmente a través del trabajo y el legado resultante de un grupo de personas, en particular, el de Margaret Sanger. El trabajo de Sanger continúa hoy a través de las fábricas de abortos eugenésicos que operan todos los días y son responsables del mayor holocausto de toda la historia de la humanidad.[1]

---

1. Disculpen el vitriolo, ya que llamar al asesinato por lo que es nunca será popular a medida que ocurra, sino solo para aquellos que miran hacia atrás a través de la historia. Siempre ha habido categorías política e ideológicamente forjadas y términos socialmente aceptados que se han utilizado para minimizar y encubrir la carnicería de dictadores y regímenes asesinos en el pasado que solo son evaluados de manera realista, o por lo que son, por parte de las generaciones siguientes. Por favor, perdónenme por no sucumbir a los términos y categorías socialmente aceptados que se utilizan para suavizar la ofensa del genocidio del vientre materno hoy en día.

## MARGARET SANGER

Margaret Louise Higgins (1879-1966) nació en Corning, Nueva York, siendo la sexta hija de once hermanos. Se crió en un hogar donde su madre, Anna Purcell Higgins, era católica practicante. La familia de Margaret luchó contra la pobreza, pero ella pudo emprender un nuevo rumbo para su propia vida estudiando en el Claverack College y en el Instituto del Río Hudson en 1896. Completó un título de enfermera en el Hospital White Plains en 1902. Margaret se casó con William Sanger en 1902, tuvo tres hijos y finalmente se mudó a Nueva York en 1910. Margaret (ahora Margaret Sanger) finalmente se involucraría en el activismo de la «era progresista» con individuos como Max Eastman, Upton Sinclair y Emma Goldman.[2]

Sanger fue muy influenciada por el economista inglés Thomas Malthus (1766-1834), quien enseñó que la población de una nación a la larga superaría sus recursos disponibles, aunque el hambre y las enfermedades ayudarían a controlarla. Malthus, por lo tanto, animó contra el matrimonio para evitar que la población aumentara. Debemos tener en cuenta que Malthus no predijo la Revolución Industrial, lo que cambiaría sus predicciones sobre la disponibilidad de recursos. Sanger usó sus ideas para condenar el crecimiento de la población y, junto con Fania Mindell y Ethel Byrne, fundó Planned Parenthood el 16 de octubre de 1916. Planned Parenthood es, con mucho, el mayor proveedor de abortos en la actualidad en los Estados Unidos.

Margaret Sanger no solo creía en una inminente «catástrofe maltusiana» (la idea de que la superpoblación superará los recursos), sino que también era una socialista marxista y una entusiasta de la eugenesia. Durante años, muchos partidarios del aborto han tratado de salvar la historia eugenésica y racista de Sanger y su relación con Planned Parenthood. El 14 de octubre de 2016, la revista *Time* publicó lo siguiente en su defensa:

> Los historiadores y académicos que han examinado la correspondencia de Sanger, como informó Salon en 2011, desafían a aquellos que llaman racista a la activista. Gran parte de la controversia se deriva de una carta de 1939 en la que Sanger describió su plan para acercarse a los líderes negros, específicamente a los ministros, con el fin de ayudar

---

2. https://www.womenshistory.org/education-resources/biographies/margaret-sanger.

a disipar las sospechas de la comunidad sobre las clínicas de planificación familiar que estaba abriendo en el sur. «No queremos que se corra la voz de que deseamos exterminar a la población negra, y el ministro es el hombre que puede enmendar esa idea si alguna vez se le ocurre a alguno de sus miembros más rebeldes», escribió. Era, como lo llamó el *Washington Post*, una frase «escrita sin artificio», pero que, en contexto, describe el tipo de acusaciones absurdas que temía, no su verdadera misión.[3]

Planned Parenthood, hasta hace poco, se jactaba de su fundadora y defendía su legado. La siguiente declaración fue publicada con orgullo en su página web: «Margaret Sanger, fundadora de Planned Parenthood, es una de las grandes heroínas del movimiento. Los primeros esfuerzos de Sanger siguen siendo el sello distintivo de la misión de Planned Parenthood».[4] Sin embargo, algo sucedió en 2021 que obligaría a Planned Parenthood y a sus partidarios a cambiar su retórica: el movimiento Black Lives Matter [Las vidas negras importan] en Estados Unidos.

Hoy en día, Planned Parenthood hace todo lo posible para distanciarse de Sanger debido a su participación en el movimiento eugenésico racista. El 23 de abril de 2021, Planned Parenthood, en medio de la polémica de Black Lives Matter, retiró todos los elogios a Sanger de su página y los reemplazó con una reprimenda póstuma a su fundadora.

> La difícil verdad es que las alianzas racistas de Margaret Sanger y su creencia en la eugenesia han causado un daño irreparable a la salud y la vida de las personas negras, indígenas, de color, personas con discapacidades, inmigrantes y muchas otras. Su alineamiento con el movimiento eugenésico, arraigado en la supremacía blanca, está en oposición directa a nuestra misión y creencia de que todas las personas deben tener el derecho de determinar su propio futuro y decidir, sin coerción ni juicio, si tener hijos y cuándo.
>
> Debemos reconocer el daño causado, examinar cómo hemos perpetuado este daño y asegurarnos de no repetir los errores de Sanger.

---

3. Jennifer Latson, «What Margaret Sanger Really Said About Eugenics and Race», *Time*, publicado el 14 de octubre de 2016, consultado el 23 de enero de 2025, https://time.com/4081760/margaret-sanger-history-eugenics/.
4. Planned Parenthood Federation of America (PPFA), «History and Successes», consultado en 2020.

Denunciamos la historia y el legado de la antinegritud en la ginecología y el movimiento por los derechos reproductivos, y el maltrato que continúa hasta el día de hoy. Valoramos la libertad fundamental de todas las personas para controlar sus propios cuerpos, sus vidas y su futuro, y trabajaremos todos los días para que la plena salud, la dignidad y la autodeterminación sean una realidad para todos.[5]

¿Es cierto entonces que Margaret Sanger fundó Planned Parenthood, proporcionando control de la natalidad y abortos para reducir la población, con un interés especial en reducir las comunidades «racialmente inferiores»? ¿O, como el artículo de la revista *Times* sugiere, no hay nada racista en las fábricas de abortos y se acusa implícitamente a quienes insisten en que tiene motivaciones políticas? En 1921, Margaret Sanger escribió el artículo «El valor eugenésico de la propaganda anticonceptiva». Recuerda, la eugenesia es inherentemente racista, y Sanger usó argumentos eugenésicos para la reducción de la población. En primer lugar, Sanger llama a cualquier rechazo de la eugenesia como «estupidez e ignorancia»:

> Aparentemente, cada nuevo enfoque del gran problema de la raza humana debe manifestar su vitalidad enfrentando los prejuicios, el ridículo y la mala interpretación. Los eugenistas recordarán que no hace muchos años este programa para la regeneración de la raza fue sometido al cruel ridículo de la estupidez y la ignorancia. Hoy en día, la eugenesia es sugerida por las mentes más diversas como la vía más adecuada y completa para la solución de los problemas raciales, políticos y sociales. Los maestros y científicos más intransigentes y audaces han prestado su apoyo a esta gran interpretación biológica de la raza humana. La guerra ha acentuado su necesidad.[6]

Por lo tanto, Sanger coincide con la «gran interpretación biológica de la raza humana» en su propia defensa de la eugenesia en este ensayo.

---

5. «Planned Parenthood's Reckoning with Margaret Sanger», Planned Parenthood, publicado el 23 de abril de 2021, consultado el 23 de enero de 2025, https://www.plannedparenthood.org/planned-parenthood-pacific-southwest/blog/planned-parenthoods-reckoning-with-margaret-sanger.
6. Margaret Sanger, «The Eugenic Value of Birth Control Propaganda», publicado por primera vez en 1921, consultado el 23 de enero de 2025, https://socialwelfare.library.vcu.edu/programs/health-nutrition/eugenic-value-birth-control-propaganda/.

En sus argumentos a favor del control de la natalidad, Sanger se vuelve más explícita con su agenda eugenésica.

La propaganda del CONTROL DE LA NATALIDAD es, por lo tanto, la brecha de entrada para el educador eugenésico. Al responder a las necesidades de estas miles y miles de madres abrumadas, es posible utilizar este interés como base para la educación en profilaxis, la higiene sexual y el bienestar infantil. A la madre potencial se le debe mostrar que la maternidad no tiene por qué ser una esclavitud, sino la vía más eficaz hacia el autodesarrollo y la autorrealización. Solo sobre esta base podemos mejorar la calidad de la carrera.

Como defensora del CONTROL DE LA NATALIDAD, deseo aprovechar la oportunidad presente para señalar que el desequilibrio entre la tasa de natalidad de los «no aptos» y los «aptos», que sin duda es la mayor amenaza actual para la civilización, nunca podrá ser rectificado mediante la inauguración de una competencia de cunas entre estas dos clases. En este asunto, el ejemplo de las clases inferiores, la fertilidad de los débiles mentales, de los mentalmente defectuosos, de las clases pobres, no debe ser presentado para emular a los padres mental y físicamente aptos, aunque menos fértiles, de las clases educadas y acomodadas. Por el contrario, el problema más urgente hoy en día es cómo limitar y desalentar la fertilidad excesiva de los deficientes mentales y físicos.

El CONTROL DE LA NATALIDAD no se presenta como una panacea mediante la cual se pueden eliminar mágicamente los males pasados y presentes de la reproducción disgénica. Es posible que métodos drásticos y espartanos sean impuestos a la sociedad si continúa fomentando complacientemente la reproducción fortuita y caótica que ha resultado de nuestro sentimentalismo estúpidamente cruel.

Pero para evitar la repetición, para llevar a cabo la salvación de las generaciones futuras —o incluso de las generaciones de hoy— nuestra mayor necesidad es, en primer lugar, la capacidad de enfrentar la situación sin vacilar y de cooperar en la formación de un código de ética sexual basado en una comprensión biológica y psicológica completa de la naturaleza humana; y luego, responder a las preguntas y necesidades del pueblo con toda la inteligencia y honestidad a nuestro alcance. Si somos capaces de reunir la valentía para hacer esto, estaremos sirviendo mejor a los verdaderos intereses de la eugenesia, porque nuestro trabajo tendrá entonces un valor práctico y pragmático.[7]

Sanger enseña explícitamente, en el contexto de la promoción del control de la natalidad para promover la eugenesia, que el control de la natalidad es la única forma de «mejorar la raza». Por lo tanto, si la tasa de natalidad de todos los grupos fuera de los fuertes disminuyera, ¿la raza humana «mejoraría»? Luego, Sanger suelta la bomba al afirmar que el control de la natalidad puede no detener la «reproducción disgénica» (niños nacidos de padres que no son de la «raza» superior), por lo tanto, los métodos espartanos pueden necesariamente ser «impuestos a la sociedad» si la gente sigue teniendo una «reproducción fortuita y caótica».

Los espartanos eran conocidos por su *Lesque*, o consejo de ancianos, que examinaba a los niños al nacer y les daba muerte a los que se consideraban indeseables debido a sus defectos. Entonces, en las propias palabras de Sanger, ella propone que el control de la natalidad probablemente no será suficiente, y es posible que necesitemos establecer una legislación que obligaría a matar a los niños que no nacen lo suficientemente bien para sus estándares. Por lo tanto, Sanger propone la necesidad de «la formación de un código de ética sexual basado en una comprensión biológica y psicológica completa de la naturaleza humana». Una ética sexual que basaría los derechos reproductivos solo para aquellos que se ajustan a la ley de eugenesia como pertenecientes a la raza y los estándares superiores.

Fíjate en lo abierta que era Sanger sobre la eugenesia y su utilidad, y compara sus palabras con las de aquellos que intentaron defenderla. *La Biblioteca Nacional de Medicina* publicó un artículo en 1985 defendiendo a Sanger de las acusaciones de eugenesia.

> Las acusaciones de que los motivos de Sanger para promover el control de la natalidad eran eugenésicos no tienen fundamento. En parte de su obra más importante, «Pivot of Civilization», se dejó claro el desacuerdo de Sanger con la eugenesia. Al examinar extractos de sus libros, la autora refuta la noción de que Sanger era una eugenista. Otro

---

7. *Ibidem*.

argumento infundado planteado por el grupo contra Sanger fue que ella, en su posición como editora de «Birth Control Review», publicó los puntos de vista de los eugenistas. Sería más exacto decir que el examen abarcó una amplia gama de opiniones e investigaciones; los puntos de vista eugenistas fueron incluidos porque conferían respetabilidad.[8]

Es realmente asombroso leer este artículo de 1985, ya que está en desacuerdo con los propios argumentos de Sanger en su ensayo. Sin embargo, ¿era Margaret Sanger explícitamente racista? Por cierto, Sanger habló en la organización auxiliar femenina del racista Ku Klux Klan en 1926. Ese hecho se corrobora en su autobiografía *Margaret Sanger: An Autobiography* en 1938. Dicho esto, la imagen en línea que la gente usa de ella de pie sobre una mesa de plataforma elevada mientras habla con un grupo de miembros del Klan es un engaño. No sé si podemos decir hoy que ella era explícitamente racista en cuanto a hacer declaraciones explícitas contra una creciente población negra, pero sus ideas de una mejor raza humana a través del control de la natalidad eran inherentemente racistas.

Hoy en día, el hecho de que Planned Parenthood ofrezca anticonceptivos no es motivo de mucha preocupación para muchos. Es el hecho de que una vez que se legalizó el aborto en Nueva York (1970) y especialmente desde que la decisión de Roe vs. Wade fue tomada por la Corte Suprema en 1973, Planned Parenthood comenzó a ofrecer abortos.

El National Right to Life Committee [Comité Nacional por el Derecho a la Vida] informa que desde 1973 hasta 2019 han sido abortados legalmente más de 63.459.781 niños en los Estados Unidos. Eso es diez veces más que todos los judíos que fueron asesinados en la Alemania nazi durante la Segunda Guerra Mundial. Además, a partir del 20 de diciembre de 2024, nueve estados de Estados Unidos permiten el aborto hasta el momento del nacimiento. Y entre los abortos realizados, Planned Parenthood contribuye más que cualquier otra organización. Finalmente, la pregunta no es si Margaret Sanger era racista, sino si la eugenesia detrás de ciertos controles de población está en línea con la voluntad de Dios para la sociedad. Muchos responden a favor del aborto citando beneficios económicos y similares por menos niños en

---

8. C. Valenza, «Was Margaret Sanger a racist?», Fam Plann Perspect, enero-febrero de 1985. PMID: 3884362. *Biblioteca Nacional de Medicina*, https://pubmed.ncbi.nlm.nih.gov/3884362/, consultado el 23 de enero de 2025.

hogares pobres, pero eso es igual a justificar cualquier tipo de genocidio por los beneficios que se le otorga a un determinado grupo mediante el exterminio de una tribu o grupo étnico. ¿Es el asesinato masivo de niños en el vientre materno un medio legítimo para que vivamos con más riqueza material y vanidad? Bueno, ¡la respuesta es un rotundo «no»!

## SIETE PRINCIPIOS PARA RESPONDER AL ABORTO

Hay muchos recursos excelentes publicados en libros y sitios web para entender el debate sobre el aborto, y este libro no es uno de ellos. La eugenesia y el aborto se introducen aquí simplemente con el fin de preparar el escenario para discutir la revolución sexual y la segunda ola del feminismo que estalló en la década de 1960 en la mayor parte de occidente. Dicho esto, permítanme ofrecer siete sugerencias o principios a tener en cuenta mientras seguimos viviendo en un mundo que aborta a millones de sus seres más vulnerables.

En primer lugar, debemos reconocer el valor intrínseco de la vida y dejar de coquetear con las suposiciones naturalistas de los orígenes humanos. Dios hizo al hombre y a la mujer a su imagen y semejanza. La vida no adquiere valor por lo que un niño puede aportar a una familia y/o a la sociedad. La vida es preciosa por la imagen que llevamos. Incluso algunos argumentos «proelección» tienen una evaluación naturalista del valor de la vida incrustada en ellos. ¿Alguna vez has oído hablar del argumento para no abortar a los niños con síndrome de Down? Una versión parafraseada de un argumento popular dice algo así como: «¡Un niño con síndrome de Down puede traer mucha alegría a una familia y al mundo!». Este argumento, aunque aparentemente inocente y bueno, es extremadamente naturalista y antibíblico. Es cierto que un niño con síndrome de Down puede aportar mucha felicidad, ¡y lo hacen! Dicho esto, el valor de la vida de un niño no depende de cómo nos haga sentir. Su valor es inherente como portador de la imagen de Dios. El valor de una vida pertenece a una categoría diametralmente opuesta a la de los beneficios sociales potenciales.

En segundo lugar, hay demasiada ambigüedad entre los que se oponen y apoyan el aborto con respecto a cuándo comienza la vida. Algunos creen que la vida comienza en el momento de la fecundación.[9]

---

9. Nótese el término «fecundación» en lugar de «concepción». Esto se debe a que algunas personas hablan de la «concepción» como el momento en el que un óvulo fertilizado (un bebé, en otras palabras) se ha unido al útero de la madre.

Otros creen que comienza una vez que el óvulo fertilizado se ha adherido a la pared del útero. Otros piensan que la vida comienza una vez que el corazón del bebé comienza a latir (alrededor de cinco a seis semanas después de la fertilización). Y otros consideran que la vida comienza al nacer. Lo creas o no, algunos más recientemente argumentan que la vida no comienza hasta que un niño tiene doce meses de nacido, pero son la excepción y no la regla. La posición segura y prudente que debemos tomar es que la vida comienza en el momento de la fertilización. Esto se debe a que, a partir de ese momento, no se agregará nueva información genética. El niño vivirá, crecerá y algún día morirá con la misma información genética que tiene en el momento de la fertilización. Cualquier otra opinión no será más que una suposición ambigua. Las Escrituras afirman que Dios nos hizo en el vientre de nuestra madre (Salmo 139:13-14). Hacer una apuesta basándonos en una suposición ambigua de cuándo Dios nos ve como humanos en cualquier momento después de la fertilización es un juego de adivinanzas peligroso y, en mi opinión, muestra una falta de temor a Dios y lo que Él dice sobre el asesinato.

En tercer lugar, las Escrituras no llaman a los bebés no nacidos con términos como «feto», sino que se refieren a ellos como bebés. Observe de qué forma la Biblia se refiere a Juan el Bautista mientras estaba en el vientre materno y luego, poco después, se refiere al niño Jesús después del nacimiento.

*Y aconteció que cuando oyó Elisabet la salutación de María, la* **criatura** *saltó en su vientre; y Elisabet fue llena del Espíritu Santo.*
—LUCAS 1:41, ÉNFASIS AÑADIDO

*Esto os servirá de señal: Hallaréis al* **niño** *envuelto en pañales, acostado en un pesebre.*
—LUCAS 2:12, ÉNFASIS AÑADIDO

El término griego usado en ambos casos es el mismo: βρέφος (transliteración, *brefos*), que significa «bebé» o «infante».[10] Nuestro Creador llama a un bebé no nacido con el mismo término que usa para un bebé

---

10. Bill Mounce, destacado erudito griego del Nuevo Testamento, https://www-billmounce-com.translate.goog/greek-dictionary/brephos?_x_tr_sl=en&_x_tr_tl=es&_x_tr_hl=es&_x_tr_pto=tc, consultado el 23 de enero de 2025.

que nació, y eso debería resolver el asunto para nosotros. Sin embargo, tristemente, no faltan supuestos eruditos que ofrecen diferentes explicaciones de cómo Dios ve a los bebés no nacidos, señalando otras secciones de las Escrituras y ofreciendo una interpretación despectiva de un texto. Y eso nos lleva a nuestro cuarto punto.

En cuarto lugar, hay que entender y responder a los argumentos que se oponen a la santidad de la vida. Esto no es para que podamos tener la ventaja en un debate en las redes sociales, sino para explicarles a nuestros hijos e iglesias de modo que no se dejen llevar por el bombardeo de argumentos que escuchan o incluso fabrican ciertas personas.

> *Si algunos riñeren, e hirieren a mujer embarazada, y esta abortare, pero sin haber muerte, serán penados conforme a lo que les impusiere el marido de la mujer y juzgaren los jueces. Mas si hubiere muerte, entonces pagarás vida por vida, ojo por ojo, diente por diente, mano por mano, pie por pie, quemadura por quemadura, herida por herida, golpe por golpe.*
> —ÉXODO 21:22-25

Algunas traducciones, como la NVI, dicen en el versículo 22 que si una mujer embarazada es golpeada y tiene un aborto espontáneo, el castigo es solo una multa. Si se lee el texto con ese entendimiento, parece decir que si un bebé por nacer muere debido a que dos hombres pelearon y lastimaron a una mujer, hay un castigo que pagar, pero si la madre muere, es una vida por una vida. Por ejemplo, Katha Pollitt escribió un artículo para la revista *Time* titulado «6 mitos sobre el aborto», el cual se publicó en 2014, y aparentemente se considera una gran exégeta de Éxodo 21:22-25.

Los opositores contemporáneos al aborto interpretan este pasaje como una distinción entre causar un parto prematuro (multa) y causar un aborto espontáneo (pena de muerte), que es de hecho lo que sugieren la mayoría de las traducciones modernas. Desafortunadamente para los opositores al aborto, al menos mil años de erudición rabínica dicen que la multa es por causar un aborto espontáneo y la pena de muerte es por causar la muerte de la *mujer embarazada*. Si los exégetas antiaborto están encontrando en este pasaje bastante oscuro evidencia de una prohibición bíblica absoluta del aborto, tiene que preguntarse por qué nadie lo leyó de esa manera antes.[11]

Desafortunadamente para Katha y muchos otros que exponen argumentos improvisados para tergiversar la Palabra de Dios, ella está basando su entendimiento en una traducción al inglés. Consideremos una traducción literal del hebreo ofrecida por John Piper:

> Y cuando unos hombres se peleen y golpeen a una mujer embarazada ('ishah haráh) y a sus hijos (yeladeyha) en su camino (weyatse'u), y no haya habido ningún daño, se le impondrá la multa que le imponga el marido de la mujer; y la multa la fijarán los jueces. Pero si hay herida, darás vida por vida, ojo por ojo, diente por diente, mano por mano, pie por pie, quemadura por quemadura, herida por herida, azote por azote.[12]

Piper luego ofrece los siguientes cinco argumentos en contra de un uso tan sesgado de las Escrituras para promover el aborto.

1. Hay un verbo hebreo para abortar o perder por aborto o ser privado del fruto del vientre, a saber, *shakal*. Se usa cerca, en Éxodo 23:26: «No habrá mujer que aborte (*meshakelah*), ni estéril en tu tierra». Pero esta NO es la palabra que se usa aquí en Éxodo 21:22-25.

2. Más bien, la palabra para nacimiento aquí es «salir» (*ytsa'*). «Y si sus hijos salen...». Este verbo nunca se refiere a un aborto espontáneo o aborto inducido. Cuando se refiere a un nacimiento, se refiere a niños vivos que «salen» o «nacen» del vientre materno. Por ejemplo, Génesis 25:25, «Y salió (*wyetse'*) el primero rubio, y era todo velludo como una pelliza; y llamaron su nombre Esaú». (Véanse también los versículos 26 y Génesis 38:28-30). Por lo tanto, no se usa la palabra para aborto espontáneo, sino que se emplea un término que en otros lugares no significa aborto espontáneo, sino nacimiento vivo común.

3. Hay palabras en el Antiguo Testamento que designan el embrión

---

11. Katha Pollitt, «6 Myths About Abortion», *Time*, publicado el 13 de noviembre de 2014, https://time.com/3582434/6-abortion-myths/, consultado el 23 de enero de 2025.
12. John Piper, «The Misuse of Exodus 31:22-25 by Pro-Choice Advocates», *Desiring God*, publicado el 8 de febrero de 1989, https://www.desiringgod.org/articles/the-misuse-of-exodus-21-22-25-by-pro-choice-advocates, consultado el 23 de enero de 2025.

(*golem*, Salmo 139:16) o al nacido prematuro que muere (*nefel*, Job 3:16; Salmo 58:8; Eclesiastés 6:3). Pero estas palabras no se usan aquí.

4. Más bien, en Éxodo 21:22 se usa una palabra ordinaria para niños (*yeladeyha*). Regularmente, esta se refiere a los niños que nacen y nunca a uno que sufre un aborto espontáneo. «Yeled solo denota un niño, como un ser humano completamente desarrollado, y no el fruto del vientre antes de que haya asumido una forma humana» (Keil y Delitzsch, *Pentateuco*, vol. 2, p. 135).

5. El versículo 22 dice: «y ella aborta sin haber daño...». No dice: «y ella aborta, sin haber *otro* daño...» (NBLA, edición de 2005). La palabra «otro» *no está* en el texto original.[13]

En resumen, el término hebreo para aborto espontáneo no está presente en Éxodo 21:22-25, pero sí lo está en otros textos cuando se habla de la pérdida de un hijo durante el embarazo. La palabra que se utiliza en nuestro texto es la misma que se emplea en otros textos para describir el proceso de dar a luz. Por lo tanto, el pasaje indica que si dos hombres se pelean y golpean a una mujer embarazada, si sus acciones provocan que ella entre en labor de parto, y si el bebé no muere por el desafortunado evento, se impondrá una multa a los hombres. Pero si el bebé muere, el caso será tratado como cualquier otro asesinato según la ley dada por Moisés. De modo que Éxodo 21:22-25 es otro texto bíblico que muestra cómo Dios ve la vida en el vientre materno dentro de la categoría de vida fuera del vientre.

> *La religión pura y sin mácula delante de Dios el Padre es esta: Visitar a los huérfanos y a las viudas en sus tribulaciones, y guardarse sin mancha del mundo.*
>
> —SANTIAGO 1:27

En quinto lugar, debemos comprometernos en la iglesia y la sociedad a apoyar a las madres y padres solteros. Criar a los hijos con ambos padres en el hogar es un desafío y un compromiso suficientes, pero criarlos en un hogar monoparental puede ser sencillamente abrumador. La respuesta de una iglesia al debate sobre el aborto debería estar respaldada por un grupo de apoyo con recursos igualmente suficientes

---

13. *Ibidem*.

para los padres solteros en nuestras iglesias y nuestra sociedad. Los padres solteros necesitan ayuda a fin de proveer para sus hijos, consejos para ellos mismos y sus hijos, y momentos en los que puedan descansar y ser restaurados en el proceso de crianza de sus hijos (Mateo 25:31-46).

En sexto lugar, debemos participar en la defensa de la vida de los bebés. La Biblia advierte contra las posturas pasivas ante la matanza de los débiles.

*Abre tu boca por el mudo en el juicio de todos los desvalidos. Abre tu boca, juzga con justicia, y defiende la causa del pobre y del menesteroso.*

—PROVERBIOS 31:8-9

*¿Hasta cuándo juzgaréis injustamente, y aceptaréis las personas de los impíos? Selah*
*Defended al débil y al huérfano; haced justicia al afligido y al menesteroso.*
*Librad al afligido y al necesitado; libradlo de mano de los impíos.*

—SALMO 82:2-4

*Libra a los que son llevados a la muerte; salva a los que están en peligro de muerte. Porque si dijeres: Ciertamente no lo supimos, ¿acaso no lo entenderá el que pesa los corazones? El que mira por tu alma, él lo conocerá, y dará al hombre según sus obras.*

—PROVERBIOS 24:11-12

No podremos decir que no era nuestra responsabilidad involucrarnos. No podremos decir que no sabíamos. El que pesa nuestros corazones sabe y debemos actuar. Hay muchas maneras de involucrarse. Hay grupos hoy que se involucran en la legislación y otros predican fuera de las clínicas de aborto. Hay muchas cosas que se pueden hacer y que han tenido un impacto hasta ahora, como la revocación de Roe vs. Wade en el año 2022 en los Estados Unidos. Otros educan sobre lo que sucede dentro del útero, y otros incluso tienen ministerios que les permiten a las madres que están considerando abortar escuchar los latidos del corazón de su bebé y recibir una ecografía gratuita. Algunos de esos mismos ministerios ofrecen ayuda a la madre para su embarazo si ella decide no abortar. Hay familias que adoptan niños. Todos podemos hacer algo. Todos debemos hacer algo. Por supuesto, en el clima político actual, molestarás a algunos miembros de la familia, pero recuerda que la vida de un niño vale más que lo que los demás piensan de ti.

Y por último, en séptimo lugar, debemos mostrar misericordia y gracia hacia las madres que han abortado a sus hijos. El evangelio es un mensaje de reconciliación con Dios a través de Jesús. Nuestros esfuerzos deben ser preventivos, pero para aquellas que han pasado por un aborto, tenemos un mensaje de perdón y restauración en Jesucristo.

## CONCLUSIÓN

Muchos de los que apoyan el aborto dicen que los bebés que están en el útero son un montón de tejido. Bueno, si reducimos la vida a ese tipo de palabrería, ¿no somos todos un montón de tejido? Nuestros cuerpos están compuestos en un sesenta por ciento de agua. ¿Deberíamos entonces deducir que los seres humanos son sacos de agua y nada más? Esta visión reduccionista de la realidad se utiliza en la propaganda para enmascarar el asesinato que realmente está ocurriendo. Dios llama a las cosas por lo que son y nosotros también deberíamos hacerlo. No importa cuán impopular pueda llegar a ser la verdad, la verdad sigue siendo la verdad. El debate sobre el aborto alimenta las ideologías posmodernas porque comparte la misma falta de apreciación de lo que significa ser humano, y nuestro lugar está en el propósito de Dios para nosotros.

Ahora estamos listos para analizar la revolución sexual. En el próximo capítulo, haremos una parada rápida en Francia y visitaremos a dos tortolitos, Jean-Paul Sartre y Simone de Beauvoir. Al entrar en su mundo de existencialismo naturalista como una nueva forma de entender la vida, la identidad y el propósito, comenzará a surgir una imagen de la revolución sexual que se centra más en la identidad y un enfoque marxista antibinario de la vida que en el acto sexual.

CAPÍTULO 14

# LA REVOLUCIÓN SEXUAL (1960 - PRESENTE)

**INTRODUCCIÓN**

La revolución sexual tomó al mundo por sorpresa en la década de 1960 y ha demostrado su promesa de persistencia en el siglo XXI. Casi todo el mundo ha sentido su impacto de una forma u otra. Mirando hacia atrás a los capítulos anteriores, hasta ahora hemos visto, en oposición a lo que la Biblia enseña sobre la humanidad, el abuso de autoridad (*ethos*) en las monarquías medievales y la iglesia romanística. Luego, vimos el auge del racionalismo (*logos*) en la Ilustración europea y la contribución de Immanuel Kant que condujo al pensamiento dualista entre el *logos* y el *pathos*. La búsqueda de la identidad última en la experiencia subjetiva y los sentimientos (*pathos*) se desarrollaría en el Romanticismo. Visitamos el siglo XIX para ver la revolución hegeliana en la epistemología (cómo sabemos lo que sabemos) y en la dialéctica de la lógica (tesis, antítesis y síntesis). Discutimos brevemente cómo su crítico, Karl Marx, ofreció una explicación diferente en la que la comprensión del hombre es contingente del sistema, en este caso, el sistema socioeconómico. Marx enseñó que la situación económica de la sociedad (física) producía una ideología (metafísica) en la que el proletariado oprimido tenía miedo de que las autoridades (especialmente de Dios) se defendieran y estaba psicológicamente preparado para la pasividad o la aquiescencia. Luego mencionamos la caída del racionalismo (*logos*) en la Primera Guerra Mundial, y cómo el Romanticismo (*pathos*) allanó el camino para el relativismo hegeliano en la mente de la sociedad occidental del siglo XX.

Observamos cómo la Escuela de Frankfurt cambió la epistemología de un positivismo lógico a un relativismo, y de una ética naturalista y determinista a una ética freudiana «antiautoridad». Entendimos cómo Sigmund Freud, el padre de la psicología moderna, redujo el propósito constructivo humano a la *libido*, o el deseo sexual, y todos los actos destructivos como *tánatos*, o una perversión del deseo sexual. Aprendimos sobre Antonio Gramsci y la hegemonía, sugiriendo que lo que beneficia a los que están en el poder se imprimió en sus respectivas sociedades como una ética objetiva, adoctrinando así a la población con cadenas psicológicas para preservar el sistema actual. También vimos cómo tales pensamientos y objetivos sociales dependían de la comprensión del hombre de lo que significa ser humano. Por lo tanto, la versión materialista de la historia humana de Darwin concluyó que la humanidad surgió de criaturas simiescas a través de procesos aleatorios de supervivencia del más apto y, por ende, el propósito en un sentido individual se limita a transmitir los genes de uno a la siguiente generación. Estas ideas impulsaron a los eugenistas, como Francis Galton (primo de Darwin), a considerar el propósito en un nivel macro, en el que la transmisión de genes a una nueva generación debería fomentarse para aquellos que tienen genes superiores y desalentarse para aquellos que tienen genes inferiores.

Una vez que el valor y la dignidad humanos ya no se consideran inherentes a su esencia (en otras palabras, una vez que negamos que el hombre fue creado a imagen y semejanza de Dios y vive para la gloria de Dios, encontrando satisfacción en ella), la unidad familiar que cumple con sus funciones se vuelve anticuada y una vil ocurrencia de último momento de las autoridades del pasado. Cada persona, entonces, quedaría libre para buscar independientemente su propia satisfacción dentro de los confines del hiperindividualismo. Bajo la nueva bandera de la sociedad despiadada, los roles de género bíblicos se convierten en el enemigo y la maternidad dedicada y la crianza desde dentro del hogar serían cosa del pasado, o al menos así lo describieron los arquitectos del feminismo de la primera ola. Consideramos cómo las ideas eugenésicas de Margaret Sanger promovieron el control de la natalidad para restringir el tamaño de la población y liberar a la mujer de la «esclavitud» de la crianza de los hijos.[1] Observamos cómo Sanger se entretuvo con la idea del aborto forzado para los grupos menos aptos que no considerarían el control de la natalidad y cómo, finalmente, Planned Parenthood se convirtió en y sigue siendo el servicio de aborto más grande del mundo.

A pesar de que la sociedad se alejó mucho de una comprensión bíblica de la vida, todavía faltaba algo. Los que estaban en el poder, especialmente los políticos, eran demasiado pragmáticos y miopes para estas ideas revolucionarias. Los legisladores tienen un electorado y carreras que proteger. Permanecen en el poder manteniendo contentos a quienes los pusieron allí. Todavía faltaba una revolución unificada, que cambiara la hegemonía en todas las esferas de influencia. Una que desafiaría a las estructuras de autoridad para que no impusieran una ética aparentemente anticuada del sistema burgués a la próxima generación. Solo una revolución social con la ética antiautoridad de Freud podría desencadenar un movimiento con suficiente longevidad y alcance para llevar a la sociedad a la cima de lo que hoy se llama la ventana de Overton, y ese objetivo implica una nueva ética que se convierte en política en nuestros países.

## LA VENTANA DE OVERTON

La ventana de Overton lleva el nombre del politólogo Joseph Overton (1960-2003). Overton propuso que una idea dentro de una sociedad solo puede tener impacto político (para la política y la legislación) si cae dentro de un rango específico de lo que la sociedad considera aceptable. Mientras una idea no se haya aceptado, será demasiado radical para ser admitida en la legislación. Y para que la sociedad considere aceptable una nueva idea, especialmente una que antes era inaceptable, debe llegar allí mediante una serie de pasos calculados. En otras palabras, una sociedad no salta de un extremo a otro. Por lo tanto, un movimiento, en este caso una revolución social, fomentaría el peregrinaje de una idea de lo impensable a la política, paso a paso.

---

1. Lee los diversos artículos en *The Birth Control Review* de Sanger y nota el hilo común de desacreditar a la maternidad como un honor y un privilegio. https://babel.hathitrust.org/cgi/pt?id=hvd.hnp3k3&seq=7.

Cualquier idea que se proponga será vista como demasiado radical, como si perteneciera a un extremo u otro, si se convierte en un objetivo inmediato. Por lo tanto, una revolución social es beneficiosa al menos de dos maneras: desde el punto de vista teórico puede lograr relativamente rápido lo que solo se podría lograr durante un largo período de tiempo de forma natural, y además una revolución social puede controlar la narrativa en lugar de que sea interrumpida por otras ideas o poderes que no comparten su sentimiento. En una visión general y básica, consideremos la idea del «matrimonio gay» que ahora es parte de la política en muchos países de occidente. Los grupos de intereses especiales tuvieron que llevarla de una etapa a otra para llegar finalmente al punto en el que pudiera introducirse en la legislación sin ser una idea demasiado radical para nuestros cuerpos legislativos.

Aquellos que han vivido lo suficiente como para recordar series de televisión y películas de las décadas de 1980 y 1990, consideren la progresión de la normalización de la homosexualidad. En 1987, la película *Maniquí* retrató al actor Meshach Taylor como un diseñador de ropa gay. El hombre que representaba era ruidoso y cómico, lo que seguía el estereotipo de los hombres homosexuales de la época. La película fue producida en una época de la ventana de Overton donde la homosexualidad estaba cambiando de radical a aceptable. Sin embargo, con el tiempo, las películas y series dejaron de retratar a los hombres homosexuales como divertidos y tontos con una feminidad exagerada y comenzaron a darles papeles más serios. La estrategia de los grupos de interés especial fue impecable. La homosexualidad ganó cariño a través del efecto cómico, luego, una vez que la sociedad comenzó a reconsiderarla por medio de más películas y series que retrataban a hombres homosexuales que no son felices debido a las presiones familiares y sociales y la intolerancia, el cariño se convirtió en empatía. Solo después de que la sociedad llevara a la homosexualidad de la etapa de «aceptable» a la de «sensata», miró hacia atrás a sus predecesores con desdén por representar a los hombres homosexuales como cómicos. Con cada paso, la virtud de la sociedad señaló a las del paso anterior por ser estereotipadas, discriminatorias e insensibles. Y el ciclo se repite hasta que llegas al siglo XXI, donde lo más inmoral que alguien podría hacer hoy es no celebrar y aplaudir la homosexualidad.

Hace cien años, imaginar un mundo en el que las personas son multadas y amenazadas con el encarcelamiento por usar algunos textos de la Biblia que llaman pecado a cierto comportamiento sexual, con el fin de aconsejar a alguien para evitar tal conducta, habría sido impensable, ¡pero aquí estamos! Hace cien años, imaginar un mundo en el que no solo los niños pudieran ser mutilados quirúrgicamente y se les pudieran administrar hormonas siendo subsidiados con fondos federales, sino también en el que esto ocurriera sin el consentimiento de sus padres, habría sido impensable, ¡pero aquí estamos!

En 2023, estaba hablando en una zona de Argentina que dejaré sin nombrar y en la misma ciudad una clínica local repartía folletos que ofrecían la píldora abortiva del «día después», abortos quirúrgicos y hormonas de «cambio de sexo». En la parte inferior del folleto se leía: «Cualquier persona mayor de 13 años puede acceder a los servicios de salud sin necesidad de estar acompañada por un adulto».

Además incluían dos logotipos del gobierno, aludiendo al hecho de que el gobierno argentino estaba administrando estas clínicas o pagándoles a clínicas privadas por cada procedimiento. Tanto el asesinato en el útero como la mutilación de niños, que han sido apoyados por el gobierno, ofrecen carreras lucrativas para muchos profesionales de la medicina. Y si un niño o niña de catorce años quiere terapia hormonal, los padres no necesitan saberlo ni aprobarlo. Hace cien años, lo que describe nuestra realidad actual era demasiado radical incluso para las novelas de ciencia ficción.

Sin embargo, una que estuvo cerca fue la utopía convertida en distopía de Aldous Huxley, *Un mundo feliz* (1932). La novela de ciencia ficción comienza con unos jóvenes adultos que dan un recorrido por el edificio de una fábrica en la que los niños son producidos y adoctrinados como consumidores. Los bebés, una vez que comienzan a gatear, se colocan en el suelo sobre una lona de algún tipo y, si se arrastran hacia una flor o un libro, están expuestos a una sacudida de electricidad suficiente para lastimarlos y asustarlos. La idea era que crecieran y no encontraran placer en aprender y apreciar la estética en la naturaleza, ya que no se ha demostrado que estas cosas promuevan el comercio y por lo tanto produzcan capital. Mientras son niños pequeños, se les enseña a jugar juegos sexuales entre ellos, y cuando uno no está interesado en seguir el juego, el niño es llevado a una evaluación psicológica. La idea de que un hombre y una mujer se casen, tengan hijos y los críen se ridiculiza, y en las vacaciones se llevan a zonas indígenas que son tratadas como zoológicos de la anticuada historia humana, donde los espectadores se quedan boquiabiertos ante las madres que crían a sus propios hijos.

En 1949, George Orwell publicó *1984*, su novela de ciencia ficción distópica, donde la sociedad está controlada por un régimen comunista de tipo totalitario que incluye nuevos términos que pueden usarse y delitos de pensamiento que suelen castigarse con la ejecución. Cada hogar y negocio está amueblado con pantallas de televisión que monitorean las acciones, el habla y las expresiones faciales de una persona.

Fíjate en los paralelismos. Ambas novelas de ciencia ficción resultaron no ser ni científicas ni de ficción, sino proféticas de occidente (el estado asumiendo la autoridad de la familia, promoviendo la autonomía sexual y utilizando el potencial del capital como lente para la ética) y de oriente (el estado asumiendo la autoridad del individuo, la familia y la iglesia), que persigue a aquellos que no consiente. Y en el siglo XXI, el occidente, aunque se parece a *Un mundo feliz* de Huxley, está empezando a adoptar un régimen como el de *1984* para censurar, cancelar y perseguir a aquellos que se niegan a entregarse a sí mismos, a sus familias y a las iglesias al libertinaje «progresista».

¿Cómo pasamos de lo «impensable» a la «política» en la ventana de Overton? Carl Trueman, en su reveladora obra *The Rise and Triumph of the Modern Self* [El origen y el triunfo del ego moderno], ofrece una visión general.

> El surgimiento de la revolución sexual se basaba en cambios fundamentales en la forma en que se entiende el yo. El yo primero debe ser psicologizado; la psicología debe entonces ser sexualizada; y hay que politizar el sexo. El primer movimiento es ejemplificado por Rousseau y sus herederos románticos. El segundo es el logro de Sigmund Freud. Es de suma importancia para la era moderna su desarrollo tanto de una teoría de la sexualidad que coloca el deseo sexual en el núcleo mismo de quién y qué son los seres humanos desde la infancia, como de las teorías de la religión y la civilización que conectan con esa teoría, y lo hace a través del lenguaje científico del psicoanálisis, un lenguaje que hace que sus teorías, al igual que las de Darwin, sean inherentemente plausibles en un imaginario social moderno en el que la ciencia tiene autoridad intuitiva. Y el resultado es que, antes de Freud, el sexo era una actividad para la procreación o para la recreación; después de Freud, el sexo define lo que somos, como individuos, como sociedades y como especie.[2]

Fíjate en el proceso: primero, un cambio en cómo nos definimos a nosotros mismos. En lugar de ser portadores de la imagen de la voluntad de nuestro Creador, la identidad humana se reduce a seres psicológicos o sensibles. En otras palabras, los sentimientos y experiencias subjetivas definen quiénes somos. El romanticismo abrió la puerta a la epistemología hegeliana que dio el primer paso. A continuación, se sexualizó la psicología. En otras palabras, nuestros sentimientos y experiencias debían reducirse a deseos sexuales básicos y la psicología freudiana nos llevó a ese punto. La identidad es subjetiva y todo lo que es subjetivo es impulsado por los deseos sexuales. Por lo tanto,

---

2. Carl R. Trueman, *The Rise and Triumph of the Modern Self* (Wheaton, IL: Crossway, 2020), p. 221. Existe una versión en español con el título *El origen y el triunfo del ego moderno* (B&H Español, 2022).

nuestra identidad como humanos se reduce a seres sexuales que sienten, ven, piensan, interpretan, sueñan, quieren, se mueven, actúan y reaccionan según los deseos sexuales. Nuestros deseos sexuales son, por lo tanto, sinónimos de nuestras identidades. Por último, el sexo se politiza, pero solo una vez que la identidad basada en el deseo sexual llega a la ventana de Overton al ser movida a través del espectro de lo impensable a lo radical, de lo radical a lo aceptable, de lo aceptable a lo sensato, de lo sensato a lo popular y, más recientemente, de lo popular a la política.

Aunque la teoría freudiana no ha conservado gran parte de su brillo en el pensamiento popular, las ideas de Freud sobre la sexualidad siguen siendo el supuesto subyacente de la revolución sexual.

> No importa que el estatus estrictamente científico de las teorías de Freud esté ahora metodológica y materialmente desacreditado. La noción central —que los seres humanos son en esencia sexuales y que eso moldea nuestro pensamiento y nuestro comportamiento de maneras profundas, a menudo inconscientes— es ahora una parte básica del imaginario social moderno.[3]

Hoy en día, es común escuchar a alguien decir: «Soy lesbiana». El verbo *ser*, usado en este sentido, es un verbo ontológico, para describir esencia o identidad. Soy un humano, pero mi mascota es un perro. Del mismo modo, un hombre puede decir que es gay como un calificativo de identidad, y en el transgenerismo las personas se identifican con el sexo o género de su elección. En resumen, los *deseos e impulsos sexuales subjetivos* de una persona y/o el género con el que *subjetivamente* desea identificarse se han convertido en los indicadores de la *identidad objetiva* y esencial. Y una vez que los sentimientos subjetivos y la lente de identidad basada en la experiencia son socialmente populares, no pasa mucho tiempo antes de que un grupo de interés especial pueda presionar por una legislación que proteja su realidad subjetiva y, a su vez, persiga a cualquiera que se atreva a oponerse a ella. Pensemos, por ejemplo, en lo que hoy se denomina «discurso de odio». Si no llamo a alguien por sus pronombres preferidos, podría herir sus sentimientos. Y dado que sus sentimientos subjetivos se han convertido ahora en su

---

3. *Ibidem.*

lente de identidad —y por lo tanto, se reconocen políticamente como una verdad objetiva— mi insistencia en no comprar el lenguaje controlado en muchos países hoy en día se trata como una amenaza potencial a su fuente de significado y sentimientos.

Basta con pensar en cómo las generaciones más jóvenes suelen responder algo así como «los tiempos han cambiado». El paso cronológico de los momentos no cambia nada en sí mismo. Lo que realmente quieren decir es que hemos pasado una cierta etapa de aceptación social y ahora estamos en una nueva, asumiendo todo el tiempo que cualquier cosa que haya sucedido en el pasado debe ser inferior a lo que hemos logrado hoy.

Consideremos algunos de los pasos dados en el siglo pasado para llevarnos del punto «impensable» al punto «político» de la ventana de Overton. Nuestra primera parada será una visita a Francia para conocer a Jean-Paul Sartre.

## HUMANISMO EXISTENCIAL

Jean-Paul Sartre (1905-1980) fue un filósofo y marxista francés que pasó su vida en prisión durante la Segunda Guerra Mundial. Era un activista político y se le consideraba una autoridad en el ámbito académico. Aunque simpatizaba con el comunismo, también criticó algunas de las predicciones de Marx sobre la revolución proletaria y nunca se unió al partido comunista. En lo que concierne a nuestro tema actual, Sartre es conocido principalmente por su existencialismo ateo, que no debe confundirse con la versión «cristiana» del existencialismo, atribuida principalmente a Søren Aabye Kierkegaard (1813-1855). La versión de Sartre era atea, aunque no materialista. Él explica en una conferencia convertida en ensayo, «Existencialismo es un humanismo»:

> La cuestión solo se complica porque hay dos tipos de existencialistas. Están, por una parte, los cristianos, entre los cuales nombraré a Jaspers y Gabriel Marcel, ambos católicos profesos; y por el otro, los ateos existenciales, entre los que hay que situar a Heidegger, así como a los existencialistas franceses y a mí mismo. Lo que tienen en común es simplemente el hecho de que creen que la existencia viene antes que la esencia o, si se quiere, que debemos comenzar desde lo subjetivo.[4]

---

4. Jean-Paul Sartre, «Existentialism is a Humanism», 1946, p. 3.

El existencialismo ateo, en esencia, es la idea de que la existencia precede a la esencia. En otras palabras, no hay una naturaleza humana universal, no hay un modelo por el cual encontremos propósito, identidad y significado. En términos bíblicos, Sartre negó que fuéramos hechos a imagen de Dios y, por lo tanto, niega que encontremos nuestra identidad, o esencia, para saber cómo vivir nuestra existencia en base a quién es Dios y quiénes somos en Él, como se revela en su Palabra. Sartre negaba enfáticamente la existencia de Dios y enseñaba que solo nos estamos haciendo hombres. Por consiguiente, no hay bien o mal y no hay autoridades legítimas, ya sea Dios, los padres, los maestros o las escuelas, que puedan decirnos quiénes somos y cuál es nuestro propósito en la vida. Comenzamos con nuestras experiencias subjetivas y tomamos decisiones que no solo nos afectan a nosotros, sino a la humanidad en su conjunto, todo en el proceso de convertirse en humanos.

Sartre contrasta su existencialismo ateo con el existencialismo materialista. Anteriormente vimos la comprensión naturalista de que el universo es un sistema cerrado sin ninguna mano trascendental que lo sustituya y que actúe en él. En otras palabras, todos somos como engranajes en un reloj que se mueven porque hemos sido movidos y nuestro movimiento da como resultado que otros sean movidos. La filosofía resultante del naturalismo fue el determinismo, es decir, que no tenemos creatividad, voluntad, moralidad ni decisiones y acciones libres. Sartre rechazó de plano esta idea.

> Todas las clases de materialismo llevan a tratar a cada hombre, incluyéndose a sí mismo, como un objeto, es decir, como un conjunto de reacciones predeterminadas, que no difieren en nada de los patrones de cualidades y fenómenos que constituyen una mesa, una silla o una piedra. Nuestro objetivo es precisamente establecer el reino humano como un patrón de valores en distinción del mundo material.[5]

Así Sartre, al igual que Kant,[6] insistía en un mundo materialista, pero no podía aceptar la conclusión lógica del materialismo de que el hombre

---

5. *Ibidem*, p. 20.
6. Sartre distancia sus pensamientos sobre la naturaleza humana de los de Kant, aunque se pueden ver paralelismos en el rechazo de Kant, en cierto modo, del determinismo que dio lugar a lo que se conoce como dualismo kantiano.

no tendría que ser más que una entidad determinista y mecanicista en su interior. Sartre también criticó una forma de humanismo (el hombre es el fin principal de todo) y propuso una nueva forma en la que el fin principal de todo es el desarrollo de lo que significa ser hombre. Con esta comprensión de su cosmovisión, Sartre compara lo que llama ser lo que los cristianos creen (la esencia precede a la existencia) con su humanismo existencial (la existencia precede a la esencia). Un lector atento, en este momento, puede comenzar a conectar los puntos entre el tipo de pensamiento de Sartre con lo que se propone en muchas ideologías posmodernas en la actualidad.

En primer lugar, consideremos la creencia de que «la esencia precede a la existencia», propia del cristianismo. En *la mímesis* (diseñado con un propósito) el marco *de lo que somos* es inherente, y por lo tanto establece *cómo debemos* vivir (es decir, los seres humanos están hechos a imagen de Dios, por lo tanto, «sed santos, porque yo soy santo» [Levítico 11:44-45; 1 Pedro 1:16]). Sartre examina este tipo de pensamiento y responde:

> Cuando pensamos en Dios como creador, estamos pensando en Él, la mayoría de las veces, como un artesano supremo [...] de modo que cuando Dios crea, sabe exactamente lo que está creando. Así, la concepción del hombre en la mente de Dios es comparable a la de un cortapapeles en la mente del artesano: Dios hace al hombre según un procedimiento y una concepción, exactamente como el artesano fabrica un cortapapeles, siguiendo una definición y una fórmula. De este modo, cada hombre individual es la realización de una cierta concepción que habita en el entendimiento divino. En el ateísmo filosófico del siglo XVIII se suprime la noción de Dios, pero no por ello la idea de que la esencia es anterior a la existencia; algo de esa idea todavía lo encontramos en todas partes, en Diderot, en Voltaire e incluso en Kant. El hombre posee una naturaleza humana; esa «naturaleza humana», que es la concepción del ser humano, se encuentra en cada hombre; lo que significa que cada hombre es un ejemplo particular de una concepción universal, la concepción del Hombre. En Kant, esta universalidad llega hasta el punto de que el hombre salvaje de los bosques, el hombre en estado de naturaleza y el burgués están todos contenidos en la misma definición y tienen las mismas cualidades fundamentales. También

en este caso, la esencia del hombre precede a la existencia histórica a la que nos enfrentamos en la experiencia.[7]

Nótese cómo Sartre denuncia la suposición tanto de los cristianos como de los materialistas de que existe una naturaleza humana universal. En otras palabras, según Sartre, si se le preguntara en un examen: «¿Qué es un ser humano?», la respuesta correcta sería: «Algo aún no definible por lo que nos estamos esforzando». Por lo tanto, Sartre ofrece una visión opuesta de «la esencia precede a la existencia» en su argumento de que «la existencia precede a la esencia».

> El existencialismo ateo, del que soy representante, declara con mayor coherencia que si Dios no existe, hay al menos un ser cuya existencia es anterior a su esencia, un ser que existe antes de que pueda ser definido por cualquier concepción de Él. Ese ser es el hombre o, como dice Heidegger, la realidad humana. ¿Qué queremos decir cuando decimos que la existencia precede a la esencia? Queremos decir que el hombre primero existe, se encuentra consigo mismo, surge en el mundo y se define a sí mismo después. Si el hombre, tal como lo ve el existencialista, no es definible, es porque al principio no es nada. No será algo hasta más tarde, y entonces será lo que haga de sí mismo. Por lo tanto, no hay naturaleza humana, porque no hay Dios que tenga un concepto de ella. El hombre simplemente es. No es que sea simplemente lo que concibe ser, sino que es lo que quiere, y tal como se concibe a sí mismo después de ya existir, como quiere ser después de ese salto hacia la existencia. El hombre no es otra cosa que lo que hace de sí mismo. Ese es el primer principio del existencialismo.[8]

Por lo tanto, el hombre no nace hombre, sino que se hace hombre. Del mismo modo, una mujer no nace mujer, sino que se convierte en tal. ¿Te suena familiar? Esta última afirmación es familiar para muchos como el eslogan acuñado por Simone de Beauvoir y utilizado para promover la fluidez de género. La similitud en las frases no es una coincidencia. Sartre y Beauvoir se conocieron como estudiantes y posteriormente fueron colegas como profesores en liceos de Francia. Sartre y Beauvoir fueron más

---

7. Sartre, «Existentialism is a Humanism», p. 4.
8. *Ibidem*, pp. 4-5.

que colegas y continuaron una relación romántica, aunque abierta, durante aproximadamente cincuenta años. Aunque el padre de Beauvoir presionó a Sartre para que se casara con ella, ambos lo evitaron. En una entrevista para un artículo publicado en el *New York Times*, cuando se le preguntó sobre el matrimonio, Beauvoir no se preocupó por expresar sus pensamientos.

Fotografía de Jean-Paul Sartre (izquierda) y Simone de Beauvoir (derecha) en el Memorial Balzac.[9] Dominio público.

Creo que el matrimonio es una institución muy alienante, tanto para los hombres como para las mujeres. Creo que es una institución muy peligrosa, peligrosa para los hombres, que se encuentran atrapados, cargados con una esposa e hijos que mantener; peligroso para las mujeres, que no son económicamente independientes y terminan dependiendo de hombres que pueden echarlas cuando tienen cuarenta años; y muy peligroso para los niños, porque sus padres descargan todas sus frustraciones y odio mutuo contra ellos. Las mismas palabras «derechos conyugales» son terribles. Cualquier institución que suelde a una persona con otra, obligando a dormir juntas a personas que ya no quieren hacerlo, es mala.[10]

Tanto Sartre como Beauvoir eran existencialistas, aunque Beauvoir no se consideraba a sí misma una filósofa. Simone de Beauvoir (1908-1986) se ha convertido en sinónimo de la segunda ola del feminismo y de lo que muchos llaman hoy en día, fluidez de género e igualdad de género. Es más conocida por su libro *Le Deuxième Sexe* [El segundo sexo], publicado en 1949, donde Beauvoir corrobora el existencialismo de Sartre y despotrica contra los roles de género.

---

9. El autor de esta foto se desconoce. El titular de los derechos de autor es Archives Gallimard en París, que ya no existe. Fuente: Alice Schwarzer: Simone de Beauvoir (Reinbek, Rowohlt, 2007), ISBN: 978-3-498-06400-6, S. 68.

10. Caroline Moorehead, «A talk with Simone de Beauvoir», *New York Times*, 2 de junio de 1974, p. 258. https://www.nytimes.com/1974/06/02/archives/a-talk-with-simone-de-beauvoirr-marriage-is-an-alienating.html, consultado el 24 de enero de 2025.

La esclavitud de la mujer a la especie y las limitaciones de sus capacidades individuales son hechos de extrema importancia; el cuerpo de la mujer es uno de los elementos esenciales de la situación que enfrenta en este mundo. Pero su cuerpo no es suficiente para definirla como mujer; no hay verdadera realidad viviente excepto la que manifiesta el individuo consciente a través de las actividades y en el seno de una sociedad; la biología por sí sola no puede dar una respuesta a la pregunta que nos ocupa: ¿por qué la mujer es la Otra? Nuestra tarea es descubrir cómo se ha visto afectada la naturaleza de la mujer a lo largo del curso de la historia; nos interesa averiguar qué ha hecho la humanidad del ser humano.[11]

Continúa con este mismo argumento para concluir que «la naturaleza no define a la mujer: es ella quien se define a sí misma reclamando la naturaleza para sí en su afectividad».[12] Beauvoir repudia el impulso sexual tanto en hombres como en mujeres, y declaró que una mujer solo es libre después de la menopausia. Sorprendentemente, el legado de Beauvoir ha sobrevivido en su mayoría a pesar de las acusaciones de preparar a los estudiantes y entregarlos a Sartre antes de abusar sexualmente de ellos, según lo publicado por una de sus víctimas, Bianca Lamblin, en *Mémoires d'une jeune fille dérangée* [Memorias de una muchacha desquiciada]. Beauvoir, al ser bisexual, aparentemente tuvo varios romances con estudiantes femeninas, fue suspendida de su puesto de profesora en 1943 y más tarde su licencia de enseñanza fue revocada, aunque temporalmente.

Beauvoir y Sartre fueron figuras controvertidas fuera de su activismo, pero sus nombres de alguna manera han sobrevivido a la cultura de la cancelación del siglo XXI. Por ejemplo, ambos fueron firmantes de una petición al Parlamento francés para despenalizar la pedofilia, que se emitió después de un juicio que involucró a tres hombres que fueron encarcelados por «delitos sexuales no violentos contra niños de 12 y 13 años».[13] En junio de 2022, Rosa Valls-Carol y Lídia Puidgvert-Mallart de la Universidad de Barcelona, Ana Vidu de la Universidad de California, Berkeley, y Garazi López de Aguileta de la Universidad de

---

11. Simone de Beauvoir, *The Second Sex* (Vintage, 2011), p. 48. Existe una edición en español con el título *El segundo sexo* (Ediciones Cátedra, 2017).
12. *Ibidem*, p. 49.
13. Jon Henley, «Calls for Legal Child Sex Rebound on Luminaries of May 68», https://www.theguardian.com/world/2001/feb/24/jonhenley, consultado el 11 de diciembre de 2023.

Wisconsin-Madison escribieron un interesante artículo sobre la historia de Beauvoir con la pedofilia.

Otra autora conocida por haber defendido la despenalización de la pedofilia y que, a pesar de ello, sigue siendo considerada por algunas personas e instituciones como uno de los principales referentes del movimiento feminista es Simone de Beauvoir. En 1977 firmó, junto con otros autores, entre ellos Foucault, un manifiesto en el que defendía públicamente a tres hombres que habían sido condenados por abusar sexualmente de menores, alegando que no merecían tal condena dado que sus relaciones con los menores eran «consentidas». Antes de eso, también se sabía que en 1938 aprovechó su profesión de maestra para seducir a las alumnas (Seymour-Jones, 2008). En 1943, Beauvoir fue suspendida de la enseñanza después de ser acusada de abusar sexualmente de su estudiante de 17 años en 1939 (Rowley, 2005; Wikipedia). Otra cuestión que surgió sobre Simone de Beauvoir y que nadie les había contado a los entrevistados durante su formación en sus licenciaturas o másteres fue su colaboración con el gobierno de Vichy, que colaboraba con los nazis (Suleiman, 2010).[14]

Beauvoir y Sartre hicieron mucho hincapié en su premisa de que los seres humanos no pueden *no* ser libres. No existe una moralidad universal y, aunque nuestras acciones son parte del desarrollo de la humanidad, no debemos estar sujetos a códigos morales más allá de decidir qué acciones llevar a cabo para avanzar en nuestra búsqueda de la humanidad. ¡El que tiene oídos, que oiga! Hoy en día, la pedofilia ha comenzado su viaje a través del espectro de aceptabilidad social, y una vez que entre en la ventana de Overton, uno puede imaginar que Beauvoir y Sartre podrían, nuevamente, encontrar una audiencia para la búsqueda de la legitimidad de un movimiento.

Beauvoir, como muchas personas en la historia que dejan una gran huella, no vivió para ser testigo de su legado. Más tarde en su vida, Beauvoir descubrió que sus compromisos marxistas no eran la respuesta para

---

14. Rosa Valls-Carol, Lídia Puigvert-Mallart, Garazi López de Aguileta y Ana Vidu, «Presenting Beauvoir as a Feminist Neglecting her Defense and Accusations of Pedophilia», HSE – Social and Education History, vol. 11, n.2 junio de 2022 pp. 106-128, https://diposit.ub.edu/dspace/bitstream/2445/185915/1/722704.pdf, consultado el 14 de diciembre de 2023.

liberar a las mujeres de una «naturaleza humana» y permitirles definirse a sí mismas. En su entrevista de 1947 para *The New York Times*, Beauvoir lamentó su desencanto con las naciones socialistas por no disolver los «patriarcados» en su interior.

> Lo bueno es que las mujeres ahora dependen mucho menos de los hombres que yo cuando escribí *El segundo sexo*. Creí entonces que se podía trabajar con hombres honestos, y que el progreso del socialismo estaba estrechamente ligado al progreso de la liberación de la mujer. Pero me equivoqué. En los países socialistas, el hombre y la mujer están todavía lejos de ser iguales. Estoy totalmente de acuerdo con las tesis del movimiento feminista. Hay dos cosas contra las que tenemos que luchar: una es el capitalismo, la otra las actitudes patriarcales. Y, sin embargo, incluso después de que el capitalismo sea derrotado, todavía estaremos lejos de derrocar estas actitudes patriarcales.[15]

El legado de Beauvoir se convirtió en el foco del feminismo de la segunda ola: la ideología de género. Beauvoir enseñó que, aunque alguien nazca biológicamente mujer (sexo), su género debe definirse por sus experiencias de vida, decisiones, sentimientos, deseos y autoidentificación. El feminismo de la tercera ola del siglo XXI continuaría con la fluidez de género de Beauvoir, pero con la diferencia de que hoy en día tanto el género como el sexo se consideran fluidos y subjetivos. Otra nota, Beauvoir, al haber tenido al menos un aborto, fue una promotora del aborto patrocinado por el estado y se pronunció en contra de la naturaleza conservadora de las leyes relativas al aborto en Francia. En su entrevista de 1974, vuelve a demostrar que es una profetisa del occidente del siglo XXI. Aquello por lo que luchó hace medio siglo se considera ahora un derecho dentro de gran parte de nuestra legislación.

> Se propone una nueva ley sobre el aborto en Francia [...] Pero no nos equivoquemos, será tan conservadora como la anterior, igual de irrelevante. Queremos abortos gratuitos y legales, pagados por la seguridad

---

15. Caroline Moorehead, «A talk with Simone de Beauvoir», *New York Times*, 2 de junio de 1974, página 258. https://www.nytimes.com/1974/06/02/archives/a-talk-with-simone-de-beauvoirr-marriage-is-an-alienating.html, consultado el 24 de enero de 2025.

social, para que las mujeres puedan ser dueñas de su propio cuerpo y de sus propias decisiones.[16]

Básicamente, entre muchas otras actividades, Beauvoir enseñó que la feminidad no es parte de la naturaleza humana. Al igual que Sartre, negaba cualquier naturaleza humana universal. Ella creía que siempre estamos en proceso de transformación, ya que la existencia precede a la esencia. Por lo tanto, como uno podría deducir lógicamente, Beauvoir enseñó que la unidad familiar bíblica/tradicional era solo una construcción para controlar, oprimir y adoctrinar. Ella creía que la sociedad debía criar a los niños (esto es, *Un mundo feliz*) para salvarlos del patriarcado.

Muchos de los puntos de vista de Beauvoir se derivaban de una comprensión marxista del papel de la familia, o al menos la corroboraban. Karl Marx y Friedrich Engels escribieron en lo que originalmente se tituló *El manifiesto del partido comunista* (1848) sobre la familia y cómo debería ser abolida. Leyendo detenidamente el manifiesto, sus autores parecen sugerir que el comunismo romperá el papel de la familia en lo que respecta a la educación y la autoridad, y no destruirá a la familia por completo. Marx y Engels responden a las acusaciones contra los comunistas: «¡Abolición de la familia! Incluso los más radicales estallan ante esta infame propuesta de los comunistas». Su respuesta, aunque confusa por sus ambigüedades y retórica emocional cruda, hace algunas revelaciones fascinantes:

> ¿En qué se basa la familia actual, la familia burguesa? En el capital, en la ganancia privada. En su forma completamente desarrollada, esta familia solo existe en la burguesía. Pero este estado de cosas encuentra su complemento en la ausencia práctica de la familia entre los proletarios y en la prostitución pública.
>
> La familia burguesa desaparecerá naturalmente cuando se desaparezca su complemento, y ambos se desvanecerán con la supresión del capital.
>
> ¿Nos acusan de querer ponerle fin a la explotación de los niños por parte de sus padres? De este crimen nos declaramos culpables.
>
> Pero, según dices, destruimos la más sagrada de las relaciones, cuando reemplazamos la educación en el hogar por la social.

---

16. *Ibidem.*

¿Y tu educación? ¿No es también social y está determinada por las condiciones sociales en las que se educa, por la intervención directa o indirecta de la sociedad por medio de las escuelas, etc.? Los comunistas no han inventado la intervención de la sociedad en la educación; lo único que hacen es tratar de cambiar el carácter de esa intervención y rescatar la educación de la influencia de la clase dominante.

Las tonterías burguesas sobre la familia y la educación, sobre la sagrada relación entre padres e hijos, se vuelven cada vez más repugnantes a medida que, por la acción de la industria moderna, se rompen todos los lazos familiares entre los proletarios y sus hijos se transforman en simples artículos de comercio e instrumentos de trabajo.[17]

Aunque se podría argumentar que Marx y Engels se centraron más en despojar a la familia de la autoridad sobre los hijos, Beauvoir tal vez los tomó más literalmente al abolir la familia por completo. Beauvoir también llevó el ataque de sus predecesores del feminismo de la primera ola a la familia a un nivel superior. La destrucción de la familia iba a ser el siguiente paso en la liberación de la mujer. Y ese sería uno de los principales motivos y objetivos del feminismo de la segunda ola. El otro objetivo principal del feminismo de la segunda ola no sería la igualdad entre hombres y mujeres, sino la abolición de cualquier distinción entre ellos, una sociedad asexuada o de sexo fluido, porque según Beauvoir, una mujer no nace mujer, sino que se convierte en tal. Y dado que los padres continuarán usando su autoridad para enseñarles a sus hijos que un niño es un niño y una niña es una niña, la estructura familiar dentro de la sociedad tendría que adaptarse o quitarse del camino. La segunda ola del feminismo no tenía realmente nada que ver con los derechos de las mujeres, sino que era un ataque a las mujeres, o al menos a lo que significa ser mujer. Y este ataque continúa hoy en día. Scott David Allen, en su libro *Why Social Justice Is Not Biblical Justice*, cita casos en los que las ideas de Beauvoir, al igual que las de Marx, siguen promoviendo la desintegración de la unidad familiar:

---

17. Karl Marx y Friedrich Engels, *The Manifesto of the Communist Party*, 1848. Existe una edición de este libro en español con el título *Manifiesto del partido comunista* (Plutón Ediciones, 2013).

Según los profesores Adam Swift, de la Universidad de Warwick, y Harry Brighouse, de la Universidad de Wisconsin Madison, «si la familia es la fuente de la injusticia [desigualdad] en la sociedad, entonces parece plausible pensar que si abolimos la familia habría un campo de juego más nivelado».[18]

## VOLVER A LA ESCUELA DE FRANKFURT

Simone de Beauvoir y Jean-Paul Sartre tendrían un impacto duradero en las ideologías posmodernas. Sartre influyó en la teoría crítica y Beauvoir en el lanzamiento (en lo que respecta a la influencia) de la segunda ola del feminismo.

### ESCUELA DE FRANKFURT - NEOMARXISMO

| Apertura | Se muda | Universidad de Columbia, NYC | Vuelve | |
|---|---|---|---|---|
| 1923 | 1933 | 1935 | 1953 | - Universidad de Stanford<br>- Universidad de California, Berkeley<br>- Universidad Brandeis<br>- Universidad de California, San Diego |
| Frankfurt, Alemania | Ginebra (Después del ascenso de Hitler) | NYC | Frankfurt (algunos) | |

La Escuela de Frankfurt, con su teoría crítica para deconstruir la historia y el lenguaje, se había trasladado de Alemania a Ginebra con el ascenso de Hitler en 1933, y dos años más tarde a la Universidad de Columbia, Nueva York, en 1935. Aunque la escuela regresó a Frankfurt en 1953, muchos de sus profesores se quedaron en los Estados Unidos y fueron a enseñar en universidades influyentes como Stanford, la Universidad de California en Berkeley, la Universidad de Brandeis y la Universidad de California en San Diego. Los estudiantes de la década

---

18. Scott David Allen, *Why Social Justice Is Not Biblical Justice* (Grand Rapids, MI: Credo House Publishers, 2020), p. 104. Citado por John Stonestreet, «Good Families Are Unfair?», *BreakPoint*, The Colson Center for Christian Worldview, 20 de mayo de 2015, https://www.christianheadlines.com/columnists/breakpoint/good-families-are-unfair.html. Existe una edición de este libro en español con el título *Por qué justicia social no es justicia bíblica* (Editorial Jucum, 2022).

de 1960, muchos de ellos bajo la tutela de teóricos críticos y existencialistas, decidieron que continuarían buscando convertirse en humanos, rompiendo todos los tabúes sexuales y experimentando con una variedad de narcóticos y alucinógenos en busca de experiencias psicodélicas. Si nuestras experiencias nos hacen ser quienes somos, el sexo abierto y el acceso a las drogas serían la última frontera para el descubrimiento. Las universidades estaban plagadas de marxistas, feministas y teóricos críticos que prepararían a la próxima generación, la cual después del activismo, la cultura *hippie*, las drogas y el sexo tendría un mayor impacto cultural en la sociedad de los años 80 y 90 como la próxima generación de profesores universitarios.

## CONCLUSIÓN

Hay un número considerable de nombres y acontecimientos que contribuyeron al inicio de la revolución sexual. Aquí comenzamos con Jean-Paul Sartre y Simone de Beauvoir, pero ellos no están solos entre otros contemporáneos. Sin embargo, nuestro enfoque necesita revisar el desarrollo del feminismo de la segunda ola, las olas posteriores del feminismo, la teología feminista, la teología de la liberación, la teoría *queer*, la teología *queer*, LGBTQIA+, el transgenerismo, la justicia social, la interseccionalidad y, finalmente, el movimiento *woke* antes de considerar una respuesta bíblica (y esperemos que no una reacción).

No obstante, mientras tanto, por favor, permita la siguiente advertencia un tanto espeluznante y aleccionadora. Una vez que rechazamos que Dios nos hizo y solo podemos saber quiénes somos en Él (la esencia precede a la existencia); una vez que nosotros, como sociedad, abandonamos el lugar privilegiado y exaltado por Dios que una esposa y madre tiene ante el Señor; una vez que entregamos a nuestros hijos al estado para su crianza y renegamos de la responsabilidad dada por parte de Dios a nuestra familia de enseñarles no solo lo que significa ser un niño y lo que significa ser una niña, sino también de enseñarles a vivir su respectiva masculinidad y feminidad para la gloria de Dios en Cristo, seremos reducidos a estadistas cristianizados: el sentimentalismo espiritualizado para adornar a los defensores de la derecha con una cámara de eco. La fe cristiana sin una base sólida en la Palabra de Dios en todos los asuntos será deconstruida a un grupo sentimentalista hiperindividualista, cuyo objetivo es recordarnos a nosotros mismos en nuestras reuniones semanales lo increíbles que somos, siempre buscando (y pagando) por un «avance» personal. No faltarán sermones que nos consuelen de creer que no hay nada malo en nosotros. Relegaremos, todo en el nombre de Cristo, a aquellos de nosotros que se nieguen a venderse junto con sus familias al estado como «radicales». Habrá dos grupos principales: los guerreros culturales que están más inclinados a la política que al reino. Y el otro grupo se convencerá de que el único pecado del que debemos abstenernos será el de ofender la sensibilidad de alguien. Podemos celebrar nuestros pasos progresistas, pensando que somos cristianos y amigos del mundo, pero no nos quedará ningún evangelio para compartir. Del mismo modo, hasta que aprendamos a hacer algo más que simplemente reaccionar contra el mundo, sino que más bien comencemos a relacionarnos con los demás (empezando por nuestros hogares), solo estaremos entre esos grupos apocalípticos que reaccionan, pero no tienen nada que ofrecer fuera de nuestras diatribas. ¡Que el Señor dirija siempre nuestros caminos!

CAPÍTULO 15

# EL FEMINISMO DE LA SEGUNDA OLA Y LA CAÍDA DE LA UNIDAD FAMILIAR

## INTRODUCCIÓN

La influencia de Simone de Beauvoir se abriría paso poco a poco desde los salones de Francia hasta el pensamiento popular. Pasó sus últimos años más como activista que como académica, promoviendo su agenda sin distinción de género con figuras políticas y revolucionarias, así como impulsando en su país el movimiento de liberación de la mujer de Francia. Sin embargo, es probable que su influencia haya tenido más éxito en nuestra sociedad, entonces y ahora, indirectamente a través de una nueva generación de revolucionarios sociales en la revolución sexual. Por ejemplo, la dificultad del mensaje de Beauvoir para un público estadounidense se redujo en gran medida gracias a *La mística de la feminidad* (1963), la obra complementaria de Betty Friedan. Por lo tanto, la tesis principal de Beauvoir, como pionera, debe ser examinada para comprender lo que ella y otras feministas de la segunda ola buscaron lograr.

## EL SEGUNDO SEXO

En *El segundo sexo*, Beauvoir ofrece un estudio sobre los métodos reproductivos en todo el reino animal para establecer un punto de partida desde el cual los humanos pueden surgir a través de la revolución social, con el fin de liberar a la mujer de lo que ella llamó la «alienación» que domina a las hembras en la naturaleza).

Simone de Beauvoir en el Café de Flore en París (1950).[1] Dominio público.

Pero en las aves y sobre todo en los mamíferos, el macho se impone a la hembra; muy a menudo, ella se somete a él con indiferencia o incluso se le resiste. Sea provocativa o consensual, es él quien la toma: ella es tomada. La palabra suele tener un significado muy preciso: ya sea porque tiene órganos específicos o porque es más fuerte, el macho la agarra y la inmoviliza; él es quien realiza activamente los movimientos coitales; en muchas especies de insectos, aves y mamíferos, él la penetra. En ese sentido, es como una interioridad violada. El macho no ejerce violencia sobre la especie, porque la especie solo puede perpetuarse mediante la renovación; perecería si los óvulos y los espermatozoides no se encontraran; pero la hembra, cuya tarea es proteger el óvulo, lo encierra en sí misma, y su cuerpo, que constituye un refugio para el óvulo, lo sustrae a la acción fecundadora del macho. Existe, pues, una resistencia que tiene que ser superada, y así, al penetrar en el óvulo, el macho se realiza como actividad.[2]

Nótese el uso de términos como «impone» y «somete» en la descripción de Beauvoir de las prácticas de apareamiento en la naturaleza. Aunque muchos representantes femeninos de la especie en todo el reino animal están de acuerdo en el acto de apareamiento, Beauvoir insiste en que son sometidas y forzadas a una alienación de la vida realizada, ya que ahora deben tener la descendencia resultante. Ella insiste en que,

---

1. Autor desconocido. Archivo del diario *Clarín*. Fotografía publicada en 1983 (tema: Sartre y de Beauvoir) en la revista dominical del periódico ilustrado sobre el poeta, en Buenos Aires, Argentina. Wikipedia Commons, https://it.wikipedia.org/wiki/Simone_de_Beauvoir#/media/File:Simone_De_Beauvoir2.jpg.
2. Simone de Beauvoir, *The Second Sex*, 1949, p. 34.

consensuado o no, las hembras animales son tomadas o sometidas en el acto de apareamiento, solo para luego ser violadas por las criaturas en crecimiento dentro de ellas. La relevancia del argumento de Beauvoir es sutil, por decir lo menos, pero analizarlo nos ayudará a entender su razón para comparar el reino animal con la humanidad.

Beauvoir, al igual que su colega y amante Jean-Paul Sartre, era una existencialista comprometida. Como vimos en el capítulo anterior, el estilo de existencialismo que propugnaban era el existencialismo ateo, el cual era una forma de humanismo diferente a aquel en el que la mayoría de la gente piensa cuando se encuentra con ese término. Sartre criticó la forma popular y materialista del humanismo, señalando la frivolidad de hacer del hombre el fin de todas las cosas porque, según él, el hombre aún no ha llegado a ser, o aún no ha sido realizado o alcanzado. El humanismo ateo, a diferencia del humanismo materialista, se esfuerza por inventar un propósito, un significado y una identidad en la toma de decisiones para la humanidad a partir del nivel del individuo. La idea es que, dado que estos ateos niegan la existencia de Dios, deben negar el diseño, el propósito y la identidad inherentes a la condición humana. Por lo tanto, Sartre y Beauvoir negaron la existencia de una *naturaleza humana universal*; en su lugar, afirmaron que lo único compartido por los seres humanos es una *condición* común que hemos creado y que está en constante desarrollo para definir qué significa ser humano. Toda decisión humana, entonces, no debe basarse en la ética o la moralidad en ningún nivel objetivo (siendo que estas categorías no pueden existir universalmente en un universo amoral que también está desarrollándose). En consecuencia, en su negación de la moralidad (el bien contra el mal), Sartre escribió en cambio sobre decisiones lógicas. Dado que los seres humanos comparten una condición común, nuestras decisiones no deben basarse en sentimientos egoístas, sino en lo que es lógicamente mejor para la trascendencia (avanzar) de la condición humana general, en la que participamos.

El punto de partida de Simone para su argumentación comienza con este compromiso existencial de la condición humana que se realiza (la existencia precede a la esencia). En *El segundo sexo*, desde su marco existencialista, describe la condición compartida entre muchos hombres dentro de la mayoría de las especies del reino animal. Fecundan en el acto de aparearse, y luego «al penetrar en el huevo el macho se da cuenta de su actividad».³ El hombre, a diferencia de la contraparte femenina, actúa y no ha sido esclavizado a un papel pasivo. En la reproducción, está libre de toda aquiescencia instintiva a la naturaleza. Y cuando se compara con los humanos, la teoría existencialista de Sartre dicta que las acciones inhibidas, o libres, son las que nos llevan de la existencia a la esencia (el hecho de que somos lo que estamos destinados a ser) a través de la trascendencia. Para un existencialista, la trascendencia se logra yendo más allá de las limitaciones biológicas, psicológicas y sociales que nos esclavizan a nuestro estado actual de ser. Beauvoir compadece a las hembras del reino animal por su «otredad» en contraste con los machos libres, pero considera que las mujeres están en una situación peor.

De acuerdo con el razonamiento existencial de Beauvoir, los seres humanos no nacen como son, sino que solo se convierten en ello a través de la libertad de tomar decisiones. El individuo humano es un microcosmos que desempeña un papel dentro del macrocosmos de la condición humana (y no de la naturaleza humana, ya que esta no existe, sino que se está realizando). Por lo tanto, las elecciones de un individuo se aplican al macrocosmos de la condición humana. Si las decisiones se toman en función de las limitaciones sociales, familiares o religiosas, el crecimiento de la condición humana se estanca. Pero si las decisiones se toman teniendo en cuenta la amargura de la condición humana, todos trascendemos a aquello en lo que nos estamos convirtiendo. En el caso de las mujeres, ¿qué restricciones sociales, familiares o religiosas inhibirían la libertad de una mujer y, en consecuencia, su capacidad de pasar de la mera «existencia» a la «esencia»? Beauvoir continúa:

> Muchas de estas características se deben a la subordinación de la mujer a la especie. Esta es la conclusión más sorprendente de este estudio: ella es la más profundamente alienada de todos los mamíferos hembras, y es la que rechaza esta alienación con mayor violencia; en ninguna otra es más imperiosa ni se acepta con mayor dificultad la subordinación del organismo a la función reproductora. Las crisis de la pubertad y de la menopausia, la «maldición» mensual, los embarazos largos y a menudo problemáticos, las enfermedades y los accidentes son característicos de la mujer: su destino parece tanto más tenso cuanto más se rebela contra él afirmándose como

---

3. *Ibidem*, p. 34.

individuo. El varón, en comparación, es infinitamente más privilegiado: su vida genital no frustra su existencia personal; se desarrolla sin interrupciones, sin crisis y generalmente sin accidentes. Las mujeres viven, en promedio, tanto como los hombres, pero a menudo están enfermas e indispuestas [...] Pero rechazamos la idea de que ellos [los datos biológicos mencionados con anterioridad] forman un destino fijo para la mujer. No bastan para constituir la base de una jerarquía sexual; no explican por qué la mujer es la Otra; no la condenan para siempre a este papel subyugado.[4]

Beauvoir rechaza la idea de que sus características biológicas «forman un destino fijo para la mujer». A lo largo de su obra, y aunque haciendo uso del cuerpo de teorías psicoanalíticas propugnadas por Freud y sus contemporáneos, Beauvoir se propone desafiar sus definiciones de la sexualidad femenina como pasiva y las teorías materialistas sobre el comportamiento determinista dictado por nuestros cuerpos. Dentro de la teoría psicológica popular de su época, la hembra, al igual que el insecto, se describía como pasiva en la experiencia sexual y la reproducción. En el pensamiento determinista popular de los materialistas, cada acción (por lo tanto, cada decisión) es mecanicista y, por consiguiente, carece de libre albedrío. De este modo, en una cosmovisión psicoanalítica y materialista, «lo que somos» es lo primero, y en base a eso, existimos (la esencia precede a la existencia). Para que el humanismo existencial (la existencia precede a la esencia) funcione, debemos postular la libertad de decisión, y desde nuestra condición humana actual (existencia) trascender hacia lo que debemos llegar a ser (esencia). En resumen, somos materiales base y al mismo tiempo tanto los arquitectos como los constructores, cuyas acciones libres trascienden nuestro estado actual de ser a lo que llegaremos a ser. En pocas palabras, el humanismo existencial postula que, en el principio, nos convertimos en lo que somos ahora y a través de la trascendencia, distinguiendo el bien del mal (siendo árbitros de lo que es lógicamente correcto e incorrecto), eligiendo un mundo en el que el libre albedrío es desinhibido, nos convertiremos en lo que queremos ser, y la condición humana lograda mirará su obra maestra divina tal como se retrata en el espejo del ojo y verá que todo lo que hicimos fue muy bueno.

---

4. *Ibidem*, pp. 43-44.

El primer paso hacia la libertad es romper académicamente con las limitaciones del determinismo psicoanalítico y materialista. Beauvoir hace esto desafiando algunas suposiciones de Freud y otros, especialmente sobre las mujeres. Luego, asume la tarea de liberar a las mujeres de las limitaciones de la reproducción sexual rompiendo lo que ella cree que son las construcciones sociales que inhiben la libre decisión sobre las mujeres.

> Del mismo modo, la mujer no puede definirse por la conciencia de su propia feminidad, como tampoco puede definirse simplemente diciendo que la mujer es una mujer: ella encuentra esta conciencia dentro de la sociedad de la que es miembro. Interiorizando el inconsciente y toda la vida psíquica, el lenguaje mismo del psicoanálisis sugiere que el drama del individuo se desarrolla en su interior: los términos «complejo», «tendencias», etc., lo implican. Pero una vida es una relación con el mundo; el individuo se define a sí mismo eligiéndose a través del mundo; debemos recurrir al mundo para responder a las preguntas que nos preocupan.[5]

La sociedad, según Beauvoir, ha tenido un papel decisivo en las decisiones que toman las mujeres, creando así una condición humana basada en los poderes del mundo (autoridad) y no en las libertades individuales. Por lo tanto, tendría que ocurrir una ruptura con la afirmación de la sociedad sobre quiénes somos y qué hacemos. Solo así las mujeres lograrán liberarse de cualquier restricción en su conciencia colectiva y cambiar su condición actual para convertirse en lo que Beauvoir cree que finalmente deberían ser. Una forma de desafiar a la sociedad es un cambio en las leyes, pero según Beauvoir, eso no sería suficiente. Las leyes solo ayudan a que su situación actual sea menos volátil. En otras palabras, las leyes que protegen los derechos de las mujeres solo ayudarían a que su vida, que carece de libre elección, sea más cómoda. Para que la mujer trascienda, según Beauvoir, debe tener libertad económica.

> He aquí un hecho importante que se repite a lo largo de la historia: los derechos abstractos no pueden definir suficientemente la situación concreta de la mujer; esta situación depende en gran parte del papel

---

5. *Ibidem*, p. 58.

económico que desempeñe; y muy a menudo, la libertad abstracta y los poderes concretos varían inversamente.[6]

Beauvoir ofrece un resumen de las estructuras sociales a lo largo de la historia occidental que contribuyeron a la condición humana actual de las mujeres. Aunque admite cierta caridad concedida a las mujeres en el cristianismo, culpa a la Biblia de gran parte de la situación subordinada de las mujeres.

La ideología cristiana no ha tenido un papel menor en la opresión de la mujer. Sin duda, hay algo de caridad en los Evangelios que se extiende tanto a las mujeres como a los leprosos; los pobres, los esclavos y las mujeres son los que se adhieren con más pasión a la nueva ley. En los primeros tiempos del cristianismo, las mujeres que se sometían al yugo de la Iglesia eran relativamente respetadas; daban testimonio junto a los hombres como mártires; sin embargo, solo podían ejercer el culto en funciones secundarias. Las diaconisas solo estaban autorizadas a realizar trabajos laicos: cuidar a los enfermos o ayudar a los pobres. Y aunque el matrimonio se considera una institución que exige fidelidad mutua, parece claro que la esposa debe estar totalmente subordinada al marido: a través de San Pablo se afirma la tradición judía ferozmente antifeminista. San Pablo ordena a las mujeres la modestia y la reserva; basa el principio de la subordinación de la mujer al hombre en el Antiguo y el Nuevo Testamento. «El varón no procede de la mujer, sino la mujer del varón»; y «tampoco el varón fue creado por causa de la mujer, sino la mujer por causa del varón». Y en otro lugar: «El marido es cabeza de la mujer, así como Cristo es cabeza de la iglesia». En una religión donde la carne está maldita, la mujer se convierte en la tentación más temible del diablo.[7]

¿Cómo, entonces, deben las mujeres (o lo que Beauvoir creería que es la población biológicamente femenina dentro de la condición humana) trascender para avanzar de su condición de ser «la Otra» o «el segundo sexo» a la libertad completa en la que pueden convertirse en lo que deben ser (esencia)? Deben romper con la conciencia compartida

---

6. *Ibidem*, p. 100.
7. *Ibidem*, p. 104.

de lo que significa ser una «mujer» dentro de su sociedad. ¿Y cómo convencer a las mujeres para que lleven a cabo esta ruptura? Las mujeres deben ser conscientes (radicalizadas) de su situación actual, la sociedad debe permitir la libertad económica, las mujeres deben estar libres de la esclavitud materna y la jerarquía familiar debe ser demolida. Y para que esto ocurra, las mujeres deben encontrar su identidad más allá de las restricciones materiales de sus órganos sexuales. La elefanta, por ejemplo, no tiene la capacidad de ser liberada de su situación sexual instintiva. Debe aparearse, producir descendencia, nutrir y luego repetir. Pero la condición humana de la mujer, aunque peor que la de la elefanta según Beauvoir, tiene un potencial mucho mayor que el de una elefanta.

Para que la mujer rompa con la ideología del instinto de maternidad «impuesta» (término marxista), ya no debe permitirse depender económicamente de un hombre para sobrevivir. La responsabilidad de la provisión masculina en una sociedad debe romperse, y eso nunca sucederá hasta que las mujeres rechacen el papel de «parásitos» económicos, como dice Beauvoir.

> Es a través del trabajo que la mujer ha podido, en gran medida, cerrar la brecha que la separa del hombre; solo el trabajo puede garantizarle su libertad concreta. El sistema basado en su dependencia se derrumba tan pronto como deja de ser un parásito; ya no hay necesidad de un mediador masculino entre ella y el universo. La maldición que pesa sobre la mujer vasalla es que no se le permite hacer nada; por eso persigue obstinadamente la búsqueda imposible del ser a través del narcisismo, el amor o la religión; cuando es productiva y activa, recupera su trascendencia; se afirma concretamente como sujeto en sus proyectos; siente su responsabilidad en relación con los objetivos que persigue y con el dinero y los derechos de los que se apropia.[8]

A pesar de que Beauvoir promovió la independencia económica y la libertad de las mujeres, no vio esto como un fin, sino como un medio para trascender a otra condición humana. Y aquí es donde muchas entusiastas feministas y políticas demuestran ser miopes. El feminismo nunca se ha contentado con darles oportunidades a las mujeres en un mundo industrializado.

---

8. *Ibidem*, p. 721.

Ciertamente, no se debe pensar que la modificación de su situación económica es suficiente para transformar a la mujer: este factor ha sido y sigue siendo el factor primordial de su desarrollo, pero hasta que no produzcan las consecuencias morales, sociales y culturales que anuncia y requiere, la nueva mujer no puede aparecer; hasta ahora, estas consecuencias no han tenido lugar en ninguna parte: en la U.R.S.S. no más que en Francia o en los Estados Unidos; y es por eso que la mujer de hoy se debate entre el pasado y el presente; la mayoría de las veces, aparece como una «mujer real» disfrazada de hombre, y se siente tan incómoda en su cuerpo de mujer como en su atuendo masculino. Tiene que mudar su vieja piel y cortar su propia ropa. Solo podrá hacerlo si hay un cambio colectivo.[9]

Beauvoir creía que la libertad financiera solo les permite a las mujeres liberarse de las restricciones sexuales y reproductivas. Su vida puede desvincularse de su anatomía solo separando su esencia (quién es ella) de su existencia (su cuerpo). Por lo tanto, puede tener ovarios y útero, pero el «cambio colectivo» que debe ocurrir sería uno en el que su anatomía reproductiva no tendría ningún impacto en la definición de aquello en lo que se está convirtiendo. Debe, entonces, romper las cadenas sociales que esclavizan su conciencia a sus órganos reproductivos. Y los grilletes de su conciencia que la atan a su cuerpo se pueden describir en una palabra: feminidad.

> Las mujeres de hoy están derribando el mito de la feminidad; están comenzando a afirmar su independencia de manera concreta, pero no les resulta fácil vivir plenamente su condición humana. Al ser educadas por mujeres, en el seno de un mundo femenino, su destino normal es el matrimonio, que todavía las subordina al hombre desde el punto de vista práctico; el prestigio viril está lejos de haber sido erradicado: todavía se sostiene sobre sólidas bases económicas y sociales.[10]

Las mujeres, según Beauvoir, deben estar libres de cualquier condicionamiento (estímulo y honor especial) para la maternidad. Ella creía que esto se puede lograr mediante el control de la natalidad y el aborto

---

9. *Ibidem*, p. 761.
10. *Ibidem*, p. 280.

patrocinados por el estado (es decir, Planned Parenthood), y una vez que la mujer esté libre de la subyugación en la maternidad, puede romper todos los roles de género (romper la construcción familiar tradicional) y tener libertad económica a fin de disfrutar de la libertad de elección para trascender a una nueva condición humana compartida. Sin embargo, sigue existiendo un serio escollo entre su condición actual y la que debería tratar de alcanzar, y a eso es a lo que Karl Marx denominó «ideología». ¿Cómo se cambia la ideología en la que las mujeres han creído mediante el adoctrinamiento de figuras de autoridad desde su juventud, como la familia, la iglesia y la sociedad? La mujer fue criada para creer que convertirse en una madre sacrificada y ama de casa es una búsqueda honorable.

En una entrevista publicada con Betty Friedan, Beauvoir comparte sus ideas sobre un tipo de gobierno totalitario que sería necesario para obligar a las mujeres, incluso en contra de su propia voluntad, a aceptar la definición de «libertad» de Beauvoir.

> Friedan: Los hijos deberían ser responsabilidad de ambos padres por igual y de la sociedad, pero hoy en día muchas mujeres han trabajado solo en el hogar cuando sus hijos estaban creciendo, y este trabajo no ha sido valorado ni siquiera con el salario mínimo para fines de seguridad social, pensiones y división de la propiedad. Podría haber un sistema de vales que una mujer que decida continuar su profesión o su educación y tener hijos pequeños podría utilizar para pagar el cuidado de los niños. Pero si decide cuidar de sus propios hijos a tiempo completo, ella misma ganaría dinero.
>
> Beauvoir: No, no creemos que ninguna mujer deba tener esta opción. Ninguna mujer debe estar autorizada a quedarse en casa para criar a sus hijos. La sociedad debería ser totalmente diferente. Las mujeres no deberían tener esa opción, precisamente porque si existe tal opción, demasiadas mujeres la elegirán. Es una forma de obligar a las mujeres en una determinada dirección.[11]

Existe lo que parece ser una contradicción flagrante en la respuesta de Beauvoir. El humanismo existencialista al que se adhiere insiste en

---

11. Betty Friedan, «Sex, Society, and the Female Dilemma», *Saturday Review*, 14 de junio de 1975, https://www.bibliotechecivichepadova.it/sites/default/files/opera/documenti/sezione-7-serie-1-faldone-b-cartella-3-57.pdf, p. 18.

la necesidad de la libertad de acción para trascender de su existencia presente a la esencia futura. Pero recuerda lo que Sartre escribió sobre el existencialismo y el humanismo:

> Y, cuando decimos que el hombre es responsable de sí mismo, no queremos decir que sea responsable solo de su propia individualidad, sino que es responsable de todos los hombres [...] Elegir entre esto o aquello es al mismo tiempo afirmar el valor de lo que se elige; porque somos incapaces de elegir nunca lo peor. Lo que elegimos es siempre lo mejor; y nada puede ser mejor para nosotros a menos que sea mejor para todos. Si, además, la existencia precede a la esencia y nosotros queremos existir al mismo tiempo que modelamos nuestra imagen, esa imagen es válida para todos y para toda la época en que nos encontramos. Por lo tanto, nuestra responsabilidad es mucho mayor de lo que suponíamos, ya que concierne a la humanidad en su conjunto.[12]

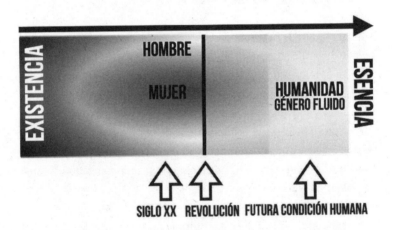

Si se considera que la «existencia» está representada por el tono oscuro y la «esencia» ideal está representada por el tono claro, observe cómo, según Beauvoir, la mujer hoy es el «Otro» o «segundo sexo», es la esencia más oscura forzada como esclava de su sexo biológico, por lo tanto, no es libre de trascender a la esencia ideal, aunque el hombre es libre de hacerlo. La idea es que una revolución social no lograría la esencia ideal última tanto para hombres como para mujeres, sino una fluidez de género dentro de la humanidad como nuestra esencia compartida,

---

12. Jean-Paul Sartre, «Existentialism is a Humanism», 1946, pp. 6-7.

sin distinción alguna debido a nuestro sexo biológico. Recuerda, en última instancia, ella no está hablando de ninguna distinción en salarios u oportunidades. Beauvoir y sus herederas feministas hablan de un género que no tiene nada que ver con nuestro sexo biológico.

Según Sartre, nuestras acciones individuales impactan en la trascendencia de la condición humana en su conjunto. Las acciones del individuo (microcosmos) forman el todo (macrocosmos). La sociedad no es realmente una unidad *per se*, sino un conglomerado de individuos. Por lo tanto, toda acción individual se traduce, de un modo u otro, en una acción del conjunto. La idea de Beauvoir de un futuro utópico para la esencia femenina está impactada por las decisiones y acciones del individuo. Sin embargo, la mujer individual fue criada en un hogar donde la maternidad recibía un honor especial y, según los argumentos de Beauvoir, su psique quedó esclavizada a honrar la maternidad por sí misma en la adultez. Por lo tanto, la mujer individual, en muchos casos, no está de acuerdo con Beauvoir, o al menos no lo suficientemente de acuerdo como para tomar medidas radicales.

Un cambio en la condición humana de la mujer tendría que ocurrir en contra de la voluntad de la mayoría de las mujeres. Según Beauvoir, la respuesta radica en la creación temporal de un sistema totalitario para romper el ciclo de «ideología» inculcado desde la infancia a las mujeres y los hombres por autoridades (individuos, familias, iglesias y estados, tal como existe actualmente). Aquí Beauvoir copia directamente del librojuego de Marx. Hasta que una nueva generación de la sociedad pueda liberarse de la influencia paterna de inculcarle honor a la maternidad, el ciclo del *statu quo* continuará. En otras palabras, la existencia de la familia, tal como se describe —y su estructura es prescrita— en las Escrituras, debe ser relegada a un mito y abolida para romper el ciclo de influencia que la familia, la iglesia y la sociedad tienen sobre las próximas generaciones. Y cualquier posibilidad realista de que eso suceda es una ruptura forzada, no con el acto de tener hijos, sino con la maternidad. La diferencia entre tener hijos y la maternidad se encontraría en el papel de la madre en el desarrollo del niño después del nacimiento. Las mujeres seguirán teniendo hijos, aunque Beauvoir hizo muchas referencias a un futuro de inseminación artificial, pero el estado debe salvarla de la maternidad convirtiéndose en la nueva familia. En otras palabras, los niños deben pertenecer y ser responsabilidad de la sociedad, no de una familia. ¿Te suena familiar?

Volviendo a su entrevista con Betty Friedan, Beauvoir deja bastante clara su postura sobre la familia. «En mi opinión, mientras que la familia, el mito de la maternidad y el instinto maternal no sean destruidos, las mujeres seguirán siendo oprimidas».[13] Por lo tanto, el estado recién formado debería hacerse cargo de la crianza de los niños y enseñarles sobre la búsqueda existencial y humanista de la humanidad (¿no fue esto profético de los movimientos «progresistas» del siglo XXI?). Beauvoir continúa la entrevista lamentando el lugar honorable que recibe la maternidad y que se transmite en las familias:

> Tan pronto como una niña nace, se le da la vocación de la maternidad porque la sociedad ciertamente quiere que lave los platos, lo cual no es en realidad una vocación. Para que lave los platos, se le da la vocación de la maternidad. El instinto maternal se construye en una niña por la forma en que se la hace jugar, etc. Mientras esto no se destruya, no habrá ganado nada. En mi opinión, las campañas abortistas como tales no son más que útiles para destruir la idea de la mujer como máquina reproductiva.[14]

Una parte importante del activismo de Beauvoir incluiría visitas a los regímenes comunistas con el fin de alentar a los revolucionarios chinos, soviéticos y cubanos a inculcar el marxismo para romper todos los binarios en sus respectivas sociedades. Los desafió no solo a diezmar las distinciones que separaban las clases económicas, sino también los sexos. Solo más de treinta años después de la publicación de *El segundo sexo*, Beauvoir expresó su frustración por el fracaso de los países socialistas a la hora de extender la revolución a la lucha de clases «sexual»:

> Mi tendencia es querer vincular la liberación de la mujer con la lucha de clases. Siento que la lucha de las mujeres, si bien es única, está conectada con la lucha más amplia a la que deben unirse con los hombres [...] Los países socialistas no son realmente socialistas. El socialismo con el que soñó Marx, que en verdad cambiaría a la mujer, no se ha hecho realidad en ninguna parte.[15]

---

13. Betty Friedan, «Sex, Society, and the Female Dilemma», p. 20.
14. *Ibidem*.
15. Dijkstra, Sandra. «Simone de Beauvoir and Betty Friedan: The Politics of Omission». *Feminist Studies*, vol. 6, n. 2, 1980, pp. 290-303, https://doi.org/10.2307/3177743. Citando a Alice Schwartzer, «The Radicalization of Simone de Beauvoir», ms. 1, n.1, julio de 1972, pp. 62, 60.

## EL TELOS (META U OBJETIVO) DE EL SEGUNDO SEXO

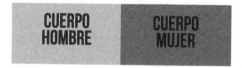

Según Beauvoir, factores sociales como la religión, la familia y la clase opresora han formado una «ideología» en la que creemos que debemos encajar e identificarnos. El ser humano nacido con genitales femeninos fue criado para creer que es «mujer» y vivir esa identidad en la feminidad, considerando la maternidad y las tareas domésticas como una forma honorable de vivir su vida.

Beauvoir considera que si rompemos con la «ideología» social, familiar y religiosa, los niños serán criados reconociendo los genitales de sus respectivos cuerpos, pero ellos como individuos serán libres de tomar decisiones existenciales que mejoren la condición humana. Puesto que no hay Dios, no hay un diseño inherente para nosotros. Si no nos precede ningún diseño, ningún propósito de identidad, por ende, solo existimos y estamos trascendiendo a una esencia humana, sin respeto a nuestros genitales.

El *telos* de la segunda ola del feminismo, por lo tanto, es la separación permanente del sexo del género para el individuo, la familia, la iglesia y el estado. Una vez que el material (cuerpo) está protegido de la dominación masculina en todas las esferas de la vida, el verdadero existencialismo puede ocurrir, ya que la mujer biológica ahora está libre de sus deberes brutos y maternales y puede entonces trascender a través de sus libertades recién encontradas para convertirse en lo que será.

> Tan pronto como aceptamos una perspectiva humana, definiendo el cuerpo a partir de la existencia, la biología se convierte en una ciencia abstracta; cuando lo fisiológico dado (la inferioridad muscular) adquiere significado, este significado pasa de inmediato a depender de todo un contexto; la «debilidad» solo es debilidad a la luz de los objetivos que el hombre se fija, de los instrumentos que tiene a su disposición y de las leyes que impone. Si él no quisiera aprehender el mundo, la idea misma de un aferramiento a las cosas no tendría sentido; cuando, en esta aprehensión, no se requiere el pleno uso de la fuerza corporal, por encima del mínimo utilizable, las diferencias se anulan mutuamente; allí donde las costumbres prohíben la violencia, la energía muscular no puede ser la base de la dominación: son necesarios puntos de referencia existenciales, económicos y morales para definir concretamente la noción de debilidad.[16]

Una utopía marxista, según Beauvoir y sus herederas feministas de la segunda ola, no solo carecería de distinciones económicas de clase, sino también de distinciones de género. Recientemente, una versión de sus ideas ha sido introducida en las clases especializadas y en el currículo de la educación estatal en todo el mundo, aunque disfrazada de «igualdad de género». No obstante, si lees la letra pequeña de lo que Beauvoir enseñó y lo que se está enseñando en nuestras instituciones, no se trata de igualdad de género, sino de ideología de género. La ideología de género es la ideología propugnada por arquitectas feministas, como Beauvoir, que no promueve la igualdad de oportunidades y trato entre los dos géneros, sino que enseña la abolición de todos los indicadores que los distinguirían. En otras palabras,

---

16. Simone de Beauvoir, *The Second Sex*, p. 46.

el objetivo es abolir cualquier vínculo de nuestros cuerpos (cómo Dios nos diseñó) con la identidad y el propósito (lo que Dios se propuso en su diseño).[17] En otras palabras, o existimos a partir de la identidad que se nos ha dado para la gloria de Dios, o existimos sin ninguna identidad que se nos haya dado, porque no hay un diseñador que nos la dé, por lo tanto, debemos convertirnos en una identidad humana basada en elecciones libres y lógicas, no para la gloria de Dios, no para la gloria del hombre, sino para la gloria de aquello en lo que nos estamos convirtiendo.

## *UN INTENTO MÁS DEL MARXISMO*

En mis frecuentes viajes, profesores universitarios y maestros de América Latina me han acusado de tergiversación por establecer una relación entre las ideologías posmodernas y el marxismo. Me han dicho que acusarlos de adoptar una metodología marxista es una falacia del hombre de paja común entre los oponentes conservadores. También se puede objetar argumentando que el marxismo de Beauvoir era personal y no representativo del movimiento feminista de la segunda ola. Pero si las referencias y el material de origen hasta ahora no convencen a un lector honesto de la metanarrativa marxista y los objetivos tanto en el feminismo de la primera como en la segunda ola son obvios, entonces considere a otra autoridad en la revolución sexual.

Shulamith Firestone (1945-2012) fue una de las feministas más influyentes de la segunda ola de la generación que siguió a Simone de Beauvoir. Era una notable autora, activista y miembro fundadora de las Mujeres Radicales de Nueva York, Redstockings y Feministas Radicales de Nueva York. Antes de considerar cualquier relación entre el marxismo y la definición de feminismo de Shulamith Fireston, bajemos la temperatura retórica por un momento para hacer algunas consideraciones.

La controversia y la propaganda que rodean a los movimientos sociales de los siglos XX y XXI muchas veces hacen falsos ataques y asociaciones al describir a los oponentes y/o sus posiciones. Las asociaciones (sobre todo cuando no tienen legitimidad) hechas mediante el uso de términos y nombres pueden cegar a los de ambos lados y

---

17. Esto no significa que la forma en que los hombres y las mujeres se han tratado unos a otros a lo largo de la historia y en la actualidad sea bíblica y deba seguir siendo la misma, pero veremos una respuesta bíblica a esto en un capítulo posterior.

suelen ir acompañadas de acusaciones (verdaderas o no). ¡Consideremos la facilidad con la que se compara a los oponentes políticos con Adolf Hitler hoy en día! Por lo tanto, no me sorprende que se me acuse de relacionar indebidamente a los movimientos posmodernos con el marxismo. Y aunque yo, como todos, no soy inmune al error, en este caso la evidencia es abrumadora. Primero, consideremos *El manifiesto comunista* de Marx y Engels:

> La historia de toda la sociedad existente hasta ahora es la historia de las luchas de clases. Hombres libres y esclavos, patricios y plebeyos, señores y siervos, maestros de gremios y oficiales, en una palabra, opresores y oprimidos, se oponían constantemente, mantenían una lucha ininterrumpida, ora oculta, ora abierta, una lucha que terminaba cada vez, ya en una reconstitución revolucionaria de la sociedad en general, ya en la ruina común de las clases en pugna.[18]

Marx y Engels utilizan términos descriptivos a lo largo de la historia para distinguir entre los que tienen y los que no tienen. Así, la historia de la sociedad se reduce en última instancia al opresor y al oprimido. Luego, Marx y Engels enseñan que la revolución, una empresa de los oprimidos, es lo que derroca a los que están en el poder para crear un nuevo sistema. El nuevo sistema, por naturaleza, formará nuevas clases, y en consecuencia la lucha de clases seguirá hasta que surja otra revolución de la unión de la nueva clase oprimida. Marx y Engels no dicen, entonces, que la revolución ha sido solo un traspaso del poder de un grupo a otro sin ningún progreso de la opresión. La idea es que el grado de opresión en los sistemas sociales ha mejorado con el tiempo. Sin embargo, su opresión «sistémica» aún no ha sido completamente erradicada, ya que la evolución social funciona en una forma de dialéctica (tesis – antítesis – síntesis).

---

18. Karl Marx y Friedrich Engels, *El manifiesto del Partido Comunista* (*Manifiesto Comunista*), publicado originalmente en 1848 (Nueva Delhi: Delhi Open Books, 2020), Edición Kindle, Loc 55/594.

Por lo tanto, cada revolución es provocada por la opresión dentro del sistema, pero los que asumen la dirección en el sistema posrevolucionario entonces vivirán y se beneficiarán de un sistema que todavía se aferra a parte de la opresión del sistema anterior, ya que la erradicación completa de un sistema en otro sería demasiado extrema. En otras palabras, el vestigio de la opresión está siendo erradicado paso a paso, del caos a la utopía. Según Marx, la era posterior a la Revolución Industrial en la que vivió y escribió (considere también su obra *Das Kapital* [El Capital], 1867) formó un binario de clases entre los *burgueses* (propietarios de clase media) y el *proletariado* (trabajadores).

Luego, Marx describió y prescribió una futura era comunista pura que finalmente resultaría en una utopía. Para que esto sucediera, tendría que ocurrir una revolución del proletariado y, en el nuevo sistema, el estado tendría que tomar el control temporal de la industria y la propiedad, no con el fin de lograr la igualdad entre las *clases burguesa* y *proletaria*, sino de eliminar cualquier distinción de clase. Para disgusto de Marx, su predicción de que una vez que el proletariado tuviera acceso al capital, la ideología disminuiría y se unirían y se rebelarían, no ocurrió, lo que resultó en una revolución militante a través del asesinato en masa en la China y la Unión Soviética del siglo XX. Pero en teoría, la clase obrera debería haberse unido y una vez que se lograra una sociedad sin clases, y se descartara la «ideología» en la conciencia de la sociedad, el estado se volvería obsoleto y todos compartirían por igual su nueva utopía. Y esto es el marxismo en pocas palabras. Más allá de la teoría, podemos rastrear los pasos en los intentos de implementarlo a lo largo del siglo XX en naciones como China, la Unión Soviética, Corea del Norte, Vietnam, Laos y Cuba.[19]

Situemos ahora la segunda ola del feminismo de Shulamith Firestone, tal y como se explica en su innovador libro, *La dialéctica del sexo*, en el contexto de los pasos del capitalismo al comunismo de acuerdo con la teoría marxista.

> De modo que así como para asegurar la eliminación de las clases económicas se requiere la rebelión de la clase inferior (el proletariado) y, en una dictadura temporal, su toma de los medios de *producción*, así también para asegurar la eliminación de las clases sexuales se requiere la rebelión de la clase inferior (las mujeres) y la toma del control de la *reproducción*: no solo la plena restitución a las mujeres de la propiedad de sus propios cuerpos, sino también su toma (temporal) del control de la fertilidad humana: la nueva biología poblacional, así como todas las instituciones sociales de la maternidad y la crianza de los hijos. Y así como el objetivo final de la revolución socialista no era solo la eliminación del *privilegio* económico de clase, sino de la *distinción* económica de clase misma, el objetivo final de la revolución feminista debe ser, a diferencia del primer movimiento feminista, no solo la eliminación del *privilegio* masculino, sino de la propia *distinción* de sexo: las diferencias genitales entre los seres humanos ya no importarían culturalmente.[20]

Firestone describió abiertamente la teoría marxista de la eliminación de clases para lograr la eliminación de cualquier distinción entre los sexos. Nótese su falta de ambigüedad, «el objetivo final de la revolución feminista debe ser, a diferencia del primer movimiento feminista, no solo la eliminación del privilegio masculino, sino de la propia distinción

---

19. Y algunas naciones intentan el socialismo democrático y el socialismo, que son dos peldaños hacia el comunismo.
20. Shulamith Firestone, «The Dialectic of Sex», capítulo 1 reimpreso del libro del mismo nombre (Londres, Reino Unido: The Women's Press, 1979), https://www.marxists.org/subject/women/authors/firestone-shulamith/dialectic-sex.htm, cursiva en el original.

de sexo». Y en consonancia con el humanismo existencial de Beauvoir, tal como se expone en *El segundo sexo*, «las diferencias genitales entre los seres humanos ya no importarían culturalmente». Solo una sociedad en la que una mujer disociaría cualquier relación entre el sentido de propósito y la identidad del diseño de su cuerpo y su feminidad podría lograr una utopía sin distinciones. Por lo tanto, la idea era que el sexo (biología) de una persona no tuviera implicaciones en sus vidas. En otras palabras, el diseño de Dios para la mujer, el hombre y la unidad familiar debe volverse obsoleto y nuestro viaje existencial hacia ser dioses y, por lo tanto, la autoridad para nuestro propio destino, comenzará.

Otras feministas de la segunda ola, como Mary Poovey, siguieron su ejemplo. Todos los binarios (burguesía-proletariado, hombre-mujer, heterosexual-homosexual, a favor de la familia-sin familia, religioso-no religioso, colonizadores-colonizado, cisgénero-transgénero) finalmente se traducirían monolíticamente como privilegiado/opresor-desfavorecido/oprimido, y el escenario estaría preparado para el movimiento marxista del siglo XXI que lo abarca todo y es más impactante (en lo que respecta al alcance) hasta el momento: la justicia social. Pero para que eso sucediera, el marxismo clásico, con la ayuda de la Escuela de Frankfurt y Herbert Marcuse, tendría que pasar de ser un producto del pensamiento racionalista moderno (siglo XIX) a ser aceptable dentro del pensamiento relativista posmoderno (siglo XX).

## CONCLUSIÓN

¿Estamos nosotros, la iglesia cristiana del siglo XXI, en una posición desde la cual podemos responder con verdad y gracia a un mundo perdido que está tratando de recrearse a sí mismo? Todos los indicadores apuntan a que en la actualidad no estamos ni cerca. El antiintelectualismo plaga el evangelicalismo de los siglos XX y XXI, y estamos llamados a llevar un mensaje de esperanza a un mundo que se ahoga en su propia forma de pseudointelectualismo deificado. Muchos cristianos, especialmente en occidente, no pueden interactuar con el mundo haciendo uso de una voz profética y el poder del evangelio para salvar porque hemos limitado la cosmovisión bíblica y la vida cristiana dentro de los confines exclusivos de un nivel místico. Nuestro conocimiento de Dios y nuestra fe se entienden y deben enseñarse a partir de proposiciones, tal como se revelan en la Palabra de Dios. El lado experiencial de la fe cristiana es legítimo y necesario, pero nunca debe separarse de lo que Dios ha revelado en las páginas de la Escritura. De hecho, nuestra experiencia cristiana debe fluir de las verdades reveladas. Sin embargo, lamentablemente, debido en parte a nuestro excesivo sentimentalismo e individualismo compartidos, hemos perdido terreno para responder a estos movimientos. Además, nuestros hijos están siendo secuestrados ideológicamente con la ayuda de nuestra postura pasiva hacia la educación gubernamental (adoctrinamiento) y nuestra confusión sobre cómo debería ser la identidad, la postura y el propósito de la iglesia en la sociedad. Este humilde presente que tienes en tus manos es solo un intento de analizar cómo hemos llegado a este punto en nuestra sociedad, iglesias y familias hoy. Nos hemos desviado tanto de los preceptos bíblicos y de nuestro lugar en la historia de la iglesia que necesitamos ayuda para entender quiénes somos como individuos y como iglesia. En primer lugar, la iglesia no es de este mundo. Somos apartados (santificados). Hasta que comprendamos nuestra alteridad del mundo, no seremos capaces de comprometernos con el evangelio que salva. Pero me temo que estamos muy lejos de esa posición.

Muchos de nosotros y nuestros hijos seguimos buscando una manera de mantenernos relevantes en este mundo. El evangelio siempre será relevante y también lo será la iglesia. Pero, lamentablemente, muchos de nosotros y nuestros hijos nos sentimos culpables simplemente por vivir nuestra sexualidad según el diseño de Dios, siendo parte de un grupo de identidad. A menudo sentimos la necesidad de disculparnos en nombre de la iglesia por no abrazar el estilo de vida homosexual o los pronombres de género fluido. Tú y yo nacemos como hombre o mujer para la gloria de Dios, como portadores de su imagen. Nuestro sexo/género es por diseño, y el diseño de Dios es bueno. Con la esperanza de ser aceptadas como tolerantes o «amorosas», muchas iglesias están comenzando a predicar la justificación por la revolución social «woke» en lugar de la justificación por la fe. Y el evangelio según Marx ha hecho un buen uso de las redes sociales para hacer proselitismo entre las masas, sobre todo en las generaciones más jóvenes en todos nuestros países, difundiendo desde un evangelio bíblico hasta un evangelio social. Por favor, anímate a reflexionar en que el peso de la gloria está en juego al considerar lo que creemos acerca de la humanidad y nuestro lugar en ella. Solo considerando seriamente las Escrituras, con temor y temblor, saldremos del otro lado de este lío con una comprensión del reino del evangelio y un mensaje que trae perdón y vida eterna. No podemos permitirnos equivocarnos en este punto.

El mundo está lleno de injusticias, y nadie (ojalá) lo niega. Sin embargo, la forma en que respondamos determinará la diferencia entre la vida y la muerte, no solo de nuestras familias e iglesias, sino también de un gran número de personas que no se han reconciliado con Dios a través de Jesús. Dicho esto, todavía tenemos un poco más por recorrer en este estudio antes de llegar a un punto informado para discutir lo que realmente está en juego en el movimiento de la justicia social y su búsqueda de influencia en la iglesia. Necesitamos algunas paradas más para hablar de la LGBTQIA+, la ideología de género del siglo XXI (tercera ola), la teoría *queer*, la interseccionalidad y el movimiento «woke».

CAPÍTULO 16

# ¿QUÉ ES EL HOMBRE? DEL NATURALISMO AL EXISTENCIALISMO

## INTRODUCCIÓN

¿Quién eres? Aparte de identificarnos con nuestros nombres de pila, apellidos, nacionalidad, personalidades, profesiones, etc., ¿quiénes somos? En otras palabras, ¿qué eres? ¿Y qué significa eso? Un interrogatorio debería conducirnos a un punto en el que lleguemos a la misma respuesta para todos: soy humano. Pero, ¿qué es un ser humano?

Hasta ahora, hemos visto lo que significa ser humano según las Escrituras. Somos seres hechos a imagen y semejanza de Dios. Tenemos una existencia material y una existencia espiritual. Nosotros, al igual que Dios, somos seres éticos/morales, aunque a diferencia de Dios somos falibles, y la caída del hombre lo demostró. Somos seres relacionales, unidos en pacto con Dios (si bien la relación que incluye la comunión se perdió cuando tuvo lugar nuestra rebelión, Romanos 5:12-17); somos, por naturaleza, seres racionales que están diseñados para el pensamiento abstracto. Así, un arquitecto puede imaginar un edificio, diseñarlo y luego crearlo. Podemos entender la lógica, las matemáticas y demás. Dios también nos ha diseñado para la vida eterna, y nosotros lo sentimos (Eclesiastés 3:11). Nuestras vidas en la tierra impactan cómo se vivirá nuestra vida perpetua (eterna). Y Dios ha revelado su voluntad sobre la manera en que debemos vivir como sus representantes en la tierra y entre nosotros.

También hemos visto lo que significa ser humano según el positivismo lógico. Recuerda la epistemología (cómo sabemos lo que sabemos) que fue defendida en el siglo XIX por los racionalistas materialistas, quienes afirmaban que el hombre es, en última instancia, un ser en evolución en el árbol evolutivo de la vida (Darwin) y como un engranaje en un reloj (siendo el reloj el universo). Somos deterministas (solo actuamos como una reacción de la interacción de los instintos con nuestro entorno, como una marioneta o títere). Sin embargo, los filósofos, como Immanuel Kant, hablaron del hombre como un ser moral con libre albedrío y creatividad. El dualismo kantiano resultante (porque es lógicamente imposible reconciliar las dos afirmaciones: los humanos son deterministas, pero también son seres morales con libre albedrío y creatividad) se reflejó tanto en el racionalismo (el hombre es en última instancia un ser objetivo y racional) como en el romanticismo (el hombre es en última instancia un ser subjetivo, emocional y experiencial). Si biológicamente los seres humanos están evolucionando y uno de los medios por los cuales evolucionamos es la supervivencia del más apto, entonces la sociedad evoluciona, cada paso con menos opresión (dialéctica), hacia la condición o estado «más apto». Por lo tanto, la sociedad está evolucionando a medida que el hombre lo está haciendo y finalmente llegará a un estado superior de utopía.

En el siglo XX, hasta ahora hemos tomado nota de la primera y la segunda ola del feminismo, donde lo que significa ser humano impacta en cómo los movimientos sociales y las revoluciones sociales luchan para moldear una nueva sociedad. No obstante, el racionalismo sufrió una gran derrota en el siglo XX. El siglo XIX deificó al hombre y el hombre deificado gritó: «¡Dios ha muerto!». El siglo XX fue testigo de las consecuencias de los delirios de grandeza y el narcisismo del hombre y se convirtió en el siglo más sangriento de toda la historia de la humanidad. El hombre racional cayó y el hombre relativista tomó el trono en occidente. Y nos encontramos en otra encrucijada. ¿Cómo definimos al hombre? ¿Qué tipo de sociedad debe existir para el hombre y qué tipos de revoluciones deben llevarse a cabo para lograrlo? El humanismo materialista demostró que el hombre, tal como es, no puede ser el fin de todo. Somos demasiado destructivos. En medio de esta gran decepción, Sartre ofrecería una nueva definición del hombre: el humanismo existencial, en el que el hombre aún no es, pero está en proceso de llegar a ser. Sin embargo, ¿qué estaba ocurriendo en el siglo XX para provocar cambios tan drásticos en la filosofía?

## LA CAÍDA DEL HOMBRE RACIONAL

El cambio de siglo XX fue un tiempo prometedor. Los automóviles estaban reemplazando a los carruajes tirados por caballos, la industria se encontraba en auge, los hogares comenzaron lentamente a usar la electricidad, y el mundo vio cómo el apogeo del humanismo materialista nos llevaría a todos a una era sin dioses ni reyes. Como se mencionó anteriormente, no todo estaba bien y el mundo se hallaba a punto de ver cuán malvados podemos ser realmente. William Barrett (1913-1992), simpatizante marxista y filósofo existencialista de la Universidad de Nueva York, se lamentaba:

> Agosto de 1914 destrozó los cimientos de ese mundo humano. Reveló que la aparente estabilidad, la seguridad y el progreso material de la sociedad habían descansado, como todo lo humano, en el vacío. El hombre europeo se encontró cara a cara consigo mismo como si fuera un extraño. Cuando dejó de estar contenido y cobijado en un ambiente social y político estable, vio que su filosofía racional e ilustrada ya no podía consolarlo con la seguridad de que respondía satisfactoriamente a la pregunta ¿Qué es el hombre?[1]

La Primera Guerra Mundial fue devastadora. Según Statista, el portal de estadística en línea, se movilizaron sesenta y cinco millones de soldados y casi quince millones de soldados y civiles fueron asesinados.[2] Los positivistas lógicos que surgieron de la Ilustración europea querían evitar el regreso de las guerras a gran escala como resultado de la incivilidad medieval y los arrogantes pomposos que buscaban crear imperios sin tener en cuenta la vida. Era el turno de que el hombre racional le mostrara a todos lo que podíamos hacer una vez iluminados de nuestro mundo supersticioso mantenido en la oscuridad por el poder. La religión perdió su influencia, las monarquías perdieron su poder, y el hombre racional de Kant podía mostrarle al mundo cómo el hombre civilizado era capaz de conquistar al salvaje que lleva dentro para conquistar el mundo exterior. Este «nuevo» hombre fue el

---

1. William Barrett, *Irrational Man: A Study in Existential Philosophy* (New York, NY: Anchor Books, 1958), p. 33.
2. Statista, «Number of military and civilian fatalities during the First World War, per country or world power, between 1914 and 1918», https://www.statista.com/statistics/1208625/first-world-war-fatalities-per-country/.

resultado de la caída de la superstición medieval, los vínculos feudales y la monarquía mezclada con el autoritarismo papal. Sin embargo, este «nuevo» hombre no fue el resultado de un fracaso en lo que Dios reveló sobre el hombre y la sociedad. El hombre estaba huyendo con razón de su reciente pasado, pero negaba erróneamente sus orígenes y a su Creador en el proceso.

Según las Escrituras, el hombre es portador de la imagen de Dios y —como rey, profeta y sacerdote entre Dios y su creación— su mandato original era poblar la tierra y someterla con justicia, llenando así la tierra con el conocimiento de la gloria de Dios (Génesis 1:27-28; 2:15-24; Habacuc 2:12-14). Según las Escrituras, el hombre se rebeló y una maldición cayó sobre la creación (Génesis 3:17-19a), Dios advirtió acerca de cómo nuestras naturalezas pecaminosas provocarían disfunciones en lo que debíamos hacer y en la manera en que íbamos a vivir (Génesis 3:16), nuestro trabajo duro terminaría en la muerte final (Génesis 3:19b), pero Dios tenía un plan para que un Descendiente de la mujer aplastara la cabeza de la serpiente (Génesis 3:15), aunque toda la creación gemiría por eso hasta la resurrección final de los redimidos en la segunda venida del Descendiente de la mujer (Jesús, el Cristo).

*Porque el anhelo ardiente de la creación es el aguardar la manifestación de los hijos de Dios. Porque la creación fue sujetada a vanidad, no por su propia voluntad, sino por causa del que la sujetó en esperanza; porque también la creación misma será libertada de la esclavitud de corrupción, a la libertad gloriosa de los hijos de Dios. Porque sabemos que toda la creación gime a una, y a una está con dolores de parto hasta ahora; y no solo ella, sino que también nosotros mismos, que tenemos las primicias del Espíritu, nosotros también gemimos dentro de nosotros mismos, esperando la adopción, la redención de nuestro cuerpo.*

—Romanos 8:19-23

El hombre no es divino, sino que es portador de la imagen de su Creador divino (la esencia precede a la existencia) y cuando nos rebelamos y violamos lo que es nuestra esencia intrínseca (portadores de la imagen de Dios) con lo que niega nuestra esencia dada y a quien reflejamos (Dios), rompemos su ley, lo cual se llama «pecado». En nuestra rebelión contra nuestro Creador, negamos no solo cómo debemos reflejar su imagen, sino también nuestra esencia dada. Por lo tanto, utilizamos nuestra capacidad de razonamiento, afectada por el pecado (los efectos noéticos del pecado), junto con nuestros corazones moralmente corruptos (Jeremías 17:9), para buscar una nueva identidad o esencia.

De acuerdo con el naturalismo/materialismo positivista de los siglos XVIII y XIX, somos los últimos y más grandes logros de la obra maestra aleatoria de la naturaleza y, por lo tanto, nos jactamos de conquistar a la naturaleza y a nosotros mismos sin más necesidad de un lado místico de la vida, ni una entidad metafísica superior a nosotros. Sin embargo, la excelsa naturaleza humana no era monolítica. Los grupos étnicos humanos, o «razas», como los naturalistas los colocaron en sus cartas taxonómicas recién catalogadas (siglos XVIII y XIX), no se consideraba que todos pertenecieran a una naturaleza humana igual. Los grupos más civilizados de progenies superiores eran los ilustrados que llevarían al hombre a su cúspide de civilidad y conquista del mundo natural. La naturaleza, después de supuestos millones de años, finalmente había producido sus propios cuidadores, y su edad de oro estaba en el horizonte. Bueno, ese era al menos el pronóstico. La humanidad no es amoral y el optimismo tonto de lo que podemos lograr por nuestra cuenta ha sido históricamente la anteojera autoinducida que nos lleva al genocidio y el asesinato en masa.

A pesar de esto, muchos eligieron ciegamente creer en Lewis Mumford (1895-1990), un historiador y filósofo estadounidense de la tecnología y la ciencia. Antes de la Primera Guerra Mundial, declaró que los intelectuales occidentales eran casi unánimes en creer que la raza humana podía llegar a un estado de «bienaventuranza universal». En cambio, llegamos a un estado de guerra mundial, ¡dos veces en veinticinco años! El marxismo nos prometió el Hombre Nuevo. En su lugar tenemos a Iósif Stalin, dictador paranoico y asesino de masas. El nazismo nos prometió el ario *Übermensch,* rubio y de ojos azules. En su lugar, tenemos a Adolf Hitler, megalómano de cabello castaño y ojos marrones, irónicamente descendiente de una abuela judía y retorcido inventor de «la Solución Final». Amigos, los seres humanos no pueden salvarse a sí mismos, ¡porque el problema está en su interior![3]

---

3. Peter Jones, *One or Two: Seeing a World of Difference Romans 1 for the Twenty-first Century* (Escondido, CA: Main Entry Editions, 2010), Edición Kindle, Loc 2797-2810.

## RACISMO Y ESCLAVITUD

La evidencia de la categorización racial elitista de los seres humanos se encuentra en toda la literatura de esa época. Hemos analizado el tratamiento que Darwin les dio a los grupos de pueblos aborígenes africanos y australianos, pero él no fue el único que los deshumanizó (eugenesia). Otro ejemplo lo encontramos de la pluma de Karl Marx. En una carta a Friedrich Engels del 7 de agosto de 1886, Marx expresó su preferencia por el libro de Pierre Trémaux (1818-1895) sobre los orígenes, *Origine et transformations de l'homme et des autres êtres* (1865) [El origen y las transformaciones del hombre y otros seres], por ser superior al de Darwin —*El origen de las especies* (1859) o *El origen del hombre* (1871)— en cuanto a cómo el apareamiento y la reproducción se relacionan con la clasificación de las especies.

> Aquí, la hibridación, que plantea problemas a Darwin, por el contrario, apoya el sistema, ya que se demuestra que una *especie* se establece de hecho por primera vez tan pronto como el *croisement* [cruce] con otras deja de producir descendencia o de ser posible, etc.
>
> En sus aplicaciones históricas y políticas es mucho más significativo y relevante que Darwin. Para ciertas cuestiones, como la nacionalidad, etc., solo aquí se ha encontrado una base en la naturaleza [...] del mismo modo ([Trémaux] pasó mucho tiempo en África) demuestra que el tipo negro común no es más que una degeneración de uno mucho más elevado.[4]

El marxismo clásico basó su comprensión del hombre en supuestos naturalistas que lógicamente conducirían a diferentes tipos de luchas de clases más allá de las disparidades económicas. Esto de ninguna manera culpa del racismo a personas como Darwin y Trémaux. Una cosmovisión bíblicamente informada debería llevarnos a una comprensión de la naturaleza caída del hombre, en la que las teorías que sostenemos no son en última instancia responsables de los males del odio. Todo pecado procede del corazón humano (Mateo 15:19). Cristianos, judíos, musulmanes, budistas, gnósticos, ateos materialistas, ateos existenciales, agnósticos, etc., etc., son todos hijos e hijas de Adán y Eva, y por lo

---

4. Karl Marx y Friedrich Engels, *Collected Works, Volume 42* (1864–1868), trad. Christopher Upward y John Peet (New York: International Publishers; Moscow: Progress Publishers, 1987), p. 305. https://archive.org/details/karlmarxfrederic0042marx/mode/2up?q=%22far+higher+one%22.

tanto pecan contra Dios y su prójimo. Los cristianos han malinterpretado y aplicado mal las Escrituras para justificar su odio, y lo mismo han hecho otros grupos también. Sin embargo, antes de generalizar demasiado, debemos expulsar al señor Simplón de nuestro razonamiento. Es un estorbo que aparece buscando una plataforma en todo el razonamiento humano y debe ser constantemente desechado. El señor Simplón, entre todos sus razonamientos falaces, es el más culpable de los errores de categoría. Estas falacias lógicas ocurren (y con más frecuencia de lo que nos gustaría admitir) cuando no tenemos cuidado de esforzarnos por reconocer la complejidad y las relaciones internas entre las diversas categorías de pensamiento.

El hecho de que personas de todos los ámbitos de la vida hayan cometido injusticias con los demás no significa que todas las cosmovisiones sean igualmente ineficaces para producir una sociedad en la que se defienda la justicia *relativa*.[5] Hay visiones del mundo cuyos fundamentos ontológicos, epistemológicos y éticos simplemente no pueden sostener ninguna forma de justicia. Por lo tanto, aunque muchos bajo la bandera de la cristiandad, por ejemplo, incluso han tratado de usar la Palabra de Dios para justificar la iniquidad, como la esclavitud que roba al hombre, la Biblia lo prohíbe enfáticamente. Las parodias de la esclavitud moderna no son el resultado de una cosmovisión bíblica.

*Asimismo el que robare una persona y la vendiere, o si fuere hallada en sus manos, morirá.*

—Éxodo 21:16

*Pero sabemos que la ley es buena, si uno la usa legítimamente; conociendo esto, que la ley no fue dada para el justo, sino para los transgresores y desobedientes, para los impíos y pecadores, para los irreverentes y profanos, para los parricidas y matricidas, para los homicidas, para los fornicarios, para los sodomitas, para los secuestradores, para los mentirosos y perjuros, y para cuanto se oponga a la sana doctrina, según el glorioso evangelio del Dios bendito, que a mí me ha sido encomendado.*

—1 Timoteo 1:8-11

---

5. Hasta la consumación del reino de Dios al regreso de Jesús, ninguna sociedad será justa según las normas de Dios. Pero si tomamos esa verdad como pesimista y pasiva, tendríamos que negar muchos mandatos de las Escrituras que prescriben y describen un gobierno y una sociedad justos que deben ser defendidos.

No ha faltado la contención contra las Escrituras hoy en día, especialmente durante el desarrollo de la justicia social posmoderna, como las acusaciones contra la Biblia de condonar la esclavitud. Sin embargo, un patrón que he notado en las publicaciones de tales acusaciones es la falta de un tratamiento real de las Escrituras (exégesis). Por ejemplo, un artículo de 2007 publicado en el sitio web del ministerio Answer in Genesis dice:

> El hecho de que los seres humanos sean de «una sola sangre» no significa que la Biblia esté en contra de la esclavitud. La Biblia apoya y regula la propiedad de esclavos y no dice que tener un esclavo esté mal. Los cristianos blancos a menudo han usado la Biblia para convencerse a sí mismos de que tener esclavos está bien y que los esclavos deben obedecer a sus «amos terrenales». Los cristianos blancos también poseían esclavos blancos durante y después de la caída del Imperio romano. Por lo tanto, decir que los cristianos blancos necesitan creer que sus esclavos son inferiores a ellos para justificar la propiedad de esclavos también es falso. Un esclavo es esclavo en la mente de los cristianos blancos que lo han poseído y la Biblia apoya la propiedad de esclavos.[6]

Este argumento común, entre otras falacias como la *ad hominem*, emplea una falacia anacrónica. En la cita anterior se utiliza el término «esclavitud» tal y como se entiende hoy en día para el comercio de esclavos en el Atlántico (siglos XVI-XIX d. C.) y lo interpreta en la literatura de hace aproximadamente tres mil quinientos años (siglo XVI a. C.). En la Biblia, la primera nación en tener esclavos (al menos entre las que se enumeran en las Escrituras) fue la de los egipcios, que no estaban en una relación de pacto con Dios, sino que eran paganos. Y Dios castigó a Egipto, junto con Faraón y sus falsos dioses, mientras liberaba a su pueblo del pacto (hebreos) en el Éxodo. A partir de ese punto, sabemos de muchas naciones que esclavizaron a otros pueblos. Por ejemplo, está el Código de Hammurabi, que habla de la esclavitud; la conquista asiria de Israel (Reino del Norte, 722 a. C.) y el cautiverio babilónico de Judá (Reino del Sur) hacia el 586 a. C.; los moros «negros», que esclavizaron a los «blancos» durante cuatro siglos (siglos VIII-XII d. C.); otros como los invasores nórdicos de Escandinavia, Sudán y Darfur en la actualidad;

---

6. Bodie Hodge, «The Bible and Slavery», Answers in Genesis, publicado el 2 de febrero de 2007.

así como la esclavitud sexual en el día de hoy, que es más grande que cualquier comercio de esclavos del pasado.[7]

A los hebreos que formaron la nación de Israel, en pacto con Dios, se les ordenó ir en contra de la esclavitud por robo de personas. Por ejemplo, si volvemos a Éxodo 21:16, Dios ordena la pena de muerte para el que roba a un hombre. Pero si nos fijamos en los versículos que lo rodean, se habla mucho sobre el trato justo que deben recibir los esclavos. Suena muy contradictorio, ¿no? Si robas a un hombre, debes morir, pero en la muerte, ¿debes tratarlo bien y dejarlo ir en el año del jubileo? Eso no tiene sentido debido a que el término bíblico traducido como «esclavo» no coincide con el uso que hacemos del término después de la trata de esclavos en el Atlántico hoy en día. Este tipo de esclavitud consistía en la servidumbre por contrato para pagar una deuda. En otras palabras, si un ciudadano tenía una deuda que no podía pagar, le preguntaba a su acreedor si él, y a veces también su familia, podían saldar la deuda. Si el acreedor estaba de acuerdo, el deudor era su «esclavo» o sirviente contratado. Y las Escrituras son muy claras acerca de cómo el deudor debe ser tratado con justicia y bondad mientras trabaja para saldar una deuda. Dios les recordaría, en el contexto de la servidumbre por contrato, que eran esclavos en Egipto y que Él los había liberado. En otras palabras, Dios les estaba recordando la tiranía del maltrato en la esclavitud forzada para que no trataran a las personas como los egipcios los trataron a ellos. Y si llegaba el año del jubileo y la deuda aún no había sido pagada, el acreedor tendría que perdonar lo que quedaba y liberar al deudor de su obligación.

Sin embargo, hay casos en los que extranjeros de las naciones circundantes vendrían a Israel o habría extranjeros nacidos en Israel. Levítico 25 habla de cómo pueden ser esclavos de las familias, pero bajo el mismo buen trato y no por la fuerza, ya que el robo del hombre se castigaba con la muerte. En Levítico 25 todavía se mantiene el caso de que los extranjeros podían ser vistos como posesiones permanentes. Llegados a este punto, dejaré que Paul Copan, un respetable erudito en este tema, nos ayude con una buena exégesis:

> (a) Nótese el lenguaje del versículo 45: «los forasteros que viven como extranjeros [*hagarim*] entre vosotros» pueden ser «adquiridos» como siervos. Nótese que solo unos capítulos antes, al principio del mismo

---

7. *Ibidem.*

¿QUÉ ES EL HOMBRE? DEL NATURALISMO AL EXISTENCIALISMO | 265

libro, los israelitas son llamados a amar al extranjero (*ger*) y tratarlo como lo harían con un nativo en Israel (Levítico 19:34). No tenemos de repente justificación para maltratar a los extranjeros en el capítulo 25.

(b) El texto declara que los israelitas «pueden adquirir [*qanah*]» extranjeros como siervos (v. 44). Esto no era obligatorio («pueden»), y «adquirir» implicaba un acuerdo contractual oficial, como un atleta profesional que es «cambiado» a otro equipo que tiene un «propietario». Por ejemplo, Booz «adquiere» a la extranjera Rut como su esposa (Rut 4:10). Sin embargo, el libro de Rut la retrata como una persona con dignidad y valor que actúa con nobleza e incluso heroicamente para encontrar su lugar en la comunidad de Israel [...] Al igual que Rut, ellos podían venir voluntariamente a Israel a trabajar en busca de una vida mejor. O podrían encontrarse en circunstancias más difíciles, como la hambruna o después de la derrota en la guerra, o simplemente podrían huir de un amo severo para encontrar refugio en Israel (por ejemplo, Deuteronomio 23:15-16). El secuestro estaba prohibido para los israelitas (Éxodo 21:16; Deuteronomio 24:7), aunque esto también estaba generalmente prohibido en el resto del antiguo Cercano Oriente.

Dado que los extranjeros no podían adquirir propiedades en los territorios tribales de Israel, tendrían que vincularse a hogares israelitas, lo cual podría ser un arreglo bueno y seguro. Y dentro de una o dos generaciones, los extranjeros en Israel o Egipto, por ejemplo, fueron típicamente asimilados a la cultura más amplia del país anfitrión, tomando nuevos nombres, casándose entre sí y adoptando nuevas costumbres (por ejemplo, 1 Crónicas 2:34-35). Mantener sirvientes extranjeros generación tras generación no era la forma en que funcionaban las cosas en el antiguo Cercano Oriente. Un siervo extranjero podía ser contratado con el fin de trabajar para una familia israelita *potencialmente* de manera permanente (*olam*: Levítico 25:46; cf. Éxodo 21:5-6), pero ese siervo también podía mejorarse a sí mismo y «prosperar» en su nueva cultura anfitriona (v. 47). Por supuesto, *los israelitas mismos* también podían entrar voluntariamente en una relación permanente (*olam*) de servidumbre por amor a su empleador (Éxodo 21:5-6), y esto no era una disminución de su humanidad.

(c) Levítico 25 deja claro que el «forastero que vive entre vosotros como extranjero» podría ascender en la escala económica y «prosperar [*nasag*]» (v. 47) de tal manera que él, el extranjero, podría realmente «adquirir [*qanah*]» a un *israelita pobre* que «se venda a sí mismo», es decir, se subcontrate, al extranjero (v. 47). Este israelita pobre también puede con el tiempo «prosperar [*nasag*]» (v. 49), en cuyo caso podría comprarse a sí mismo sin deudas (v. 49). La servidumbre para un siervo extranjero o israelita no tiene que ser permanente. Un israelita puede «comprar/adquirir [*qanah*]» a un *compañero* israelita que está empobrecido (v. 50). El hecho de que un israelita sea «adquirido» no disminuye su estatus como un ser humano digno. Un extranjero que es «adquirido» tampoco se ve disminuido en dignidad. Así que vemos que el extranjero puede ser «adquirido» a fin de trabajar para un israelita, *y* el israelita puede ser «adquirido» a fin de trabajar para el extranjero. El extranjero no está condenado a la pobreza, sino que puede «prosperar» en Israel, al igual que el israelita empobrecido que tiene que «venderse a sí mismo» también puede finalmente «prosperar».[8]

No había parques industriales donde los extranjeros pudieran trabajar y ahorrar dinero. No había universidades donde pudieran aprender el idioma y asimilarse a la cultura. La vida era agraria y los extranjeros no tenían tierras para cultivar y alimentar a sus familias. Por lo tanto, su supervivencia en Israel dependería de trabajar las tierras y ayudar en los hogares de aquellos que sí los tenían. Dios no aprueba en ninguna parte de las Escrituras la esclavitud, especialmente al hombre que roba la esclavitud como en la trata de esclavos en el Atlántico. Y fue la obra de los cristianos y otras personas que apelaron a los principios bíblicos lo que puso fin a la trata de esclavos.[9]

El punto en cuestión es que aunque las personas trataron de justificar con las Escrituras los males contra la raza humana, como el robo de hombres basado en actitudes racistas, estaban negando lo que las Escrituras enseñan con sus motivos y acciones. Las Escrituras enseñan que todos somos una sola sangre (Hechos 17:26) y que Dios no hace excepciones ni muestra favoritismo (Hechos 10:34-35, Gálatas 3:28). Él nos juzga por nuestro pecado, no por nuestra herencia étnica.

Sin embargo, cuando alguien promueve actitudes racistas a partir de la teoría materialista y evolutiva, coincide con su cosmovisión. Esto no significa que los evolucionistas sean racistas. El punto es que su falta de

---

8. Paul Copan, respondiendo a una pregunta sobre la servidumbre en las Escrituras, «#857 La servidumbre en el antiguo Israel (Pt. I)», *Reasonable Faith*, publicado el 15 de octubre de 2023, https://www.reasonablefaith.org/question-answer/P650/servitude-in-ancient-israel-pt-i.
9. De esto se hablará en un capítulo posterior.

racismo no es una consecuencia lógica de su cosmovisión. La teoría evolutiva defiende la supervivencia del más apto en un universo amoral. Por lo tanto, no hay un estándar objetivo para las categorías de bien y mal. ¿Por qué no encontrar una tribu y secuestrarlos para que trabajen para una sociedad más estructurada? Cualquier respuesta fuera de la empatía sentimental no es el resultado de seguir las suposiciones materialistas hasta sus conclusiones lógicas.

No obstante, el punto es que el positivismo lógico materialista del siglo XIX no formaría una cosmovisión que pudiera promover la paz y la armonía reales en esta tierra. No somos meras máquinas biológicas (como en el determinismo materialista) que están evolucionando (la existencia y la esencia inferiores preceden a una existencia y esencia superiores). Por lo tanto, el escenario social del siglo XX estaba preparado para el surgimiento de otro intento de definir al hombre: el existencialismo ateo. De nuevo, el filósofo existencial William Barrett explica:

> Debemos señalar que la filosofía angloamericana está dominada por un modo de pensamiento completamente diferente y ajeno, llamado de diversas maneras: filosofía analítica, positivismo lógico o, a veces, simplemente «filosofía científica». Sin duda, el positivismo también tiene buenas pretensiones de ser la filosofía de este tiempo: toma como hecho central lo que es indudablemente el hecho central que distingue a nuestra civilización de todas las demás, la ciencia. Pero a partir de esto se pasa a tomar a la ciencia como la gobernante suprema de la vida humana, lo que nunca ha sido y psicológicamente nunca podrá ser. El hombre positivista es una criatura curiosa que habita en la diminuta isla de luz compuesta de lo que considera científicamente «significativo», mientras que toda el área circundante en la que los hombres ordinarios viven día a día y tienen sus tratos con otros hombres está relegada a la oscuridad exterior de lo «sin sentido». El positivismo simplemente ha aceptado el ser fracturado del hombre moderno y ha erigido una filosofía para intensificarlo. El existencialismo, con éxito o sin éxito, ha intentado reunir todos los elementos de la realidad humana en una imagen total del hombre. El hombre positivista y el hombre existencialista son, sin duda, descendientes de la misma época madre, pero, al igual que Caín y Abel, los hermanos están divididos inalterablemente por el temperamento y la elección inicial que hacen de su propio ser. Por supuesto, en la

escena contemporánea hay un pretendiente más poderoso a la maestría filosófica que cualquiera de ellos: el marxismo.[10]

Nótese cómo el marxismo se distingue del positivismo y el existencialismo. Esto se debe a que el marxismo no tiene una cosmovisión propia en cuanto a la naturaleza de la humanidad. Es más teoría social que otra cosa. Eso significa que el marxismo puede ser utilizado por positivistas (racionalistas materialistas), existencialistas como Sartre, católicos romanos (teología de la liberación), y ahora incluso está siendo utilizado por los evangélicos. Y ahí, como discutiremos en capítulos posteriores, es donde reside gran parte del peligro del marxismo.

Sin embargo, Barrett también argumenta que el positivismo no tiene categorías para la singularidad de la personalidad/identidad/experiencia humana. Aquí es donde el argumento se convierte en una defensa de lo que él llama el hombre existencialista sobre el hombre positivista.

> Al igual que el positivismo, el marxismo no tiene categorías filosóficas para los hechos únicos de la personalidad humana, y en el curso natural de las cosas se las arregla para colectivizar esta personalidad humana hasta hacerla desaparecer (excepto cuando una sola personalidad alcanza el poder, y entonces su paranoia personal hace estragos en las vidas de doscientos millones de personas). Tanto el marxismo como el positivismo son, intelectualmente hablando, reliquias de la Ilustración del siglo XIX que aún no han llegado a un acuerdo con el lado oscuro de la vida humana, tal como lo captaron incluso algunos de los propios pensadores del siglo XIX. La imagen marxista y positivista del hombre, en consecuencia, es delgada y demasiado simplificada. La filosofía existencial, como rebelión contra tal simplificación excesiva, intenta aprehender la imagen del hombre en su totalidad, incluso cuando esto implica traer a la conciencia todo lo que es oscuro y cuestionable en su existencia. Y precisamente en este sentido es una expresión mucho más auténtica de nuestra propia experiencia contemporánea.[11]

---

10. Barrett, *Irrational Man*, pp. 20-21.
11. *Ibidem*, p. 22.

Y tal es el razonamiento de los existencialistas para explicar el fracaso del marxismo clásico en las naciones de principios del siglo XX. Sí, el positivismo materialista no puede explicar los fenómenos humanos (seres éticos, relacionales y racionales que evolucionan a partir de un universo mecanicista), pero tampoco el existencialismo puede hacerlo. El existencialismo de Sartre no ofrece un pensamiento real y empírico sobre la existencia humana. Solo postula que los humanos son distintos y están por encima de los animales en existencia y potencial para convertirse en algo más. ¿Dónde está la explicación de cómo puede suceder eso en una visión atea del mundo? El existencialismo, en oposición al determinismo materialista, supone que la humanidad es libre en una existencia atea. Esto es lógicamente imposible. Al menos los racionalistas kantianos son honestos con el dualismo que no se puede reconciliar entre la humanidad mecanicista y determinista en un sistema cerrado que llamamos universo y los seres libres y creativos que somos (es decir, el dualismo kantiano).

La creación bíblica y el esquema de mandato de lo que significa ser humano y la formación de la sociedad.

El esquema materialista (positivismo) de la existencia humana.

El marxismo clásico, asumiendo el esquema positivista, materialista/naturalista del control estatal para formar una sociedad sin clases.

¿QUÉ ES EL HOMBRE? DEL NATURALISMO AL EXISTENCIALISMO | 271

El neomarxismo utilizando el humanismo existencial para definir al hombre, dentro del esquema de la Escuela de Frankfurt, con el fin de lograr la utopía en la sociedad (epistemología del relativismo posmoderno y ética freudiana de la antiautoridad).

Lo que hay que decir es que solo en una cosmovisión bíblica podemos ser tanto seres materiales en un universo material, como ser seres creativos y morales con libre albedrío.[12] No obstante, el nuevo esquema filosófico para el siglo XX, y hasta ahora en el siglo XXI, ha abandonado el determinismo materialista por el humanismo existencial. Pero la naturaleza de lo que significa ser humano no se reduce a un deambular abstracto y filosófico entre unos pocos teóricos académicos. Lo que creemos sobre la identidad humana, incluyendo la masculinidad, la feminidad y la sociedad, tiene repercusiones para todos. Las ideas tienen consecuencias.

## *LA ABOLICIÓN DEL HOMBRE*

Clive Staples Lewis (1898-1963), o C. S. Lewis, es conocido hoy en día principalmente por las películas basadas en su serie de novelas *Las*

---

12. El libre albedrío y lo que el pensamiento posmoderno llama «libre albedrío» no son lo mismo. El libre albedrío es lo que Agustín y Calvino querían decir con el término. Este nos permite elegir libremente, pero dentro de los confines de nuestra naturaleza. Así como no puedo elegir que me salgan alas y volar debido a que no está dentro de mi naturaleza, tampoco puedo decidir arrepentirme, seguir a Dios, creer en Jesús y vivir para su gloria porque no está dentro de los límites de mi naturaleza pecaminosa. Es por eso que nadie puede acercarse al Hijo en su naturaleza pecaminosa a menos que el Padre atraiga a la persona hacia Él (Juan 6:44) y nadie puede buscar a Dios en sus términos a menos que sea atraído por Dios (Romanos 3:11-18). El libre albedrío, tal como se usa hoy en día, incluso en muchos círculos evangélicos, asume que podemos tomar decisiones más allá de nuestra naturaleza, lo que coincide con el humanismo existencial porque niega una naturaleza humana y postula una condición humana que está en proceso de realización.

*crónicas de Narnia* (1950-1956). Él fue profesor de literatura clásica inglesa en Oxford y Cambridge. Como ateo, asistía a un grupo de escritores en el campus de Oxford que se llamaban a sí mismos los «Inklings», donde discutían sus proyectos de escritura y ofrecían comentarios. Un profesor titular de Oxford, que era cristiano, terminaría debatiendo con Lewis sobre la existencia de Dios, hasta que una mañana algo cambió. Lewis, desafiado por los argumentos del profesor a lo largo de lo que estaba recogiendo de los escritos de George MacDonald, ya no podía negar a Dios, como lo describiría más tarde en *Cautivado por la alegría*.

> Se exigía el sometimiento total, el salto absoluto en el vacío. La realidad con la que no se puede pactar estaba sobre mí. La exigencia ni siquiera era «todo o nada». Creo que ese estado ya había pasado, en el piso de arriba del autobús, cuando desabroché mi armadura y el hombre de nieve se empezó a derretir. Ahora la exigencia era, simplemente, «todo».
>
> Debes imaginarme solo, en aquella habitación del Magdalen, noche tras noche, sintiendo, cada vez que mi mente se apartaba por un momento del trabajo, el acercamiento continuo, inexorable, de Aquel con quien, tan encarecidamente, no deseaba encontrarme.
>
> Aquel a quien temía profundamente cayó al final sobre mí. Hacia la festividad de la Trinidad de 1929 cedí, admití que Dios era Dios y, de rodillas, recé; quizá fuera, aquella noche, el converso más desalentado y remiso de toda Inglaterra. Entonces no vi lo que ahora es más fulgurante y claro: la humildad divina que acepta a un converso incluso en tales circunstancias. Al fin el hijo pródigo volvía a casa por su propio pie. Pero ¿quién puede adorar a ese amor que abrirá la puerta principal a un pródigo al que traen revolviéndose, luchando, resentido y mirando en todas direcciones buscando la oportunidad de escapar? Las palabras *compelle intrare*, obligadles a entrar, han sido tan manoseadas por hombres impíos que debemos temblar ante ellas; pero, bien entendidas, llenan la profundidad de la misericordia divina. La dureza de Dios es más agradable que la amabilidad de los hombres, y su coacción es nuestra liberación.[13]

---

13. C. S. Lewis, *Cautivado por la alegría. Historia de mi conversión*, HarperCollins Español, 1989, pp. 272-273.

El profesor de los Inklings que desafió su ateísmo fue J. R. R. Tolkien, autor de *El Señor de los Anillos*, y su amistad sería duradera. Lewis no se quedó quieto con su nueva fe (ni volvió a la de su juventud). Se convirtió en una voz de esperanza y comprensión a través de su conocida voz de radio para enseñar sobre el cristianismo durante los tiempos tumultuosos de la Segunda Guerra Mundial.

Dentro de los círculos cristianos, Lewis también es conocido por *Mero cristianismo* (1952), que es una compilación transcrita de sus enseñanzas radiofónicas, y *Cartas del diablo a su sobrino* (1942). Sin embargo, desafortunadamente, muchos hoy en día no conocen lo que estimo que son sus mejores obras: *El regreso del peregrino* (1933), *El peso de la gloria* (1965) y *La abolición del hombre* (1943).

*La abolición del hombre* es una obra corta que demuestra ser más descriptiva y profunda con cada nueva lectura. La idea del libro parece haber sido provocada por un libro de texto escolar que le enviaron para que fuera utilizado en el sistema escolar británico. Lewis estaba asombrado por los puntos de vista que defendía con respecto a lo que se acuñó como Teoría Crítica de la Escuela de Frankfurt, el subjetivismo moral y, en mi opinión, insinúa una nueva actitud hacia la antropología (lo que significa ser humano); la misma antropología que Sartre pronto introduciría como humanismo existencial.

Sin embargo, con referencia al libro de texto escolar en cuestión, Lewis no estaba interesado en provocar una controversia innecesaria al nombrar su título ni a sus autores, por lo que se refirió a él como *El libro verde* y utilizó seudónimos para sus dos autores: Cayo y Titius. Al menos una fuente concluye que *El libro verde* al que se refería era *The Control of Language: A Critical Approach to Reading and Writing* (1939) [El control del lenguaje: una aproximación crítica a la lectura y la escritura] de Alexander King y Martin Ketley. Lewis, en *La abolición del hombre*, ofrece el siguiente comentario sobre una escena descrita en *El libro verde*:

> En su segundo capítulo, Cayo y Titius citan la conocida historia de Coleridge en la cascada. Como recordarán, había dos turistas: uno la calificó de «sublime» y el otro, de «bella»; Coleridge se adhirió mentalmente a la primera opinión y rechazó la segunda con desagrado. Cayo y Titius comentan: «Cuando el hombre dice "Esto es *sublime*", parecía estar comentando la cascada [...] En realidad [...] no estaba

refiriéndose a ella, sino a sus propios sentimientos. En realidad estaba diciendo: "Tengo sentimientos relacionados en mi mente con la palabra *sublime*", o, resumido: "Tengo sentimientos sublimes"». Aquí se presentan unas cuantas cuestiones de calado, tratadas de una manera bastante escueta. Pero no terminan ahí los autores. Añaden: «Esta confusión está presente siempre en el lenguaje tal como solemos usarlo. Parece que estamos diciendo algo muy importante sobre algo, cuando en realidad solo decimos algo sobre nuestros sentimientos».[14]

Fíjate en lo que se dice aquí sobre la estética. Se está enseñando que cualquier sentimiento de asombro y aprecio por la belleza refleja lo que hay en nosotros mismos. Las Escrituras enseñan que «Los cielos cuentan la gloria de Dios, y el firmamento anuncia la obra de sus manos» (Salmo 19:1).

En términos bíblicos, lo bello e imponente de la creación es simplemente un reflejo de la gloria de nuestro Creador en su obra maestra. La humanidad ve las estrellas, las cascadas, el mar, toda la creación (Romanos 1:20) y no solo debe apreciar la maravilla de la creación, sino también vislumbrar la gloria de su Creador. La respuesta correcta es la de gratitud y adoración al Dios cuya gloria se revela a través de su creación.

---

14. *Clásicos selectos de C. S. Lewis. La abolición del hombre*, Grupo Nelson, 2021, pp. 723-724. Citando *El libro verde*, pp. 19-20.

Sin embargo, el hombre ha negado a Dios, y por lo tanto la relación entre su trascendencia (alteridad) sobre toda la creación y su inmanencia (presencia e interacción) en su creación. En el pensamiento occidental, hemos descartado los aspectos trascendentes de la existencia y estamos reduciendo todo a la gloria del hombre, ya sea por su dominio sobre la naturaleza (racionalismo) o por lo que el hombre puede trascender por sí mismo (existencialismo).

Por lo tanto, el asombro que se experimenta al mirar las galaxias o una cascada, como en *El libro verde*, no se inspira en ninguna belleza gloriosa de nuestro Creador, ni de estas mismas cosas, sino en la belleza gloriosa que hay en mí. La respuesta legítima, entonces, sería que el hombre adorara en el altar de su propia grandeza y se jactara de cómo las estrellas y las cascadas no tienen nada que ofrecer fuera de la grandeza del hombre. Esto se debe a que, a menos que el hombre esté aquí para interactuar sensorialmente con la naturaleza, esta pierde su encanto. La única estética verdadera, entonces, es la gloria de los corazones humanos que son provocados a hacer brillar su propia gloria en lo que se ve. De ese modo, la Biblia humanista diría:

«Los cielos declaran la gloria del hombre y el firmamento proclama su obra». Lewis responde rompiendo la epistemología relativista en lo que Cayo y Titius están propugnando:

> El alumno que lee este pasaje de *El libro verde* creerá dos proposiciones: primero, que todas las frases que contienen un predicado de valor son afirmaciones acerca del estado emocional del hablante; y segundo, que todas esas afirmaciones son de nula importancia.[15]

Por consiguiente, fuera de cómo nos sentimos, no puede haber proposiciones de verdad que tengan algún peso objetivo sobre la realidad que nos rodea. En esta cita, la primera proposición que se propugna en el escenario de la cascada en *El libro verde* es que la ética no se basa en estándares objetivos y universales, sino en valores subjetivos (relativismo moral), los cuales serán muy importantes en capítulos posteriores para comprender el argumento de por qué tantos evangélicos son engañados hoy por la teología marxista sobre la justicia social (a través de la interseccionalidad). La segunda proposición es que todos los enunciados que postulan una verdad sobre un fenómeno objetivo carecen prácticamente de significado. En última instancia, nuestros sentimientos interactúan con los estímulos. Entonces, ¿qué me dicen mis sentimientos acerca de mí mismo? No pueden decirme nada sobre la cascada, o las estrellas, porque los sentimientos de otra persona pueden decirles algo diferente sobre estas cosas. Si hago una declaración objetiva sobre las estrellas (es decir, ellas declaran la gloria de Dios), le estaré imponiendo mis valores subjetivos a otra persona. Eso, entonces, sería un acto de violencia, ya que los estoy persuadiendo contra su propia subjetividad para promover la mía. (Por favor, recuerde esto cuando tratemos con la proclamación bíblica del arrepentimiento en el evangelio).

A continuación, Lewis ofrece un comentario asombroso y revelador sobre la imposibilidad de utilizar esta relatividad subjetiva para formar una sociedad. También acusa a estos teóricos críticos y relativistas morales de hipocresía porque todavía asumen una ética bíblica para el hombre en su continua indignación contra la anarquía en la humanidad.

> Y todo el tiempo —tal es la tragicomedia de nuestra situación— seguimos clamando justo por estas cualidades que hacemos

---

15. *Ibidem*, p. 724.

imposibles. Apenas puede uno abrir un periódico sin que se le ponga delante la afirmación de que lo que nuestra civilización necesita es más «empuje» o dinamismo, o sacrificio personal, o «creatividad». En una especie de espeluznante simplismo, extirpamos el órgano y exigimos la función. Hacemos hombres sin nada en el pecho y esperamos de ellos virtud e iniciativa. Nos reímos del honor y nos sorprendemos de que haya traidores entre nosotros. Castramos y exigimos a los castrados que tengan prole.[16]

Podemos negar propositivamente que los humanos seamos portadores de la imagen de nuestro santo Creador todo lo que queramos, pero ninguno de nosotros puede erradicar su imagen de nuestro ser. Por lo tanto, los humanos siempre encontrarán escándalo en la atrocidad. Sabemos que nuestro pecado es una violación no solo de lo que debemos hacer, sino de lo que somos, y por eso, de lo que debemos reflejar.

Un sentimiento similar es compartido por Lewis en *El regreso del peregrino*, que se basa en el exitoso libro *El progreso del peregrino* (1678), de John Bunyan. *El regreso del peregrino* es una novela de ficción acerca de un hombre llamado John que se propone buscar en las leyes del «Propietario» para encontrar su propio camino (representando probablemente al propio Lewis cuando abandonó su fe siendo niño). En una parte del libro, John está atrapado por lo que Lewis llama el «espíritu de los tiempos», probablemente por el título del libro de William Hazlitt de 1825. En su cautiverio, el carcelero le lleva comida y bebida, solo para interrogarlo sobre el contenido de la comida y la bebida que disfruta. El carcelero compara sus huevos con el ciclo menstrual de una mujer o un ave de alimaña. Luego, el carcelero compara la leche que le servía con todas las demás secreciones de una vaca (como la orina, la transpiración y las heces). John no había estado en esta cárcel del espíritu de los tiempos tanto tiempo como otros prisioneros, por lo que sus sentidos no se habían embotado lo suficiente como para no reconocer lo absurdo de lo que el carcelero estaba diciendo. Entonces John se enfrenta al carcelero y desafía su visión reduccionista de la esencia.

Pues bien, John llevaba en el pozo menos tiempo que ninguno de los demás y al oír aquellas palabras algo pareció estallarle en la cabeza y suspiró profundamente y habló súbitamente con voz clara y sonora:

---

16. *Ibidem*, p. 735.

—¡Gracias al cielo! Ahora por fin comprendo que no dices más que sandeces.

—¿A qué te refieres? —preguntó el carcelero, volviéndose para mirarle de frente.

—Pretendes hacernos creer que cosas disímiles son símiles. Quieres hacernos creer que la leche es la misma clase de cosa que el sudor o el estiércol.

—Y dime, ¿qué diferencia hay que no sea simple costumbre?

—¿Eres un embustero o solo un tonto que no ves la diferencia entre lo que la naturaleza desecha como residuo y lo que almacena como alimento?

—Ah, entonces la naturaleza es una persona, con finalidad y conciencia —dijo el carcelero con gesto desdeñoso—. Es, en realidad, una señora. Sin duda te tranquiliza imaginar que puedes creerte esas cosas.

Y se volvió para dejar la prisión con ademán muy digno.[17]

Los carceleros del espíritu de los tiempos nos dicen que no hay ningún significado o propósito inherente en la creación o en nosotros mismos. Por lo tanto, todas las declaraciones de valores se basan en la «costumbre» que puede romperse una vez que comprendemos que nuestros valores subjetivos deben ser la lente por la cual definimos lo que es «desecho» y lo que se «almacena como alimento». Una vez liberados del Creador de la naturaleza, podemos ser libres de cualquier condición humana que se haya hecho pasar por la naturaleza humana objetiva y universal y así comenzar a definirnos a nosotros mismos (es decir, el humanismo existencial, las ideologías posmodernas).

## CONCLUSIÓN

C. S. Lewis era consciente del cambio de tendencia en la antropología occidental. Su desarrollo continuado nos llevaría al existencialismo de Sartre, que sería el caso fundamental, junto con su gemelo, el relativismo moralista, los cuales están hechos para las ideologías posmodernas. Una sociedad prometida, nueva y utópica está siendo construida por un

---

17. C. S. Lewis, *El regreso del peregrino. Una alegoría en defensa del cristianismo, la razón y el romanticismo*, Grupo Nelson, 2024, pp. 73-74.

nuevo ser humano que, por sus propias fuerzas y para su propia gloria, se está creando a sí mismo para llegar a ser lo que quiere. Y como ocurrió con sus innumerables predecesores, su inminente caída arrastrará consigo a una generación de la sociedad.

> *En el año que murió el rey Uzías vi yo al Señor sentado sobre un trono alto y sublime, y sus faldas llenaban el templo. Por encima de él había serafines; cada uno tenía seis alas; con dos cubrían sus rostros, con dos cubrían sus pies, y con dos volaban. Y el uno al otro daba voces, diciendo: Santo, santo, santo, Jehová de los ejércitos; toda la tierra está llena de su gloria. Y los quiciales de las puertas se estremecieron con la voz del que clamaba, y la casa se llenó de humo. Entonces dije: ¡Ay de mí! que soy muerto; porque siendo hombre inmundo de labios, y habitando en medio de pueblo que tiene labios inmundos, han visto mis ojos al Rey, Jehová de los ejércitos.*
> 
> —Isaías 6:1-5

Si vamos a interactuar con la ideología de género, el feminismo y la justicia social, debemos llamar proféticamente a los otros prisioneros del espíritu de los tiempos y decirles lo que Dios ha hecho para desechar y lo que Dios ha hecho para nutrir. En otras palabras, debemos proclamar y enseñar una antropología bíblica. Y no podemos saber quiénes somos hasta que primero, como Isaías, sepamos quién es Dios y quiénes somos nosotros ante Él.

CAPÍTULO 17

# LGBTQIA+ E IDEOLOGÍA DE GÉNERO

**INTRODUCCIÓN**

El tema de la homosexualidad es uno de los más difíciles de discutir debido al bagaje social y legal que conlleva. Hoy, o lo aceptas y te quedas callado, o puedes ser acusado de discurso de odio. Y en muchos de nuestros países, incluido en el que vivo, se han ratificado leyes que ya no amenazan con multas por lo que hacemos o decimos a quienes tienen otra tendencia sexual, sino que amenazan con penas de cárcel. Por ejemplo, el Senado mexicano (inferior) aprobó un proyecto de ley en marzo de 2024 que amenaza con entre seis y doce años de prisión a cualquier institución que participe en «terapias de conversión».[1] Ahora bien, es difícil saber cómo se define eso, y solo el tiempo dirá si se aprueba en otras cámaras y hasta qué punto se aplicará. A pesar de que lo que se está publicando sobre la ley utiliza términos como «violencia» para «convertir» a alguien de un estilo de vida homosexual, hoy en día incluso el uso del lenguaje se considera legalmente violento.

El objetivo de muchos grupos de interés especial es cerrar cualquier institución que utilice el lenguaje para disuadir a alguien que se identifica como homosexual de actuar según su inclinación sexual, dictaminando que se trata de una «terapia de conversión». La redacción de lo que se ha publicado es ambigua, pero lo suficientemente clara como para justificar la cautela. Nótese una línea donde el diputado Eduardo Santillán, presidente de la Comisión de Administración y Justicia,

---

1. Seis años de prisión para un adulto, doce años de prisión para un menor o un adulto mayor.

«fue enfático al señalar que la sentencia salvaguarda el derecho al libre desarrollo de la personalidad, también salvaguarda la práctica médica profesional y el acompañamiento espiritual y religioso, respetando la voluntad de la persona».[2] Cuando se trata de la inclusión de «prácticas religiosas» es que esto puede ser amenazante para la iglesia. La redacción es lo suficientemente ambigua como para argumentar en contra de la consejería bíblica en la iglesia para alguien que lucha con la atracción hacia el mismo sexo. Sin embargo, en lugar de acobardarnos ante las posibilidades que esta ley y otras similares puedan tener en contra del discipulado y la consejería bíblica, debemos decidir asumir una postura firme sobre lo que las Escrituras enseñan acerca de la sexualidad humana para nuestros hogares e iglesias y no ceder ante estas amenazas. Tal como están las cosas en enero de 2025, no creo que esta ley me encarcelaría por dar consejería bíblica a uno de mis hijos si él o ella se encontrara en tal situación. Pero la iglesia es considerada una institución y las «prácticas religiosas» de los ciudadanos de un país pueden representar una amenaza contra la disciplina y el asesoramiento de la iglesia en situaciones que involucran la fornicación entre personas del mismo sexo. Es posible que estemos en el umbral de un momento decisivo en la historia de la iglesia. Nos mantendremos firmes y seremos incluidos en la lista de creyentes perseguidos hoy y a lo largo de la historia, o nos acobardaremos en la pasividad ante César.

Aunque en este capítulo se presentarán los principios fundamentales del movimiento LGBTQIA+, hay mucho más que entender en este fenómeno de lo que se puede tratar aquí. Escribí un trabajo más extenso sobre este tema en *Autonomía sexual en un mundo posmoderno: Una respuesta teológica, pastoral y apologética* (2021), así que los animo a considerar su lectura.

## LA TORMENTA PERFECTA

Una vez que el feminismo de la segunda ola llevó la revolución sexual en su espalda desde el movimiento *hippie* universitario hasta la conciencia social general, solo sería cuestión de tiempo antes de que cada familia se enfrentara a decisiones difíciles sobre cómo responder e interactuar con su agenda. Ha llegado el momento de que prácticamente

---

2. Congreso de la Ciudad de México, https://www.congresocdmx.gob.mx/comsoc-congreso-cdmx-aprueba-reformas-al-codigo-penal-que-tipifican-como-delito-las-terapias-conversion-1619-1.html.

todos los cristianos (al menos en occidente) descubran de qué se trata este movimiento y sean una voz profética que interactúe con la revolución sexual y hable la verdad en ella. Pero no olvidemos que somos un pueblo redimido que ha sido apartado de este mundo, no para esconderse de él, sino para ser una voz de la razón piadosa. Estamos llamados a oponernos al engaño de las ideologías mundanas, mientras compartimos activamente el evangelio con aquellos que están esclavizados por su pecado sexual y necesitan redención (al igual que todos los que no han sido redimidos), y a discipularlos a semejanza de Cristo.

Recuerda, con respecto a la revolución sexual, hay mucho más involucrado que el acto sexual. Reconsidera la cita reveladora de Carl Trueman en *El origen y el triunfo del ego moderno*.

> El surgimiento de la revolución sexual se basaba en cambios fundamentales en la forma en que se entiende el yo. El yo primero debe ser psicologizado; la psicología debe entonces ser sexualizada; y hay que politizar el sexo. El primer movimiento es ejemplificado por Rousseau y sus herederos románticos. El segundo es el logro de Sigmund Freud. Es de suma importancia para la era moderna su desarrollo tanto de una teoría de la sexualidad que coloca el deseo sexual en el núcleo mismo de quién y qué son los seres humanos desde la infancia, como de las teorías de la religión y la civilización que conecta con esa teoría, y lo hace a través del lenguaje científico del psicoanálisis, un lenguaje que hace que sus teorías, al igual que las de Darwin, sean inherentemente plausibles en un imaginario social moderno en el que la ciencia tiene autoridad intuitiva. Y el resultado es que, antes de Freud, el sexo era una actividad para la procreación o para la recreación; después de Freud, el sexo define lo que somos, como individuos, como sociedades y como especie.[3]

El yo (identidad) fue psicologizado con la ayuda del romanticismo (subjetivismo): la identidad humana no se encontraba en lo que somos como portadores de la imagen de Dios, sino en nuestros sentimientos subjetivos. Luego se sexualizó la psicología. Freud dedujo que todo comportamiento humano constructivo se basa en el deseo sexual (*libido*) y que todo comportamiento humano destructivo es el resultado de la

---

3. Carl R. Trueman, *The Rise and Triumph of the Modern Self* (Wheaton, IL: Crossway, 2020), p. 221.

perversión sexual (*tánatos*). Por lo tanto, ahora soy lo que siento y todo lo que siento es fundamentalmente sexual. Finalmente, mi nueva identidad basada en mis impulsos sexuales debe caer dentro de la ventana de Overton para ser salvaguardada políticamente (es decir, la revolución sexual).

## *LGBTQIA+*

Lesbianas, gais, bisexuales, transgénero, *queer*, intersexuales y asexuales se han unido para formar la sigla LGBTQIA+. Hace solo unos años la I y la A no estaban presentes, y para cuando leas este libro la sigla puede tener menos o más letras. Por ejemplo, en 2015, la revista *The Advocate*, cuyo sitio web se refiere a sí mismo como «la principal fuente mundial de noticias e información LGBTQ+»,[4] publicó un artículo sobre cómo una petición de www.change.org solicitaba eliminar la palabra transgénero de la sigla.[5] Las letras de la sigla son relativamente nuevas y probablemente aún no han sido grabadas en piedra. La L de lesbiana proviene de finales del siglo XIX, la G de la década de 1960, la B de la década de 1990, la T de la década de 2000, la Q, la I y la A de la década de 2000. El signo más (+) a menudo se agrega al final para incluir a las personas que pueden sentir que no encajan perfectamente dentro de un grupo específico.[6]

## *POLITIZADO*

El yo fue psicologizado, la psicología fue sexualizada, y hoy en día, el sexo ha sido politizado. Volviendo a la Escuela de Frankfurt, uno de los temas de su teoría crítica acabaría centrándose en el uso del lenguaje, porque las palabras se utilizan para transmitir proposiciones que en la nueva epistemología relativista han caído en sospecha debido a movimientos de poder contra los oprimidos. La filosofía hegeliana separó la verdad objetiva de la experiencia que una persona tiene con ella y su entorno. Por lo tanto, se sospechaba que el uso del lenguaje en la persuasión de una verdad objetiva, según los teóricos críticos, tenía un papel en la historia como una herramienta formidable para promover lo que el líder del Partido Comunista Italiano, Antonio Gramsci (1891-1937),

---

4. Advocate, https://www.advocate.com/about.
5. Advocate, «LGBT Groups Respond to Petition Asking to "Drop the T"», https://www.advocate.com/transgender/2015/11/06/lgbt-groups-respond-petition-asking-drop-t.
6. National Geographic, «From LGBT to LGBTQIA+: The evolving recognition of identity», https://www.nationalgeographic.com/history/article/from-lgbt-to-lgbtqia-the-evolving-recognition-of-identity.

acuñaría como *una hegemonía cultural*.⁷ Como discutimos antes, la hegemonía cultural es la idea de que la clase dominante controla la narrativa de la sociedad, imponiendo su cosmovisión en todas las facetas de la sociedad como si fueran objetivas y ventajosas para la comunidad. Según Nicki Cole:

> La hegemonía cultural se refiere a la dominación o al gobierno mantenidos a través de medios ideológicos o culturales. Por lo general, se logra a través de instituciones sociales, que les permiten a quienes están en el poder influir fuertemente en los valores, normas, ideas, expectativas, cosmovisiones y comportamientos del resto de la sociedad.
>
> La hegemonía cultural funciona enmarcando la cosmovisión de la clase dominante, y las estructuras sociales y económicas que la encarnan, como justas, legítimas y diseñadas para el beneficio de todos, aunque estas estructuras solo beneficien a la clase dominante. Este tipo de poder se distingue del gobierno por la fuerza, como en una dictadura militar, porque le permite a la clase dominante ejercer la autoridad utilizando los medios «pacíficos» de la ideología y la cultura.⁸

El lenguaje sufrió una deconstrucción, siendo despojado de su poder sobre la sociedad, como se vio en la segunda ola del feminismo, con la pérdida de cualquier definición concreta de género. La marea creciente creció, especialmente a principios del siglo XX, y comenzó una caza de brujas social para buscar y silenciar a todos los que usaban cualquier lenguaje políticamente incorrecto en su vida pública. El plan consistía en impedir que los constructores de la hegemonía introdujeran cualquier lenguaje de verdad objetiva sobre la identidad en el mercado de las ideas del siglo XXI.

Un actor clave para la formación de la filosofía del poder del lenguaje y la necesidad de deconstruirlo fue el filósofo franco-argelino Jacques Derrida (1930-2004). Otro filósofo impactante del siglo XX fue Michel Foucault (1926-1984). Foucault contribuyó al deconstruccionismo con sus teorías sobre el conocimiento, utilizadas por los teóricos críticos y el marxismo soviético/leninista. Él, al igual que Derrida, enseñó sobre

---

7. Perdón por retomar lo que se discutió anteriormente, pero hemos cubierto mucho terreno desde entonces.
8. Nicki Lisa Cole, Ph.D. «What Is Cultural Hegemony?», *ThoughtCo.*, https://www.thoughtco.com/cultural-hegemony-3026121, consultado el 1 de noviembre de 2024.

el poder utilizado para promover la opresión, pero su inclinación no fue tanto sobre el lenguaje como sobre el conocimiento y la sexualidad. Según Christopher Pollard, Foucault argumentó que la amenaza física para el control en las monarquías cambió, pero el gobierno no abdicó de su control sobre la sociedad, y aunque «la nueva forma de gobierno ya no se basaba en la tortura y los ahorcamientos públicos como castigos, todavía buscaba controlar los cuerpos de las personas, centrándose en sus mentes». Así:

> Estas instituciones produjeron ciudadanos obedientes que cumplían con las normas sociales, no simplemente bajo la amenaza de castigos corporales, sino como resultado de que su comportamiento fue constantemente modificado para garantizar que internalizaran plenamente las creencias y valores dominantes [...]
> 
> Lo que ha hecho que Foucault resulte tan atractivo para una gama amplia de estudiosos es que no se limitó a examinar las teorías abstractas de la filosofía o el cambio histórico, sino que analizó lo que realmente se decía. En sus obras más importantes, esto incluyó un análisis de textos, imágenes y edificios con el fin de trazar un mapa de cómo cambian las formas de conocimiento. Por ejemplo, argumentó que la sexualidad no estaba simplemente reprimida en el siglo XIX. Más bien, esta se discutió ampliamente en una nueva literatura científica en expansión donde se alentaba a los pacientes a hablar sobre experiencias sexuales en entornos clínicos.[9]

En resumen, para que el humanismo existencial de Sartre (libertad para trascender de la existencia a la esencia) tuviera éxito, la sociedad necesitaría liberarse del poder psicológico de las autoridades. Por lo tanto, habría que censurar a las plataformas públicas para que no resucitaran la ideología del sistema o la hegemonía de la burguesía.

De la misma manera que Derrida deconstruyó el lenguaje, Michel Foucault deconstruyó el conocimiento haciéndolo dependiente del poder. Foucault encontró vacía la crítica marxista clásica porque no supo comprender esta realidad. Afirmó que una frase como «liberar la

---

9. Christopher Pollard, «Explainer: the Ideas of Foucault», The Conversation, publicado el 26 de agosto de 2019, https://theconversation.com/explainer-the-ideas-of-foucault-99758, consultado el 27 de junio de 2025.

investigación científica de las exigencias del capitalismo monopolista» puede ser una «buena consigna, pero nunca será más que una consigna» porque, en realidad, «el conocimiento y el poder están integrados entre sí» [...] Desde la década de 1960 hasta su muerte por el SIDA que contrajo en una casa de baños sadomasoquista en 1984, Foucault argumentó que las formas modernas de pensar sobre cosas como la locura, la enfermedad, la criminalidad y la sexualidad estaban motivadas por un ejercicio de control y opresión. Instituciones como los hospitales y las prisiones se desarrollaron para imponer el conocimiento social prevaleciente.[10]

Uno de los mayores logros de la revolución sexual fue silenciar a los oponentes con argumentos de la teoría crítica. La sociedad debe perseguir públicamente a cualquiera que utilice el lenguaje arcaico y el conocimiento de la clase opresora a fin de que no transmita el control del pasado para atrofiar la trascendencia de la condición humana hacia la esencia. El subjetivismo del individuo debe ser defendido de la invasión forzada de los poderosos.

Consideremos la moralidad. Si toda moralidad es relativa, entonces nuestras convicciones son subjetivas y, por lo tanto, producen valores/ética para nuestra conciencia. Las Escrituras hablan claramente en contra de lo que hoy se llama «homosexualidad». Incluso los apologistas «cristianos gais» que han intentado ofrecer nuevas traducciones posibles para los términos e interpretaciones de los mandatos en las Escrituras han perdido gran parte de su plataforma de impacto, ya que los eruditos de la Biblia demostraron rápidamente, a través de una simple exégesis, sus errores. El evangelio es un mensaje de arrepentimiento y perdón a través de Jesucristo. La presentación del evangelio que los cristianos estaban encargados de presentar a todas las tribus, naciones y lenguas es una presentación de morir al pecado y vivir la novedad de la vida en Cristo. Considere la petición del rey David después de arrepentirse de su adulterio y asesinato: «Vuélveme el gozo de tu salvación, y espíritu noble me sustente. Entonces enseñaré a los transgresores tus caminos, y los pecadores se convertirán a ti» (Salmo 51:12-13). Por lo tanto, los cristianos, habiéndose arrepentido y siendo salvados del castigo

---

10. Jon Harris, *Christianity and Social Justice: Religions in Conflict* (Ann Arbor, MI: Reformation Zion Publishing, 2021), p. 15.

de su pecado, deben enseñarles a los transgresores los caminos de Dios y los pecadores volverán a Él (es decir, se arrepentirán). El nuestro es un mensaje de morir al pecado y no podemos abrazar un movimiento que celebra el pecado, lo cual será su único arrepentimiento por toda la eternidad una vez que comparezcan ante el juicio final de Dios.

Por otro lado, considera lo que la sociedad posmoderna está enseñando sobre la moralidad. Esta es solo un valor subjetivo tuyo. Por lo tanto, si compartes a Cristo y mencionas el pecado y su castigo, estás utilizando eficazmente tus valores subjetivos para imponer la voluntad del poderoso (tú) sobre la voluntad de la víctima. Es posible que pienses que no eres muy poderoso, pero como veremos más adelante, Paulo Friere quiere que tomes conciencia, que te levantes de tu estado inconsciente a un despertar («woke») de que perteneces a un grupo de poder y te estás beneficiando de los privilegios que la vida te brinda. Por lo tanto, si eres cristiano, perteneces a la mayoría (religiosa) en el binario de poder (religioso vs. no religioso). En consecuencia, cualquier convicción que tengas en contra de los no religiosos está basada en el poder y no en la preocupación de compartir a Cristo. Si eres heterosexual, perteneces al grupo mayoritario en el binario de poder contra la minoría (homosexual). Así que no tienes convicciones reales en contra de la homosexualidad, sino que estás usando el lenguaje y el conocimiento como poder contra ellos en el binario de poder (heterosexual vs. homosexual).

## *UNA RUPTURA CON LA ÉTICA DEL LENGUAJE Y EL CONOCIMIENTO DE LOS PODEROSOS*

Una serie de movimientos han tenido un gran impacto en la forma en que la sociedad considera la homosexualidad y el género, especialmente en los últimos treinta años. No han utilizado los mismos argumentos, ya que sus promotores han ido creciendo en sus posiciones de influencia y su comprensión de cómo promoverlos, lo cual abarca desde el movimiento de los «nacidos gais» hasta la versión del siglo XXI de la ideología de género. La década de 1990 se forjó con los argumentos del «nacido gay», que eran en mi opinión muy desinformados, ya que contradecían fundamentalmente la teoría existencialista posmoderna.

La idea era promover la opinión de que la homosexualidad era inducida genéticamente. Las personas influyentes en las redes sociales, como Lady Gaga, les ofrecieron aceptabilidad a todos los jóvenes mientras cantaban que tus inclinaciones sexuales son establecidas por Dios como tu creador, por lo tanto, y como dice el título, «naciste de esta manera» (2011). Primero, Dios no creó a nadie para pecar. Pero dicho esto, fíjate en un argumento arcaico utilizado por el movimiento de los «nacidos gais». Ellos están asumiendo un determinismo materialista. La revolución sexual no se basa en el determinismo, sino en quebrar cualquier control de la sociedad sobre nosotros para lograr la libertad de avanzar hacia lo que debemos ser. En un marco determinista, la esencia precede a la existencia, es decir, se nace con esencia homosexual, por lo tanto, no puedes sino vivir tu existencia como tal. No hay forma de que el determinismo funcione para promover el transgenerismo o las identidades no binarias. El cuerpo de una persona es masculino o femenino, por lo tanto, se determina genéticamente que es precisamente eso. En mi opinión, el movimiento de «nacer gay» fue una mancha para la revolución sexual y ha disminuido mucho en la última década.

Una de las trampas lógicas más obvias en el argumento «nacido gay» es tener una población representativa. En otras palabras, si la homosexualidad fuera genética, desaparecería, ya que la homosexualidad no produce descendencia. Aunque se puede argumentar que, en especial históricamente, las presiones sociales influyeron en una población de homosexuales para casarse y tener hijos, eso no sería suficiente para mantener esos genes a lo largo de supuestamente cientos de miles de años de evolución desde la última criatura parecida a un simio hasta el *Homo sapiens*. Es por ello que Robert Kunzig, en su artículo «Finding the Switch», publicado en *Psychology Today*, concluyó: «La existencia de la homosexualidad equivale a un profundo misterio evolutivo, ya que el hecho de no transmitir tus genes significa que tu aptitud genética es un rotundo cero». Aunque Kunzig discute muchas opciones que se han explorado para explicar este enigma, concluye: «En este momento, no hay una solución integral para el misterio darwiniano de por qué sobrevive la homosexualidad, y no hay una gran teoría unificada de cómo surge en un individuo dado». [11]

Por lo tanto, los estudios más notables que se propusieron encontrar una relación genética con la homosexualidad no son concluyentes. [12] El

---

11. Robert Kunzig, «Finding the Switch», *Psychology Today*, publicado el 1 de mayo de 2008, revisado por última vez el 9 de junio de 2016, https://www.psychologytoday.com/us/articles/200805/finding-the-switch.
12. Para más información y enlaces a los distintos estudios, véase Answer in Genesis, «Are Some People Born Gay?», https://answersingenesis.org/family/homosexuality/are-some-people-born-gay/.

hecho es que no ha habido ningún estudio concluyente que demuestre que la homosexualidad es un rasgo heredado. Pero, de nuevo, para muchos en la revolución sexual, uno puede imaginar que eso es un alivio. La esencia de la revolución sexual no se ve favorecida, sino obstaculizada por el determinismo materialista. No obstante, surgieron otros argumentos deterministas, aunque con el mismo problema inherente.

Las publicaciones de ciertos animales que representaban el comportamiento homosexual se hicieron populares a principios de la década de 2000. En 2010, una página web de la BBC publicó un artículo sobre un estudio en colonias de pingüinos, el cual informaba: «Los pingüinos rey no forman parejas homosexuales a largo plazo a pesar del "coqueteo" entre pingüinos del mismo sexo, según ha revelado uno de los primeros estudios basados en la evidencia». En la colonia en cuestión, de todos los pingüinos, dos parejas del mismo sexo aprendieron las llamadas del otro, aunque luego se vio a ambos con una pareja heterosexual para cuidar los huevos.[13] Nótese que eran pingüinos heterosexuales que fueron sorprendidos «coqueteando» con pingüinos del mismo sexo. En primer lugar, el término «coqueteo» es un antropomorfismo (que utiliza atributos humanos para describir a seres que no son humanos) y romantiza erróneamente el comportamiento animal. En segundo lugar, ¿cómo pueden, entonces, ser homosexuales (homo [iguales] sexuales)? No se apareaban entre sí, sino con pingüinos del sexo opuesto. Otros informes hablan de circunstancias en las que un león macho monta a otro león macho, pero sin cópula. Se cree que este comportamiento muestra signos de ansiedad, vinculación y/o muestras de dominio. De nuevo, los leones son heterosexuales. Sin embargo, hay otros informes de ovejas bighorn que participan en la cópula de macho a macho.[14] Pero estas ovejas no son homosexuales, ya que continúan reproduciéndose por medio de apareamiento heterosexual y probablemente participan en la cópula entre ovejas del mismo sexo por confusión debido a la falta de hembras, que solo se acercan durante la temporada de apareamiento, pero no viven entre la población masculina. No obstante, cualquiera que sea la razón, no tiene nada que ver con la humanidad.

---

13. Earth News, «Penguins flirt with homosexuality», http://news.bbc.co.uk/earth/hi/earth_news/newsid_9093000/9093531.stm.
14. Biblioteca Nacional de Medicina, «Breeding migrations by bighorn sheep males are driven by mating opportunities», https://pmc.ncbi.nlm.nih.gov/articles/PMC8928905/.

Las especies señaladas son heterosexuales, y así es como se reproducen. Pero cualquier acción en la que participen no puede ser un estándar para la sociedad humana. Muchos gallos no se aparean con las gallinas en términos consensuados. Y todos debemos esperar que no surja ningún movimiento que utilice este comportamiento para legitimar el sexo no consentido entre hombres y mujeres. Ninguna sociedad se atrevería a usar el comportamiento animal para establecer el estándar de lo que se espera de los humanos, sino solo cuando un punto de partida materialista y determinista busca justificar un comportamiento animal que no se encuentra en la mayoría del reino animal, como el comportamiento homosexual. Sin embargo, el uso del determinismo («nacido gay») para normalizar el comportamiento humano aún tendría que encontrar una manera de reconciliarse con uno de los movimientos más públicos dentro de la revolución sexual actual: el no binario y el transgenerismo (ideología de género).

| «NACIDO GAY» | IDEOLOGÍA DE GÉNERO |
|---|---|
| Yo nací gay porque mi biología dicta mi identidad. | «La naturaleza no define a la mujer: es ella quien se define a sí misma al recuperar la naturaleza para sí en su afectividad». <br> Simone de Beauvoir, *El Segundo Sexo*, p. 49. |

### *IDEOLOGÍA DE GÉNERO*

Un par de capítulos atrás examinamos algunas de las principales conclusiones de Simone de Beauvoir que aparecen en su libro *El segundo sexo*, las cuales fueron definitivas del feminismo de la segunda ola. En resumen, Beauvoir propugnaba el mismo humanismo existencial que su colega y amante Jean-Paul Sartre. A diferencia del determinismo materialista (y por lo tanto, de cualquier argumento de «nacido gay»), el existencialismo ateo rechazó de plano cualquier forma de determinismo materialista. La suposición inicial en la antropología de Sartre era que los seres humanos no tienen, de hecho, una naturaleza humana cohesiva. La teoría afirma que tenemos una condición humana que es maleable a medida que pasamos de la existencia a la esencia. En otras palabras, existimos, pero aún no somos lo que debemos ser. Por lo tanto, solo en completa libertad de elección puede cada persona (un microcosmos que afecta al macrocosmos) trascender a aquello en lo que los humanos se están convirtiendo. En este sistema de condición humana, no hay bien o mal en un sentido moral (no hay bien o mal inherentes), sino solo decisiones lógicas buenas y malas. Beauvoir, por lo tanto, concluyó que nuestro sexo biológico (existencia) no tiene relación con nuestra identidad/género (esencia). En otras palabras, ella buscó divorciar nuestra existencia biológica y anatómica de lo que somos. En este contexto, ofrece su famosa frase:

> No se nace, sino que se llega a ser mujer. Ningún destino biológico, psíquico o económico define la figura que asume la mujer humana en la sociedad; es la civilización en su conjunto la que elabora este producto intermedio entre el hombre y el eunuco que se llama femenino.[15]

En resumen, Beauvoir separó el género del sexo, al igual que sus herederas feministas de la segunda y la tercera olas. La forma en que un ser humano que es biológicamente femenino debe sentirse consigo misma, expresarse, verse a sí misma y ser vista por los demás no estaría, de ninguna manera, ligada a su composición anatómica. Sin embargo, nótese cómo los argumentos feministas de la segunda ola sobre la identidad son diametralmente opuestos al movimiento de «nacidos gais» que se desvanece.

| «NACIDO GAY» | IDEOLOGÍA DE GÉNERO |
|---|---|
| Se nace gay. Nuestra sexualidad, y por ende, identidad, se determinan por los genes los cuales determinan nuestros sentimientos/orientación. | «No se nace mujer, se llega a serlo». Nuestra identidad y sexualidad no se determinan por los genes sino por cómo decidimos relacionarnos con nuestro sexo biológico basado en sentimientos. |
| ARGUMENTO | ARGUMENTO |
| Materialista / determinista | Existencialista/ psicoanalítico |

---

15. Simone de Beauvoir, *The Second Sex* (1949), p. 283.

No obstante, las contradicciones no se limitan al movimiento de «nacidos gais», sino que también se extienden al movimiento ideológico de género fluido. Si le preguntas a la mayoría de las personas en una plataforma pública hoy en día: «¿Qué es una mujer?», probablemente no obtendrás una respuesta definitiva. No se trata de una situación teórica. Durante la audiencia de confirmación, que duró del 21 al 24 de marzo de 2022, de la jueza Ketanji Brown Jackson como candidata a la Corte Suprema de los Estados Unidos, se le preguntó: «¿Puede proporcionar una definición de la palabra "mujer"?». Su respuesta fue simple: «No soy bióloga».[16] Muchos en nuestra sociedad, especialmente aquellos en las plataformas públicas, tienen miedo de definir lo que significa ser mujer y lo que significa ser hombre. Pero, ¿cuántos han considerado la falacia inherente a esto?

Considere los muchos casos en los que un hombre se identifica como una mujer. ¿Cuáles son los indicadores que él usó para saber que los sentimientos que experimenta pertenecen a los de una mujer? Cualquier respuesta que dé implicará una definición, según él, de lo que significa ser mujer.

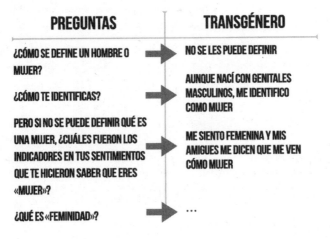

Recordemos que Beauvoir insistió en que «las mujeres de hoy están derrocando el mito de la feminidad», por lo que un hombre transgénero que se identifica como mujer por sentirse femenino ahora tiene la carga de la prueba para definir qué es la feminidad y cómo se relaciona con ser mujer.

---

16. USA Today, https://www.usatoday.com/story/life/health-wellness/2022/03/24/marsha-blackburn-asked-ketanji-jackson-define-woman-science/7152439001/.

## *FEMINISTAS DE LA TERCERA OLA*

Es difícil trazar una línea definitiva entre la segunda y la tercera ola del feminismo. Por lo que puedo deducir, el feminismo de la tercera ola (década de 1990) es una descripción del estado del movimiento feminista dentro de la revolución sexual en el que el sentimiento popular alcanzó a las feministas de la segunda ola (década de 1970) como Beauvoir y Firestone. En otras palabras, durante la carrera pública de Beauvoir y Firestone, muchas feministas seguían buscando principalmente la igualdad social y económica en lugar de erradicar cualquier distinción de género. El feminismo de la tercera ola fue testigo de la difusión de las ideas de Beauvoir a un activismo generalizado. No obstante, surgieron algunas diferencias durante la tercera ola del feminismo, que se alejó de la separación de género y sexo de Beauvoir.

La teórica *queer* más influyente que teorizó este tema de lo *queer* es Judith Butler, y es su trabajo el que ha roto con más éxito los límites de la teoría *queer* y se ha vuelto influyente en muchas formas de erudición e incluso en la sociedad en general. Butler es una filósofa estadounidense, influenciada por el pensamiento feminista francés, que se basa en gran medida en el posmodernismo, especialmente en la obra de Foucault y Derrida. La principal contribución de Butler a la teoría *queer* fue cuestionar los vínculos entre el sexo (las categorías biológicas de masculino y femenino), el género (los comportamientos y rasgos comúnmente asociados con un sexo u otro) y la sexualidad (la naturaleza del deseo sexual).[17]

En la obra de Judith Butler, *Gender Trouble* (1990), comenzó a surgir la idea de la teoría *queer*. A diferencia de Beauvoir, Butler no se contentó con separar el género del sexo. El problema era, lo que formaría la base de su teoría *queer*, que permitir que el sexo biológico siga siendo masculino y femenino todavía promueve un binario. Recordemos que el objetivo del marxismo era la eliminación de las clases económicas (burgueses y proletariados), no lograr la igualdad entre ellas. Shulamith Firestone, en *La dialéctica del sexo* (1970), propuso el mismo método

---

17. Helen Pluckrose y James Lindsay, *Cynical Theories: How Activist Scholarships made Everything about Race, Gender, and Identity-and Why this Harms Everybody* (Durham, NC: Pitchstone Publishing, 2020), p. 101. Existe una edición en español de este libro con el título *Teorías cínicas: Cómo el activismo del mundo académico hizo que todo girara en torno a la raza, el género y la identidad... y por qué esto nos perjudica a todos* (Alianza Editorial, 2023).

para el feminismo, cuyo objetivo no era lograr la igualdad social entre los sexos, sino eliminar las distinciones entre los sexos. Butler siguió la misma lente marxista para evaluar la sociedad que Beauvoir y Firestone, aunque siguió su razonamiento hasta su conclusión lógica: para lograr una sociedad sin clases, no puede haber, por lo tanto, distinciones de ningún tipo inherentes a la sociedad. Por lo tanto, a partir del sexo, el género y la sexualidad, Butler ofreció un nuevo paradigma: el sexo y la sexualidad, no solo el género, no deben ser fijos. Butler argumenta:

> Si se discute el carácter inmutable del sexo, tal vez este constructo llamado «sexo» sea tan culturalmente construido como el género; de hecho, tal vez siempre fue ya el género, con la consecuencia de que la distinción entre sexo y género resulta no ser distinción en absoluto.[18]

Butler argumenta que hacer distinciones en base a nuestra composición *biológica* (como por los genitales) también se debe a la ingeniería social. Aunque uno pueda estar tentado a burlarse de esta idea (las diferencias biológicas y anatómicas entre hombres y mujeres son empíricamente innegables), al menos se mantiene fiel al humanismo existencial de Sartre, en el que nada de nuestra existencia debe obstaculizar nuestra libertad para trascender a la esencia (lo que vamos a llegar a ser). En otras palabras, su argumento, aunque no es sólido, es válido. La lógica funciona, aunque las suposiciones inherentes dentro de las premisas de su razonamiento sean científicamente erróneas.

El punto de vista de Butler es que las personas no nacen sabiendo que son hombres, mujeres, heterosexuales u homosexuales, y por lo tanto no actúan de acuerdo con ninguno de esos factores innatos. En cambio, son socializados en estos roles desde el nacimiento por su casi ubicuidad y las expectativas e instrucciones sociales concomitantes (normatividad). En sí mismos, roles como la heterosexualidad o la homosexualidad no representan categorías estables o fijas, sino que son simplemente cosas que las personas hacen. Para ella, es solo asumiendo estos roles y «realizándolos» de acuerdo con esas expectativas sociales (performatividad), que las personas crean la ilusión

---

18. Judith Butler, *Gender Trouble* (Londres: Routledge, 2006), pp. 9-10.

(opresiva) de que los roles en sí mismos son reales, estables e inherentemente significativos.[19]

La influencia de Butler no solo se limitaría a la sociedad, el currículo escolar, las series de *streaming*, las películas y la legislación actual, sino que su impacto filosófico sería crucial en el movimiento de justicia social y la formación de la interseccionalidad.[20] Algunos están de acuerdo con las ideas de Butler sobre la ausencia de distinciones sexuales frente al sexo como un binario fijo (hombre y mujer) al citar casos de personas que nacen con anomalías genéticas sexuales.

Existen anomalías genéticas raras que afectan a una parte de los nacidos vivos. Estos incluyen intersexualidad (0,2 % de nacidos vivos) resultante de tener tanto tejido ovárico como testicular, hiperplasia suprarrenal congénita (0,006 % de nacidos vivos) con esteroides sexuales excesivos o insuficientes, síndrome de insensibilidad a los andrógenos (0,0005 % de nacidos vivos) en hombres cuyos tejidos no responden a las hormonas masculinas, síndrome de Turner (0,05 % de nacidos vivos) en mujeres con un solo cromosoma X, síndrome de Klinefelter (0,2 % de nacidos vivos) en hombres con dos cromosomas X y un cromosoma Y, y XX masculino o XY femenino (0,005 %) como resultado de un movimiento del gen SRY a un cromosoma X o una mutación en el gen SRY.[21]

Estas anomalías genéticas, por raras que sean, ocurren tanto en hombres como en mujeres. Nunca alguien es hombre y mujer a la vez. Solo criaturas como una lombriz de tierra son verdaderamente hermafroditas, siendo capaces de realizar funciones tanto masculinas como femeninas para la reproducción. Nunca ha nacido ningún ser humano que pueda ser a la vez mamá y papá de sus hijos. Los desafortunados casos de anomalías sexuales no pueden ser utilizados para negar que los seres humanos, por naturaleza, son binarios en sexo/género por otra razón. Georgia Purdom (PhD en genética molecular) revela lo que puede ser un hecho irónico sobre las personas que nacen con estas anomalías.

Cabe señalar que los estudios de personas con anomalías de género/sexo han demostrado que, por lo general, no luchan con la identidad de

---

19. Pluckrose y Lindsay, *Cynical Theories*, p. 102.
20. De lo que se hablará en los dos capítulos siguientes.
21. Georgia Purdom, «The Biology of Gender», Answers Magazine, publicado el 1 de septiembre de 2019, https://answersingenesis.org/family/gender/biology-gender/, consultado el 27 de enero de 2025.

género o la homosexualidad (menos del 1 %). Así que incluso en una situación en la que podría haber una razón biológica subyacente legítima para la confusión sobre el género o la atracción sexual, no parece haber ninguna conexión entre la biología y esas luchas.[22]

Dependiendo de la fuente estadística que utilices, a partir de enero de 2025, el porcentaje promedio de la población mundial que se identifica como homosexual o participa en actividades homosexuales es de alrededor del 7 %. En Estados Unidos, según un estudio del Pew Research Center de 2022, el 1,6 % de los adultos y el 5 % de los jóvenes se identifican como transgénero o no binarios.[23] Por lo tanto, menos del 1 % de la población nacida con una anomalía sexual genética sufre de disforia de género (confusión) y/o es homosexual, pero el 7 % de la población mundial se identifica como homosexual y el 5 % de los jóvenes en los Estados Unidos se identifican como transgénero o no binarios. Si alguien utiliza las anomalías intersexuales para negar que los humanos son binarios, la evidencia va en contra de su argumento, ya que la población intersexual está más convencida de quiénes son y viven como heterosexuales que el resto de la población.

La búsqueda de la eliminación de todos los binarios es más que un intento de una sociedad sin clases. Los binarios son parte de la creación según lo diseñado para la gloria de Dios. Comenzando en la creación, forman un patrón innegable en todo momento. Obviamente, Dios tiene una razón para crear los binarios.

| BINARIOS | QUEER |
|---|---|
| ▶ Creador y creado | ▶ Autocreado |
| ▶ Cielos y tierra | ▶ Autónomo |
| ▶ Tinieblas y luz | ▶ Utopía local |
| ▶ Tierra seca y mares | ▶ Relativismo moral |
| ▶ Dios e *imago Dei* | ▶ Autoidentificación |
| ▶ Alabado y adorador | ▶ Amor propio |
| ▶ Varón y hembra | ▶ Género fluido |
| ▶ Cristo e iglesia | ▶ Iglesia humanista |
| ▶ Elegir vida o muerte | ▶ Verdad es opresiva |

---

22. Answer in Genesis, https://answersingenesis.org/family/gender/biology-gender/.
23. https://www.pewresearch.org/short-reads/2022/06/07/about-5-of-young-adults-in-the-u-s-say-their-gender-is-different-from-their-sex-assigned-at-birth/.

La teoría *queer* no es solo otro intento marxista de erradicar todos los binarios en la sociedad, sino que sigue un patrón de rebelión que ha plagado a la sociedad durante mucho tiempo, como lo describe el apóstol Pablo en Romanos 1.

> *Pues habiendo conocido a Dios, no le glorificaron como a Dios, ni le dieron gracias, sino que se envanecieron en sus razonamientos, y su necio corazón fue entenebrecido. Profesando ser sabios, se hicieron necios, y cambiaron la gloria del Dios incorruptible en semejanza de imagen de hombre corruptible, de aves, de cuadrúpedos y de reptiles. Por lo cual también Dios los entregó a la inmundicia, en las concupiscencias de sus corazones, de modo que deshonraron entre sí sus propios cuerpos, ya que cambiaron la verdad de Dios por la mentira, honrando y dando culto a las criaturas antes que al Creador, el cual es bendito por los siglos. Amén. Por esto Dios los entregó a pasiones vergonzosas; pues aun sus mujeres cambiaron el uso natural por el que es contra naturaleza.*
>
> —Romanos 1:21-26

| GÉNESIS 1 | ROMANOS 1 |
|---|---|
| ▶ Dios inmortal hace al hombre a su imagen/semejanza.<br>▶ Dios otorga al hombre dominio sobre peces, aves, bestias de la tierra, los reptiles. | ▶ El hombre mortal hace y adora imagen a su propia semejanza.<br>▶ El hombre adora la imagen de aves, cuadrúpedos, y los reptiles. |
| ▶ Dios instituye el pacto matrimonial de «varón» y «hembra». | ▶ «Hembras» cambian lo natural (varones) por «hembras» y «varones» también cambian lo natural («hembras») por «varones». |

Las deconstrucciones del lenguaje, el conocimiento, la moralidad, los binarios y el matrimonio son todas débiles intentos del hombre pecador de deconstruir el orden de la creación de Dios y la naturaleza de aquellos que fueron hechos a su imagen. Hoy que la homosexualidad y el transgenerismo han alcanzado el punto político en la ventana de Overton, la próxima idea «impensable» se está abriendo camino hacia la aceptación. A menos que el Señor lo quiera de otra manera, estamos en camino de presenciar movimientos que buscan una legislación sobre la pedofilia. De hecho, ya estamos empezando a experimentarlo.

### MAP (MINOR DRAWN PERSON): LA LEGITIMACIÓN DE LA PEDOFILIA

Recordemos que arquitectas como Simone de Beauvoir y Shulamith Firestone escribieron sobre la erradicación de las distinciones de género unas décadas antes de que el tema estuviera a la vanguardia de los movimientos feministas. Hay que tener en cuenta que los argumentos académicos a favor de la pedofilia han existido durante más de medio siglo en occidente. Un ejemplo se encuentra en las páginas de *Sexual Behavior in the Human Female* [Comportamiento sexual en la mujer humana].

> Ahora comprendemos que esta capacidad de responder depende de la existencia de órganos terminales del tacto en las superficies corporales, nervios que conectan estos órganos con la médula espinal y el cerebro, nervios que se extienden desde la médula hasta varios músculos del cuerpo, y el sistema nervioso autónomo a través del cual otras partes del cuerpo entran en acción (capítulo 17). Todas estas estructuras están presentes al nacer, y el registro suministrado por el recuerdo de las hembras y varones adultos que han contribuido al presente estudio, y las observaciones directas hechas por un número de observadores calificados, indican que algunos niños son bastante capaces de responder de una manera que puede mostrar todos los cambios fisiológicos esenciales que caracterizan las respuestas sexuales de un adulto. Algunas de las respuestas sexuales de los niños preadolescentes, e incluso las de los bebés de unos pocos meses de edad, pueden terminar en un orgasmo sexual. No hay ningún aspecto esencial del orgasmo de un adulto que no se haya observado en los orgasmos que pueden tener los niños pequeños.[24]

Los estudios se han realizado observando el comportamiento de los niños para ver si pueden experimentar la actividad sexual como sus contrapartes adultas (recuerde *¿Un mundo feliz?*). ¿Qué sucederá cuando los grupos de intereses especiales asuman la lucha por el sexo consensual

---

24. Alfred C. Kinsey, Wardell B. Pomeroy, Clyde E. Martin, Paul H. Gebhard, *Sexual Behavior in the Human Female*, (Bloomington, IN: Indiana University Press, 1953), pp. 249-252.

entre niños y adultos? Me imagino que algunos pueden considerar que eso es impensable y alarmista.

Estoy de acuerdo, una sociedad en occidente que otorga a los niños el derecho a tener relaciones íntimas consensuadas entre sí y/o con los adultos es impensable. Pero hace poco más de cien años también lo eran casi todas las ideologías posmodernas a las que nos enfrentamos hoy en día y miren dónde están ahora. No hay muchos pasos entre lo «impensable» y lo «político». Aunque impensable, la pedofilia está siendo considerada como una orientación sexual en algunos lugares del mundo. Se están formando grupos para eliminar el estigma atribuido a los pedófilos. Un grupo pide que no los llamemos por el nombre de «pedófilos» debido al estigma que conlleva. Piden que los llamemos MAP (Personas Atraídas por Menores, por sus siglas en inglés)). En una reseña del libro de Allyn Walker *A Long, Dark Shadow: Minor-Drawn People and Their Dignity* (2021), Kailey Roche escribió:

> Quizás lo más importante es que Walker discute la idea errónea de que estigmatizar a los MAP protege a los niños del abuso. Si bien algunos creen que avergonzar a los MAP envía un mensaje que se opone al abuso sexual infantil, Walker explica cómo esta creencia resulta problemática. En primer lugar, avergonzar a alguien por sentir atracción por los niños no extinguirá la atracción; las investigaciones muestran que la atracción sexual hacia los niños muestra características similares a una orientación sexual, incluida la estabilidad en el tiempo (Seto, 2012). En segundo lugar, Walker postula que avergonzar a los MAP puede dañar aún más a los niños al dejarlos tan aislados socialmente

que su bienestar y sus estrategias de afrontamiento se ven afectados negativamente, dejándolos sin ningún recurso en caso de que corran el riesgo de cometer un delito.[25]

Nótese el pequeño y sutil paso de lo «impensable» a lo «radical» que Walker está dando con este libro. Nótese la cuidadosa afirmación: «las investigaciones muestran que la atracción sexual hacia los niños muestra características similares a una orientación sexual». Una vez que la sociedad comienza a ver la pedofilia como una orientación sexual, el hombre o la mujer que lucha con la tentación sexual en esta área está fuera de los límites para obtener ayuda. La orientación sexual es un término categórico que se utiliza hoy en día para proteger los deseos sexuales de una persona del escrutinio social, y en muchos lugares está protegida por la ley. Si la sociedad acepta que la pedofilia es solo otra forma de «orientación sexual», estaremos un paso más cerca de la ventana de Overton de lo que pensamos. ¡Que esto nunca suceda! La iglesia haría bien en estar atenta al lenguaje ambiguo y sutil que se utiliza a medida que la sociedad continúa discutiendo el trato a los niños.

### ¿QUÉ DEBE ESPERAR LA IGLESIA DE LA SOCIEDAD EN LA REVOLUCIÓN SEXUAL?

Nuestra sociedad ha depositado demasiada confianza y responsabilidad en el estado. Criar a los hijos y enseñarles quién es Dios y quiénes son ellos en su creación es la responsabilidad de los padres. Dios no le entregó la siguiente generación a ningún cuerpo gobernante; se la dio a los padres. Y el papel de la iglesia es equipar a los padres para hacer precisamente eso. Los cristianos están llamados a mantenerse firmes en la verdad y asumir las consecuencias que se les presenten, ya que no están solos. Y uno de nuestros mandatos en este mundo es hablar la verdad en medio de él. Hoy en día, las consecuencias de decir la verdad con valentía varían de un país a otro y dependen de la situación, pero en general están empeorando. Sostengo que nuestra respuesta debe ser doble.

*Si el mundo os aborrece, sabed que a mí me ha aborrecido antes que a vosotros. Si fuerais del mundo, el mundo amaría lo suyo; pero porque no*

---

25. Kailey Roche, «A Long Dark Shadow: Minor-Attracted People and Their Dignity» (una reseña del libro), publicado el 1 de junio de 2022, https://clcjbooks.rutgers.edu/books/a-long-dark-shadow-minor-attracted-people-and-their-pursuit-of-dignity/, consultado el 27 de enero de 2025.

*sois del mundo, antes yo os elegí del mundo, por eso el mundo os aborrece. Acordaos de la palabra que yo os he dicho: El siervo no es mayor que su señor. Si a mí me han perseguido, también a vosotros os perseguirán; si han guardado mi palabra, también guardarán la vuestra. Más todo esto os harán por causa de mi nombre, porque no conocen al que me ha enviado.*

—JUAN 15:18-21

Nerón se casó con dos amantes homosexuales: Pitágoras, con quien actuó como esposa, y Esporo (a quien había castrado y hecho emperatriz), con quien se relacionó como esposo. ¿Se basaba la oposición de Pablo a la homosexualidad en «argumentos gastados y viejas actitudes»? Si es así, entonces la visión de Nerón sobre la sexualidad era igual de desgastada y antigua, ya que era típica del antiguo mundo pagano. Unos años después de la muerte de Pablo en el año 66 d. C., Tácito, el historiador romano, describió a los cristianos como «odiadores de la humanidad», a pesar de que los cristianos estaban rescatando a recién nacidos desechados. Eran «odiadores» (tal vez más exactamente «odiados») porque se negaban a aceptar la crueldad y las perversiones de la época, justificadas entonces como parte de la *pax romana* por el bien común.[26]

Jesús fue rechazado y como se prometió, también lo ha sido la iglesia en el pasado e igual debe ser hoy. Leer sobre la persecución en la historia de la iglesia rara vez nos da la oportunidad de entender la presión que sentían los cristianos para conformarse al sistema del mundo. Estos seguidores de Cristo son vistos como héroes. Pero cuando estás en medio de la tormenta, una perspectiva bíblica sobre los eventos que te rodean no es tan natural. Debemos leer constantemente las Escrituras y mantenernos en oración para buscar fortaleza y aliento contra la tentación de transigir con respecto a la verdad.

El 29 de abril de 2009, la Cámara de Representantes de Estados Unidos aprobó su proyecto de ley de «crímenes de odio», convirtiendo a las *drag queens* y *kings*, los transgéneros, los travestis, los exhibicionistas, los voyeristas, los que disfrutan de diversos fetiches (sexo oral, anal o

---

26. Peter Jones, *One or Two: Seeing a World of Difference Romans 1 for the Twenty-first Century* (Escondido, CA: Main Entry Editions, 2010), Edición Kindle, Loc. 191.

en grupo, sexo sadomasoquista con ataduras de cuero, necrofilia, incesto y bestialidad), lesbianas, gais, pansexuales y pedófilos, en una clase protegida por el gobierno federal bajo las leyes de derechos civiles, como lo eran en el antiguo mundo pagano.[27]

Hay áreas en el mundo de hoy donde los cristianos pierden su hogar y su sustento por mantenerse firmes en su fe. Hay áreas en el mundo de hoy donde los cristianos son martirizados. Y esta ha sido la realidad de miles de cristianos a lo largo de los siglos. Si no podemos manejar un poco de presión social y amenazas legales, ¿qué dice eso sobre nuestra fe y esperanza en Cristo? Se nos dará el coraje y la fuerza para defender la verdad si dejamos de buscarlos en nosotros mismos y en cómo nos ve la sociedad y comenzamos a buscarlos en Cristo, nuestro Rey redentor conquistador.

El segundo lado de la respuesta es que no podemos permitir que la propaganda, la presión y el rechazo encallezcan nuestros corazones contra uno de nuestros principales llamados, que es vivir como embajadores de reconciliación (2 Corintios 5:18-21). Los temas de la homosexualidad y la transexualidad, especialmente cuando se imponen a nuestros hijos, provocan emociones fuertes (por decir lo menos). Y no debemos ser pasivos mientras la sociedad trata de desviar las mentes y los corazones de nuestros hijos de la gloria de su Creador y su voluntad para ellos. Sin embargo, nuestras emociones no deben dominarnos, por lo tanto, debemos llevarlas ante el Señor para no olvidar que el mundo ha sido cegado por Satanás (2 Corintios 4:4) y sus propios corazones endurecidos para no ver la gloria del evangelio de Jesucristo.

## CONCLUSIÓN

*Porque las armas de nuestra milicia no son carnales, sino poderosas en Dios para la destrucción de fortalezas, derribando argumentos y toda altivez que se levanta contra el conocimiento de Dios, y llevando cautivo todo pensamiento a la obediencia a Cristo.*

—2 Corintios 10:4-5

---

27. *Ibidem*, Loc. 266.

Se está librando una verdadera batalla, pero la guerra ya ha sido ganada con la muerte y la resurrección de nuestro Señor. En su crucifixión y posterior resurrección, Jesús «despojando a los principados y a las potestades, los exhibió públicamente, triunfando sobre ellos en la cruz» (Colosenses 2:15). Nuestras armas en los días restantes de batalla son proféticas (destruyendo argumentos y opiniones levantadas contra el conocimiento de Dios) y pastorales (llevando cautivo todo pensamiento para obedecer a Cristo). El fin no es la destrucción de los argumentos, sino la obediencia a Cristo. Y nadie puede obedecer a Cristo a menos que sea redimido en Él. Nuestro mensaje a este mundo es la Buena Nueva de la salvación. Mientras todavía haya aliento en nuestros pulmones, hay esperanza de ser reconciliados con Dios.

CAPÍTULO 18

# PAULO FREIRE Y LA CULTURA «WOKE»

## INTRODUCCIÓN

El monólogo de apertura del comediante y actor Ricky Gervais en la entrega de premios de los Globos de Oro 2020 se volvió viral (por decirlo suavemente) en las plataformas de redes sociales. Los tradicionales ataques a Hollywood y sus actores eran un aspecto esperado de tener un anfitrión, y Gervais no sería la excepción. Sin embargo, en lugar de limitarse a un buen asado de celebridades con fines de entretenimiento, su monólogo despertó una mayor conciencia de la hipocresía dentro de gran parte de la señalización de virtud por parte de aquellos en posiciones de influencia.

> Apple irrumpió en el juego de la televisión con The Morning Show, un magnífico drama sobre la importancia de la dignidad y de hacer lo correcto, realizado por una empresa que dirige talleres clandestinos en China. Bueno, dices que estás despierto [woke], pero las empresas para las que trabajas en China, increíbles. Apple, Amazon, Disney. Si ISIS iniciara un servicio de transmisión, llamarías a tu agente, ¿no es así? Por lo tanto, si ganas un premio esta noche, no lo uses como plataforma para hacer un discurso político. No estás en posición de sermonear al público sobre nada. No sabes nada sobre el mundo real.[1]

---

1. Parte del guión del monólogo de Ricky Gervais en los Globos de Oro 2020, https://www.hollywoodreporter.com/news/general-news/transcript-ricky-gervais-golden-globes-2020-opening-monologue-1266516/, consultado el 28 de enero de 2025.

Los glamurosos de Hollywood fueron expuestos por no practicar lo que predican, y lo que comenzó como el asado de apertura de una entrega de premios resultó en una etiqueta viral (*hashtag*) en las redes sociales (#HollywoodHypocrites) y una plataforma para muchos que no han tenido una voz en contra de lo epistemológico y gnóstico.[2] La intimidación y las acusaciones farisaicas llevadas a cabo por los movimientos sociales posmodernos intentan silenciar/cancelar a cualquiera que se atreva a cuestionar sus agendas. Los ídolos culturales, como los actores y animadores, han crecido en relevancia pública y fama al señalar con el dedo a la iglesia, las corporaciones y otras instituciones por la injusticia contra los marginados dentro de los binarios, pero se les ha mostrado su indignación para ir más allá de la superficie en sus vidas y acciones diarias. Después de años de cancelar a sus oponentes, ha crecido una oportunidad pública para una discusión más sincera sobre lo que está sucediendo en la cultura «woke» y el debate ha comenzado.

## ¿QUÉ ES EL «WOKE»?

Kiara Alfonseca, de ABC News, escribió que el término, como se cita a menudo, fue acuñado en una canción para protestar por el maltrato de los negros a partir de un incidente de 1931 en Alabama. Dicho esto, argumenta sobre el término «woke»:

> Recientemente ha sido utilizado por algunos conservadores como un término paraguas para los valores progresistas, a menudo usándolo con connotaciones negativas [...] A partir de entonces, el término ha sido adoptado por algunos republicanos y empleado de forma peyorativa desde las elecciones de mitad de período del año pasado para referirse a los problemas de justicia social basados en la identidad que algunos demócratas y progresistas impulsan, dicen representantes de la Asociación de Gobernadores Demócratas y el Partido de las Familias Trabajadoras a ABC News. «Woke» ha sido utilizado por varios candidatos presidenciales del Partido Republicano, incluido el expresidente Donald Trump, el gobernador de Florida, Ron DeSantis,

---

2. Como se discutirá, la epistemología del punto de vista es una herramienta gnóstica (acceso exclusivo a un conocimiento específico que los oponentes no tienen y, por lo tanto, no están en condiciones de discutir).

y Vivek Ramaswamy, quien escribió el libro *Woke Inc.: Inside Corporate America's Social Justice Scam*.[3]

Y, como era de esperar en el drama político, cualquier conciencia verdadera de la profundidad y la fuerza que el movimiento denominado «woke» tiene en nuestra sociedad y nuestro pensamiento se está volviendo evasiva a medida que los progresistas niegan su validez y algunos dentro de los círculos conservadores utilizan la palabra lanzándola liberalmente como una objeción a cualquier cosa fuera de su agenda. Los cristianos harían bien en dar un paso atrás y mirar este tema desde fuera de la retórica cargada de propaganda y recordar primero quiénes somos: el cuerpo local de los redimidos en Cristo, que es la única manifestación visible del cuerpo universal de los creyentes, «para que si tardo, sepas cómo debes conducirte en la casa de Dios, que es la iglesia del Dios viviente, columna y baluarte de la verdad» (1 Timoteo 3:15).

Contrariamente a la «tradición sagrada» de Roma, en la que la tradición eclesiástica y las Escrituras comparten la misma autoridad, Pablo afirma que la iglesia es un pilar, y como un pilar, solo funciona defendiendo la verdad desde abajo. Por lo tanto, la iglesia no es la fuente de la verdad, sino que recibió la verdad de la Palabra de Dios y está sometida bajo la autoridad de su Palabra para sostenerla. La iglesia es un contrafuerte, cuyo propósito no es protegerse a sí misma, sino la verdad que le fue dada. Por lo tanto, aunque la iglesia no busca esperanza en los políticos, los cristianos tienen el deber de usar su influencia en sociedades con gobiernos representativos para promover políticas que se alineen con los principios bíblicos. Pero debemos estar atentos y tener cuidado de no olvidar los mandatos y la identidad que Dios nos ha dado, absteniéndonos de convertirnos en la herramienta sin sentido de la agenda de un partido político y siendo influenciados de un lado a otro por cada pieza de propaganda sin una seria consideración bíblica.

Por ejemplo, el artículo de ABC News citado es otro intento de politizar todo para que encaje en una herramienta de propaganda simplista. El autor del artículo ignora la génesis etimológica (de dónde proviene la palabra) de «woke» y cómo surgió como un término abarcador y simplificado (pero no simplista) desde dentro del trabajo académico, que

---

3. Kiara Alfonseca, «What does "woke" mean and why are some conservatives using it?», ABC News, publicado el 13 de noviembre de 2014, https://abcnews.go.com/Politics/woke-conservatives/story?id=93051138, consultado el 28 de enero de 2025.

ayudó a propugnar cambios epistemológicos complejos en nuestras intuiciones académicas. El artículo afirma que «woke» es una técnica de difamación política malversada por algunos políticos recientes de la derecha, en lugar de un desarrollo con un siglo y medio de antigüedad que solo ha impactado recientemente a la sociedad desde las décadas de 1980 y 1990. En cambio, «woke», al menos en el artículo, se ha reducido a un término infundado y despectivo con el que acusar a otros. ¡Ojalá la vida fuera así de sencilla!

> A medida que la izquierda se perdía en una maraña de microrrelatos y políticas de identidad, perdió su capacidad de hablar con autoridad sobre las cosas que importan; de hecho, perdió incluso su capacidad de ver las cosas que importan. Las universidades que deberían haber sido centros de discusión seria sobre lo que realmente importa cayeron en trivialidades, perdiendo de vista los fundamentos de la política en una masa arcana de palabrería teórica repulsiva, vocabulario gnóstico y trivialidades absolutas.[4]

Una vez que la revolución sexual tuvo éxito en politizar el sexo, la teoría *queer* y los movimientos de justicia social del siglo XXI politizaron todos los binarios restantes en grupos de identidad. Ya no se juzgaría a un individuo en función de sus propias acciones, sino en función de los grupos identitarios a los que pertenece. Una sociedad sin clases, según los teóricos *queer*, solo se lograría una vez que estuviera libre de todos los binarios. Por lo tanto, los pensadores posmodernos utilizaron sus posiciones para enfrentar a un grupo de identidad contra otro con el fin de nivelar el campo de juego. Al exponer el binarismo económico de la teoría marxista, la teoría *queer* dicta que los binarios crean dos grupos: la mayoría (los que tienen) y la minoría (los que no tienen). De acuerdo con la teoría marxista, donde los dueños del capital y la propiedad siempre ejercerán su poder para enseñorearse de los trabajadores, la teoría *queer* teoriza que la mayoría siempre ejercerá su poder para enseñorearse de la minoría con el objetivo de proteger y preservar los privilegios y beneficios que su lado del binario les permite. La teoría *queer* dicta que el grupo mayoritario en un binario normalizará su lado (hegemonía) para legitimar su poder.

---

4. Carl R. Trueman, *Fools Rush In Where Monkeys Fear to Tread* (Phillipsburg, NJ: P&R Publishing Company, 2011), p. 101.

Por ejemplo, los padres que crían a sus hijos enseñándoles por qué Dios hizo a sus hijos varones para ser niños y a sus hijas hembras para ser niñas, son acusados de promover la hegemonía de la normatividad de género. La mayoría de la población es «cisgénero», el término que ahora se usa para describir a aquellos que identifican tanto su sexo como su género de acuerdo con cómo fueron identificados al nacer. Por lo tanto, las personas cisgénero, especialmente los hombres cisgénero, tienen el poder y el privilegio sobre la comunidad transgénero. Los cristianos que influyen en la sociedad sobre cómo votan y actúan de acuerdo con las convicciones bíblicas (como en el tema del aborto) son acusados de promover la normatividad religiosa. Dentro de los debates teológicos (mayormente entre grupos liberales/progresistas que dicen ser cristianos) se lanzan acusaciones de que la normatividad religiosa de la herencia protestante, por ejemplo, se utiliza para influir en otros dentro de la religión sobre cómo son las cosas y cómo deberían ser las cosas en la comunidad eclesiástica. Por ejemplo, una familia que promueve el matrimonio heterosexual para sus hijos y el «matrimonio» homosexual como un pecado, y una iglesia que hace lo mismo, se considera que promueven la heteronormatividad. En otras palabras, un hombre cristiano que enseña sobre la exclusividad del matrimonio entre un hombre y una mujer puede tener convicciones verdaderas acerca de lo que la Biblia enseña de acuerdo con la voluntad de Dios. Pero este hombre cristiano, se dé cuenta o no, está promoviendo la preservación del poder que le ha dado privilegios sobre el grupo identitario minoritario del otro lado del binario (el «matrimonio» homosexual). Por lo tanto, en última instancia, el paradigma de Marx es la única lente por la cual se pueden juzgar las acciones. Robin DiAngelo, una influyente autora poscolonial, se ofende por enseñarles a los niños a ser niños y a las niñas a ser niñas. Además, desafía la forma tradicional en que se les celebran las fiestas prenatales (*baby showers*) a las futuras madres:

> La primera pregunta que la mayoría de la gente les hace a los futuros padres es: «¿Es un niño o una niña?». ¿Por qué hacemos esta pregunta? Hacemos esta pregunta porque la respuesta pone en marcha una serie de expectativas y acciones. Por ejemplo, si se les informa a los padres que van a tener una niña, pueden empezar a comprar ropa y a decorar la habitación en preparación para la llegada de su hija. Los colores que elijan, los juguetes que compren, sus expectativas para el futuro de la niña estarán informados por lo que esa cultura considere apropiado para

las niñas. Pero incluso nuestra concepción de lo que son las niñas y los niños está arraigada en nuestra cultura. Aunque el sexo y el género a menudo se usan indistintamente, significan cosas diferentes. El sexo se refiere a las características biológicas, genéticas o fenotípicas que se utilizan para distinguir los cuerpos femeninos y masculinos: genitales, estructura corporal, hormonas, etc. Estas diferencias biológicas entre los seres humanos son necesarias para la reproducción. El género, por otro lado, es lo que significa tener ese cuerpo en esa cultura. El género se refiere a los roles, comportamientos y expectativas que nuestra cultura asigna a esas diferencias corporales: cómo se «supone» que debes sentirte y actuar en función de si tu cuerpo es visto como femenino o masculino. Se espera que los hombres aprendan a «actuar como un hombre»: se les entrena en la «masculinidad»; y se espera que las mujeres aprendan a «actuar como una mujer», es decir, que se les enseñe la «feminidad».[5]

Todo gira en torno a la lucha entre las clases, o en este caso, los binarios. Nada está bien o mal en sus propios términos, pero todo se juzga por el supuesto impacto que tiene en el binario privilegio y poder. Asumir la «masculinidad» para un bebé y la «feminidad» para otro, según DiAngelo, es promover una identidad fija y roles binarios. Ella habla como si esto fuera malo, pero ¿según qué criterio? Las acciones y actitudes se consideran malas si su impacto beneficia al lado privilegiado de la balanza, pero se consideran buenas si su impacto apoya la abolición de la normatividad que el lado privilegiado de un binario propugnaba y por la cual se beneficia.

### *LA LÓGICA COLONIALISTA*

La normatividad en el ámbito del conocimiento ha arrojado muchas sospechas (teoría crítica) sobre lo que se ha enseñado como verdad objetiva. Por ejemplo, el uso de la lógica ha caído en categorías de lógica colonialista y, dado que las matemáticas son una elaboración de principios lógicos, las mismas están siendo «descolonizadas».[6] Con respecto a la teoría crítica, recuerda:

---

5.  Özlem Sensoy y Robin DiAngelo, *Is Everyone Really Equal? An Introduction to Key Concepts in Social Justice Education* (New York: Teachers College Press, 2012), pp. 7-8, 15-17.
6.  Nature, «Why we have nothing to fear from the decolonization of mathematics», https://www.nature.com/articles/d41586-023-00240-9.

> La teoría crítica [...] se basa en el concepto de falsa conciencia: la noción de que los opresores controlan la sociedad tan completamente que los oprimidos creen que sus propios intereses son servidos por el *statu quo*. Esta es una idea maravillosa. Permite que cada pieza de evidencia que pueda refutar la teoría de uno se transforme en evidencia adicional de cuán profundo y completo es el problema de la opresión.[7]

Por lo tanto, nuestras instituciones educativas están siendo acusadas de enseñar lo que recientemente se ha considerado como una lógica occidental y colonialista. De acuerdo con el relativismo posmoderno, la lógica no es una forma objetiva de pensar que refleje la realidad y cómo debemos relacionarnos con ella en nuestro pensamiento y decisiones. Lo que llamamos lógica aristotélica (por la forma en que Aristóteles sistematizó y codificó la lógica) ha sido acusada de ser una lógica dogmática y de orientación religiosa (es decir, una ley de no contradicción) con supuestos inherentes que justificaban el colonialismo. Si ese es el caso, entonces nuestra forma tradicional de pensar que antes marginaba a las poblaciones indígenas de las Américas y a los esclavos africanos ahora está siendo utilizada dentro del esquema de poder del conocimiento para marginar al grupo de identidad opuesto al de los privilegiados dentro de cada binario de la sociedad. Así, los colonialistas forjaron un marco de lógica dogmática occidental y lo impusieron en la conciencia de la población colonizada. Y se cree que la versión del conocimiento que resultó más beneficiosa para los colonizadores fue enseñada, por coerción, a los colonizados. Una hegemonía enseñada, o una estructura de poder, quedó grabada en la mente de la sociedad en la que cada persona sabría cuál era su lugar. Esta sospecha contra la objetividad de todo conocimiento no solo instituyó una manera radicalizada y monolítica de interpretar todo el conocimiento y la historia, sino que tampoco dejó lugar para ningún debate. En el momento en que alguien cuestiona su validez, la respuesta podría ser que su objeción es una prueba más de su tesis, ya que la objeción se basa en la lógica colonialista. La influencia de Michel Foucault contribuiría en gran medida al desarrollo de este pensamiento relativista.

---

7. Carl R. Trueman, «Evangelicals and Race Theory», *First Things*, febrero de 2021, https://www.firstthings.com/article/2021/02/evangelicals-and-race-theory, consultado el 28 de enero de 2025.

En cualquier cultura y en un momento dado, siempre hay una sola episteme que define las condiciones de posibilidad de todo conocimiento, ya sea expresado en una teoría o invertido silenciosamente en una práctica.[8]

## *EPISTEMOLOGÍA DEL PUNTO DE VISTA*

¿Cuál es, entonces, la lógica de los marginados? Las teóricas feministas dedujeron que las experiencias vividas por los grupos marginados les permiten acceder a un conocimiento que solo tienen quienes pertenecen a su grupo. El grupo privilegiado al otro lado del binario del grupo marginado es, hasta ahora, el único que ha disfrutado de un lugar en la mesa de la sociedad para promover su conocimiento colonialista. Por lo tanto, la lógica colonialista que los llevó a la aquiescencia ante los colonizadores es la misma que se usa hoy en instituciones como la academia, el lugar de trabajo y la iglesia. La lógica que tenían los grupos colonizados antes de la colonización fue oprimida y, en muchos sentidos, erradicada al ser sometidos a la nueva, que nunca sería para su beneficio. La sustitución de la lógica indígena por la lógica colonialista de hace cuatro a cinco siglos se denomina *colonialismo epistémico*. Y hoy en día, los teóricos acusan que el colonialismo epistémico se ha utilizado tradicionalmente para reemplazar la lógica/epistemología marginada en todas las estructuras binarias de la sociedad. Así, teóricos como Edward Said, Homi K. Bhabha, Gayatri Chakravorty Spivak y Linda Hutcheon concluirían que la sociedad debe ser salvada de la herencia del monopolio colonialista de la lógica.

De este modo, según esta teoría del poscolonialismo, los privilegiados y el poder, debido al continuo colonialismo epistémico, solo han permitido que su lógica colonialista domine la academia (ciencia, historia, derecho, matemáticas, religión, etc.). Y como no han vivido la vida de los marginados, no tienen acceso a la epistemología marginada. Por lo tanto, según la teoría social feminista, la lógica/epistemología marginada debe tener un asiento en la mesa para iniciar la descolonización del conocimiento. En última instancia, en un marco relativista, ninguna verdad puede ser utilizada para desacreditar a otra. Por lo tanto, el principio de

---

8. Michel Foucault, *The Order of Things: An Archaeology of the Human Sciences* (London: Routledge, 2002), p. 168.

que la verdad, por definición, es exclusiva, quedó relegado a la lógica aristotélica arcaica de los colonizadores. Las propias experiencias de vida de cada grupo, entonces, serían el estándar de la verdad.

La teoría social feminista se ha referido a la forma en que la identidad social, o grupo de identidad, influye en su comprensión como teoría del punto de vista o epistemología del punto de vista. Una persona marginada adquiere un conocimiento específico a partir de experiencias desde su punto de vista que otros no tienen. Sin embargo, el grupo marginado no siempre es consciente de este conocimiento experiencial, especialmente debido a cómo los grupos marginados se han visto afectados por la hegemonía resultante de la lógica colonialista. Se necesitarían campañas de concienciación para hacerlos conscientes de ello. Los grupos de activistas han dedicado gran parte de su atención a hacer que los grupos sean conscientes de su epistemología del punto de vista. Por lo tanto, los movimientos de revolución social buscan colocar a las personas con puntos de vista marginados en un lugar en la mesa de todas las instituciones sociales. Pero un asiento en la mesa no es suficiente para erradicar los binarios de nuestra sociedad.

En el pensamiento posmoderno, la verdad es relativa... hasta cierto punto. La verdad es relativa, y cada uno tiene su propia «verdad», la cual, insisten sus promotores, debe ser protegida y se le debe ofrecer un lugar en la mesa, excepto a la verdad colonialista. El «o lo uno o lo otro» de la lógica «colonialista» de la no contradicción parece ser difícil de matar. La oportunidad de varias epistemologías de puntos de vista en la mesa todavía tendrá que compartirse con la lógica colonialista. Por lo tanto, la epistemología del punto de vista no está pidiendo un lugar en la mesa del conocimiento, sino que tiene como objetivo descolonizarlo.

### DECONSTRUIR LA HISTORIA COLONIALISTA

La complejidad de la investigación histórica sobre cómo se han formado las ideologías actuales y su enfermedad resultante para la sociedad, las familias, la iglesia y el individuo puede tentar al lector promedio a suponer que la oposición tal vez se deba en algún nivel a la imaginación excesiva y paranoica de los teóricos de la conspiración. La mayoría de los artistas, activistas y escritores de series no tienen doctorados en historia y filosofías occidentales. ¿Están los principales influenciadores de la sociedad actual haciendo un esfuerzo consciente por reconstruir desde nuevos cimientos? Los cantantes son artistas que usan palabras como descolonizar, tolerancia, etc., pero ¿entienden las suposiciones y los desarrollos detrás de tales eslóganes lo suficiente como para ser parte de una gran conspiración destinada a abolir lo que significa ser humanos y la sociedad? Creer que realmente hay un frente unido de filósofos sociales detrás de cada canción o película suena un poco extremo. ¡Acordado!

Yo diría que la mayoría de nuestros influenciadores sociales en las redes sociales y el entretenimiento hoy en día no son calculadores fríos de un plan para derribar el mundo. La mayoría de ellos son capitalistas de armario, que viven en la fama y el lujo y niegan todo lo que afirman en público que representan. Algunos influenciadores, productores de series y artistas famosos ven el carro y quieren seguir siendo relevantes y ricos sin entender las agendas que promueven. Otros, que necesitan un poco de presión o un pinchazo, finalmente unen fuerzas con la ayuda de la retórica política y el sentimentalismo. Pero no se puede negar, la deconstrucción de la historia es un plan cuidadosamente interpretado que ha sido difundido por los teóricos críticos de la Escuela de Frankfurt para reinterpretar la historia de una manera que apoye su narrativa.

Hace unos años, iba en un taxi desde el aeropuerto Benito Juárez en la Ciudad de México hasta el famoso Zócalo. El joven que me llevó allí se interesó mucho en la conversación una vez que escuchó que yo hablaba español. Me preguntó qué me gustaba del Zócalo, y le conté mi fascinación por el Templo Mayor y su historia (eso no quiere decir que sea un experto, solo que estoy fascinado). Sin embargo, el solo hecho de mencionar que disfruté aprendiendo de la historia cambió su comportamiento y el resto del tiempo que pasé con él. A partir de ese momento, me entretuvo con un discurso lleno de pasión, aunque inconexo, sobre la historia real del Imperio azteca en oposición a la creencia popular. No me atreví a decirle que en ese momento estaba estudiando el diario del hacendado de Hernán Cortés, Bernal Díaz del Castillo. El monólogo del taxista estaba lleno de conspiraciones y mentiras, quejándose de cómo los españoles exageraban las cifras en sus registros de sacrificios humanos para justificar sus estragos y genocidios imperialistas. Estoy de acuerdo con él en lo que pueda sobre los males de la conquista española, porque la historia es historia para mal o para bien. Pero a pesar de la mayoría de sus argumentos deconstructivos, no pude evitar preguntarme cómo él, medio milenio después, había accedido a una verdadera versión de la historia que desacreditaría lo que se registró. También me preguntaba por qué no mencionaba que el Imperio azteca era un imperio imperialista como lo eran los españoles, pero sin los barcos y el cruce del Océano Atlántico. A la llegada de los españoles, diferentes grupos se alegraron de apoyar a los españoles contra el imperio que los había sometido y los estaba paralizando con tributos. Y los tlaxcaltecas, que habían estado en constante guerra con los aztecas, lucharon junto a los españoles contra sus archienemigos.

Sin embargo, decidí no interactuar con sus ideas por dos razones. Primero, mi meta es que las personas escuchen y entiendan el evangelio de Jesucristo. Tengo el pelo rubio y la piel clara. Cualquier cosa que dijera para interactuar con él durante su apasionada súplica destinada a hacerme adoptar su nueva visión de la historia, lo más probable es que se interpretara como una justificación yanqui de los males del pasado. Y no quería darle esa impresión. Discutir hechos históricos no debería ser un juego de tomar partido. En segundo lugar, no lo veía como un deconstruccionista de la historia. Me imagino que puede tener muchos desafíos en la vida para mantenerse a sí mismo y es posible que no se le hayan brindado oportunidades en otras áreas. La retórica política de tendencia socialista tal vez se ha convertido en un medio por el cual la teoría crítica deconstruccionista ha sido propugnada a lo largo de su vida. Probablemente estaba frustrado y las teorías deconstruccionistas de la historia le habían ofrecido alguien a quien culpar.

Y ese es uno de los peores crímenes contra la humanidad del movimiento deconstruccionista. Promover la mentalidad de victimismo ofrece una salida libre para que demasiadas personas simplemente se rindan. La vida es una lucha para todos nosotros y la tragedia no es un punto de vista exclusivo que solo experimentan ciertos grupos identitarios. Estamos hechos a imagen y semejanza de Dios y podemos resurgir de las cenizas de la derrota, como lo han hecho innumerables individuos a lo largo de la historia. No obstante, si seguimos poniendo una señal de víctima sobre las cabezas de las personas, se sentirán desincentivadas a mantener el rumbo y aprender nuevas disciplinas, oficios, y a usar la creatividad que Dios les ha dado para cambiar su situación y sus comunidades.

Sin embargo, tal es el caso en todo occidente hoy en día. Cualquier ejemplo de victoria contra viento y marea se borra, a menos que se sume a la narrativa de la víctima. Grupos de activistas están haciendo lo mismo destruyendo monumentos y estatuas, enojados con los personajes históricos que han sido colocados en la mira de los jueces posmodernos de toda la historia. Incluso su memoria debe promover de alguna manera la lógica colonialista. Pero la historia no es el único medio de transferencia de información que sería deconstruido.

En términos de historia intelectual/cultural, sospecho que la fusión del marxismo y el freudismo a finales de los años cincuenta y sesenta en la obra de hombres como Herbert Marcuse hizo que la opresión fuera menos una función de la economía y más de ser forzado por la sociedad a ser «inauténtico». Esto, combinado con la visión de Freud del subconsciente y la falsa conciencia del marxismo, significaba que todos los desacuerdos podían llegar a ser vistos como opresivos, y que, por muy plausibles que pudieran parecer mis argumentos en contra de tu posición, en realidad son máscaras que ocultan mis intentos de oprimirte o controlarte. Mezcle a Nietzsche a través de Foucault, y tendrá un cóctel filosófico embriagador.[9]

El conocimiento de las verdades objetivas fue acompañado por una deconstrucción del lenguaje. Ya mencionamos a Jacques Derrida, quien publicó tres textos en 1967: *De la gramatología, La escritura y la diferencia*, y *Habla y fonema*. Su tesis principal fue poner en duda cualquier relevancia en la intención autoral con sus palabras. Se propuso deconstruir el lenguaje a partir de su intención colonialista. Derrida propuso que las proposiciones eran ineficaces para transmitir la verdad, pero eran vehículos que mantenían vivas las estructuras de poder del pasado. Carl Trueman ofrece un resumen útil.

En el mundo de la historia posmoderna, no se trata ni de reconstruir el pasado, como en la obra de los historiadores positivistas de la tradición, ni de construirlo como en la obra de los marxistas tradicionales, sino de deconstruirlo. Se trata de poner al descubierto las agendas ocultas que subyacen a todas las narrativas históricas y hacer la pregunta clave una y otra vez: ¿quién es el dueño de la historia? Porque la propiedad de cualquier narración histórica está íntimamente ligada a la cuestión de quién ejerce el poder en el presente.[10]

---

9. Carl R. Trueman, *Fools Rush In Where Monkeys Fear to Tread* (Phillipsburg, NJ: P&R Publishing Company, 2011), pp. 203-204.
10. Carl R. Trueman, *The Wages of Spin: Critical Writings on Historic and Contemporary Evangelicalism* (Ross-shire, Escocia: Christian Focus Publications, 2004). Edición Kindle, Loc 202.

### ¿A DÓNDE SE HAN IDO TODOS LOS HIPPIES?

El movimiento *hippie* de las décadas de 1960 y 1970 parecía ser una moda pasajera. Durante un tiempo, los estudiantes se indignaron contra los males de la historia y el presente. La guerra de Vietnam (1955-1975) fue una tragedia, y los estadounidenses estaban cansados de una lucha en la que no debían estar y no se podía ganar. El movimiento *hippie* comenzó como una reacción contra la guerra, pero incluyó un abandono total de la moralidad propugnada por la sociedad, que incluía la moralidad propugnada por Dios. Iban a ser la generación que rompería con todas las normas morales y tabúes culturales. Los *hippies* estaban lo suficientemente unidos como para llevar la nueva revolución sexual a su objetivo, pero en 1975, la guerra había terminado y los *hippies* se desvanecieron del ojo público.

> Estos «radicales de los sesenta», a raíz de los fracasos de las revoluciones neomarxistas de finales de la década de 1960, se alejaron del activismo directo radical y se abrieron paso en el activismo de la educación K-12 y en las universidades, especialmente en las facultades de educación. El pedagogo crítico de la Universidad Estatal de Iowa, Isaac Gottesman, documenta este cambio en el primer párrafo de su libro de 2016, *The Critical Turn in Education*, que narra la marxificación woke de la educación desde la década de 1970 hasta el presente.[11]

El historiador de la educación, Isaac Gottesman, está de acuerdo con James Lindsay (citado arriba) en que los objetivos sociales del activismo *hippie* no desaparecieron, sino que se reestructuraron estratégicamente para educar a la siguiente generación. Nótese que él escribió lo siguiente en la introducción de un libro que se ha utilizado en todo el sistema de educación pública de los Estados Unidos.

> «A la pregunta: "¿A dónde fueron todos los radicales de los sesenta?", la respuesta más acertada», señaló Paul Buhle (1991) en su clásico *Marxismo en los Estados Unidos*, «sería: ni a los cultos religiosos ni al *yuppiedom*, sino a las aulas» (p. 263). Después de la caída de la Nueva Izquierda surgió una nueva izquierda, una Izquierda Académica. Para

---

11. James Lindsay, *The Marxification of Education: Paulo Freire's Critical Marxism and the Theft of Education* (Orlando, FL: New Discourses, LLC, 2022), p. 22.

muchos de estos jóvenes académicos, el pensamiento marxista, y en particular lo que algunos llaman marxismo occidental o neomarxismo, y a lo que me referiré como la tradición marxista crítica, fue un ancla intelectual. A medida que los participantes en la política radical de los años sesenta ingresaron a la escuela de posgrado, ascendieron a puestos docentes y comenzaron a publicar, el giro crítico comenzó a cambiar la erudición en todas las humanidades y ciencias sociales. El campo de la educación no fue la excepción.[12]

Dicho esto, los *hippies* profesionales necesitarían algo de ayuda. La teoría crítica, aunque deconstructiva, no tuvo mucho éxito en la construcción de algo nuevo. El posmodernismo se estaba desgastando y necesitaría un soplo de aire fresco si quería ir más allá de la reforma constante para cambiar una sociedad. Y su ayuda llegaría de una fuente improbable, la teología de la liberación latinoamericana, con el trabajo de un hombre del hemisferio sur, específicamente de Recife, Pernambuco, Brasil.

Paulo Freire. Slobodan Dimitrov/CC BY-SA 3.0.

---

12. Isaac Gottesman, *The Critical Turn in Education* (NYC: Routledge, 2016), p. 1.

## *PAULO FREIRE*

Paulo Reglus Neves Freire (1921-1997), aunque nacido en Brasil, llegó a ser profesor en la Universidad de Harvard, en Massachusetts, Estados Unidos. Su obra más influyente, *Pedagogía del oprimido* (1968), se utilizaría en las décadas de 1980 y 1990 para revolucionar no *lo que* se enseñaba, sino la *filosofía de la enseñanza* en sí misma: la pedagogía. James Lindsay, junto con Helen Pluckrose y Peter Boghossian, escribieron varios artículos falsos entre 2017 y 2018 en los que proponían teorías inverosímiles y daban información falsa, presentándose a sí mismos como teóricos poscolonialistas. Muchos de sus trabajos fueron aprobados a través de la revisión de sus pares y publicados. Lo hicieron para demostrar la falta de rigor académico en la literatura poscolonialista. El libro de James Lindsay, *La marxificación de la educación*, ofrece una trayectoria rigurosamente estudiada de cómo la teología de la liberación latinoamericana se fusionó con la teoría crítica, principalmente por el trabajo y la influencia de Paulo.

Paulo Freire es reconocido como el tercer autor académico más citado en todas las humanidades y ciencias sociales por métricas autorizadas. No es exagerado en absoluto afirmar que Paulo Freire está en el centro teórico de todo lo que sucede hoy en las facultades de educación y, a partir de ahí, en las escuelas de nuestras naciones.[13]

Los antecedentes de Freire y algunos detalles pertinentes en torno a su llegada a los Estados Unidos son útiles para comprender su impacto final en el sistema educativo estadounidense y, más recientemente, en la sociedad.

Freire, el hombre, fue traído por primera vez a los Estados Unidos en 1967 por dos sacerdotes, monseñor Robert J. Fox y el padre Joseph Fitzpatrick (quien más tarde se vio envuelto en un escándalo de abuso sexual infantil), a través de la conexión del sacerdote progresista radical Ivan Illich, campeón del movimiento de «desescolarización». El propósito era supervisar las escuelas de las comunidades minoritarias con las que Fox estaba experimentando en la ciudad de Nueva York.

---

13. James Lindsay, *The Marxification of Education: Paulo Freire's Critical Marxism and the Theft of Education* (Orlando, FL: New Discourses, LLC, 2022), p. 15.

Poco después de esta introducción en la escena estadounidense, la Universidad de Harvard le ofreció a Freire un puesto de profesor durante dos años. Aceptó, más o menos. En 1969, Freire asumió el puesto de profesor en Harvard durante solo seis meses para poder aceptar también un nombramiento en la organización ecuménica interreligiosa, el Consejo Mundial de Iglesias en Ginebra. Fue durante el comienzo de su largo exilio de Brasil —primero a Bolivia en 1964, luego a Chile poco después— que Freire, entonces un poscolonialista radical y educador experimental de alfabetización de adultos, se introdujo completamente en el pensamiento marxista, principalmente a través de contactos con varios teólogos de la liberación (es decir, marxistas que se hacían pasar por católicos). También escribió su primer libro importante, *La educación como práctica de la libertad* (1967), y *Pedagogía del oprimido* (1968) en el exilio.[14]

## *TEOLOGÍA DE LA LIBERACIÓN LATINOAMERICANA*

La teología de la liberación fue acuñada a partir del título del libro *Teología de la liberación* (1971) de Gustavo Gutiérrez. Gutiérrez (1928-2024), conocido como el padre de la teología de la liberación, enseñó un evangelio social en el que el propósito principal de la iglesia es lograr la justicia social para los pobres y oprimidos. El enfoque de Gutiérrez en la benevolencia social hizo que su comprensión del evangelio se convirtiera en una comunión sincretista entre la salvación del pecado y la justicia social. Considere su comprensión del evangelio:

> Por lo tanto, el pecado no es solo un impedimento para la salvación en la vida después de la muerte. En la medida en que constituye una ruptura con Dios, el pecado es una realidad histórica, es una ruptura de la comunión de las personas entre sí, es un repliegue de los individuos sobre sí mismos que se manifiesta en un repliegue multiforme de los demás. Y porque el pecado es una realidad intrahistórica personal y social, parte de los acontecimientos cotidianos de la vida humana, es también, y sobre todo, un obstáculo para que la vida alcance la plenitud que llamamos salvación. La idea de una salvación universal, que ha sido acogida con gran dificultad y que se basa en el deseo de ampliar

---

14. *Ibidem*, pp. 36-37.

las posibilidades de alcanzar la salvación, lleva a la cuestión de la intensidad de la presencia del Señor y, por tanto, del significado religioso de la acción humana en la historia.[15]

Gutiérrez vio la salvación como un proceso de creación de un mundo de igualdad, y el pecado fue redefinido como la posición de uno con respecto a cómo Dios está trabajando en la historia para salvar al mundo (no tanto el alma de la persona como salvarla de la pobreza y la desigualdad), por lo que el pecado se redujo al acto de pasividad ante la obra de Dios en la historia para formar una nueva utopía social. Esta teología de la liberación, mezcla de los ideales marxistas y cristianos, aunque rechazaba varios aspectos de ambos, devolvió el aspecto teológico a la revolución social. El mundo occidental no estaba preparado para el materialismo o el humanismo existencial sin la posibilidad de añadir una dinámica espiritual. Las personas, por naturaleza, son seres espirituales, y la sociedad no se apoderaría de las ideologías posmodernas hasta que se les presentara una versión espiritualizada que le permitiera a cada persona aferrarse a algunas de sus creencias religiosas, y la teología de la liberación llenaría ese vacío. Un aspecto de la teología de la liberación tiene que ver con nuestra participación en la salvación. Si una sociedad utópica es el *telos* de la salvación, entonces somos salvados al contribuir a la obra de salvación de Dios a través de la historia. En otras palabras, una diferencia entre la teoría crítica y la teología de la liberación (TL en adelante) es que esta última promueve la necesidad de aplicación mucho más allá de la academia. En otras palabras, la TL no sirve de nada si no produce activismo. La teoría crítica es deconstructiva, la TL es constructiva. La teoría crítica es teórica, la TL es aplicada.

Las ideas de Freire sobre la pedagogía (teoría de la enseñanza/educación) no consistían en utilizar la academia para enseñar marxismo, sino en cambiar lo que entendemos por «enseñanza» y «academia». Lindsay desarrolla la pedagogía de Freire como una pedagogía que cambia de una transferencia de información a un despertar a la acción.

La lección presentada por el educador es un mediador del aprendizaje. No es algo que se aprenda en sí mismo; es algo que facilita el

---

15. Gustavo Gutiérrez, *Teología de la liberación, Perspectivas* (Lima: CEP, 1971), p. 84.

aprendizaje de los términos que Freire está estableciendo. En otras palabras, una lección de matemáticas ya no es solo una lección de matemáticas. Es un mediador para otro tipo de lección, que para Freire es una lección política (léase: marxista).[16]

La academia, en la epistemología poscolonial, necesitaría romper con la lógica colonial y pasar a una que eliminara las clases/binarios.

El hecho de que Freire no cite o haga referencia a prácticamente ninguna erudición educativa, sino que base su trabajo directamente en personas como Karl Marx, Vladimir Lenin, el Che Guevara, Fidel Castro, Rosa Luxemburgo, Ivan Illich, Dom Hélder Câmara, Herbert Marcuse, Erich Fromm y Georg Wilhelm Friedrich Hegel debería haber sido lo suficientemente descalificador como para impedir la adopción generalizada de su trabajo. Siguiendo descaradamente las ideas del padre del marxismo cultural, el húngaro György Lukács, tal como las escribió en su libro de 1923, *Historia y conciencia de clase*, Freire reconoce el axioma marxista cultural de que el poder se encuentra en el centro de la sociedad, desde el cual se puede ver y mover la totalidad. (Haga una pausa para pensar en la frecuencia con la que ha escuchado los términos «centro» y «descentramiento» en la educación, hablando de maneras que no parecían tener sentido antes de esto). Freire está diciendo que la colonización, la modernización y la industrialización arrasaron y trasladaron a las poblaciones nativas del centro al margen, desempoderándolas injustamente, y lo hizo en particular en su condición de conocedores. Los «saberes» coloniales se centraron y desplazaron a los «saberes» de los pueblos existentes, en contra de su voluntad y como un acto de violencia. Para Freire, la incapacidad de leer está intrínsecamente ligada a la condición de marginal en la circunstancia colonizada. El mundo de Freire es uno en el que nadie necesitaba ser educado hasta que la sociedad cambió y comenzó a valorar la educación formal, incluida la alfabetización básica, que desplazó injustamente a los analfabetos (este es el eje de la primera mitad del capítulo sexto de *La política de la educación*).[17]

---

16. Lindsay, *The Marxification of Education*, pp. 36-37.
17. Ibidem, pp. 21, 29-30.

Por lo tanto, la educación podría usarse para transferir el conocimiento y el lenguaje de los colonialistas o para despertar a los estudiantes a sus propios privilegios y a la falta de conciencia de los males del sistema que han estado adoptando. La siguiente generación de estudiantes tendría que tomar su parte en el evangelio de la salvación social, pero no sucedería hasta la llegada de la «Pascua».

### *«WOKE»/CONCIENTIZACIÓN*

El objetivo de la educación sobre los males sociales no era cambiar la opinión de los abiertamente racistas y colonialistas que consideraban su privilegio como un derecho inherente. Estos son pocos y no son los que le dan forma a la sociedad. El objetivo, entonces, sería que cada estudiante llegara a un momento de «Pascua»; es decir, para resucitar de su letargo colonialista. Freire argumenta:

> Este nuevo aprendizaje romperá violentamente el concepto elitista de la existencia que habían absorbido mientras eran ideologizados. La condición *sine qua non* que exige el aprendizaje es que, en primer lugar, vivan realmente su propia Pascua, que mueran como elitistas para resucitar del lado de los oprimidos, que nazcan de nuevo con los seres a los que no se les permitió ser. Tal proceso implica una renuncia a los mitos que les son queridos: el mito de su superioridad, de su pureza de alma, de sus virtudes, de su sabiduría, el mito de que salvan a los pobres, el mito de la neutralidad de la iglesia, de la teología, de la educación, de la ciencia, de la técnica, el mito de su propia imparcialidad. De ellos nacen los otros mitos: de la inferioridad de los demás, de su impureza espiritual y física, y de la ignorancia absoluta de los oprimidos. Esta Pascua, que resulta en el cambio de conciencia, debe ser vivida existencialmente. La verdadera Pascua no es una retórica conmemorativa. Es praxis; es una implicación histórica. La vieja Pascua de la retórica ha muerto, sin esperanza de resurrección. Solo en la autenticidad de la praxis histórica se convierte la Pascua en la muerte que hace posible la vida. Pero la visión burguesa del mundo, básicamente necrófila (amante de la muerte) y, por lo tanto, estática, es incapaz de aceptar esta experiencia supremamente biofílica (amante de la vida) de la Pascua. La mentalidad burguesa, que es mucho más que una simple abstracción conveniente, mata el profundo dinamismo histórico de la Pascua y la convierte en nada más que una fecha en el calendario. El

deseo de poseer, un signo de la visión necrofílica del mundo, rechaza el significado más profundo de la resurrección. ¿Por qué debería interesarme el renacimiento si tengo en mis manos, como objetos a poseer, el cuerpo y el alma desgarrados de los oprimidos? Solo puedo experimentar el renacer al lado de los oprimidos al nacer de nuevo, con ellos, en el proceso de liberación. No puedo convertir tal renacimiento en un medio de adueñarse del mundo, ya que es esencialmente un medio de transformar el mundo.[18]

Hay que hacer consciente a la gente de su situación de privilegios en un sistema que solo les favorece a ellos. Deben ser conscientes o «despertados» de su ignorancia autoinfligida. Es posible que nunca hayan experimentado un sentimiento consciente de superioridad sobre otra persona, pero disfrutan de los privilegios que les otorga la estructura actual de la sociedad. Una vez que despierten (o se vuelvan «despiertos»), ya no se conformarán con la felicidad ignorante y trabajarán junto a los marginados con el fin de derribar el sistema opresivo y colonialista para marcar el comienzo de un día en que todos los binarios desaparecerán y surgirá una sociedad sin clases.

Lo que Freire aportó a la educación es que hay que aprender a ver la opresión estructural como un marxista crítico si se tiene alguna esperanza de construir un movimiento para derrocarla. Incluso los radicales, progresistas y marxistas clásicos en la educación en el contexto norteamericano no tenían esta pieza, y tampoco la tenían los neomarxistas radicales de la década de 1960. Este proceso «educativo» en el que la educación y la política se sintetizan dialécticamente en una sola actividad es instrumental para el marxismo en el occidente libre y liberal porque, francamente, esa opresión estructural no está realmente allí, al menos no de manera significativa. Tienes que ser preparado para verla a través de un proceso «educativo», y eso es lo que ofrece Freire. Freire, entonces, es en un sentido significativo el padre del «woke» porque ser «woke» [despierto] significa aprender a ver la opresión estructural en prácticamente todo para denunciarla, como un proceso de despertar a un mundo oculto y horrible. Los

---

18. Paulo Freire, *The Politics of Education: Cultural Power and Liberation* (Westport, CT: Bergin & Garvey Publishers, 1985), pp. 122-123. Existe una edición en español con el título *Política y educación* (Siglo XXI de España Editores, 1999).

freireanos asumen que la opresión está ahí y luego buscan preparar a los «aprendices» para que la vean.[19]

La concientización («woke») implica decodificar a la próxima generación de los significados y suposiciones detrás de la academia y la cosmovisión que los ideologizaban. Fíjate en los paralelismos entre el «woke» y «el marxismo clásico».

- Marx — Poderoso
- «Woke»— Privilegiado
- Marx — El poderoso enajena al proletariado o al obrero.
- «Woke» — Los privilegiados alientan a los oprimidos.
- Marx — Los poderosos forjan la «ideología» (mitos sobre la autoridad, la epistemología y la ética) para justificar su posición de poder. El marxismo «desmitifica».
- «Woke»— Los privilegiados del pasado forjaron la «ideología» moderna, y hoy los privilegiados, muchos sin saberlo, han creído y disfrutado de los privilegios (mitos sobre la autoridad, la epistemología y la ética) y deben ser decodificados para tener un momento de «Pascua», despertando de entre los muertos, o convirtiéndose en «despiertos» a la opresión sistemática y luchando contra ella.

## CONCLUSIÓN

La descolonización del conocimiento y el lenguaje de Freire se llevó a cabo a través de una nueva pedagogía marxista y de una llamada a despertar de la indiferencia de los privilegiados a la unión de Dios en la reconciliación de todo consigo mismo en Jesús (como se expresa en la obra de Gutiérrez, *Teología de la liberación*) por medio de la justicia social y el rechazo de todo binarismo para formar una sociedad sin clases. Este no es el evangelio de Jesucristo, sino de Marx. Freire y su colega de la teología de la liberación, Gustavo Gutiérrez, no se sometieron como pilares para sostener la verdad en una postura de sumisión a ella, sino que la reescribieron para quitar de vista la ofensa de la verdadera cruz de Cristo y ofrecer una humanista, menos ofensiva. Y

---

19. Lindsay, *The Marxification of Education*, p. 40.

este nuevo evangelio fue utilizado para evangelizar a los estudiantes, quienes una vez que lograron la regeneración de la concientización («woke»), su Pascua personal, fueron enviados a todas las tribus, lenguas y naciones, y el siglo XXI sería testigo de su trabajo misionero en todas nuestras tierras.

CAPÍTULO 19

# «WOKE»: TEORÍA CRÍTICA DE LA RAZA, INTERSECCIONALIDAD Y JUSTICIA SOCIAL

## INTRODUCCIÓN

A partir de este punto, la mayoría de los términos comenzarán a sonar más familiares. El vocabulario de la revolución «woke» hoy en día es la «neolengua» (*1984*) y se encuentra en casi todas las instituciones. Y donde no se usa con tanta libertad, como en series y películas, sus implicaciones son fácilmente reconocibles. Hasta ahora, he tenido cuidado de no hablar de la justicia bíblica en contraposición a gran parte de la comprensión que la sociedad tiene de la justicia, ni de cómo interactuar con la presión de las demandas de la sociedad sobre la iglesia. Sin embargo, en el próximo capítulo profundizaremos en algunos principios bíblicos que la iglesia puede tener en cuenta a la hora de dar una respuesta prudente, especialmente a lo que yo llamo el evangelio según Marx, que se está colando discretamente en nuestros púlpitos y hogares. No obstante, antes de llegar allí, tenemos que dar un paso más, y es entender cómo el movimiento «woke» de Paulo Freire se convertiría en la revolución «woke» del siglo XXI que está influyendo en la legislación actual, dividiendo a amigos, familiares, hogares e iglesias. Pero la contribución de Paulo por sí sola no sería suficiente para poner el mundo patas arriba. Se necesitaba un evangelista, y su nombre sería Henry Giroux.

## PEDAGOGÍA CRÍTICA

Henry Giroux (nacido en 1943) fue un seguidor de Paulo durante su carrera y resultó fundamental para que los marxistas fueran titulares en las universidades, donde promovió ampliamente los libros de Freire. En su introducción al libro de Paulo, *The Politics of Education* (1985), Henry no se detiene en revelar sus motivos revolucionarios dentro de la versión del evangelio de la teología de la liberación.

> Dentro del discurso de las teologías de la liberación, Freire elabora un poderoso antídoto teórico contra el cinismo y la desesperación de muchos críticos radicales de izquierda. El carácter utópico de su análisis es concreto y atractivo en su naturaleza, y toma como punto de partida a los actores colectivos en sus diversos contextos históricos y la particularidad de sus problemas y formas de opresión. Es utópico solo en el sentido de que se niega a rendirse a los riesgos y peligros que enfrentan todos los desafíos a las estructuras de poder dominantes. Es profético en el sentido de que ve el reino de Dios como algo que ha de ser creado en la tierra, pero solo a través de la fe tanto en otros seres humanos como en la necesidad de una lucha permanente. La noción de fe que emerge en la obra de Freire está informada por la memoria de los oprimidos, el sufrimiento que no se debe permitir que continúe, y la necesidad de no olvidar nunca que la visión profética es un proceso continuo, un aspecto vital de la naturaleza misma de la vida humana. En síntesis, al combinar los discursos de la crítica y la posibilidad, Freire une la historia y la teología para proporcionar la base teórica de una pedagogía radical que combina la esperanza, la reflexión crítica y la lucha colectiva.[1]

Así, la versión refinada de la epistemología poscolonial con un toque de teología utópica fue llevada a las escuelas. Tampoco estaba de más legitimar la pedagogía crítica «woke» acusando a la vieja teoría crítica de omitir las luchas de los negros, las mujeres y la clase trabajadora. Una diferencia punzante entre la teoría crítica y la pedagogía crítica «woke» fue el llamado a la acción de Freire. Una teoría crítica deconstructiva no evocaba la misma aplicación constructiva que la pedagogía crítica. Lo que el mundo sabía del posmodernismo se estaba desvaneciendo y comenzaría

---

1. Henry Giroux, «Introduction» en Paulo Freire, *The Politics of Education: Cultural Power and Liberation* (Westport, CT: Bergin & Garvey Publishers, 1985), pp. xvii-xviii.

un nuevo «posmodernismo aplicado» o activismo en todas las plataformas y todas las instituciones. Cuando comenzó el auge de Internet y el nacimiento de la era de las redes sociales, las marchas ya no serían la principal plataforma para el activismo. Las redes sociales del siglo XXI trajeron innumerables formas de ejercer presión a la sociedad.

Un método para implementar el posmodernismo aplicado de Freire fue la inserción de su pedagogía crítica en la formación de nuevos cursos escolares, y otro fue infundirlo en los ya existentes. Uno de los legados de Paulo que se ha integrado en todos los currículos escolares es el Aprendizaje Socioemocional (SEL, por sus siglas en inglés). De acuerdo con uno de sus proveedores de currículo:

> El aprendizaje socioemocional (SEL) enfatiza la importancia de comprender y manejar las emociones, construir relaciones saludables y desarrollar la conciencia social [...] También discutiremos:
> - Las cinco áreas centrales del aprendizaje socioemocional.
> - Una forma segura de usar SEL para crear una comunidad diversa e inclusiva.
> - Cómo implementar los programas y planes de estudio SEL de Positive Action en su escuela.[2]

Nótese la línea «diversa e inclusiva» del currículo de SEL. Otra página que promueve el SEL dice:

> Se ha demostrado que las expectativas de género basadas en el binarismo impuestas a los niños a través de diversos modelos de socialización (por ejemplo, educadores, familia, compañeros, etc.) influyen en la forma en que los niños perciben, comprenden y valoran su propia identidad de género y la de los demás.[3]

SEL ha sido presentado como un currículo antiacoso y de respeto mutuo para ayudar a los niños a aprender comportamientos y hábitos socialmente aceptables. Pero hoy en día se está utilizando como un caballo de Troya para presentarles a los jóvenes de nuestra sociedad los

---

2. Positive Action, «What is SEAL? Social-Emotional Learning Defined & Explain», https://www.positiveaction.net/what-is-sel.
3. SED-RG, «Promoting Gender Equality with SEL», https://sedrg.ca/sedigest-13/.

legados de Beauvoir, Hegel y en especial Karl Marx. El SEL es más teórico y fue el primer paso para un programa más proactivo, que no solo es prescriptivo para que los niños tomen medidas, sino que también llega a sus padres y comunidades. Este siguiente paso en la pedagogía crítica fue desde el Aprendizaje Socioemocional hasta el SEL Transformador. El Aprendizaje Social y Emocional Transformador (TSEL en adelante) podría describirse como el paso activista del SEL. El TSEL utiliza técnicas de habilidades sociales del SEL y las aplica para crear conciencia en los estudiantes, sus padres y la comunidad sobre las desigualdades sociales. No es de extrañar que una de las principales categorías del TSEL sea la LGBTQIA+ y la igualdad de género. Lamentablemente, el TSEL es obligatorio en muchas áreas y los padres no pueden hacer que sus hijos opten por no participar en los cursos. Los partidarios del TSEL tratan de hacerlo pasar como un entrenamiento antiacoso, pero eso no es más que una cortina de humo para el adoctrinamiento de la teoría *queer*. Por ejemplo, la página web de la Oficina de Educación del Condado de San Diego incluye en la sección de preguntas y respuestas:

**¿Pueden los padres optar por no recibir educación sexual?**

Los padres tienen el derecho de recibir avisos y excluir a sus hijos de cierta instrucción en las escuelas públicas, incluyendo las siguientes: educación integral sobre salud sexual, prevención del VIH/SIDA y encuestas, pruebas, investigaciones y evaluaciones. Especialmente en este contexto, los padres pueden optar por no participar en las lecciones de educación sexual integral cubiertas por la Ley de Juventud Saludable de California.

La disposición de exclusión voluntaria de la Ley de Juventud Saludable de California no se aplica a la instrucción o los materiales fuera del contexto de la educación integral sobre salud sexual, incluida la instrucción o los materiales cubiertos por la Ley de Educación FAIR, y la instrucción o los materiales que pueden hacer referencia al género, la identidad de género, la orientación sexual, la discriminación, el acoso, las relaciones o la familia.

**¿Deben las escuelas notificar a los padres/tutores si se habla de personas o preocupaciones LGBTQIA+ en el aula? ¿Pueden los padres optar por no recibir instrucción con respecto a los estadounidenses LGBTQIA+?**

Por lo general, los distritos escolares y las escuelas chárter no están obligados a notificar a los padres y tutores sobre las lecciones sobre el respeto y la diversidad. De hecho, muchas leyes federales y estatales exigen que las escuelas sean proactivas para abordar los prejuicios y los sesgos y garantizar la seguridad de los estudiantes. La Ley de Juventud Saludable de California establece que «las escuelas deben reconocer afirmativamente las diferentes orientaciones sexuales, incluir las relaciones entre personas del mismo sexo en las discusiones, enseñar sobre género, expresión de género, identidad de género y el daño de los estereotipos de género negativos, etc.».[4]

No solo se trata de un paso más hacia el totalitarismo, en el que el estado asume el papel de la familia, sino que también se observa cómo los educadores están pasando de maestros a trabajadores sociales. El sistema escolar está pasando de instruir a los estudiantes en lo que necesitan académicamente para tener éxito en sus carreras adultas a ser defensores y activistas de las ideologías posmodernas. El currículo del SEL y el TSEL hace mucho uso de la palabra «conciencia» en todo momento, y el sueño de Paulo Freire de un despertar pascual («woke») se está haciendo realidad en lo que va del siglo XXI.

### DESCOLONIZACIÓN DEL CURRÍCULO EN EL SIGLO XXI

Otro paso en la pedagogía crítica fue descolonizar el currículo existente reemplazando la educación formal con «lo que concientiza en el sentido freireano (woke)».[5] Hasta ahora, algunos ejemplos han sido la sustitución de la literatura clásica, como Shakespeare, por lo que se ha considerado como materiales «generativos».

Los materiales generativos, dentro de la pedagogía crítica, son materiales que los escritores de currículos escolares crean para generar un cambio en la sociedad, y sin vergüenza a través de la revolución. Nótese cómo los autores de este artículo académico sobre materiales generativos insisten en mantener vigente el trabajo de Freire al producir un currículo en el que «la pedagogía debe nutrir sujetos revolucionarios, es decir, capaces de rebelarse contra la opresión y luchar por un orden social más democrático y justo».

---

4. «LGBTQIA+ Topics and Sex Education in the Classroom», Oficina de Educación del Condado de San Diego, https://www.sdcoe.net/special-populations/lgbtqia-youth, consultado el 29 de enero de 2025.
5. James Lindsay, *The Marxification of Education*, p. 138.

Richards (2010) alerta que el Desarrollo de Materiales no está recibiendo la atención que debería recibir en la formación de profesores de segundas lenguas y, en ocasiones, su posición es subestimada dentro de la educación de posgrado [...] La PC puede reforzar el propósito de cualquier sistema educativo al generar cambios que apuntan a hacer que los estudiantes sean más conscientes de su situación y existencia inmediatas, además de establecer un vínculo entre el nivel macro de la sociedad y el nivel micro del aula para transformar la sociedad (Akbari, 2008). Para ello, primero se debe criticar el currículo y el plan de estudios. La forma de hacerlo es diseñar materiales basados en los postulados de la Pedagogía Crítica, esto es lo que se buscó cumplir con el presente estudio [...] Freire (1970) considera que la realidad es en realidad un proceso de constante transformación. En la educación para la resolución de problemas, las personas desarrollan su capacidad de percibir críticamente la forma en que existen en el mundo con el que y en el que se encuentran. Llegan a ver el mundo no como una realidad estática, sino como una realidad en proceso, en transformación. Por lo tanto, los estudiantes y docentes con visión crítica están preparados para situar el aprendizaje en los contextos sociales relevantes, desentrañar las implicaciones del poder en las actividades pedagógicas y comprometerse con la transformación de los medios y fines del aprendizaje, con el fin de construir entornos educativos y sociales más igualitarios, equitativos y éticos. Un objetivo central de la pedagogía crítica es cambiar la sociedad; buscando construir y desarrollar un lugar más equitativo, hospitalario y humano (Freire, 1970). Kellner (2007) afirma que, para Freire, la pedagogía debe nutrir sujetos revolucionarios, es decir, capaces de rebelarse contra la opresión y luchar por un orden social más democrático y justo.[6]

Aun las matemáticas están siendo reemplazadas por «etnomatemáticas» o «mathematx». La etnomatemática es la inclusión de los usos culturales pasados y la comprensión de las matemáticas, y la aplicación de la nueva comprensión cultural, para lo creas o no, provocar una

---

6. Ali Rahimi, Ali Kushki, Ehsan Ansaripour y Ardeshir Maki, «Critical Pedagogy and Materials Development: Content Selection and Gradation», *Educational Policy Analysis and Strategic Research*, V 10, N 1, 2015, https://dergipark.org.tr/en/download/article-file/161895, consultado el 29 de enero de 2025.

revolución social. En otras palabras, los cursos de matemáticas están siendo secuestrados para promover la agenda marxista existencial y producir niños «despiertos» que se involucrarán en el activismo. Por lo que se ha escrito desde los partidarios y educadores de la etnomatemática, las matemáticas se enseñaron históricamente de una manera irresponsable, y su utilidad se limitó principalmente a la guerra y la construcción de imperios capitalistas. Habría que enseñar una nueva matemática cuya utilidad se utilizaría para provocar la revolución. Si este resumen suena como una exageración, considere este blog de la página del productor y distribuidor de recursos etnomatemáticos *Educando ahora*:

> La etnomatemática es el estudio de cómo las culturas matematizan. Las matemáticas fueron creadas por la necesidad humana de resolver problemas. Desafortunadamente, la mayor parte de nuestra matemática escolar ha sido despojada de su argumento, contexto e historia, dejándola sin sentido para muchos. Tendemos a centrar nuestras matemáticas en los griegos y otras culturas europeas, mientras ignoramos el conocimiento y las contribuciones indígenas. La idea es crear unidades de estudio holísticas e integradas que sean relevantes para los estudiantes. Esto suena como un objetivo muy ambicioso (¡lo es!), pero podemos comenzar de manera más simple, en nuestras aulas, conociendo a nuestros estudiantes y sus culturas. Cuando pienso en cómo se pueden implementar las etnomatemáticas en las clases, diría que, en pocas palabras, las etnomatemáticas se centran en las matemáticas basadas en la cultura (esto puede incluir la cultura popular, ya que puede ser relevante para los estudiantes) con el objetivo de la justicia social, las matemáticas basadas en la tierra y la administración ambiental. Honestamente, no puedo pensar en dos problemas más apremiantes en nuestro mundo en este momento que la falta de respeto por la diversidad cultural (que ha ido empeorando en muchos aspectos, en lugar de mejorar, en los últimos años) y el estado de nuestro medio ambiente.[7]

La diferencia entre etnomatemática y «mathematx» es algo ambigua. Rochelle Gutiérrez, profesora de educación en la Universidad de

---

7. Nikki Lineham, «Ethnomathematics—What It Is and Why It's Important», *Educating Now*, https://educatingnow.com/blog/ethnomathematics-what-it-is-and-why-its-important/, consultado el 29 de enero de 2025.

Illinois en Urbana-Champaign, presenta «ideas de la etnomatemática (incluidas las matemáticas occidentales), la teoría poscolonial, la estética, la biología y el conocimiento indígena con el fin de proponer una nueva visión para la práctica de las matemáticas, algo a lo que me refiero como mathematx».

La relación entre las matemáticas, los seres humanos y el planeta ha estado impregnada de dominación y destrucción durante demasiado tiempo (O'Neil 2016; Martínez, 2016). Debido en gran parte a la forma en que se financia la investigación, el campo de las matemáticas está a menudo al servicio de la guerra y la economía (BooB-Bavnbek y Hoyrup 2003; Gutiérrez 2013; Martínez 2016; O'Neil 2016; Porter 1995). Con un énfasis en cuantificar, categorizar y reducir las relaciones complejas y de múltiples capas entre las personas a meras abstracciones, las matemáticas a menudo apoyan la falacia de que el modelado, los grandes datos y el software pueden resolver cualquier cosa. Algunos podrían sugerir que no hay nada inherente en la práctica de las matemáticas que conduzca a la dominación; simplemente necesitamos seguir prácticas más éticas en la aplicación de las matemáticas en el mundo que nos rodea. Destacando este papel de la dominación y argumentando a favor de una nueva forma de enseñanza de las matemáticas, Coles y sus colegas (2013) señalan: «La historia de la relación de la humanidad con el entorno natural, al menos en occidente, se puede resumir en una palabra: dominación. El medio ambiente natural ha sido visto como una fuente de alimentos y materias primas que deben ponerse al servicio de los proyectos humanos».[8]

Parece que el emergente «mathematx» es simplemente una versión más radicalizada de la etnomatemática. Otro ejemplo de descolonización en la educación lo encontramos en el tema de la historia. Se están publicando nuevos libros de historia con una reescritura revisionista de la historia que (al igual que el ESL, el TESL, las etnomatemáticas y «mathematx») es generativa. La nueva historia es revisionista en el sentido de que está siendo reescrita para avergonzar a figuras históricas que han sido conmemoradas como fundadoras y tienen un impacto en

---

8. Rochelle Gutiérrez, «Living Mathematx: Toards a Vision for the Future», *Nuevos Discursos*, https://files.eric.ed.gov/fulltext/ED581384.pdf, consultado el 29 de enero de 2025.

la historia de un país. Un ejemplo reciente de la descolonización de la historia proviene del movimiento periodístico «The 1619 Project» [«El Proyecto 1619»]. El proyecto comenzó como un esfuerzo conjunto de escritores de *The New York Times* y *The New York Times Magazine*, que finalmente creció para producir planes de estudio, una serie de televisión (2023) y otros recursos publicados. Por lo que parece, «El Proyecto 1619» intenta iniciar un movimiento, y los movimientos son para crear conciencia, un papel fundamental en el activismo revolucionario. Por lo tanto, mi tiempo con el taxista en la Ciudad de México (capítulo anterior) tiene sentido.

Para no parecer insensible al sufrimiento y la opresión (de los que se hablará en los próximos capítulos), no hay duda de que se cometieron injusticias en el pasado. En América Latina, la invasión/conquista española (no hay un término aquí que evite ser ofensivo) fue opresiva y sangrienta. En los Estados Unidos, el trato a los nativos era un pecado contra Dios, y también lo era la esclavitud robadora de hombres que practicaban tanto los europeos como los nativos americanos (algunas tribus nativas americanas esclavizaban a las personas de las tribus conquistadas, y otras incluso tenían esclavos africanos).[9] Siempre podemos aprender de los errores y males del pasado, pero cancelar póstumamente a figuras históricas no es historia, y gran parte de la historia revisionista se inclina demasiado hacia el apoyo a una agenda presente y a alterar, minimizar o ignorar por completo los logros de otros. No puede haber una discusión pública seria sobre los pros y los contras de borrar la historia porque se refuta un desafío acusando al interrogador de juzgar el trabajo sobre la historia revisionista con el viejo sistema colonialista en lugar del nuevo, lo cual es un argumento circular.

### PEDAGOGÍA CRÍTICA DRAG

Un método más reciente y público para descolonizar la educación se conoce como «La hora del cuento del *drag queen*». Un grupo de *drag queens* van a reuniones comunitarias y bibliotecas para enseñarles a los niños a ser *queer*. El objetivo es que los niños crezcan sin la mentalidad de las distinciones binarias fijas. El siguiente artículo de investigación sobre el propósito y el papel de la pedagogía *drag* fue escrito por Harper

---

9. Smithsonian Magazine, https://www.smithsonianmag.com/smithsonian-institution/how-native-american-slaveholders-complicate-trail-tears-narrative-180968339/.

B. Keenan, profesora asistente de la Universidad de Columbia Británica, y Lil Miss Hot Mess, artista de «La hora del cuento del *drag queen*».

La institución de la educación pública se fundó, en parte, como una forma de mantener los estados-nación. Así, la visión profesional (Goodwin, Citation 1994) de los educadores a menudo se moldea para reproducir la visión normativa del estado de su ciudadanía ideal. En efecto, la escolarización funciona como una forma de *enderezar* al niño en una especie de alineación cautiva con los parámetros actuales de esa visión. Dicho de otra manera, el diseño de la escolarización a menudo sirve como una especie de enrejado que entrena a los niños para alejarlos de la divergencia social con el fin de «crecer» para convertirse en adultos que son vistos como social y económicamente productivos. En contraste, Kathryn Bond Stockton (Citation 2009) sugiere una metáfora del «crecimiento lateral» *queer* que es posible para todos los niños (independientemente de su género o sexualidad). Este marco, que se opone al pensamiento dominante sobre el desarrollo infantil, no está dirigido hacia un punto final predeterminado de crecimiento, sino que funciona como una ampliación irregular de los propios intereses, habilidades y excentricidades de los niños en sus propios términos. A partir de la teoría *queer* y los estudios *trans*, las pedagogías *queer* y *trans* buscan desestabilizar activamente la función normativa de la escolarización a través de una educación transformadora. Esta es una orientación fundamentalmente diferente a los movimientos hacia la inclusión o asimilación de las personas LGBT en las estructuras existentes de la escuela y la sociedad. A lo largo de la historia y hasta el presente, se ha dedicado un tremendo esfuerzo a gestionar cómo los niños entienden y encarnan el género [...] Desde sus inicios, las instituciones dentro del estado-nación moderno —la clínica médica, el juzgado, el manicomio, la prisión y la escuela, entre ellas— han establecido y vigilado las fronteras de género. Aquí, enfatizamos que dentro de las realidades de nuestras vidas, el género nunca existe de manera aislada. En cambio, los conjuntos de líneas trazadas a través de las mentes y los cuerpos vivos se cruzan con las innumerables líneas trazadas a través del mundo viviente por siglos de imperialismo global y colonialismo habilitado por ideologías de supremacía blanca. Para decirlo claramente, dentro del contexto histórico de los Estados Unidos y Europa Occidental, la gestión institucional del género se ha utilizado como una forma de mantener modos de (re)producción racistas y capitalistas.[10]

Pido disculpas por la extensa cita. ¿Empiezas a notar cómo todo se está interpretando como una lucha política por el poder? El artículo comienza enseñando la teoría freireana, según la cual las escuelas públicas comenzaron a «mantener» y «enderezar al niño en una especie de alineación cautiva». Teóricos como Keenan y Hot Mess no permiten otra explicación o razón para algo, excepto desde la estructura de poder colonialista tal como la interpreta un marxista.

Hoy en día, incluso la heterosexualidad está siendo atacada. El mensaje de la revolución sexual utilizaba la acusación y la súplica para que la sociedad aceptara la homosexualidad como algo normal y natural para las sociedades sanas. En la mente de la sociedad, ¡ganaron! Los arquitectos de la revolución sexual nunca tuvieron la intención de construir una sociedad heterosexual que aceptara la homosexualidad. El plan era deconstruir la heterosexualidad como parte de la condición humana en nuestra sociedad. ¡Nos están echando! Según el paradigma marxista de la estructura de poder, los heterosexuales disfrutan de los beneficios que ofrece la normatividad de la heterosexualidad. Por lo tanto, se acusa a los heterosexuales de beneficiarse de los privilegios, y por lo tanto del poder, de la estructura de poder que la «heteronormatividad» ha forjado. Con respecto a los cristianos, podemos pensar que nuestro único motivo para promover la heterosexualidad es glorificar a Dios en la forma en que diseñó a los seres humanos, pero para los detractores, los verdaderos beneficios de la heteronormatividad provienen del poder sobre los demás que disfrutamos a partir de la estructura social colonialista que construimos.

Sir Roger Scruton, un filósofo político conservador, señaló que los pensadores que motivaron la Nueva Izquierda consideraron cosas como la «familia patriarcal», las prisiones y los manicomios, el deseo egoísta y la «respetabilidad heterosexual» como manifestaciones del poder de la burguesía.[11]

---

10. Harper Keenan y L. M. Hot Mess (2020), «Drag pedagogy: The playful practice of queer imagination in early childhood» [Pedagogía drag: la práctica lúdica de la imaginación *queer* en la primera infancia], *Curriculum Inquiry*, 50(5), pp. 440-461. https://doi.org/10.1080/03626784.2020.1864621.

11. Jon Harris, *Christianity and Social Justice: Religions in Conflict* (Ann Arbor, MI: Reformation Zion Publishing, 2021). Citando a Sir Roger Scruton, *Fools, Frauds and Firebrands: Thinkers of the New Left* (Londres, Reino Unido: Bloomsbury Continuum, 2017), p. 191.

Otro problema preocupante, aunque implícito, surge en los esfuerzos revisionistas y de «descolonización». Los monopolistas culturales y pedagógicos se convierten en los únicos jueces de lo que hoy es injusto. Hay injusticias que están ocurriendo en nuestra sociedad contra la enseñanza y la práctica de la doctrina cristiana en nuestros hogares e iglesias. También hay una gran necesidad en las comunidades verdaderamente marginadas que no están siendo atendidas con el tiempo, la financiación y la pasión que se les da a los temas de la revolución sexual con inclinaciones políticas. De hecho, me temo que la palabra «injusticia» solo se está aplicando públicamente como un llamado a la acción para cualquier agenda que los revolucionarios culturales quieran imponer a la sociedad. Y cuando se debate un tema real, «injusticia» se ha convertido en el término preferido para la desviación. Por ejemplo, la sociedad ya no debate si el aborto implica matar a otro ser humano. El tema ha sido secuestrado por feministas críticas posmodernas y reetiquetado como *injusticia reproductiva*. Aunque no es la madre la que se aborta, las cuestiones relativas a la vida de un bebé se desvían hacia la justicia social y el debate se acaba. A partir de ese momento, cualquier otra refutación no exige una respuesta del jurado social, porque la lucha contra la injusticia reproductiva en la estructura de poder de la *burguesía* ha recorrido un largo camino desde los días en que tuvo que defender su causa.

En los Estados Unidos, las feministas y otros grupos que promueven el aborto lograron agregar el aborto a la lista de derechos que las injusticias pasadas del sistema no les otorgaron. Considere el lenguaje y el *pathos* de los argumentos utilizados en este artículo:

> Restringir el acceso al aborto tiene que ver con quién tiene poder sobre ti, quién puede tomar decisiones por ti y quién va a controlar cómo resulta tu futuro. A millones de personas en todo el país se les niega ahora la capacidad de tomar sus propias decisiones y controlar sus propios destinos debido a las prohibiciones del aborto [...] El aborto es una cuestión de justicia económica. Para muchas personas, decidir si tendrán un hijo o cuándo lo harán tiene un enorme impacto en su seguridad económica [...] Los opositores a la igualdad LGBTQI+ y al derecho al aborto han reconocido desde hace mucho tiempo los vínculos entre estos temas. Las mismas fuerzas han estado tratando de castigar y controlar los cuerpos y las familias de las mujeres y las personas LGBTQI+, a menudo al mismo tiempo [...] Quitarle a las personas el

control sobre sus cuerpos y vidas reproductivas es parte de una estrategia racista deliberada para restablecer nociones anticuadas de quién tiene el poder y el control en este país.[12]

Esta página promotora del aborto hace un llamado a todos los guerreros de la justicia social para que asuman la causa del aborto por las injusticias que las mujeres están experimentando; injusticias no muy diferentes a las que sufren los pobres, la comunidad LGBTQIA+ y la comunidad negra. La plaza pública ya no es una plataforma para debatir sobre temas que son de extrema importancia para el presente y el futuro de nuestras sociedades. El curso de la sociedad está marcado, y cualquier objeción no es más que el desvarío de un colonialista nostálgico y hambriento de poder. En otras palabras, «si no estás de acuerdo es porque quieres retener el poder como colonizador». La sociedad del siglo XXI, hasta ahora, ha sido el último intento de deconstruir la falacia *ad hominem* como un vestigio más de la lógica colonialista que debe morir a manos de los activistas.

### FALACIA AD HOMINEM
*Ad Hominem*: «a la persona/hombre»

| PERSONA «A» | PERSONA «B» |
|---|---|
| «Yo creo que el costo de la gasolina ha subido más de lo necesario para corresponder con la tasa de inflación». | «Solo la gente pobre piensa así». |
| «Con respecto al aborto, ¿por qué solo hablamos del bienestar de la mamá? ¿Por qué no incluir la vida del niño en el debate?». | «Tú solo quieres preservar el poder que el patriarcado tiene sobre la mujer. De hecho, los hombres no pueden opinar». |

---

12. «Abortion Rights are Inextricably Tied to Social and Economic Justice Movements» [El derecho al aborto está inextricablemente ligado a los movimientos de justicia social y económica], *National Women's Law Center*, publicado el 22 de enero de 2025, https://nwlc.org/resource/abortion-rights-are-inextricably-tied-to-social-and-economic-justice-movements/, consultado el 29 de enero de 2025.

Una *falacia ad hominem* ocurre cuando un oponente se desvía del argumento objetivo en cuestión a una acusación subjetiva, ya sea explícita o implícita, contra el interrogador. Si se produce inflación y los precios de la gasolina suben para reflejarla, si alguien nota que el aumento del precio de la gasolina superó el aumento de las tasas de inflación, puede objetar. Pero el hecho de que la persona que se opone sea rica o pobre, o algo intermedio, no tiene nada que ver con la validez de su argumento. Del mismo modo, si alguien es un opresor hambriento de poder o no, eso no tiene nada que ver con si se debe tomar en consideración la vida del niño que se está abortando. Además, el común *ad hominem* de que los hombres no tienen lugar en el debate público debe ser uno de los argumentos más falaces de hoy. Es como decir que solo los judíos podían decidir si el holocausto nazi debía detenerse.

## *TEORÍA CRÍTICA DE LA RAZA*

Gloria Watkins (1952-2021), conocida por su seudónimo bell hooks (escrito a propósito en minúsculas), fue una académica afroamericana cuya influencia ayudaría a preparar el escenario para un movimiento que hoy se llama «Teoría crítica de la raza». Ella criticó a los teóricos críticos por no darles a los negros, las mujeres y la clase trabajadora suficiente consideración en sus teorías. Watkins atribuyó su omisión a un resultado de su blancura en su ensayo «Negritud posmoderna» (1990):

> Si el pensamiento posmodernista radical ha de tener un impacto transformador, entonces una ruptura crítica con la noción de «autoridad» como «dominio sobre» no debe ser simplemente un recurso retórico, debe reflejarse en los hábitos del ser, incluidos los estilos de escritura y los temas elegidos. Los eruditos del tercer mundo, especialmente las élites, y los críticos blancos que absorben pasivamente el pensamiento supremacista blanco y, por lo tanto, nunca se fijan ni miran a las personas negras en las calles, en sus trabajos, que nos hacen invisibles con su mirada en todas las áreas de la vida cotidiana, no es probable que produzcan una teoría liberadora que desafíe la dominación racista, ni que promuevan una ruptura con las formas tradicionales de ver y pensar sobre la realidad, las formas de construir la teoría y la práctica estéticas.[13]

---

13. bell hooks, «Postmodern Blackness» [Negritud posmoderna], *Postmodern Culture_* vol. 1, no. 1 (septiembre de 1990), https://www.africa.upenn.edu/Articles_Gen/Postmodern_Blackness_18270.html.

Watkins llevó a las personas negras al frente de la discusión, y el erudito legal crítico Derrick Bell fue uno de los principales arquitectos de la teoría crítica de la raza (CRT, por sus siglas en inglés).

Derrick Bell, profesor de derecho en Harvard y uno de los fundadores de la teoría crítica de la raza, creía que «el progreso en las relaciones raciales estadounidenses es en gran medida un espejismo, que oscurece el hecho de que los blancos continúan, consciente o inconscientemente, haciendo todo lo que está en su poder para asegurar su dominio y mantener el control».[14]

La CRT se convertiría en la lente por la cual se juzgarían todas las decisiones, palabras y motivos en cualquier tema que tuviera alguna relación con la comunidad negra. Una alumna de Bell, Kimberlé Crenshaw (nacida en 1959), acuñaría más tarde el término «Teoría crítica de la raza» (CRT) en 1989 para la teoría de su mentor en una conferencia que organizó en la Universidad de Wisconsin llamada «Nuevos desarrollos en la teoría crítica de la raza».

La teoría crítica de la raza (CRT) se originó como un campo de estudio legal en la década de 1970 encabezado por Derrick Bell, el primer profesor de derecho negro de la Universidad de Harvard, para abordar lo que él veía como deficiencias en la comprensión de cómo la discriminación y la inequidad se perpetúan en la ley. Estas desigualdades determinan los resultados en la sociedad, la economía, la cultura y la política, argumentó.[15]

La CRT categoriza todos los desafíos que enfrenta la comunidad negra en la red marxista de la lucha por el poder y la marginación. Además, la CRT disuade la reconciliación, la gracia y el perdón en nuestras comunidades, hogares e iglesias entre «negros» y «blancos» debido a que cualquier intento sería una *fachada*, ya que los blancos están

---

14. Jon Harris, *Christianity and Social Justice: Religions in Conflict* (Ann Arbor, MI: Reformation Zion Publishing, 2021), p. 17.
15. Anthony Zurcher, «Critical Race Theory: the Concept Dividing the US», *BBC*, publicado el 21 de julio de 2021, https://www.bbc.com/news/world-us-canada-57908808, consultado el 25 de enero de 2025.

empeñados en la dominación y la colonización. La CRT promueve la idea de que los descendientes de los colonizadores solo buscarán la reconciliación y el compañerismo de maneras que no amenacen su estructura de poder.

La CRT va mucho más allá de erradicar lo que sus proponentes consideran discriminación en la ley. Derrumban cualquier oportunidad de reconciliación al rehusarles la posibilidad a los grupos de personas fuera de la comunidad negra de tener un discurso sincero con ellos. La CRT no ofrece paz, ni reconciliación, ni perdón, ni colaboración, porque la agenda subyacente de los blancos solo puede ser tomar decisiones que sean beneficiosas para su estructura de poder. Por lo tanto, la CRT no busca resolver problemas, sino que lucha por mantener el estatus de víctima como la moneda de cambio perenne para promover agendas sin tener que justificarlas por sus propios méritos.

## *INTERSECCIONALIDAD*

Crenshaw tomó la CRT de Bell y su exclusión a toda oposición para el debate como la nave nodriza para incluir a todas las demás distinciones minoritarias dentro de los binarios. Marx habló anteriormente de la llegada de un día sin distinciones económicas de clase. Beauvoir y Firestone hablaron de la llegada de un día en el que no habría distinciones de género. Judith Butler presionó para que no solo el género, sino también el sexo perdiese el binario hombre-mujer. Luego, en 1991, Kimberlé Crenshaw preparó el escenario para reunirlos a todos en una cuadrícula en «Mapeo de los márgenes: interseccionalidad, políticas de identidad y violencia contra las mujeres de color».

> Si bien el proyecto descriptivo del posmodernismo de cuestionar las formas en que se construye socialmente el significado es generalmente sólido, esta crítica a veces malinterpreta el significado de la construcción social y distorsiona su relevancia política [...]
> 
> Pero decir que una categoría como la raza o el género se construye socialmente no quiere decir que esa categoría no tenga importancia en nuestro mundo. Por el contrario, un proyecto grande y continuo para las personas subordinadas —y de hecho, uno de los proyectos para los que las teorías posmodernas han sido muy útiles— es pensar

en la forma en que el poder se ha agrupado en torno a ciertas categorías y se ejerce contra otras.[16]

Crenshaw vio la teoría marxista como el pegamento histórico común que introdujo la política de identidad en la discusión sobre la opresión. Según ella:

> La política de identidad fue desarrollada a finales de la década de 1970 por «feministas y lesbianas negras» que querían aplicar el análisis de Karl Marx a su propia situación económica en la que «la opresión racial, sexual, heterosexual y de clase [...] [estaban] entrelazadas».[17]

Crenshaw agregaría que «la raza también puede ser una coalición de personas heterosexuales y homosexuales de color, y por lo tanto servir como base para la crítica de las iglesias y otras instituciones culturales que reproducen el heterosexismo».[18]

> Una vez que la identidad y el poder se hicieron objetivamente reales y se analizaron utilizando métodos posmodernos, el concepto de interseccionalidad rompió muy rápidamente los límites de la teoría legal y se convirtió en una poderosa herramienta para la crítica cultural y el activismo social y político. Debido a que la teoría posmoderna aplicaba explícitamente el posmodernismo a la política de identidad, comenzó a ser utilizada por académicos que estaban interesados en una miríada de aspectos de la identidad, incluida la raza, el sexo, el género, la sexualidad, la clase, la religión, el estado migratorio, la capacidad física o mental y el tamaño del cuerpo. Siguiendo la recomendación de Crenshaw, estos campos emergentes de estudios críticos de la cultura dependen en gran medida del constructivismo social para explicar por qué algunas identidades son marginadas, al tiempo que argumentan que esas construcciones sociales son en sí mismas objetivamente reales.[19]

---

16. Kimberlé Crenshaw, «Mapping the Margins: Intersectionality, Identity Politics, and Violence against Women of Color», Stanford Law Review 43, no. 6 (1991), p. 1297.
17. John Harris, *Christianity and Social Justice*, p. 17.
18. Crenshaw, «Mapping the Margins», p. 1299.
19. Helen Pluckrose y James Lindsay, *Cynical Theories : How Activist Scholarships made Everything about Race, Gender, and Identity-and Why this Harms Everybody* (Durham, NC: Pitchstone Publishing, 2020), p. 57.

## SOCIEDAD

Antes de mirar más de cerca la interseccionalidad, todos debemos estar de acuerdo en que nuestra sociedad tiene problemas que impactan no solo las vidas de aquellos que se ven inmediatamente afectados por la injusticia y todas las formas de violencia (violencia real, no solo porque alguien dice algo que no está en línea con nuestra agenda política), sino que estas luchas dañan a las familias y, por lo tanto, a las comunidades. Ruego que todos hagamos nuestra parte para aliviar la lucha y el dolor que se siente, especialmente entre nuestros jóvenes. La controversia en nuestras ciudades de América Latina, Estados Unidos y más allá no es sobre si existe un problema real. El desacuerdo es sobre la raíz del problema y lo que el crimen, el odio y la injusticia (injusticia bíblica) nos están diciendo sobre lo que necesita ser cambiado. No hace falta ser un erudito para encontrar un problema, pero hallar una solución real y duradera es más evasivo.

## PROBLEMA

El diálogo abierto y civilizado sobre lo que está mal y cómo hacer un cambio seguirá estando ausente en nuestra sociedad hasta que hagamos una evaluación honesta de los puntos de partida que estamos utilizando para analizar las necesidades del individuo y la sociedad.

Una cosmovisión bíblica debería llevarnos a ver que la raíz de nuestros problemas es el pecado que reside en el corazón malvado de cada individuo. En primer lugar, debemos asumir la responsabilidad de nuestras acciones. Estamos hechos a imagen de Dios. Debemos rechazar la teoría psicológica moderna de que somos productos de nuestro entorno. Dicho esto, las circunstancias que nos rodean han impactado nuestras vidas y no pueden ser menospreciadas. Sin embargo, no somos animales deterministas. Ninguna cantidad de marginación que hayamos experimentado nos absolverá el día en que estemos ante el Señor. La opresión, la injusticia, la violencia, el asesinato, el robo, la deshonestidad y la corrupción, todo sale de nuestros corazones. Por lo tanto, la solución bíblica, que se propondrá en el próximo capítulo, sería comenzar con el evangelio. Pero el evangelio no es un primer paso que se deja atrás para dar el segundo paso. Todo lo que hacemos en la vida debe ser una expresión del evangelio. El evangelismo debe ir acompañado de una vida de discipulado, una mentoría fuera de los programas simplistas, buceando en las profundidades del conocimiento de Dios, aprendiendo nuestra nueva identidad como hijos e hijas del Rey resucitado y reinante. También debemos servir en los cuerpos de las iglesias locales donde los padres reciben herramientas que les permiten aprender cómo criar a sus hijos para la gloria de Dios. Necesitamos enseñar acerca de la teología del matrimonio y fortalecer a las parejas casadas en nuestras iglesias para la gloria de Cristo. Una iglesia que crece en el discipulado y cuenta con familias estructuradas bíblicamente tendrá un mensaje para nuestras comunidades de esperanza en Cristo y de la esperanza que tenemos como expresión del evangelio acompañada de misericordia y benevolencia.

Los hogares monoparentales se están convirtiendo en la norma y no en la excepción en algunas de nuestras comunidades. Hay muchachos sin padre que necesitan que se les enseñe acerca del temor de Dios, su necesidad de Cristo, la responsabilidad personal, el trabajo duro y la integridad. La necesidad es grande, pero no tenemos esperanza duradera que ofrecerles a menos que todo lo que hagamos sea una expresión del evangelio y nuestras conversaciones con ellos se centren en el evangelio. Y la iglesia necesita dejar de lado cualquier fantasía utópica. Nuestras iglesias necesitan tener esperanza en la resurrección, en los nuevos cielos y la nueva tierra, no en un reino que ya ha sido derrotado por nuestro Señor crucificado y resucitado. Jesús está colocando a todas las naciones (sociedades) bajo sus pies. La única esperanza que tenemos de una comunidad real y duradera está en lo que Jesús ha prometido, un lugar donde no habrá injusticia, ni miedo, ni muerte. Pero nuestra esperanza presente y futura no es una receta para la pasividad en nuestra sociedad actual. La esperanza en Cristo para esta vida y la próxima debería animarnos a llegar a nuestras comunidades, pero la agenda de nuestra interacción es establecida por Dios, no por la coerción marxista. Tenemos un Rey y Él establece la agenda.

La agenda teórica de Karl Marx y sus asociados fue trazada en el siglo XIX e intentada en el siglo XX. Su objetivo era fomentar la creación de una sociedad comunista sin clases. Marx creía que todo mal era sistémico, por lo tanto, no buscó ninguna esperanza más allá de su dialéctica materialista. Previó un día en que el proletariado se levantaría y formaría un sistema totalitario para tomar la propiedad de la burguesía. Una vez que el mal de la opresión fuera aliviado por la pérdida de todo lo que les daba poder, la clase burguesa se disiparía, al igual que la clase proletaria. Sin más pecados que erradicar, el estado se disolvería y la gente viviría en paz sin la codicia, los conflictos y la envidia que los atormentan hoy. Aunque algunas de sus acusaciones contra el capitalismo eran legítimas, sus predicciones se basaban en una antropología defectuosa. Un sistema que niega nuestro pecado inherente y la necesidad de un salvador nos deja con cuentos de hadas de una utopía forjada por el ser humano.

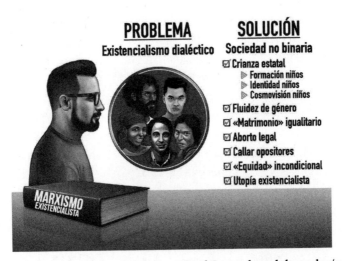

El humanismo existencial de Jean-Paul Sartre, la red de poder/conocimiento de Michel Foucault, la hegemonía de Antonio Gramsci y la teoría crítica de la Escuela de Frankfurt fueron influyentes durante el desarrollo del relativismo epistemológico y moral. Todo el conocimiento, el lenguaje, las leyes, la ética, la religión, la identidad y los roles de género, el matrimonio y demás han sido objeto de escrutinio y nuestra sociedad los ha encontrado culpables de ser simplemente estructuras sociales para que los oprimidos dominen a los marginados. Otras como Simone de Beauvoir, Shulamith Firestone, Judith Butler y Teresa de Laurentis utilizaron la red de poder marxista y el humanismo existencial de Sartre para resucitar un nuevo marxismo, un marxismo cultural/social, que seguiría los mismos métodos, pero que solo extendería la clase burguesa más allá de la propiedad y el capital. Por lo tanto, en lugar de interpretar el mal como lo hacen las Escrituras, es decir, un problema de pecado inherente a toda la humanidad, o un problema de dialéctica materialista como la de Marx, el marxismo social interpreta el mal dentro del marco de una dialéctica existencial sistémica. En otras palabras, el poder desequilibrado dentro de todos los binarios es el pecado que debe ser erradicado de modo que cada grupo de identidad obtenga las libertades necesarias para trascender de la existencia a la esencia. Nuestra libertad de lo binario sería el muro imperativo a derribar antes de que la condición humana pudiera trascender hacia la esencia en una sociedad no binaria, y solo entonces el hombre se crearía a sí mismo.

Con este paradigma, nuestros grupos de guerreros sociales están formando un estado que, como el que predijo Marx, tiene aspectos totalitarios contra la autoridad y la responsabilidad que Dios ha puesto en los padres y la familia. El nuevo estado está censurando lo que se predica desde nuestros púlpitos. Lo que la Biblia llama pecado es una afrenta al humanismo existencial. Este estado totalitario trabaja para anular o silenciar cualquier oposición como un vestigio de la lógica colonialista cuyo verdadero motivo es proteger su estructura de poder. Sin embargo, como la utopía de Marx, las agendas feministas y de la teoría *queer* traerán más destrucción y persecución, ya que no tienen esperanza de unidad, reconciliación y perdón, y no están estructuradas para un cambio real porque una deuda perdonada no puede usarse como herramienta para las agendas personales y políticas actuales. La utopía existencialista ya está empezando a mostrar signos de su frivolidad y, en algún momento en el futuro, terminará en el cementerio ideológico justo al lado de donde está enterrada la utopía materialista de Marx.

Nuestros movimientos sociales actuales han trazado una línea en la arena y han reducido la complejidad de los problemas a los que se enfrenta la sociedad en dos categorías que lo abarcan todo.

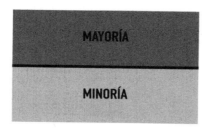

Una categoría es para los que son mayoría. La mayoría aquí no siempre significa mayoría en cantidad, sino en calidad. Por ejemplo, en una sociedad cualquiera, la mayoría de la población estaría en el grupo minoritario en lo que respecta al capital. Pero en la interseccionalidad, la mayoría se refiere al poder. La cuadrícula solo tiene dos categorías: los que tienen y los que no tienen. Por lo tanto, los que tienen están protegiendo una estructura de poder para su propio beneficio en la sociedad que su influencia, por mayoría, ha forjado. Y aquí es donde entra en juego la interseccionalidad.

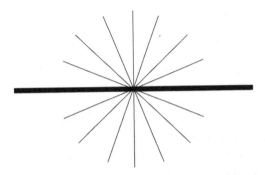

Como ya hemos visto, los socialmarxistas de hoy no limitan el poder al capital y la propiedad. Hay varios factores a lo largo de la historia que según ellos creen han creado injustamente distinciones binarias / de clase.

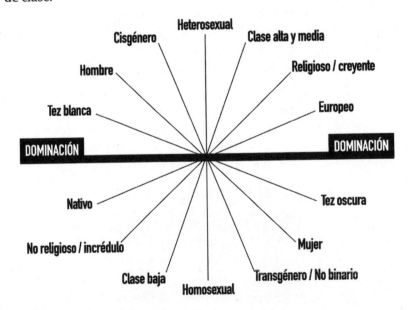

# «WOKE»: TEORÍA CRÍTICA DE LA RAZA, INTERSECCIONALIDAD Y JUSTICIA SOCIAL | 349

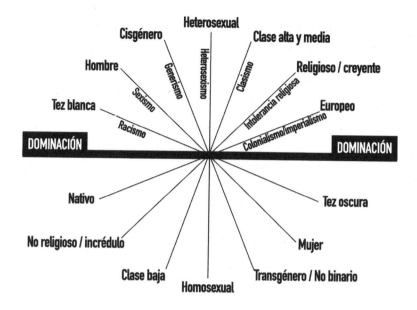

Las cuadrículas de interseccionalidad tienen muchas más líneas, pero para simplificar esta explicación, solo veremos siete líneas de binarios. Según la cuadrícula, todos los que están en la mitad superior se benefician de los privilegios que la sociedad les ofrece. Debido a los privilegios que han disfrutado a lo largo de sus vidas, los que están en la mitad superior son inherentemente discriminatorios, sean conscientes de ello o no. Por ejemplo, el término «racismo» hoy se entiende de manera diferente a como se entendía incluso hace cincuenta años. En la conciencia social, el racismo es el uso de los privilegios que ofrece la estructura social de poder, incluso a costa de otros grupos étnicos. En otras palabras, hoy en día se considera ampliamente que el racismo es una actitud de poder que beneficia a un grupo étnico sobre otro. Es por eso que una persona de piel oscura no se considera racista, incluso si expresa las actitudes más viles hacia una persona de piel clara. George Yancy, profesor de la Universidad de Emory, explica cómo solo las personas «blancas» pueden ser racistas:

> En el contexto de esta discusión, en su libro, Tatum utiliza el término «gente de color» para referirse a aquellos que, según ella, no pueden ser racistas. Por lo tanto, si las personas de color son de hecho racistas (y por implicación si las personas negras son racistas), entonces deben, para Tatum, «beneficiarse sistemáticamente

del racismo». Sin embargo, las personas negras no se benefician sistemáticamente del racismo.[20]

Una vez más, en la interseccionalidad, el paradigma marxista no se oculta. Todo mal es político/sistémico, por lo tanto, una persona negra no tiene el poder político para ser racista. En el próximo capítulo, este aspecto será un punto fundamental de la discusión.

*Pero yo os digo que cualquiera que se enoje contra su hermano, será culpable de juicio; y cualquiera que diga: Necio, a su hermano, será culpable ante el concilio; y cualquiera que le diga: Fatuo, quedará expuesto al infierno de fuego.*

—MATEO 5:22

Cuando la capacidad de pecar es exclusiva de los grupos de identidad política, entonces la salvación no es personal, sino social (teología de la liberación). El argumento anterior sugiere que una persona negra no puede ser racista porque su grupo de identidad no tiene el poder político para incurrir en opresión política. Jesús identifica el pecado a nivel del corazón individual. No necesitamos el poder político para pecar. Tenemos un poder y una responsabilidad inherentes porque estamos hechos a imagen y semejanza de Dios. Nuestros pensamientos, motivos, palabras y acciones deben reflejar la bondad divina para que toda la creación visible e invisible la vea para la gloria de Dios. Y un día nos presentaremos ante Dios y daremos cuenta de cada palabra, hecho, motivo, etc. Y cualquiera, ya sea esclavo o amo, sin la justicia de Cristo sufrirá la justa ira de Dios para siempre.

De acuerdo con la interseccionalidad de la CRT, una persona no es juzgada por sus acciones, sino que es juzgada, por defecto, como un opresor, un oprimido, o ambos, dependiendo de dónde se posicione en cada línea del indicador.

---

20. George Yancy, «No, Black People Can't Be "Racists"» [No, los negros no pueden ser «racistas»], Truthout, publicado el 20 de octubre de 2021, https://truthout.org/articles/no-black-people-cant-be-racists/, consultado el 29 de enero de 2025.

# «WOKE»: TEORÍA CRÍTICA DE LA RAZA, INTERSECCIONALIDAD Y JUSTICIA SOCIAL | 351

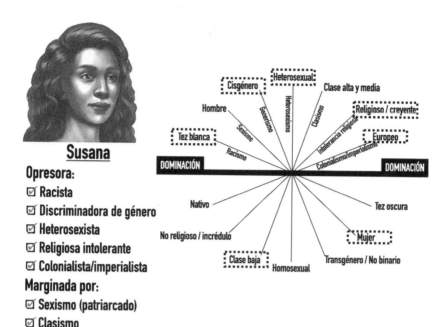

**Susana**
Opresora:
☑ Racista
☑ Discriminadora de género
☑ Heterosexista
☑ Religiosa intolerante
☑ Colonialista/imperialista
Marginada por:
☑ Sexismo (patriarcado)
☑ Clasismo

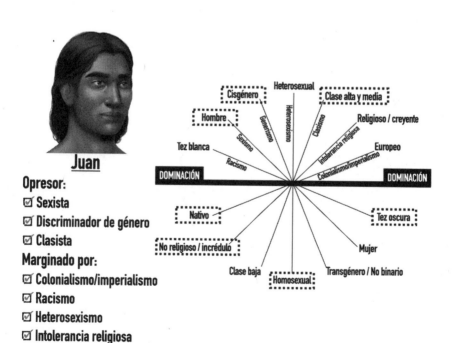

**Juan**
Opresor:
☑ Sexista
☑ Discriminador de género
☑ Clasista
Marginado por:
☑ Colonialismo/imperialismo
☑ Racismo
☑ Heterosexismo
☑ Intolerancia religiosa

Sin embargo, la interseccionalidad va un paso más allá. La «intersectación» de la interseccionalidad se refiere a las diferentes experiencias de marginación que alguien experimenta debido a cómo la sociedad está manipulada en su contra. De acuerdo con la teoría de la interseccionalidad, una mujer latina de ascendencia indígena, atea y homosexual sufrirá injusticia por parte de la estructura de poder establecida y protegida de la mayoría en el poder. Pero su sufrimiento no será como el de los demás, ya que pertenece a numerosos grupos identitarios. Y esos grupos se cruzan para añadir más capas a su situación. Sufrirá injusticias por el sexismo inherente al sistema. También sufrirá injusticias debido a su herencia indígena por parte de la estructura latina que privilegia a los latinos no indígenas. Además, sufrirá injusticias por la intersección de su feminidad y su herencia indígena. Entonces, ella sufre como mujer, como indígena y como mujer indígena. Pero no solo eso, la sociedad está estructurada, según la interseccionalidad, para mantener el poder en el lado heterosexual del binario. Por lo tanto, ella sufrirá como homosexual. No obstante, su homosexualidad se cruza con sus otros indicadores de grupos de identidad, por lo que también sufrirá como mujer homosexual, y en otro nivel como mujer indígena homosexual. Puedes ver hacia dónde va este patrón.

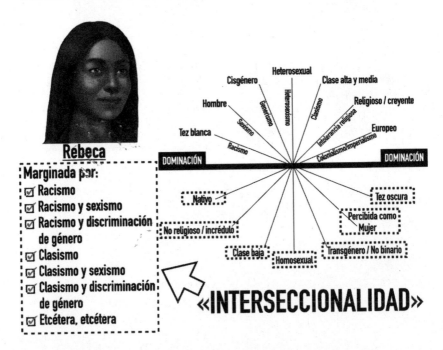

Por lo tanto, de acuerdo con la teoría de la interseccionalidad, dondequiera que las diferentes líneas binarias de los grupos de identidad se crucen en una persona, se debe identificar otro nivel de injusticia social. Aquellos que están en el lado del poder de la línea (en la parte superior) son declarados culpables de discriminación inherente y deben ser obligados a tener un momento de concientización («woke») de los privilegios sistémicos que han estado disfrutando y que inconscientemente quieren preservar. Una vez que llega su «Pascua», abrazan su culpa de tener privilegio y se proponen ser guerreros de la justicia social, derribando la sociedad para traer un nuevo día en el que no habrá binarios y todos serán libres de convertirse en lo que siempre quisieron, libres de su Creador.

### *JUSTICIA SOCIAL*

Las palabras «justicia social» engloban básicamente el trato justo a nivel social. Britannica lo define como «el trato justo y el estatus equitativo de todos los individuos y grupos sociales dentro de un estado o sociedad».[21] La Biblia tiene mucho que decir sobre la justicia durante la teocracia de Israel en el Antiguo Testamento, y dentro de la iglesia y su interacción con la sociedad en el Nuevo Testamento. Sin embargo, el movimiento Justicia Social no debe confundirse con la justicia social. Lo mismo podría decirse de Black Lives Matter [Las vidas negras importan], el significado del título de la organización y la misión del movimiento no son lo mismo. Justicia Social es el movimiento neomarxista que atribuye todos los beneficios de nuestra sociedad a las estructuras de poder inherentes a la composición de la sociedad y todas las desgracias a sus injusticias inherentes. Con esta lente, los «guerreros» (activistas) de la justicia social, en su relativismo moral, están reduciendo todas las convicciones sobre el bien y el mal a valores subjetivos (los cuales son propensos a preferencias que preservan las estructuras de poder actuales para los privilegiados). Por lo tanto, los valores de los poderosos, que se consideran inherentemente opresivos, están presentes en las leyes, la economía, la ética, la iglesia y demás, y por lo tanto caen dentro del paradigma de la justicia social como algo que necesita ser deconstruido. Esto está muy lejos de la justicia bíblica.

---

21. Britannica, social justice, https://www.britannica.com/topic/social-justice.

No solo eso, sino que gran parte de la agenda de Justicia Social está en oposición directa a los mandatos bíblicos explícitos.[22]

La iglesia tiene un papel bíblico, aunque discutido con respecto a la extensión, de ser la luz y la sal de este mundo. No podemos ignorar el sufrimiento que nos rodea, pero si vamos a comprometernos con una mentalidad del reino como se establece en la Biblia, la iglesia no será un aliado deseado para la Justicia Social, nuestro mensaje está en marcado contraste con el de ellos.

### *LAS VIDAS NEGRAS IMPORTAN (BLM)*

El objetivo del movimiento Black Lives Matter constituye solo un ejemplo de cómo la justicia bíblica y la justicia social son incompatibles. La CRT y la interseccionalidad causaron estragos en la sociedad occidental. Cada evento desafortunado, cada consecuencia de las malas decisiones de alguien, incluso cada caso aislado de racismo se interpretaba automáticamente como una provocación a la sociedad en su conjunto. Culpar a la historia y la discriminación se convirtió en el único factor para juzgar las acciones de una persona. Incluso en los casos en que un criminal comete un delito grave, se dice que la sociedad le ha fallado al perpetrador. Aunque los disturbios resultantes y los movimientos de «desfinanciar a la policía» convirtieron a los Estados Unidos en un escenario visible e internacional, estaban ocurriendo levantamientos similares en América Latina.[23] La versión mundial de la «justicia» va en contra de la Biblia, que exige una justicia basada en la verdad.

Según la página web de BLM: «En 2013, tres organizadores negros radicales —Alicia Garza, Patrisse Cullors y Opal Tometi— crearon un proyecto de construcción de movimientos políticos centrado en los negros llamado #BlackLivesMatter en respuesta a la absolución de George Zimmerman, el asesino de Trayvon Martin».[24]

George Zimmerman era voluntario en un grupo de vigilancia vecinal, común en Estados Unidos, en Stanford, Florida. El 26 de febrero de 2012, le disparó a un joven afroamericano de diecisiete años llamado Trayvon Martin. Zimmerman había llamado previamente al 911 para

---

22. Este argumento será fundamentado en el próximo capítulo.
23. América Latina será discutida en el próximo capítulo.
24. Black Lives Matter, https://blacklivesmatter.com/our-history/, consultado el 25 de enero de 2025.

reportar a una persona sospechosa y terminó en un altercado con él que terminaría con Zimmerman disparándole fatalmente a Trayvon. De acuerdo con la ley de Florida, la fuerza letal es legal si eres atacado, y Zimmerman solo fue interrogado por la policía después del suceso. Si Zimmerman fue atacado hasta el punto en que se justificó el uso de la fuerza letal, sería imposible de determinar con la información que tenemos y no descarto la posibilidad de que sea injustificado. Sin embargo, una vez que esta historia llegó a las noticias, miles de personas protestaron y algunas semanas después, Zimmerman fue acusado de asesinato. Finalmente, Zimmerman fue absuelto y hasta el día de hoy se debate si el uso de la fuerza letal estaba justificado. Sin embargo, el asesinato de Trayvon Martin desencadenó un levantamiento en todo Estados Unidos y, a partir de ese momento, se produjeron protestas, saqueos y violencia a menudo cuando un afroamericano moría a manos de un oficial de policía.

Aunque en muchos casos se demostraría que el oficial estaba usando la fuerza letal dentro de los límites de la ley, eso ya no importaba. A la sociedad se le ha enseñado a interpretar cada acontecimiento desafortunado como una expresión de racismo sistémico, y eso es todo lo que importa para que las masas lleguen a una conclusión.

Una de las consecuencias fue la formación de una sociedad en la que la gente no quería asumir la responsabilidad de sus propias acciones. Cuando la única red para interpretar la vida es la marxista de la lucha de clases, hay poca o ninguna responsabilidad por las acciones de uno. Nótese cómo se le dio a la red marxista la exclusividad para entender la sociedad a partir de una entrevista con Alicia Garza, cofundadora de BLM.

> Pasamos demasiado tiempo debatiendo si las personas son buenas o malas, y no dedicamos el tiempo suficiente a analizar el poder. Porque por mucho que lo que está pasando en este país sea contra todos los valores, contra todas las normas morales que tengo, la lucha en este momento no es una lucha moral, es una lucha por el poder [...] Se trata de cambiar el poder y su funcionamiento. Sin cambiar el poder, sin transformar el poder, no podemos expresar nuestros valores ni nuestra moral. El poder tiene mucho que ver con decidir quién toma decisiones y quién no. El poder tiene que ver con darle forma a la historia de quiénes somos, quiénes podemos

ser y quiénes no somos. El poder tiene que ver con decidir a dónde van los recursos y a dónde no, y por qué. Pero, sobre todo, el poder tiene que ver con asegurarse de que haya consecuencias cuando la gente te decepciona.[25]

Desde sus inicios, BLM se aprovechó de las circunstancias terribles como herramienta para promover el marxismo. En su organización se habla poco o nada de la necesidad de animar a los hombres afroamericanos a ser esposos y padres fieles. Poco o nada se dice sobre criar a sus hijos para que respeten a la autoridad y sean honestos, diligentes, involucrados en contribuir a la sociedad. Solo hay retórica marxista y culpar a los demás de todo lo que sale mal.

Garza, Patrisse Cullors y Opal Tometi, las tres principales fundadoras de Black Lives Matter, siempre han sido sinceras sobre su marxismo, que es sinónimo de comunismo. En 2015, Garza le dijo a SF Weekly que «los movimientos sociales de todo el mundo han utilizado a Marx y Lenin como base para interrumpir estos sistemas que realmente están impactando negativamente a la mayoría de las personas». También ese año le dijo a una reunión de comunistas mundiales, Foro de Izquierda, que «no es posible que surja un mundo en el que las vidas negras importen si es bajo el capitalismo, y no es posible abolir el capitalismo sin una lucha contra la opresión nacional».[26]

Hoy en día, reporteros y periodistas niegan que BLM sea una organización marxista. O son deliberadamente ignorantes o no son honestos. Los fundadores de BLM han sido muy transparentes sobre su agenda marxista. Patrisse Cullors, cofundadora de BLM, dijo en un video que publicó en 2021:

---

25. Citando a Alicia Garza, Dan Neumann, «Black Lives Matter Co-Founder: Maine Can Be a Leader in Dismantling White Nationalism», *Beacon*, publicado el 28 de junio de 2019, https://mainebeacon.com/black-lives-matter-co-founder-maine-can-be-a-leader-in-dismantling-white-nationalism/, consultado el 25 de enero de 2025.
26. Mike Gonzalez, «Marxism Underpins Black Lives Matter Agenda» [El marxismo apuntala la agenda de Black Lives Matter], *The Heritage Foundation*, publicado el 8 de septiembre de 2021, https://www.heritage.org/progressivism/commentary/marxism-underpins-black-lives-matter-agenda, consultado el 25 de enero de 2025.

¿Soy marxista? [...] Yo sí creo en el marxismo. Es una filosofía que aprendí muy temprano en mi carrera como organizadora [...] Estados Unidos es tan bueno en la propaganda y en ser como [...] ha vendido la idea del sueño americano, y eso está ligado al capitalismo y a la riqueza. Es mucho más difícil vender el comunismo.[27]

Su agenda marxista-comunista ha sido ampliamente documentada. Pero no es exagerado imaginar la reacción violenta que su organización ha recibido por la postura pública de sus fundadores sobre el marxismo.

La cofundadora de Black Lives Matter, Patrisse Cullors, dijo en un video recién publicado de 2015 que ella y sus compañeros organizadores son «marxistas entrenados», lo que deja en claro la base ideológica de su movimiento, según un informe.

Cullors, de 36 años, era la protegida de Eric Mann, antiguo agitador de la organización terrorista doméstica Weather Underground, y pasó años absorbiendo la ideología marxista-leninista que dio forma a su cosmovisión, informó Breitbart News.

«Lo primero, creo, es que en realidad tenemos un marco ideológico. Alicia y yo en particular somos organizadoras capacitadas», dijo, refiriéndose a la cofundadora de BLM, Alicia Garza.

«Somos marxistas de formación. Estamos muy versadas en teorías ideológicas. Y creo que lo que realmente tratamos de hacer es construir un movimiento que pudiera ser utilizado por mucha, mucha gente negra», agregó Cullors en la entrevista con Jared Ball de The Real News Network. Mientras promocionaba su libro *When They Call You a Terrorist: A Black Lives Matter Memoir* en 2018, Cullors describió su introducción y apoyo a la ideología marxista.[28]

Aunque BLM ha perdido más recientemente algo de tracción, debido en parte al fraude, el lavado de dinero y los desacuerdos de

---

27. Video publicado por Cullors el 14 de diciembre de 2021, pero luego eliminado. Enlace original: https://www.youtube.com/watch?v=rEp1kxg58kE&t=9s.
28. Yaron Steinbuch, «Black Lives Matter co-founder describes herself as "trained Marxist"» [La cofundadora de Black Lives Matter se describe a sí misma como «marxista entrenada»], *New York Post*, publicado el 25 de junio de 2020, https://nypost.com/2020/06/25/blm-co-founder-describes-herself-as-trained-marxist/, consultado el 25 de enero de 2025.

dispersión de fondos entre algunos de sus líderes,[29] su mensaje es igual de contundente. Hasta que no veamos a la sociedad como el efecto y no como la causa del pecado, no tendremos remedio. La descolonización del currículo en la pedagogía woke «canceló» el uso de la literatura inglesa, las matemáticas y el legado y/o cualquier impacto positivo en la historia, ahora cualquiera que no haga lo mismo en su vida pública es «cancelado» de los lugares de trabajo, posición, plataformas de redes sociales, etc.

## CONCLUSIÓN

Hoy en día, el marxismo social ha traído su lente a la iglesia evangélica para interpretar la identidad, la vida, el amor, el pecado, la justicia, Dios y la salvación. Nos enfrentamos a otra tarea importante y no podemos equivocarnos en la suya. Sin embargo, tampoco podemos ser reactivos y lanzarnos a una caza de brujas «woke» contra todo acto de misericordia y preocupación para aliviar el sufrimiento en la sociedad.

¿Qué es *el evangelio según Marx*? ¿Cuál es el papel de la iglesia en cuestiones sociales como la justicia y el sufrimiento? Ruego que si vas a prestarle atención a alguna parte de este libro, que sea al próximo capítulo. Es nuestro turno en la historia de la iglesia, pero el turno no se trata de nosotros. La pregunta que tendremos que hacernos constantemente es cómo las decisiones que tomamos hoy sobre lo que se enseña en nuestras iglesias, cómo se vive dentro de la comunidad de fe y en nuestros hogares, y cómo nos acercamos a un rebelde, aunque sufra, impactarán a la iglesia y a la sociedad circundante de tal manera que traiga y dé gloria a Cristo en su iglesia.

---

29. Junio de 2023: un colectivo de organizadores de BLM demanda a la red global de BLM por recaudar decenas de millones de dólares de su trabajo solo para defraudar al público y no permitirles la capacidad de tomar decisiones, https://apnews.com/article/black-lives-matter-fraud-lawsuit-donations-ruling-da8e7b25a5f2b1dc806af4d44a179078. Octubre de 2023: Xahra Saleem, organizadora de BLM, condenada a prisión por fraude de recaudación de fondos de 30.000 libras esterlinas, https://www-bbc-com.translate.goog/news/uk-england-bristol-67272603?_x_tr_sl=en&_x_tr_tl=es&_x_tr_hl=es&_x_tr_pto=tc&_x_tr_hist=true. Octubre de 2024: Sir Macjor Page, líder de BLM, condenado a prisión por fraude electrónico y blanqueo de 450.000 dólares, https://www.justice.gov/usao-ndoh/pr/blm-activist-sentenced-prison-wire-fraud-and-money-laundering#:~:text=TOLEDO%2C%20Ohio%20%2D%20Sir%20Maejor%20Page,Lives%20Matter%20of%20Greater%20Atlanta"%20.

## CAPÍTULO 20

# LA IGLESIA EN LA ENCRUCIJADA

### INTRODUCCIÓN

El teólogo luterano Frederic Baue responde a su propia pregunta «¿Qué viene después de la posmodernidad?» con estas palabras: «una fase de la civilización occidental o mundial que es innatamente religiosa pero hostil al cristianismo [...] o peor aún, una iglesia dominante pero falsa que pone todas sus fuerzas en contra de la verdad de la Palabra de Dios».[1]

Hubo un tiempo en que la santidad de Dios y el evangelio de su Hijo nos resultaban escandalosos, pero ahora son las verdades más preciosas que podemos conocer. Aunque ofensivo para nuestras sensibilidades rebeldes, conocer a Dios a través de Jesús es hoy nuestro mayor tesoro. Si apreciamos el evangelio de Jesús y toda la riqueza que contiene, debemos proteger su integridad. Con respecto a los desarrollos en la sociedad occidental discutidos hasta ahora, la iglesia está siendo actualmente preparada por algunas de nuestras élites culturales para adoptar una actitud más «progresista» hacia sus objetivos. Estamos siendo sutilmente inducidos, y seducidos, a dejar atrás lo que se acusa de ser posiciones arcaicas sobre la moralidad, el pecado y el arrepentimiento y a redefinir el pecado como cualquier actitud en la sociedad que sea contraproducente para los movimientos posmodernos. La intolerancia e inflexibilidad de

---

1. Peter Jones, *One or Two: Seeing a World of Difference Romans 1 for the Twenty-first Century* (Escondido, CA: Main Entry Editions, 2010), Edición Kindle, Loc. 806. Citando a Frederic Baue, *The Spiritual Society: What Lurks Beyond the Postmodern* (Wheaton: Crossway, 2001), p. 16.

las afirmaciones de la Palabra de Dios sobre la exclusividad de la verdad, la justicia y la salvación son ofensivas para nuestro mundo pluralista. Un llamado al arrepentimiento equivale a un *faux pas* cultural contra los valores subjetivos sostenidos y las experiencias vividas entre la diáspora marginada que ha sufrido a manos de las afirmaciones de objetividad del pasado. La pregunta apremiante para la iglesia del siglo XXI es si estamos comprometidos a amar a nuestro prójimo en los términos de Dios en contra de toda la coerción social para que abandonemos su Palabra por la del mundo.

Un fruto natural en la vida de un cristiano que busca la santificación y la formación a la semejanza de la imagen de Cristo (Romanos 8:28-29) es el amor al prójimo y la empatía que produce acciones por el sufrimiento en nuestro mundo. Un cristiano que no ama al prójimo está negando con sus acciones tanto la fe como al Señor que confiesa. Sin embargo, ten cuidado de que el amor bíblico por tu prójimo sea utilizado en tu contra por parte de revolucionarios posmodernos con una agenda que se opone a nuestro Señor y a todo lo que representa su reino. El amor desinformado y desprotegido puede ser seducido hacia el sentimentalismo, como la empatía desinformada y desprotegida puede conducir al universalismo.[2] La primera pregunta *del Catecismo Menor de Westminster*: «¿Cuál es el fin principal del hombre?», se responde magistralmente: «El fin principal del hombre es glorificar a Dios y disfrutar de Él para siempre». Propongo que esta declaración esté entre los resúmenes más profundos de lo que la Biblia enseña acerca de nuestra existencia.[3] Fíjate en la dirección en la que apuntan ambos lados de la conjunción «y»: la gloria de Dios. El hombre es creado y redimido para la gloria de Dios, y nuestro fin principal es su gloria y disfrutar *de Él* para siempre. Nótese que no dice «disfrutarnos para siempre». El evangelio cristiano es binario: Cristo es la cabeza y la iglesia es su cuerpo. Lo glorificamos y lo disfrutamos para siempre. Si nos acobardamos en lo que respecta a proclamar el arrepentimiento, apartarnos del pecado y confiar en el Señor por culpa asociativa debido a nuestra relación con un determinado grupo de identidad, ¿qué dice eso acerca de lo que creemos del evangelio? Por ejemplo, hay personas dentro de la comunidad LGBTQIA+ que han sido

---

2. Los universalistas enseñan que, en última instancia, todos se salvarán.
3. «Entre los más profundos» en lugar de «el más profundo», porque no menciona el nombre de Jesús, la cruz y su resurrección.

legítimamente irrespetadas o maltratadas por otros y eso está mal, ya que esas personas están hechas a imagen y semejanza de Dios y el maltrato no es una forma de compartir a Cristo en un mundo perdido. Sin embargo, para ser claros, no creo que todas las denuncias de maltrato por parte de la comunidad gay sean legítimas, porque hoy en día cualquiera que no las celebre es acusado de maltrato. No obstante, somos pecadores y se ha pecado contra las personas de esa comunidad, al igual que se ha pecado contra las personas fuera de esa comunidad por otras razones. Por lo tanto, en mis interacciones frecuentes con personas que se identifican con la comunidad LGBTQIA+, la respuesta al evangelio se responde con frecuencia con acusaciones contra el maltrato por parte de personas que se llaman cristianas. Muchas veces, me he convencido de que se trata de un tipo de desviación. Muchos están molestos porque la iglesia llama al pecado por lo que es, y la verdad duele. Cuando estuve en el mundo, también me ofendían los cristianos que compartían conmigo, pero solo huía de Dios y no quería ser confrontado con la verdad. Cuando hablo en instituciones que no son muy amigables con el evangelio, con frecuencia me bombardean con acusaciones de segundas intenciones imperialistas y me acusan de propagar una interpretación imperialista de la Biblia.

A lo largo de los años, he notado cómo las políticas de identidad se están extendiendo por América del Norte y del Sur y son las únicas categorías por las que se juzga a alguien. El clima cultural se vuelve más difícil cada año para aquellos que no adoptan la culpa atribuida al grupo identitario en el que la sociedad los coloca. Algunos grupos identitarios se asignan perpetuamente a la columna de «víctima» y otros a la de «opresor». La verdad es que cualquier cristiano que sostenga la suficiencia, inerrancia, infalibilidad e inspiración plenaria de la Palabra de Dios sobre todas las culturas, éticas y epistemologías, y que proclame la exclusividad del evangelio, tal como se revela en las Escrituras, por encima de todas las opiniones, sentimientos, experiencias de vida e incluso traumas, no será tolerado. Por lo tanto, muchos cristianos, especialmente entre nuestros jóvenes, son presionados a identificarse con la culpa que la sociedad le ha atribuido a los grupos de identidad en los que han sido colocados por nuestra sociedad. Luego los enviamos a la universidad local donde son adoctrinados, concientizados y radicalizados. Muchos de los que logran salir de su experiencia universitaria y siguen yendo a la iglesia se quejan de que la iglesia no está haciendo su parte en la lucha contra las injusticias.

Desafortunadamente, he visto a demasiados jóvenes abandonar la iglesia y participar en alborotos en las redes sociales contra la iglesia y/o la intolerancia de sus padres hacia _____ (complete el espacio en blanco con la mitad inferior de un gráfico de interseccionalidad). Los jóvenes adultos más respetuosos y felices que fueron criados en la iglesia y participaron activamente en grupos de jóvenes pueden estar luchando en silencio con la duda. Luego, un día, como si encendieran un interruptor, estallan y se alejan, dejando a sus líderes eclesiásticos y a sus padres en total conmoción. Una de las razones por las que algunas de nuestras generaciones más jóvenes están tan enojadas es porque han sido concientizadas, o «woke» (despertadas) hacia un grupo de identidad. Ahora ven a la iglesia y a sus padres, amigos y demás relaciones a través de la lente de los grupos de identidad a los que pertenecen. Se han convencido de que los poderosos ignorarán las necesidades de los demás para proteger sus propios privilegios, y finalmente ya no pueden soportarlo más y se alejan de sus iglesias con indignación.

Recientemente, el grupo de identidad LGBTQIA+ ha llegado a la ventana de Overton y está expulsando a la sociedad que fomentó su ascensión. El activismo logró aceptación entre el *statu quo*, y ahora están librando una guerra contra el *statu quo* por sus vestigios colonialistas en todo momento.

## CULPA HETERONORMATIVA

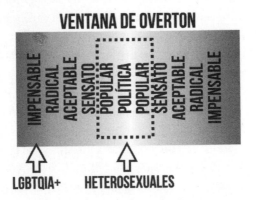

La heterosexualidad ha sido la norma desde la creación porque así es como Dios nos diseñó. La normalidad de la heterosexualidad en nuestra sociedad y la forma en que la sociedad estaba estructurada con la ley del matrimonio, las expectativas sociales, la vestimenta, etc. todas han sido ideadas para fomentar las necesidades de los matrimonios y familias heterosexuales. Aunque algunas mujeres trabajan fuera del hogar, históricamente han desempeñado el rol de género de cuidar a los niños y mantener nuestros hogares como refugios saludables para nuestras familias. Los hombres, por su parte, han tenido históricamente el rol paternal de proveer, proteger y liderar en el hogar. Como se discutió anteriormente, las Escrituras enseñan que estos roles no son culturales, sino bíblicos. Dicho esto, por el bien del argumento, ahora solo estamos discutiendo descripciones culturales e históricas de nuestra sociedad. Los revolucionarios sociales le están llamando heteronormatividad a la idea de que estos roles de género y la heterosexualidad son la forma natural en que la sociedad debería ser. Por lo tanto, los teóricos posmodernos han llegado a la conclusión de que la heteronormatividad ha producido una sociedad injusta con estructuras de poder que favorecen a las personas heterosexuales sobre las homosexuales, y lo que llaman personas «cisgénero»[4] por encima de las personas no binarias y otras que rechazan los roles de género tradicionales. En consecuencia, cualquier optimismo previo de los activistas de coexistir con la mayoría heterosexual una vez que su grupo de identidad preferido llegara a la ventana de Overton fue prematuro. La mayoría heterosexual

---

4. Aquellos que se identifican con el sexo que se les «asignó» al nacer, es decir, hombres que saben que son hombres y mujeres que saben que son mujeres.

está integrada en su mayoría por tradicionalistas heteronormativos, y van a seguir influyendo en una sociedad que favorece su sexualidad y su grupo de identidad de género. ¡En parte tienen razón! Siendo realista y bíblico, Dios diseñó a los seres humanos para el matrimonio entre un hombre y una mujer, tanto en el pacto matrimonial como cada uno en sus roles complementarios, de modo que dos carnes que Dios une para convertirse en una sirvan en unidad, no cada uno haciendo su propia voluntad, sino juntos como reyes, profetas y sacerdotes entre Dios y su creación. Y en esta unión que fue bendecida por Dios, muchos son bendecidos aún más con hijos. Los roles complementarios del esposo y la esposa trabajan juntos como dos engranajes cuyas posiciones son complementarias, pero forman juntos un solo movimiento. Esta es la forma en que Dios nos diseñó y, por lo tanto, es lo que Dios bendecirá, y esa bendición a veces se manifiesta, en parte, en cómo está estructurada la sociedad. Y no podemos avergonzarnos de ello. Pero lo que se llama heteronormatividad ha sido reducida a una estructura de poder del antiguo régimen en términos posmodernos y por eso es ofensiva para la autonomía individualista.

> Según el sitio web de Black Lives Matter, no solo se opusieron a la «violencia sancionada por el estado y al racismo contra los negros», sino también al «pensamiento heteronormativo», el «privilegio cisgénero» y la «familia nuclear prescrita por occidente». Muchas protestas conjuntas de Black Lives Matter y LGBTQIA+ dan testimonio de la asociación compartida que existe entre los movimientos.[5]

Sin embargo, el supuesto monstruo que están matando solo está siendo reemplazado por otro. Una vez que la sociedad se libere de su estructura de poder heteronormativa, ¿qué la reemplazará? ¿Qué nueva norma, entonces, ocupará su lugar?

Por poner un buen ejemplo, la teoría *queer* (marxismo *queer*) es freireana exactamente en este sentido. Desafía explícitamente la «heteronormatividad», pero a medida que avanza contra este persistente espantoso, identifica la «homonormatividad» como una nueva problemática que

---

[5]. Jon Harris, *Christianity and Social Justice: Religions in Conflict* (Ann Arbor, MI: Reformation Zion Publishing, 2021), p. 123.

debe ser problematizada y denunciada. ¿Qué es la homonormatividad? Es cualquier cosa que pueda hacer que la homosexualidad parezca más normal y aceptable, como el matrimonio igualitario, las relaciones homosexuales estables y monógamas, la aceptación gay y la capacidad de las personas homosexuales para seguir con sus vidas sin que una identidad política *queer* sea lo más significativo y lo más importante de ellos. ¿Por qué? Porque como afirmó el teórico *queer* David Halperin en su intento de definir la teoría *queer*: *queer* es aquello que se resiste a todas las normas y definiciones. Y así, dicen, la dialéctica progresa, a través de una concientización cada vez más profunda.[6]

Y aquí es donde deberíamos empezar a ver más profundamente las grietas fundamentales del activismo posmoderno. Este ha dedicado mucho tiempo y recursos a encontrar una manera de derribar a la sociedad, pero no mucho a considerar qué tipo de sociedad quieren crear. Las quimeras de utopía en las que los humanos trascienden a una esencia autónoma suenan más a ciencia ficción que a estrategia. Y ahora nuestras iglesias están siendo influenciadas por una revolución sin rumbo cuya única habilidad probada ha sido destruir, pero aún no ha cumplido sus promesas de euforia utópica. Al revisitar al famoso autor de *Las crónicas de Narnia*, C. S. Lewis, en *La abolición del hombre*, advierte contra lo que sucede cuando somos miopes y demasiado optimistas con las ideas revolucionarias, asumiendo que los que toman el poder tendrán alguna razón para ser mejores.

> Tampoco veo muy probable que la historia nos muestre un solo ejemplo de un hombre que, habiendo salido fuera de la moralidad tradicional y habiendo alcanzado el poder, haya usado ese poder de forma benevolente. Me inclino a pensar que los Manipuladores aborrecerán a los manipulados. Aun considerando como una ilusión la conciencia artificial que producen en nosotros sus súbditos, percibirán, sin embargo, que crea en nosotros una ilusión de significado para nuestras vidas que las hace comparativamente preferibles a las de ellos, y nos envidiarán como los eunucos envidian a los otros varones. Pero no voy a insistir en esto, que es mera conjetura. Lo que no es conjetura es que nuestra

---

6. James Lindsay, *The Marxification of Education: Paulo Freire's Critical Marxism and the Theft of Education* (Orlando, FL: New Discourses, LLC, 2022), p. 123.

esperanza de una felicidad, incluso «manipulada», descansa en lo que normalmente se conoce como «posibilidad», la posibilidad de que los impulsos bondadosos tal vez predominen en nuestros Manipuladores.[7]

La iglesia, en general, no se ha tomado el tiempo y la debida diligencia para ser informada sobre cómo se verán si nos inclinamos ante la justicia social posmoderna. No obstante, muchos cristianos han sucumbido a los poderes del «woke» con fervor optimista, con suerte, eso sí, por un sincero deseo de amar a su prójimo. Pero no podemos alegar ignorancia por mucho tiempo, y una vez que la iglesia se dé cuenta de los verdaderos motivos del movimiento de justicia social «woke», solo podremos orar para que no se haya hecho un daño duradero.

El logro de la justicia social ha ido desde la redistribución del ingreso a la redistribución del privilegio, desde la liberación de las clases bajas hasta la liberación de las identidades culturalmente construidas, desde el lamento del victimismo hasta la promoción del victimismo, y desde el cambio de la sociedad a través de la política hasta el cambio de la política a través de la sociedad. Ninguna organización social queda sin verse afectada. La «larga marcha a través de las instituciones» de Gramsci está casi completa. La etapa final es capturar el último bastión de la civilización occidental y la conciencia del país: la iglesia evangélica estadounidense.[8]

Jon Harris está escribiendo desde una perspectiva estadounidense, pero a diferencia de la influencia que la justicia social ha tenido en la sociedad estadounidense, gran parte de la influencia que la justicia social tiene en la iglesia estadounidense fue exportada de la teología de la liberación de América Latina con la ayuda de Paulo Freire, Gustavo Gutiérrez y sus colegas. La iglesia protestante y evangélica latinoamericana, a la que pertenezco, sirvo y amo, ha sido impactada durante décadas por los movimientos de justicia social, especialmente en América del Sur, antes de que se convirtiera en un problema en los Estados Unidos. Recuerda, el marxismo clásico era un sistema ateo y se mantuvo fiel a eso (es decir, Unión Soviética, China, Cuba). Por ejemplo, durante

---

7. *Clásicos selectos de C. S. Lewis. La abolición del hombre*, Grupo Nelson, 2021, pp. 756-757.
8. Harris, *Christianity and Social Justice*, p. 19.

la revolución en Cuba, los pastores fueron arrestados en las iglesias y sus hogares y acusados de actividades ilegales, como «proselitismo», «desviación ideológica» y «enseñar religión a los niños».[9] Muchos fueron enviados a campos de trabajo en las tierras agrícolas de las que el gobierno se apoderó.

Solzhenitsyn con Heinrich Böll en Langenbroich, Alemania occidental, 1974. Dominio público (CCO).

La revolución rusa comenzó en 1917 durante la Primera Guerra Mundial para derrocar a la monarquía. Aleksandr Solzhenitsyn (1918-2008) fue un escritor ruso encarcelado muchas veces entre 1945 y 1974, hasta que fue expulsado a Alemania. Solzhenitsyn había renunciado previamente a su fe y sirvió en el Ejército Rojo, pero fue condenado a ocho años en el Gulag (campos de trabajos forzados) por escribir una carta en la que criticaba a Iósif Stalin. Aunque la Unión Soviética encarceló a los cristianos durante lo que se le llama la campaña antirreligiosa de la URSS (1921-1928) y reemplazó a la iglesia con el «materialismo científico»,[10] Solzhenitsyn se reunió con la fe de su infancia y se convirtió en uno de los escritores más impactantes a nivel mundial sobre la URSS marxista leninista, mientras que sus homólogos soviéticos publicaron trabajos en su contra en represalia.

---

9. New Orleans Baptist Theological Seminary, «Imprisoned under Castro, cuban pastor Obed Millan shares message of hope», https://www.nobts.edu/news/articles/2018/PrisonertoPrisonChaplain.html.
10. «The Attitude of the Workers' Party to Religion», https://www.marxists.org/archive/lenin/works/1909/may/13.htm.

La sombría ironía de la situación era que la fe religiosa, técnicamente hablando, todavía no era un delito. El delito estaba en mencionarla. En los años veinte, por ejemplo, la educación religiosa de los niños estaba tipificada como delito político en virtud del artículo 58-10 del Código, es decir, la propaganda contrarrevolucionaria. La ley permitía que una persona se convenciera de que poseía la verdad espiritual, pero se le exigía, bajo pena de prisión, que ocultara el hecho a todos los demás, incluso a sus propios hijos [...] El humor amargo de este estado de cosas no pasó desapercibido para la poetisa Tanya Khodkevich: Se puede rezar libremente, pero solo para que Dios pueda escuchar. Ella también recibió una condena de diez años por expresar su sentido del humor de esta manera.[11]

En junio de 1978, Solzhenitsyn fue invitado a la Universidad de Harvard en Estados Unidos para el discurso de graduación. John Stonestreet, de Breakpoint, Colson Center, escribió un artículo en el que describía el discurso y cómo este hombre que se había levantado solo contra un sistema asesino fue abucheado por su desafío a lo que estaba sucediendo en el oeste.

Con valentía y sin disculpas, Solzhenitsyn desafió las ideas políticamente correctas y ampliamente aceptadas, y fue *abucheado* por ello. Su sorprendente discurso puede haber hecho que los reunidos allí se sintieran incómodos, pero las palabras han demostrado ser ciertas. De hecho, son más relevantes hoy que cuando las dijo. ¿Por qué el público abuchearía a un gigante moral y ganador del Premio Nobel que había contemplado los gulags comunistas? Tal vez, esperaban que dirigiera sus condenas morales solo contra el comunismo. En cambio, apuntó tanto al comunismo como a occidente y, en el proceso, habló valientemente de lo que fue vilipendiado por las élites de *ambos* lados del Atlántico: la *verdad* [...] En su profundo análisis de la cosmovisión prevaleciente en Estados Unidos, Solzhenitsyn dijo que occidente había cambiado la creencia en la verdad inmutable por un legalismo implacable y superficial. El resultado más trágico y significativo, dijo, fue la

---

11. Joseph Pearce, *Solzhenitsyn: A Soul in Exile*, segunda edición revisada (San Francisco: Ignatius Press, 2011), pp. 10, 11.

ausencia de «coraje civil», y señaló tres líneas específicas de evidencia para su afirmación.[12]

Las tres líneas detalladas en el artículo son: (1) La «libertad destructiva e irresponsable» de occidente. (2) La «decadencia del arte». La decadencia de una cultura se representa en la decadencia de lo que producen y llaman arte. (3) La falta de grandes estadistas evidenciaba una cultura en colapso. Las grandes figuras del pasado ya no eran igualadas por las generaciones posteriores. Solzhenitsyn hizo referencia a un reciente apagón ocurrido en la ciudad de Nueva York en el que «de repente, multitudes de ciudadanos estadounidenses comenzaron a saquear y a crear estragos. La película superficial lisa debe ser muy delgada, entonces, el sistema social es bastante inestable y poco saludable».

Solzhenitsyn representa un recordatorio de que no se necesitan revoluciones militares o dictatoriales para perseguir a la iglesia. Una sociedad inmersa en la vanidad y la autonomía acabará persiguiendo también a la iglesia, tal y como estamos viendo hoy. Además, nos recuerda que el pecado no es sistémico, sino que está a nivel de cada corazón. Solzhenitsyn lo dejó claro al declarar: «La línea que separa el bien del mal no pasa a través de los estados, ni entre las clases, ni entre los partidos políticos, sino a través de cada corazón humano».[13] Una sociedad no binaria no es una sociedad libre, ya que solo se ha rebelado contra el diseño de Dios en la creación y su voluntad revelada, y continúa rechazando la oferta de salvación de Dios en Jesús. Una sociedad así solo se perderá a sí misma y a Dios en el proceso.

Sin embargo, el ateo que perseguía al marxismo clásico aplicado no era amigo de la iglesia y los cristianos lo sabían. Mencioné antes a mi profesor Benjamín Cocar, quien fue arrestado y acusado de «contrabando de Biblias» en la Rumania comunista. También se le encargó aprobar las cuotas de bautismo, ya que el control del gobierno sobre la iglesia luchaba por evitar que creciera. Sin embargo, la teología de la liberación latinoamericana no es abiertamente atea, ya que ha sido un movimiento entre sacerdotes jesuitas en su mayoría. Por lo tanto, su

---

12. John Stonestreet, «Solzhenitsyn at Harvard: A Graduation Speech to Remember», Breakpoint, publicado el 17 de mayo de 2024, https://www.breakpoint.org/solzhenitsyn-at-harvard-a-graduation-speech-to-remember/, consultado el 30 de enero de 2025.
13. Justin Taylor, «Aleksandr Solzhenitsyn: "Bless You, Prison!"», The Gospel Coalition, 14 de octubre de 2011, https://www.thegospelcoalition.org/blogs/justin-taylor/aleksandr-solzhenitsyn-bless-you-prison/.

aspecto religioso, aunque fundamental y no vergonzosamente marxista, lo hace aceptable para la población de mentalidad religiosa y soportable para los escépticos. Y además de eso, muchas de nuestras comunidades y ciudades en América Latina son tan turbulentas, la corrupción es tan desenfrenada y los regímenes gubernamentales son tan inestables, que nuestras sociedades están fracturadas, dejando grandes porciones de nuestras poblaciones en una situación desesperada. ¡Necesitamos una nueva forma de pensar en la sociedad! Uno de nuestros desafíos, entre otros, es nuestra falta de control y equilibrio en todo momento, y la propaganda mediática ha sido históricamente unilateral. Por lo tanto, la falta de una voz pública para contrarrestar la retórica desequilibrada y las teorías de conspiración ha afectado parte de la comprensión de la iglesia sobre la doctrina, la historia de la iglesia, la eclesiología y nuestro papel en la sociedad. La propaganda política ha influido en las iglesias de todo el mundo en lo que respecta a la evaluación objetiva y bíblica, permítanme ser claro sobre eso. Pero la propaganda unilateral hace que sea mucho más difícil para la evaluación bíblica.

Por lo tanto, la iglesia latinoamericana ha enfrentado el desafío adicional de discernir entre el evangelio y las formas utópicas de salvación que han sido justificadas con propaganda descontrolada respecto a los motivos de cómo la iglesia en las culturas europeas ha utilizado su versión del evangelio para la conquista. Lo que comenzó desde el interior de los jesuitas católicos romanos ahora se está desangrando en el mundo protestante y evangélico. Y la puerta abierta a aspectos del marxismo ha traído el tipo humanista existencial que se ha convertido en una guerra total contra el diseño de Dios para la identidad, la sexualidad, el matrimonio y la sociedad.

Al igual que con la «heteronormatividad», la iglesia puede sentirse presionada hoy para ayudar en el avance del humanismo existencialista posmoderno, y así sentirse aceptada, tolerante y, por lo tanto, relevante en la actualidad. Pero a la iglesia solo se le permitirá coexistir públicamente en su mundo si niega toda proposición bíblica de verdad. La sociedad cree que una vez que pueda liberarse de las ataduras de la moral colonialista y abolir lo binario (el último vestigio de la esclavitud), será libre de trascender hacia una sociedad utópica hecha de esencia deificada no binaria, amoral, sexualmente indefinible, autónoma y autoadoradora. Lo único que unirá a esta sociedad en una comunidad coherente será su rechazo compartido a toda coherencia ontológica, epistemológica y ética.

*Entonces la serpiente dijo a la mujer: No moriréis; sino que sabe Dios que el día que comáis de él, serán abiertos vuestros ojos, y seréis como Dios, sabiendo el bien y el mal.*

—Génesis 3:4-5

*Pero temo que como la serpiente con su astucia engañó a Eva, vuestros sentidos sean de alguna manera extraviados de la sincera fidelidad a Cristo. Porque si viene alguno predicando a otro Jesús que el que os hemos predicado, o si recibís otro espíritu que el que habéis recibido, u otro evangelio que el que habéis aceptado, bien lo toleráis.*

—2 Corintios 11:3-4

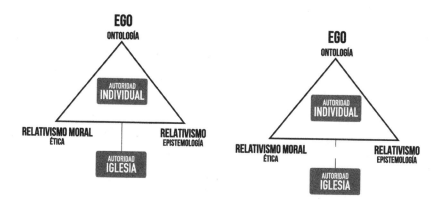

> *Tropiezan en la palabra, siendo desobedientes; a lo cual fueron también destinados. Mas vosotros sois linaje escogido, real sacerdocio, nación santa, pueblo adquirido por Dios, para que anunciéis las virtudes de aquel que os llamó de las tinieblas a su luz admirable; vosotros que en otro tiempo no erais pueblo, pero que ahora sois pueblo de Dios; que en otro tiempo no habíais alcanzado misericordia, pero ahora habéis alcanzado misericordia.*
> —1 Pedro 2:8b, 9-10

La congregación local, por su nombre, es una asamblea llamada, separada del mundo y unida en pacto entre sí y con el Señor. Desde una perspectiva política marxista, una iglesia es una sociedad dentro de la sociedad que mantiene su propia influencia localizada desde adentro y afecta a la sociedad exterior. Por lo tanto, la única versión de una «iglesia» que puede ser respaldada por el mundo es una que pueda ser utilizada por el mundo para promover agendas, y ese respaldo tiene una fecha de vencimiento. Los activistas de la revolución sexual ahora se están volviendo contra la misma sociedad que los llevó a la ventana de Overton por tener demasiados heterosexuales. Si los activistas muestran su gratitud llamando a la destrucción de lo que ahora acusan de ser una estructura de poder de «heteronormatividad», ¿qué tipo de acusaciones se presentarán contra la iglesia que los lleva a una existencia no binaria? Cualquier premio a la tolerancia que nuestra sociedad le otorgue a la iglesia hoy, será retirado mañana. Por diseño, no puede haber comunidades distintivas en una sociedad sin clases, porque eso crearía un nuevo binario iglesia-no iglesia. Ninguna cantidad de activismo puede destruir la iglesia que ha prevalecido y prevalecerá (Mateo 16:18). Sin embargo, no podemos permitir que el cuerpo de Cristo sea utilizado para promover las agendas del mundo, ya sea de derecha o de izquierda (y somos culpables de ser utilizados por los dos bandos). La iglesia debe ser una voz profética para ambos lados, y ponerse de pie frente a ambos lados con respecto a la verdad y la justicia.

> *Yo les he dado tu palabra; y el mundo los aborreció, porque no son del mundo, como tampoco yo soy del mundo. No ruego que los quites del mundo, sino que los guardes del mal. No son del mundo, como tampoco yo soy del mundo. Santifícalos en tu verdad; tu palabra es verdad. Como tú me enviaste al mundo, así yo los he enviado al mundo. Y por ellos yo me santifico a mí mismo, para que también ellos sean santificados en la verdad.*
> —Juan 17:14-19

La iglesia es un pueblo de pacto que coexiste *con* una sociedad relativista, proclama el evangelio del reino de Dios *a* una sociedad relativista, muestra misericordia y benevolencia *hacia* una sociedad relativista, pero no puede coexistir desde *dentro de* una sociedad relativista. Y lo mismo puede decirse de la exclusividad del evangelio. La iglesia, tanto por nombre como por naturaleza, está separada del mundo. Por lo tanto, el binario reino de la luz-reino de las tinieblas tendrá que permanecer hasta que el Señor regrese. El evangelio y la iglesia no necesitan buscar relevancia, sino que son relevantes en todo lo que tiene que ver con lo que Dios ha decretado para ambos.

## *UN DEBATE EN UNA UNIVERSIDAD COLOMBIANA*

He tenido el honor de presentar argumentos que se convierten en debates durante años en muchas universidades y de participar en debates formales con profesores de algunas universidades latinoamericanas. Digo «honor» porque es un privilegio que no merezco, y estoy agradecido al Señor por los desafíos que estas oportunidades ofrecen para mi crecimiento también. Sin embargo, lo más importante es que es un honor tener oportunidades para desafiar las cosmovisiones y compartir la fama de Jesús en lugares donde la política no lo permitiría de otra manera. ¡Pero eso no significa que me tenga que gustar! Son momentos tensos y paso gran parte del tiempo orando y predicándome a mí mismo en voz baja, porque la cultura del debate respetuoso e informado no parece enseñarse en muchas de estas universidades. Las interrupciones y las acusaciones no hacen que uno se sienta como en casa, si sabes a lo que me refiero.

Justo antes de la pandemia, se me concedió el privilegio de participar en un debate en una universidad de Colombia que mantendré en el anonimato.[14] El auditorio estaba repleto de estudiantes y la atmósfera estaba llena de expectación. Un grupo de ateos se encontraba afuera repartiendo volantes contra la creencia en Dios, así que al menos la comunidad sabía que íbamos a asistir. El tema iba a enfocarse en el origen de las especies, pero como probablemente te puedas imaginar, uno de los profesores con los que estábamos debatiendo comenzó a atacar a la Biblia, la iglesia, e incluso dijo algo así como: «Estos imperialistas

---

14. No sé qué ministerios están compartiendo el evangelio en el campus y no quiero arriesgarme a que reciban atención negativa.

vienen a nuestro país con su religión para matar a nuestra gente». Eso me sorprendió, ¡pero funcionó! Los estudiantes se molestaron y algunos nos interrumpieron gritando acusaciones contra los dos asesinos imperialistas. Hasta ahora, solo habíamos hablado de la investigación genética que ha desafiado las suposiciones evolutivas. El hermano que me acompañó en el debate contra dos de sus profesores tiene un doctorado de Harvard en biología celular y del desarrollo. ¡Es un cerebro con dos piernas! No obstante, el tema del debate se desvió irreversiblemente hacia cuestiones sociales. Permítanme parafrasear una de las declaraciones del profesor:

> Siendo que tantos han usado la Biblia para promover el racismo y la esclavitud, ahora debemos evolucionar de la teología tradicional a una teología más naturalista. La Biblia no pudo resolver los dos problemas más importantes que enfrentamos hoy en día: el cambio climático y la desigualdad. La teología de hoy proviene de la tierra/mundo mismo y no de un libro antiguo.

Mi siguiente oportunidad de exponer en el debate tuvo que ser utilizada para desafiar lo que él estaba diciendo, y pude retar su cosmovisión en cuanto a por qué la esclavitud era un mal. En otras palabras, si la moralidad es relativa a cada sociedad, ¿por qué juzgaría él las decisiones de otra sociedad como inmorales? Pero esa parte ya la hemos cubierto. Su declaración final fue para terminar el debate, y recuerdo la frustración que sentí porque el debate había terminado y no pude responder.

Recuerdo lo que dijo, casi palabra por palabra: «Mi maestro sacerdote jesuita me dijo algo que nunca olvidaré. Jesús, en Mateo 25, nos enseñó que no importa lo que creas. Lo que importa es cómo tratas a los desafortunados».

¡Y ahí estaba! Los peligros de la teología de la liberación de los jesuitas del siglo XX y del evangelio según Marx del siglo XXI: el evangelio social no permitirá el binarismo el evangelio según Dios-el evangelio según Marx. El evangelio según Dios había sido expulsado sin vergüenza y solo dejaron uno.

> Estoy maravillado de que tan pronto os hayáis alejado del que os llamó por la gracia de Cristo, para seguir un evangelio diferente. No que haya

*otro, sino que hay algunos que os perturban y quieren pervertir el evangelio de Cristo. Mas si aun nosotros, o un ángel del cielo, os anunciare otro evangelio diferente del que os hemos anunciado, sea anatema. Como antes hemos dicho, también ahora lo repito: Si alguno os predica diferente evangelio del que habéis recibido, sea anatema.*

—GÁLATAS 1:6-9

Sin embargo, no hay otro evangelio. Solo hay uno que puede salvar y seguro que no es la versión que niega todo lo que las Escrituras enseñan sobre el plan de redención de Dios en Jesucristo. El profesor se refería a lo que Jesús dijo acerca de su segunda venida, cuando separará a las naciones como un pastor separa a las ovejas de las cabras. Jesús les enseña a los redimidos que todo lo que hicieron por el más pequeño de sus hermanos, lo han hecho por Él; y les dice a los no regenerados que todo lo que no hicieron por el más pequeño de sus hermanos, no lo hicieron por Él. ¿Está diciendo Jesús que no importa lo que creas, siempre y cuando ayudes a los marginados? Bueno, esa es la premisa de todos los movimientos del evangelio social, o al menos una vez que llevan sus argumentos a sus conclusiones lógicas.

No obstante, para llegar a esa conclusión tendrías que ignorar todo lo que las Escrituras dicen en contra. Y en ninguna parte de la Biblia se enseña que no importa lo que creas; de hecho, dice lo contrario. Jesús, en múltiples ocasiones, afirma lo opuesto.

*Jesús le dijo: Yo soy el camino, y la verdad, y la vida; nadie viene al Padre, sino por mí.*

—JUAN 14:6

*Volvió, pues, Jesús a decirles: De cierto, de cierto os digo: Yo soy la puerta de las ovejas. Todos los que antes de mí vinieron, ladrones son y salteadores; pero no los oyeron las ovejas.*

—JUAN 10:7-8

*Le dijo Jesús: Yo soy la resurrección y la vida; el que cree en mí, aunque esté muerto, vivirá. Y todo aquel que vive y cree en mí, no morirá eternamente. ¿Crees esto? Le dijo: Sí, Señor; yo he creído que tú eres el Cristo, el Hijo de Dios, que has venido al mundo.*

—JUAN 11:25-27

Estos son solo algunos ejemplos de lo que Jesús dijo acerca de creer en Él. El punto que Jesús está queriendo enfatizar con las ovejas y las cabras es contra la hipocresía, porque una persona redimida amará a su prójimo. En la salvación, se nos da un nuevo corazón de carne en lugar del corazón de piedra que amaba todo menos a Dios. Este nuevo corazón no se da para que nos salvemos a nosotros mismos, pero como somos salvos, entonces somos libres de vivir para la gloria de Dios (Efesios 2:8-10). Y una persona redimida amará a su prójimo lo suficiente como para advertirle contra el juicio de Dios y ofrecerle la salvación.

> ¿No sabéis que los injustos no heredarán el reino de Dios? No erréis; ni los fornicarios, ni los idólatras, ni los adúlteros, ni los afeminados, ni los que se echan con varones, ni los ladrones, ni los avaros, ni los borrachos, ni los maldicientes, ni los estafadores, heredarán el reino de Dios. Y esto erais algunos; mas ya habéis sido lavados, ya habéis sido santificados, ya habéis sido justificados en el nombre del Señor Jesús, y por el Espíritu de nuestro Dios.
> —1 Corintios 6:9-11

Otro fruto de la hipocresía es practicar el pecado. El apóstol Pablo no está diciendo en los versículos anteriores que no importa lo que creas, que siempre y cuando no practiques la idolatría, el adulterio, la homosexualidad y demás, heredarás el reino de Dios. El texto indica que si dices que estás en Cristo, pero practicas el pecado, incluyendo el pecado de la homosexualidad, te estás engañando a ti mismo al creer que eres salvo, pero no lo eres, y por lo tanto no heredarás el reino de Dios. En otras palabras, tu vida niega tu confesión de fe. No obstante, la idea central del texto es el versículo 11, donde la Biblia nos dice que, en Cristo, ya no somos lo que éramos. El evangelio nos salva del pecado que nos estaba llevando a la muerte. Entiendo que algunas personas dicen que la palabra griega usada probablemente no significa homosexualidad. Me he ocupado de ese argumento en su totalidad en *Autonomía sexual en un mundo posmoderno*, pero resumiendo, las dos palabras utilizadas en este texto para homosexualidad significan «suave» y «hombres que se acuestan». El término «suave» se usa para referirse al hombre que asume el papel pasivo cuando dos hombres tienen relaciones, y el otro es una palabra compuesta de los dos términos usados en la LXX (la Septuaginta, la traducción griega del

Antiguo Testamento, que fue la Biblia usada por los apóstoles) tanto en Levítico 18 como en Levítico 20 para las prohibiciones contra las relaciones entre personas del mismo sexo. Aunque algunos defensores de los «cristianos homosexuales» sugieren que Pablo solo se estaba refiriendo a las prostitutas de culto masculino aquí, no reconocen que hay un término en la LXX para las prostitutas de culto masculino (ver 2 Reyes 23:7, RVA-2015) y no es el mismo término. Por lo tanto, si Pablo solo estaba diciendo que la homosexualidad está mal si sucede con una prostituta de culto masculino, no pensó en usar el término griego para ello. Una buena regla para no engañarnos a nosotros mismos es que cuando mi argumento termina con algo parecido a: «Bueno, la Biblia quería decir esto, pero usó el término erróneo», puedo estar seguro de que estoy equivocado.

Sin embargo, el evangelio social, como se le ha llamado, no comenzó en América Latina. La teología de la liberación de los jesuitas católicos romanos fue precedida por un movimiento del evangelio social a finales del siglo XIX y principios del siglo XX en Inglaterra y Estados Unidos.

### SPURGEON Y EL EVANGELIO SOCIAL

Charles Haddon Spurgeon (1834-1892), conocido como el príncipe de los predicadores, invirtió su vida en predicar el evangelio de Jesucristo a un Tabernáculo Metropolitano abarrotado en Londres, y sirvió a su comunidad administrando un orfanato y refugios para víctimas de abuso doméstico entre más de sesenta ministerios paraeclesiásticos. Spurgeon amaba a su comunidad, pero también dedicó gran parte de su energía a luchar contra el creciente liberalismo de la Unión Bautista en lo que hoy se llama la «Controversia de la Degradación». Según Alex DiPrima en su obra *Spurgeon and the Poor: How the Gospel Obligels Christian Social Concern*, las ideas para un «evangelio social» comenzaron a desarrollarse con ministros como John Clifford en Inglaterra. Clifford resultó ser el principal oponente de Spurgeon en la Controversia de la Degradación y en 1888, después de que la Unión Bautista censurara a Spurgeon, habló en la asamblea anual en un discurso titulado «La nueva ciudad de Dios: o la fe cristiana primitiva como un evangelio social». Clifford enfatizó su tesis de que la reforma social es central para el trabajo de la iglesia, la cual debe ser emprendida por el activismo social. DiPrima añade que este evangelio social fue desarrollado en Estados Unidos por Walter Rauschenbusch, a quien se opuso Archibald Brown, el amigo, estudiante y protegido de Spurgeon: «Entre las clases trabajadoras, lo que se conoce como el evangelio social ha hecho tanto daño como cualquier otra cosa. Detesto la expresión "evangelio social". A veces pienso que este debe haber sido inventado por el diablo».[15]

## CONCLUSIÓN

Los más de sesenta ministerios paraeclesiásticos de benevolencia y enseñanza de Spurgeon proyectan una larga sombra sobre sus rivales liberales y sociales del evangelio. Entonces, ¿por qué el amigo y protegido de Spurgeon, Archibald Brown, se opuso tan abiertamente? Fue porque Spurgeon y Brown creían en amar a su comunidad como una expresión del evangelio, pero sus oponentes estaban promoviendo el activismo social como un reemplazo del evangelio. Y se demostró que las advertencias de Spurgeon a la Unión Bautista estaban justificadas. Con el tiempo, la Unión Bautista en Inglaterra ha caído en el liberalismo y el activismo social hasta el punto de permitir la publicación de artículos que niegan lo que las Escrituras dicen sobre la homosexualidad[16] y estar dispuesta a aceptar ministros LGBTQIA+ dentro de su denominación, ya que la unión no tomará una decisión definitiva.[17] Lamentablemente, el evangelio social pone al evangelio bíblico a merced de cualquier controversia social que se esté debatiendo. Y la iglesia de Cristo se transforma en la iglesia de Sartre, la iglesia de Freud, la iglesia de Beauvoir, la iglesia de Marx.

En el próximo y último capítulo, antes de una breve conclusión, veremos formas más específicas en las que el evangelio social está influyendo en nuestras iglesias hoy en día. ¿Cómo hace este evangelio social para que una iglesia pase del activismo social a perder el evangelio por completo? ¿Cuáles son las convicciones bíblicas específicas que están siendo socavadas por la influencia de la interseccionalidad en la iglesia? ¿Cómo

---

15. Alex DiPrima, *Spurgeon and the Poor: How the Gospel Compels Christian Social Concern* (Grand Rapids, MI: Reformed Heritage Books, 2023), formato audiolibro, capítulo 4.
16. Baptist Together, «A journey towards inclusion and affirmation» [Un viaje hacia la inclusión y la afirmación], https://www.baptist.org.uk/Articles/614148/A_journey_towards.aspx.
17. Baptist Together, «I've lost hope», https://www.baptist.org.uk/Articles/587557/I_ve_lost.aspx.

debe responder la iglesia a las necesidades que nos rodean? ¿Qué ha hecho la iglesia en el pasado para servir a sus comunidades? Y aunque rechazo rotundamente el movimiento de la Justicia Social para determinar quién es culpable de discriminación debido a su grupo de identidad asignado, eso significa, por defecto, que no albergo odio o indiferencia en mi corazón hacia ciertos grupos dentro de mi comunidad. De hecho, el estándar de Dios para el amor es mucho más alto que el del mundo y diferente de este, porque el estándar de Dios es santo.

## CAPÍTULO 21

# EL EVANGELIO SEGÚN MARX

### INTRODUCCIÓN

La gloriosa esperanza del evangelio de Jesucristo no tiene rivales. ¿Dónde más podemos encontrar el perdón de nuestros pecados, un verdadero perdón? ¿Dónde más podemos confesar nuestras palabras, pensamientos, motivos y acciones más viles y salir revestidos con la justicia de nuestro Señor resucitado? ¿Qué rey ha renunciado a su trono y «siendo en forma de Dios, no estimó el ser igual a Dios como cosa a que aferrarse, sino que se despojó» (Filipenses 2:6-7) de todo privilegio y derecho al poder para vivir la vida de obediencia que nunca vivimos? ¿Quién es tres veces santo (Isaías 6:3; Juan 12:41), cuya gloria llena la tierra, pero fue hecho nuestro pecado (2 Corintios 5:21) y maldecido por el Padre para que no recibiéramos la condenación perpetua que nos esperaba (Gálatas 3:13)? ¿Quién no se apartó de una muerte tortuosa en una cruz por «el gozo puesto delante de él» y «menospreciando el oprobio, y se sentó a la diestra del trono de Dios» (Hebreos 12:2)? ¿Quién intercede ahora por los que se arrepienten de sus pecados y creen en Él? Nadie más que Jesús. Por consiguiente, ¿dónde más podemos encontrar la gloriosa esperanza del evangelio? En ninguna otra parte, ciertamente no en el humanismo existencialista posmoderno. Pero no todos lo ven de esa manera.

### *EL EVANGELIO SEGÚN MARX ES UN EVANGELIO DE EXISTENCIALISMO HUMANISTA*

El nuevo evangelio según Marx niega la santidad de Dios y postula que Él también está «evolucionando» o «progresando» con los tiempos.

Dios, entonces, también está trascendiendo de la existencia a la esencia junto con la humanidad (panenteísmo). El argumento contra el evangelio es el siguiente: si Dios está pasando de la existencia a la esencia, si la condición humana necesita trascender de la existencia a la esencia, ¿por qué entonces la iglesia del Hijo de Dios sigue aferrándose a la moralidad y al dogma de un documento arcaico, materia prima, de una época en la que éramos menos evolucionados hacia la esencia que ahora? Por lo tanto, Paulo Freire desafió a la iglesia a dar un salto de fe y dejar atrás la fe tal como la conocemos.

> Cristo no era un conservador. La iglesia profética, como él, debe avanzar constantemente, para siempre muriendo y renaciendo para siempre. Para ser, siempre debe estar en un estado de devenir. La iglesia profética también debe aceptar una existencia que está en dramática tensión entre el pasado y el futuro, permaneciendo y yendo, hablando la palabra y guardando silencio, siendo y no siendo. No hay profecía sin riesgo.[1]

Freire está utilizando la misma metanarrativa marxista (burguesía vs. proletariado) de una manera revisionista (deconstruccionismo) para interpretar la historia de la iglesia (colonialismo vs. marginados) como si la iglesia necesitara trascender hacia una identidad eclesiástica (esencia) libre de binarios/clases/distinciones. Su enfoque revisionista implica que la iglesia ha sido una potencia para que los privilegiados la mantengan sobre las cabezas de los grupos marginados y, por lo tanto, la versión del evangelio que predica hoy en día es inaccesible para algunos grupos y solo puede ser disfrutada por los privilegiados. He sido testigo de muchas reacciones entre la multitud de personas en nuestros países que responden a la exégesis bíblica considerándola «tradición yanqui» o «un invento gringo», pero nunca se atreven a entrar en el texto y defender su posición. Y si uno insiste en que proporcionen evidencia de las Escrituras, todo lo que tienen que decir es que nadie puede saber realmente lo que significan las Escrituras (relativismo, deconstrucción del lenguaje). El amplio pincel con el que se pinta la historia dentro de la hermenéutica opresor-oprimido del presente pierde las complejidades y la riqueza que una visión monolítica impone sobre ellas. Pero la

---

1. Paulo Freire, *The Politics of Education: Cultural Power and Liberation* (Westport, CT: Bergin & Garvey Publishers, 1985), pp. 122-123.

historia de la iglesia, aunque no está exenta de desafíos, ha demostrado cómo personas de todos los ámbitos de la vida han creído en Cristo, se han reunido en las mismas congregaciones y han crecido bajo la misma exégesis de las Escrituras desde el púlpito.

Un trabajo cuidadoso en las últimas décadas ha demostrado que la convicción religiosa en los siglos XVI y XVII atravesaba las diversas categorías (étnicas, de clase, de género, etc.) que la teoría crítica posterior podría querer imponer anacrónicamente.[2]

Sin embargo, esto no es un ataque despiadado al comunismo. Recuerda, el mal no es, en última instancia, sistémico. El comunismo marxista puede tener una antropología equivocada, pero el capitalismo desenfrenado tampoco convierte a los pecadores en santos. El problema con el comunismo marxista, en este sentido, es que asume que el capitalismo convierte a los santos en pecadores, mientras asume que una sociedad sin clases puede convertir a los pecadores en santos. El hiperindividualismo y la autonomía del «libre de todas las restricciones» en occidente, que hoy se autoproclama como el *ethos* definitivo, o la autoridad para todas las instituciones, están siendo fomentados por arquitectos y activistas que utilizan tanto filosofías marxistas como capitalistas de la vida. Los marxistas deconstruyen el pasado y los capitalistas tienden a huir de él, porque solo lo nuevo produce capital. Los humanistas marxistas existenciales están tratando de crear un hombre deificado (de la existencia a la esencia), y los capitalistas excesivamente entusiastas se automedican con pensamientos positivos, creyendo que ya son deidades y dignos de confiar en su propia voluntad contra cualquier obstáculo en su camino hacia el amor propio (de la esencia a la existencia). ¿No somos todos culpables de esto?

Revisitamos, entonces, la verdad bíblica de que el mal no es en última instancia sistémico, sino que es parte de la condición humana (existencia) debido a nuestra naturaleza caída (esencia). Sí, nuestra naturaleza humana, aunque no se ha perdido, está caída en esencia, y por lo tanto tenemos una condición humana problemática. Necesitamos, por lo tanto, una nueva esencia y es por eso que el verdadero evangelio no promueve pasos

---

2. Carl R. Trueman, *Minority Report: Unpopular Thoughts On Everything from Ancient Christianity To Zen-Calvinism*, (Ross-shire, Scotland: Christian Focus Publications, 2008), p. 29.

para el mejoramiento de la condición humana (como en el humanismo existencial) con el fin de lograr la esencia, sino la redención y glorificación de la naturaleza humana caída en una nueva (Colosenses 2:11-13; 2 Corintios 5:17). La situación de la humanidad, por lo tanto, es la esencia de la existencia. Pero en Cristo, la esencia de la existencia son los redimidos que han sido crucificados con Jesús y ahora son una nueva esencia para una nueva existencia (¡debes nacer de nuevo!).

El mal en el sistema actual es solo un conglomerado macrocósmico del pecado microcósmico del individuo; un pecado que reside en tu corazón y en el mío. Y sugiero que el sistema que está tratando de apoderarse del viejo será un reflejo de aún más maldad, porque como sociedad hemos luchado durante mucho tiempo por nuestra autonomía y contra las restricciones de Dios. Hoy, sugiero, estamos obteniendo lo que pedimos y estamos siendo entregados a nuestro pecado. Empezamos a deconstruir la moral, el conocimiento y el lenguaje para deconstruir la identidad. Hemos triunfado y ahora estamos cosechando lo que hemos sembrado: nos hemos deconstruido a nosotros mismos. Y en medio de nuestra revolución actual, la iglesia está siendo tentada con muestras de delicias turcas (probablemente un buen momento para volver a ver Narnia) y fantasías de relevancia dentro de la búsqueda de occidente para deconstruir el Edén en nombre de una conquista de Babel. Sin embargo, el evangelio no está a la venta y, como dice el lenguaje militar, vale la pena morir en esta colina (específicamente, la del Señor).

> Las universidades que deberían haber sido centros de discusión seria de las cosas que realmente importan cayeron en trivialidades, perdiendo de vista los fundamentos de la política en una masa arcana de palabrería teórica reluciente, vocabulario gnóstico y trivialidades absolutas. A medida que este *ethos* posmoderno se ha desangrado en la teología cristiana, se ha hecho evidente una falta de poder teológico similar. Lo que comenzó como una sana preocupación por contextualizar la teología condujo en muchos casos a teologías en las que las particularidades del contexto (ya sea geográfico, social, político, étnico, de género, de orientación sexual, etc., etc.) triunfaban efectivamente sobre el horizonte universal de las Escrituras. La tormenta perfecta de las filosofías posmodernas anárquicas, las políticas de identidad, la hiperespecialización y fragmentación de la disciplina teológica, el miedo a la irrelevancia cultural y la mentalidad ecléctica del consumidor se han

combinado para crear una situación en la que las reglas particulares y el desorden están de moda y la iglesia es poco más que una cacofonía de voces que compiten entre sí (o, para usar la terminología moderna y pretenciosa, «vocalidades disonantes»). En cada esquina, los teólogos mercachifles que han hecho su carrera creando este lío te venden el problema como si fuera la solución, y la teología ahora abunda en un neolenguaje orwelliano: el caos es orden; la contradicción es consistencia; las trivialidades sin valor son la verdad vital. Y los buitres de la cultura cristiana están a la vanguardia de esto, con su enfoque en lo particular y lo periférico en lugar de en lo universal y lo central.[3]

## ¿EL EVANGELIO SEGÚN MARCOS O EL EVANGELIO SEGÚN MARX?

*Y cuando él venga, convencerá al mundo de pecado, de justicia y de juicio. De pecado, por cuanto no creen en mí; de justicia, por cuanto voy al Padre, y no me veréis más; y de juicio, por cuanto el príncipe de este mundo ha sido ya juzgado.*

—Juan 16:8-11

---

3. Carl R. Trueman, *Fools Rush In Where Monkeys Fear to Tread* (Phillipsburg, NJ: P&R Publishing Company, 2011), pp. 101-102.

El evangelio, según Marx, está sustituyendo al pecado que el Espíritu Santo condena por identidad de grupo, pecado que la concientización de Freire condena («woke»). El pecado está siendo redefinido como la discriminación subyacente de las distintas identidades de grupo de los poderosos y privilegiados frente a las identidades de grupo marginadas dentro de la red de interseccionalidad. Por lo tanto, dado que la moralidad ha sido relegada a valores subjetivos, los valores de los poderosos que se esbozan en la estructura de poder son inherentemente ventajosos para ellos a costa de los marginados. Se acusa a los grupos identitarios privilegiados de disfrutar de los privilegios de la actual estructura de poder para que la sociedad, el lugar de trabajo, la legislación y las iglesias preserven la ventaja que les otorgan sus valores subjetivos. Se dice que los valores de los privilegiados son un impedimento para que los valores de los marginados influyan en los cambios en el estrato social. Y no creo que esta teoría social, a nivel descriptivo, esté completamente equivocada. Las personas influyentes en una sociedad influirán en la sociedad. ¿Quién puede argumentar en contra de eso? Aunque los activistas posmodernos describen algunas verdades, se equivocan al relegar toda la moralidad a valores subjetivos, por lo que interpretan de manera simplista todos los valores subjetivos como juegos de poder para obtener ventajas personales sobre los demás. ¿Son todos los valores subjetivos (ética/moralidad) un disfraz para tener poder sobre los demás o también hay lugar para la moralidad que es objetiva y para la gloria de Dios?

| PODEROSOS | MARGINADOS |
|---|---|
| ▶ Hombre: sexismo | ▶ Mujer: ¿? |
| ▶ Cisgénero: generismo | ▶ No binario: ¿? |
| ▶ Heterosexual: heterosexismo | ▶ Homosexual: ¿? |
| ▶ Creyentes: intolerancia religiosa | ▶ Incrédulos: ¿? |

Si los valores de los poderosos se oponen a los de los grupos identitarios marginados, ¿cuáles son los valores de los grupos marginados? ¿Una revolución que forja una nueva estructura social basada en los valores opuestos de cada binario no contradiría a las del otro lado y, por lo tanto, crearía clases basadas en valores y la lucha resultante (lucha de clases)? No obstante, considera el paradigma del valor subjetivo y aplícalo al evangelio. ¿Cómo podemos predicar el arrepentimiento de los pecados si la moralidad no se basa en la santidad de Dios y en su ley perfecta para aquellos hechos a su imagen? ¿Cómo podemos amonestar a las personas por pecar basándonos en nuestros valores subjetivos en contra de los suyos? ¿No sería la predicación del evangelio solo los valores de un grupo identitario impuestos a los valores de otro? La respuesta es sí. No habría pecado si no existiera una ley moral universal (el pecado es quebrantar la ley de Dios). En consecuencia, el pecado se definiría como cualquier acción u omisión de una acción que contribuya al beneficio de los valores de un determinado grupo identitario sobre los de otro.

Por lo tanto, el evangelio según los evangelistas de Marx predica la salvación de la sociedad de los valores impuestos por los privilegiados. El mensaje desde el nuevo púlpito es exhortar a los privilegiados de la sociedad a confesar, arrepentirse y crucificar sus valores subjetivos y autoprivilegiados con Cristo para que, en la mañana del Domingo de Pascua de Freire, sean resucitados a la concientización. Una vez que son regenerados/iluminados al estado de «woke», pueden salvarse a sí mismos uniéndose a la construcción de una sociedad no binaria (condición humana) que pueda trascender en la escalera gnóstica hacia la deificación (naturaleza humana). Y su éxito en influir en la iglesia hacia su nuevo evangelio es innegable.

> Los efectos netos son evidentes en todas partes: nadie puede atreverse a decir que su posición es superior a la de cualquier otro porque eso denigra, margina, reprime y oprime. El hecho de que la terapia, la conversación y una priorización general de las categorías estéticas se apoderen ahora de la iglesia y de su propio discurso moral y teológico debería ser motivo de verdadera preocupación. En un mundo desprovisto de contenido de verdad, las pretensiones de verdad son opresivas y, por lo tanto, personales, hirientes y desagradables. Y la iglesia parece, en general, estar comprando este tipo de tonterías insensatas [...] Así, quejarse de que alguien te ha herido es, como se mencionó antes, poner una categoría estética donde debería haber una categoría moral. La pregunta que hay que hacer no es «¿Siento dolor?», sino «¿Qué ha hecho esta persona que me ha causado dolor?». Si la persona te ha difamado,

destruido tu buen nombre, te ha acusado de ser cruel con ancianitas y perritos con patas heridas, puedes tener razones para sentirte herido. Pero el problema entonces no es el dolor sintomático que sientes, sino la transgresión real de tu acusador contra un principio moral, en este caso, la violación del noveno mandamiento. No te quejes del efecto; más bien, quéjate de la causa. Pablo no critica a los demás principalmente por herirlo; los critica por romper los mandamientos morales, por pecar contra Dios.[4]

En última instancia, el evangelio de Marx postula que cualquier pecado es la normalización y protección de un grupo de identidad contra los privilegios potenciales de otro grupo de identidad. Por lo tanto, el pecado según Marx no tiene nada que ver con pecar contra un Dios santo, lo cual es una negación de la ortodoxia bíblica en su conjunto. Y los arquitectos del evangelio según Marx son conscientes de que tendrán que desafiar abiertamente la clara enseñanza de las Escrituras si tienen alguna esperanza de ser evangelistas exitosos.

Herbert Marcuse también tuvo problemas con la religión tradicional. Creía que inspiraba culpa en la vida presente, posponía la realización humana para el más allá y reforzaba el malvado *statu quo*, incluyendo cosas como el holocausto y la guerra de Vietnam. Sin embargo, también tenía la esperanza de que la religión podría ser beneficiosa para transformar la sociedad si se convertía en una herética «expresión de una actitud política» que protestaba contra las normas prevalecientes con un mensaje práctico de «¡aquí en la tierra!».[5]

Herbert Marcuse, en su teoría de la hegemonía, enseñó que la «religión tradicional», es decir, el evangelio según Mateo, Marcos, Lucas y Juan,[6] produce culpa en lugar de libertad. Estaba mal informado, porque la Biblia enseña que el pecado resulta en esclavitud, y la verdad del evangelio produce libertad.

---

4. *Ibidem*, pp. 204-206.
5. Jon Harris, *Christianity and Social Justice: Religions in Conflict* (Ann Arbor, MI: Reformation Zion Publishing, 2021), p. 471. Citando a Herbert Marcuse, *Philosophy, Psychoanalysis and Emancipation: Collected Papers of Herbert Marcuse Volume Five* (Routledge, 2010), pp. 184-188.
6. Mejor aún, el evangelio según Génesis, Éxodo... Apocalipsis.

En esta cosmovisión, el mal no se origina en el corazón humano. No hay doctrina de la caída o la depravación humana. Más bien, el mal se origina fuera del hombre, en la sociedad, y específicamente en las estructuras sociales, sistemas, instituciones, leyes y normas culturales que perpetúan las desigualdades y otorgan a un grupo poder y privilegios a expensas de otros.[7]

Y cualquier desafío a esta nueva hermenéutica es frecuentemente refutado con un ataque a las intenciones del interrogador, dejando así su retícula interpretativa sin ninguna consideración de la posibilidad de error. La exégesis bíblica seria es evitada por los defensores prominentes del evangelio social, ya sea rechazando la Biblia y/o las falacias *ad hominem*. La idea central de sus argumentos es, más o menos, que si crees en lo que dice la Biblia, no eres más que un fundamentalista no iluminado.

Del mismo modo, Derrick Bell creía que «los cristianos fundamentalistas desvían la protesta política y reafirman los valores conservadores en los que se basan las ilusiones tradicionales de superioridad de la clase media blanca». Sin embargo, también vio cómo una «nueva interpretación del cristianismo» podría conducir a la «iluminación» en lugar de a la «pacificación».[8]

La única hermenéutica, o regla de interpretación, que permite el evangelio según Marx es una nueva que te juzgue entre dos opciones: eres un fundamentalista[9] si interpretas el texto tal como fue históricamente y se entiende gramaticalmente, o te iluminas si interpretas el apoyo a tu agenda política posmoderna en cada verso. En otras palabras, eres incompetente o tonto si no ves un argumento a favor del humanismo marxista y existencialista en el texto, porque solo los iluminados pueden ver la legitimidad de la magnífica túnica hermenéutica del emperador.

Brian McLaren [...] fue un orador destacado en el Centro Walter H. Capps para el Estudio de la Ética, la Religión y la Vida Pública [...]

---

7. Scott David Allen, *Why Social Justice Is Not Biblical Justice* (Grand Rapids, MI: Credo House Publishers, 2020), p. 70.
8. Harris, *Christianity and Social Justice*, pp. 188, 82.
9. Lo cual no es un mal título, si se trata de creer en los fundamentos de la Biblia.

Considere algunas de las sugerencias para resolver los problemas de la iglesia:
- Las dificultades de la iglesia son autoimpuestas;
- Tenemos el evangelio equivocado y necesitamos modificarlo;
- Debemos evitar mencionar el pecado, la cruz o la salvación personal, ya que estos términos no caen bien hoy en día;
- Los cristianos deben dejar de preocuparse por la supervivencia personal en el más allá para centrarse en ayudar a los pobres y salvar el medio ambiente.[10]

El escenario ha sido preparado para la gran entrada del nuevo evangelio. La neolengua de nuestra iglesia humanista existencial no solo estará desprovista de «pecado, la cruz o la salvación personal», sino también desprovista del opio de las masas: la esperanza de gloria. El evangelio según Marx es uno en el que los iluminados y los «woke» lucharán a través de la dialéctica del mal sistémico, revolución tras revolución, hasta llegar a nuestra última frontera: la utopía aquí en la tierra, nuestros nuevos cielos y nuestra nueva tierra.

### ¿NO PODEMOS TENER TANTO LA JUSTICIA SOCIAL COMO EL EVANGELIO?

La iglesia tiene una voz profética de influencia en este mundo, y la mayoría de los cristianos probablemente creen eso. La verdadera opresión contra los principios bíblicos de la autoridad y las funciones humanas ocurre todos los días en nuestro mundo, y la iglesia puede ayudar a aliviar el dolor y el sufrimiento de aquellos que son víctimas de ella. Hay cristianos influyentes en posiciones de liderazgo en nuestros gobiernos que pueden producir una legislación que promueva los principios bíblicos para la humanidad y desafiar la legislación que los contradice. Algunas familias en nuestras comunidades están luchando para sobrevivir el mes con lo que ganan, lo que ofrece una oportunidad para que la iglesia se acerque y ofrezca algún alivio. Pero la justicia social no tiene ninguna relación con esto. El activismo de hoy contradice los principios antropológicos de las Escrituras. Las feministas pueden estar preocupadas por el maltrato a las mujeres, pero en lugar de buscar protección para ellas, están desfigurando estatuas y monumentos, promoviendo la legislación

---

10. Peter Jones, *One or Two: Seeing a World of Difference Romans 1 for the Twenty-first Century* (Escondido, CA: Main Entry Editions, 2010), Edición Kindle, Loc. 638.

sobre el aborto y la ideología de género. Los promotores activistas están utilizando a las mujeres, y algunas de ellas legítimamente heridas y necesitadas de ayuda, para promover sus propias agendas que, en última instancia, resultarán en más daño del que ya se ha hecho.

Me preocupa que demasiadas personas estén tratando de aferrarse tanto al cristianismo como a la teoría crítica. Eso no va a funcionar a largo plazo. Constantemente nos veremos obligados a elegir entre ellos en términos de valores, prioridades y ética. A medida que absorbemos los supuestos de la teoría crítica, encontraremos que inevitablemente erosionan las verdades bíblicas fundamentales.[11]

No dudo de las nobles intenciones de algunos cristianos que quieren adoptar una versión modificada del movimiento de Justicia Social sobre lo que realmente necesita ser cambiado, pero su agenda que lo abarca todo va en contra de la Biblia desde el principio.

Muchos defensores de la justicia social, por otro lado, creen que imponer la igualdad ideológica no solo ayudará a superar las desigualdades resultantes del pecado y la preferencia, sino también las disparidades fundamentales para la creación misma. La justicia significa erradicar por la fuerza las diferencias sociales entre hombres y mujeres, ampliar los derechos humanos de los animales y reducir la influencia de los padres sobre los niños. La lista de injusticias aumenta a diario a medida que los activistas descubren nuevas desigualdades. Esta rebelión contra la creación, el diseño y el orden natural contrasta con la visión generalmente aceptada a lo largo de la historia de que la justicia tiene en cuenta tanto las jerarquías arraigadas como las inevitables.[12]

Jon Harris no exagera. No podemos incidir para una sociedad mejor desde dentro de un movimiento que está tratando de deconstruir el orden natural. En lugar de erradicar el pecado y las actitudes pecaminosas, los activistas posmodernos están tratando de erradicar el diseño de Dios en todo el mundo, lo cual es pecaminoso. La Biblia dice: «No paguéis a

---

11. Neil Shenvi, «Social Justice, Critical Theory, and Christianity: Are They Compatible? — Part 3», https://shenviapologetics.com/social-justice-critical-theory-and-christianity-are-they-compatible-part-3-2/.
12. Harris, *Christianity and Social Justice*, p. 120.

nadie mal por mal; procurad lo bueno delante de todos los hombres» (Romanos 12:17). No podemos responder al mal uniéndonos a un grupo con agendas malvadas.

Recuerda lo que leemos acerca de los efectos del pecado en la humanidad. La teoría *queer*, un movimiento humanista no binario, feminista y existencialista, está haciendo precisamente lo que el apóstol Pablo dijo que hacen las sociedades cuando están en rebelión abierta y desenfrenada contra Dios.

*Pues habiendo conocido a Dios, no le glorificaron como a Dios, ni le dieron gracias, sino que se envanecieron en sus razonamientos, y su necio corazón fue entenebrecido. Profesando ser sabios, se hicieron necios, y cambiaron la gloria del Dios incorruptible en semejanza de imagen de hombre corruptible, de aves, de cuadrúpedos y de reptiles [...] Por esto Dios los entregó a pasiones vergonzosas; pues aun sus mujeres cambiaron el uso natural por el que es contra naturaleza, y de igual modo también los hombres, dejando el uso natural de la mujer, se encendieron en su lascivia unos con otros, cometiendo hechos vergonzosos hombres con hombres, y recibiendo en sí mismos la retribución debida a su extravío.*

—Romanos 1:21-23, 26-27

| GÉNESIS 1 | ROMANOS 1 |
|---|---|
| ▷ Dios inmortal hace al hombre a su imagen/semejanza.<br>▷ Dios otorga al hombre dominio sobre peces, aves, bestias de la tierra, los reptiles. | ▷ El hombre mortal hace y adora imagen a su propia semejanza.<br>▷ El hombre adora la imagen de aves, cuadrúpedos, y los reptiles. |
| ▷ Dios instituye el pacto matrimonial de «varón» y «hembra». | ▷«Hembras» cambian lo natural (varones) por «hembras» y «varones» también cambian lo natural («hembras») por «varones». |

Las sociedades comienzan a hacer imágenes a su propia semejanza, adorando a las mismas criaturas que, según fueron diseñadas, deben gobernar para la gloria de Dios. Esta sociedad ha estado tratando de desmantelar los aspectos binarios de la creación y se está entregando a su lujuria. Por lo tanto, los hombres y las mujeres están intercambiando sus identidades por las conjuradas y cambiando la naturaleza heterorrelacional y heterosexual del pacto matrimonial por lo que va en contra del diseño natural de Dios. Y hoy, el evangelio según Marx está pidiéndole a la iglesia que se involucre en su búsqueda para desmantelar el diseño de Dios en la creación con el fin de hacer una nueva.

Peter Jones, en *One or Two: Seeing a World of Difference Romans 1 for the Twenty-first Century*, advierte que aunque varias organizaciones, como algunas iglesias y las Naciones Unidas, tienen ciertos nombres, todas comparten la misma misión de justicia social que ya está ofreciendo un vistazo de la pesadilla que nos espera si continuamos por este camino:

> Los políticos globalistas, los documentos de la ONU sobre el futuro del planeta, los líderes de las religiones del mundo y los cristianos «progresistas» autoproclamados (incluidos muchos evangélicos emergentes) [...] dicen que podemos crear una utopía donde todas las personas se lleven bien, la justicia universal impere y los humanos vivan en unidad con la naturaleza. Basado en una fantasía delirante, se convertirá en una pesadilla planetaria. La salvación no surge de los poderes espirituales dentro del pecho humano ni de sistemas idílicos de evolución humana y transformación espiritual. La unidad global no superará el egocentrismo y la codicia. Así como el divorcio y el nuevo matrimonio no resolverán los problemas de unególatra, tampoco un sistema puede crear utopía en un mundo contaminado por el egoísmo. Sin embargo, la Mentira original flota en la atmósfera, como Peter Pan, encantándonos con promesas de capacidades divinas y atrayéndonos a crear nuestros propios Nunca Jamás. Así, de mil maneras aparentemente originales, adoramos y servimos a la creación.[13]

### LA MUERTE DEL AUTOR

Como se mencionó anteriormente, otra forma en que el evangelio según Marx justifica su existencia en la iglesia es presentando una hermenéutica «iluminada». Jacques Derrida escribió que el lenguaje de un autor se limita al contexto del autor. En consecuencia, el relativismo ha

---

13. Jones, *One or Two*, Edición Kindle, Loc. 1204-1218.

deconstruido el lenguaje de cualquier capacidad de transmitir la verdad. Los cristianos progresistas tienden a creer en esto y ponen en duda si podríamos transferir algún conocimiento verdadero de las Escrituras del contexto histórico en el que fueron escritas a nuestro contexto actual para su aplicación.

Roland Barthes (1915-1980) escribió en 1967 un ensayo muy influyente titulado «La muerte del autor», en el que argumenta que la intención de un autor no es accesible ni importante para el estudio de la literatura. Barthes anima a los lectores a separar la interpretación de la literatura de su autor.

> La imagen de la literatura que se encuentra en la cultura ordinaria está tiránicamente centrada en el autor, en su persona, su vida, sus gustos, sus pasiones, mientras que la crítica sigue consistiendo en su mayor parte en decir que la obra de Baudelaire es el fracaso de Baudelaire hombre, la de Van Gogh su locura, la de Tchaikovsky su vicio. La *explicación* de una obra se busca siempre en el hombre o la mujer que la ha producido, como si siempre fuera al final, a través de la alegoría más o menos transparente de la ficción, la voz de una sola persona, el *autor* «confiando» en nosotros [...] [Y llevado a la interpretación bíblica] Ahora sabemos que un texto no es una línea de palabras que liberan un único significado «teológico» (el «mensaje» del Autor-Dios), sino un espacio multidimensional en el que una variedad de escritos, ninguno de ellos original, se mezclan y chocan. El texto es un tejido de citas extraídas de los innumerables centros de la cultura.[14]

La justificación de cualquier congruencia entre la Biblia y el evangelio según Marx se ha centrado hasta ahora en ataques *ad hominem* contra cualquiera que los desafíe, seleccionando textos bíblicos para respaldar sus argumentos, negando la Biblia en su conjunto, y aquí, alineándose con el movimiento de deconstrucción del lenguaje. No importa, entonces, lo que el autor pretendía al escribir un documento, lo que importa, según Barthes, es adaptarlo a su contexto y en conjunto con su agenda. Sin embargo, la Escritura es clara en que la Palabra de Dios es precisamente eso: la Palabra de Dios.

---

14. Roland Barthes, «The dead of the autor» [La muerte del autor] (1967), https://sites.tufts.edu/english292b/files/2012/01/Barthes-The-Death-of-the-Author.pdf.

> *Entendiendo primero esto, que ninguna profecía de la Escritura es de interpretación privada, porque nunca la profecía fue traída por voluntad humana, sino que los santos hombres de Dios hablaron siendo inspirados por el Espíritu Santo.*
> —2 Pedro 1:20-21

Las intenciones de Dios nunca se han visto frustradas por las limitaciones y los contextos culturales de aquellos a quienes utilizó para escribir su Palabra. Además, Roland Barthes no aprovechó los dos mil años de estudio que se han dedicado a las maravillas de la teología bíblica y la hermenéutica.

Si el significado de los textos está determinado por lo que el lector individual o la comunidad de lectores «lee» en dichos textos, entonces nos quedamos con un Dios que simplemente no puede ser conocido, e incluso nuestros mejores pensamientos sobre Él no son más que aquello que el filósofo alemán, Ludwig Feuerbach, acusó de ser a todas las declaraciones teológicas: nada más que la proyección psicológica de nuestras propias aspiraciones religiosas y morales [...] [Por lo tanto] Así como Immanuel Kant y sus seguidores introdujeron a Dios en el reino de lo noumenal, de aquellas cosas que no podían ser conocidas, y por ende lo relegaron al estatus de algo que solo se podía presuponer, pero no conocer de ninguna manera significativa, así los deconstruccionistas, al matar al autor, relegan a Dios al estatus no solo de lo incognoscible, sino también de lo innecesario. Y el caos epistemológico radical que ha seguido no debería sorprendernos [...] La sospecha con la que se ven las palabras en gran parte del posmodernismo también es un anatema para el cristianismo evangélico. Si las palabras y la interpretación de las palabras tienen que ver con la competencia por el poder, con la manipulación de los demás, con el control, entonces tal cosa como la promesa de gracia de Dios no se convierte en una promesa de gracia, sino en un medio para subvertir sutilmente a los demás y obtener el control.[15]

Carl Trueman (citado arriba) ofrece otra razón por la cual el evangelio según Marx no puede tener una relación legítima con la iglesia. Si las

---

15. Carl R. Trueman, *The Wages of Spin: Critical Writings on Historic and Contemporary Evangelicalism* (Ross-shire, Scotland: Christian Focus Publications, 2004), pp. 55-56, 57.

palabras no pueden transmitir verdadero conocimiento, entonces no hay promesa de gracia para nuestros pecados. Si el significado se limita a la capacidad de los autores para descubrir lo que Dios quería decirnos, y si los autores estaban epistemológicamente atrapados dentro de sus propios grupos de identidad de poder, entonces el evangelio según Génesis-Apocalipsis es solo una estructura de poder llena de lenguaje para promover beneficios personales.

### *LAS PROPOSICIONES PUEDEN TRANSFERIR CONOCIMIENTO VERDADERO*

Una proposición, según Vern Poythress, es «simplemente el contenido de una declaración afirmativa».[16] Y Dios es el primer transmisor de proposiciones, ya que no solo creó el mundo a través del poder de su palabra (Salmo 33), sino que lo habló a la existencia con proposiciones (véase Génesis 1 donde Dios dijo: «Sea...»). Luego, Dios creó al hombre y a la mujer a su imagen y semejanza como seres éticos, relacionales y racionales cuya existencia nunca se limitaría a una mera experiencia física.

Estaría de acuerdo con otros en que Dios se revela a sí mismo por analogía, pero no hasta el punto de la metafísica y epistemología de Tomás de Aquino, en la que «analogía» es simplemente una metáfora, aunque podemos dejar ese debate para otro momento. Sin embargo, nuestro enfoque aquí es que aunque Dios es infinito y trascendente, también es inmanente y se condesciende (desciende de la trascendencia) para comunicarnos conocimiento verdadero por medio de proposiciones. A diferencia de los animales, Dios nos diseñó de una manera en que su voluntad para nosotros puede ser transmitida, y de hecho es transmitida, a través de su Palabra. Podemos recibir esta información mediante el lenguaje, y la categoría del lenguaje no es una invención humana. Así, podemos conocer verdaderamente, aunque no exhaustivamente, a Dios y podemos conocer su voluntad para nosotros.

Para que la comunicación sea efectiva, debe existir un punto de conexión o similitud entre el que transmite y el que recibe la información. Para la humanidad, esta conexión fue establecida por Dios cuando creó al hombre a su propia semejanza racional y ética.[17]

---

16. Vern Sheridan Poythress, *Logic: A God-Centered Approach to the Foundation of Western Thought* (Wheaton, IL: Crossway, 2013), p. 45.
17. Jeffrey D. Johnson, *What Every Christian Needs to Know about Social Justice* (Conway, AR: Free Grace Press, 2021), p. 20.

En su magistral introducción a la teoría del conocimiento, *Logic: A God-Centered Approach to the Foundation of Western Thought*, Vern Poythress dedica no poco tiempo a construir un caso para la relación entre la lógica y Dios, a diferencia de los antiguos griegos que creían que la lógica era impersonal.

> Nuestra experiencia de pensar, razonar y formar argumentos imita a Dios y refleja la mente de Dios. Nuestra lógica refleja la lógica de Dios. La lógica, entonces, es un aspecto de la mente de Dios. La lógica es universal entre todos los seres humanos en todas las culturas, porque solo hay un Dios, y todos estamos hechos a imagen de Dios [...] En el caso del lenguaje, la respuesta proporcionada por la Biblia es que el lenguaje existe, en primer lugar, con Dios, y luego se proporciona como un regalo a la humanidad para ser usado en la comunicación divina-humana, así como en la comunicación humana-humana. El uso del lenguaje se lleva a cabo en dos niveles distintos, el nivel divino y el nivel humano.[18]

Por lo tanto, la razón por la que buscamos la coherencia para la comprensión no es una lógica colonialista, sino una lógica que refleja la coherencia de Dios expresada en su creación. Es por eso que la ley de no contradicción fue verdadera ayer, hoy y siempre. Dos proposiciones opuestas no pueden ser verdaderas de la misma manera, al mismo tiempo y en la misma categoría. La realidad refleja esta verdad, y en el

---

18. Vern Sheridan Poythress, *Logic: A God-Centered Approach to the Foundation of Western Thought* (Wheaton, IL: Crossway, 2013), pp. 64, 108.

momento en que alguien la niegue se evidenciará aún más su veracidad.; están usando la ley de no contradicción para hacerlo. Están diciendo efectivamente: «Ustedes están equivocados porque yo tengo razón, y nosotros dos no podemos tener razón en esto». Y la ley de no contradicción es verdadera porque es reflejo de la realidad y la realidad es una creación de Dios, que no puede mentir y es el mismo ayer, hoy y siempre.

Por lo tanto, una lógica «colonialista» no es una epistemología entre muchas otras opciones, sino que la lógica es una que refleja al santo Creador del universo. Podemos malinterpretar la lógica, y lo hacemos a menudo. Es por eso que estudiamos las Escrituras y construimos una cosmovisión bíblica como seres racionales hechos a imagen de Dios para que nuestros pensamientos y entendimiento estén alineados con la verdad de Dios con respecto a sí mismo, a nosotros, a nuestra necesidad de redención, al evangelio de su Hijo y a todo lo demás con lo que nos relacionamos en Su creación. Por lo tanto, Dios puede transmitir y transmite la verdad (la verdad real) a través de su Palabra, y nosotros podemos entenderla y aplicarla a nuestro pensamiento y nuestro corazón, y practicarla diariamente en nuestras vidas.

> Es importante ver que Dios se da a conocer en la Biblia, y que la Biblia proporciona un verdadero conocimiento de Dios. Cuando leemos la Biblia, y cuando el Espíritu obra en nosotros para abrir nuestros corazones a lo que dice, conocemos a Dios. No solo conocemos el mejor sustituto que podría cocinarse dentro de los confines de la lógica y el lenguaje. Cualquier sustituto de Dios, incluso el mejor sustituto, si no es real, constituiría idolatría. La idolatría destruye el propósito que Dios mismo tiene al darnos la Biblia.
>
> Puede sonar humilde cuando la gente dice que Dios se encuentra «más allá» de todo lenguaje y lógica. Pero es una falsa humildad. De hecho, están afirmando saber más que (y algo aparte de) lo que Dios mismo se ha comprometido a decirnos en la Biblia. Eso es arrogancia. Si piensan que Dios es incognoscible, están produciendo para sí mismos un sustituto de Dios.[19]

Negar que Dios puede transmitir conocimiento verdadero a través de su Palabra es asumir que hemos logrado lo que Dios no pudo hacer.

---

19. *Ibidem*, p. 106.

Es creer que de alguna forma por nuestra cuenta llegamos al verdadero conocimiento de que el «verdadero conocimiento» no puede ser transmitido de la realidad a nuestro entendimiento. Pero, ¿cómo llegamos a saber eso? ¿Hemos encontrado un modo de transmitir el conocimiento de una manera en que Dios no pudo hacerlo a través de su Palabra? ¡Que nunca hagamos tales suposiciones!

Charles Hodge, en su *Teología sistemática*, resumió lo que todo cristiano debe comprender y abrazar, ya que es a través de la Palabra de Dios que conocemos a Dios como Trinidad y Él revela su plan de redención en Cristo. No obstante, incluso nuestras limitaciones para conocer a Dios ofrecen una dulce expectativa para el día en que podamos comenzar a conocerlo más y la existencia perpetua que seguirá sin alcanzar nunca un conocimiento exhaustivo de Él.

> Por lo tanto, si bien se admite no solo que el Dios infinito es incomprensible, y que nuestro conocimiento de Él es parcial e imperfecto; que hay mucho en Dios que no sabemos en absoluto, y que lo que sabemos, lo sabemos muy imperfectamente; sin embargo, nuestro conocimiento, hasta donde llega, es conocimiento verdadero. Dios es realmente lo que creemos que es, en la medida en que nuestra idea de Él está determinada por la revelación que ha hecho de sí mismo en sus obras, en la constitución de nuestra naturaleza, en su palabra y en la persona de su Hijo.[20]

Basándonos en el verdadero conocimiento que Dios nos ha revelado acerca de quién es Él, quiénes somos nosotros y cómo nos hemos reconciliado con Él a través de su Hijo, Jesús, podemos saber verdaderamente que el evangelio de Jesucristo es incompatible con el evangelio según Marx. Solo hay un evangelio, y que cualquier hombre o ángel que enseñe otro sea anatema (Gálatas 1:8).

### ¿QUÉ DICE LA BIBLIA ACERCA DE LA JUSTICIA?

Obras enteras están dedicadas a una sociedad bíblicamente estructurada, por lo tanto, no entraremos en una mirada exhaustiva a una sociedad bíblica y justa. Por ahora, solo consideraremos algunos

---

20. Charles Hodge, *Systematic Theology* 1.4.A, I, 338. Existe una edición en español de este libro con el título *Teología sistemática* (CLIE, 2021).

principios bíblicos para que pensemos en la dirección correcta. Vivimos en un mundo injusto y cada uno de nosotros es injusto ante Dios. Hemos sido injustos con nuestro prójimo y, lo que es más importante, hemos sido injustos con nuestro Creador santo. La única persona justa que ha caminado en la tierra sin pecado es Jesús, el Hijo de Dios encarnado (Adán y Eva lo hicieron en la creación, pero pronto caerían en pecado). Y Jesús tomó la injusticia/iniquidad de muchos sobre sí mismo en la cruz. Por lo tanto, la verdadera justicia que el cristiano busca es, ante todo, la justificación por la fe.

*Justificados, pues, por la fe, tenemos paz para con Dios por medio de nuestro Señor Jesucristo; por quien también tenemos entrada por la fe a esta gracia en la cual estamos firmes, y nos gloriamos en la esperanza de la gloria de Dios.*

—Romanos 5:1-2

En segundo lugar, con respecto a nuestros derechos, debemos clamar principalmente por misericordia y gracia, no por justicia. Si Dios nos diera la justicia que merecemos, seríamos juzgados de inmediato. Solo por su paciencia y bondad, Dios no está juzgando a todo ser humano por cada pecado en este momento. Sin embargo, no ignoramos la justicia, ya que una sociedad así funcionaría en un caos y una anarquía absolutos. Por lo tanto, la justicia que buscamos para nuestra sociedad es la justicia relativa. La ley de sembrar y cosechar está incorporada en la forma en que Dios diseñó este mundo y a nosotros. Por lo tanto, la justicia bíblica no se utiliza para promover la equidad, en la que todos tienen la misma cantidad de posesiones materiales. Trabajamos por lo que tenemos, y algunas personas son más talentosas, diligentes y responsables que otras. Algunas personas podrán ganar más dinero que otras, y la Biblia no tiene nada que decir en contra de eso, sino todo lo contrario.

*A los ricos de este siglo manda que no sean altivos, ni pongan la esperanza en las riquezas, las cuales son inciertas, sino en el Dios vivo, que nos da todas las cosas en abundancia para que las disfrutemos. Que hagan bien, que sean ricos en buenas obras, dadivosos, generosos; atesorando para sí buen fundamento para lo por venir, que echen mano de la vida eterna.*

—1 Timoteo 6:17-19

El mandato bíblico para las personas ricas no es confiar en sus riquezas, sino en Dios. Se les ordena ser generosos y estar dispuestos a compartir, pero nunca se les dice que lo den todo. La Biblia enseña que dar a los demás y a la iglesia debe hacerse sin compulsión, sino con el propósito de dar de corazón (2 Corintios 9:7). Los cristianos en el libro de los Hechos no estaban obligados a compartir sus posesiones por igual, sino que lo hicieron voluntariamente. Pedro les recordó a Ananías y Safira que antes de vender sus tierras, eran suyas, y después de vender las tierras, el dinero seguía siendo su posesión. Por lo tanto, si solo querían dar una parte, tenían derecho a hacerlo en lugar de jactarse de su generosidad de manera hipócrita (Hechos 5:1-11).

La queja común que la sociedad actual presenta contra la igualdad se centra en las injusticias del pasado, por ejemplo, la trata de esclavos en el Atlántico, el trato a los nativos por parte de los franceses, españoles, estadounidenses y británicos, las injusticias de los políticos corruptos, los empresarios codiciosos y otras por el estilo. No tenemos espacio aquí para discutir cómo cada comunidad debe manejar cada injusticia y cuáles están tan atrás en la historia como para pensar que podemos corregirlas, y además hay personas mucho más calificadas para manejar ese tema. Pero para nuestro propósito actual, considere las injusticias pasadas contra la sangre de Abel en comparación con la sangre de Jesús.

> *Y dijo Caín a su hermano Abel: Salgamos al campo. Y aconteció que estando ellos en el campo, Caín se levantó contra su hermano Abel, y lo mató. Y Jehová dijo a Caín: ¿Dónde está Abel tu hermano? Y él respondió: No sé. ¿Soy yo acaso guarda de mi hermano? Y él le dijo: ¿Qué has hecho? La voz de la sangre de tu hermano clama a mí desde la tierra.*
> —GÉNESIS 4:8-10

La naturaleza pecaminosa había pasado a los hijos de Adán y Eva. En Génesis 4, encontramos el primer relato de asesinato en la historia de la humanidad. La sangre de Abel clamó desde la tierra por la injusticia que se había cometido contra él. Podemos asumir esta postura para clamar contra todas las injusticias por cada palabra, acción o decisión de los demás que afectan nuestros derechos. Pero el problema es ¿qué pasaría si se buscara justicia por cada palabra, acción y decisión en la que nos hemos involucrado y que resultó en dañar a otros? La población humana colapsaría sobre sí misma. Sin embargo, hay un aspecto más apremiante a considerar. ¿Qué pasaría si Dios nos llamara a rendir cuentas por cada palabra, hecho, motivo y decisión pecaminosa?

En Cristo, somos perdonados, por lo tanto, podemos perdonarnos unos a otros las ofensas, ya que nuestros agravios ni siquiera son dignos de mención a la luz de cómo hemos ofendido la santidad de Dios. Por lo tanto, la Biblia enseña sobre el perdón. Perdonamos por gratitud, porque el Señor también nos ha perdonado, de modo que debemos mostrarle misericordia a nuestro prójimo. Jesús, en Mateo 18, responde a la pregunta de Pedro sobre cuántas veces debemos perdonar con una parábola. En resumen, un siervo que debía una suma de dinero que no podría ser pagada en varias vidas estaba a punto de ser encarcelado y su familia vendida como esclava. Antes de que se llevara a cabo su sentencia, él clamó por misericordia y su acreedor se conmovió mostrando compasión. El acreedor no solo retiró su sentencia y la de su familia, sino que perdonó la deuda del siervo por completo. Más tarde, el mismo siervo se encontró con alguien que le debía lo que calculé vagamente como el equivalente a un par de meses de salario. El siervo agarró a su deudor y le exigió su dinero, pero el deudor no lo tenía para dárselo. El siervo hizo arrestar a su deudor, pero una vez que el acreedor original del siervo se enteró de su falta de gratitud y compasión, cumplió su amenaza original y lo envió a la cárcel por la deuda que previamente había sido perdonada. Por lo tanto, Jesús nos está diciendo que perdonemos en lugar de buscar retribución. Hemos sido perdonados por lo que nunca hubiéramos podido pagar. ¿Por qué buscamos justicia contra otros cuya ofensa no puede compararse con aquella que se nos ha perdonado?

*A Jesús el Mediador del nuevo pacto, y a la sangre rociada que habla mejor que la de Abel.*

—HEBREOS 12:24

El autor de Hebreos está hablando del reino inconmovible al que pertenecemos en Cristo. En este reino, no vamos por la vida persiguiendo a todos los que consideramos injustos con nosotros, porque la sangre de Jesús que fue rociada sobre el altar de Dios como el Cordero sacrificial habla una palabra mejor que la sangre de Abel que fue derramada en la tierra. La sangre de Jesús no clama por justicia, sino que clama por la justificación de pecadores como nosotros. La justicia para Abel no lo habría devuelto a la vida, pero la justificación a través de la sangre de Jesús nos da vida para siempre.

Entonces, ¿la iglesia va a ser utilizada por nuestro mundo para ser guerreros de la justicia que van por ahí culpando a cada grupo de identidad por su pasado? ¿Qué lograremos? ¿Qué sociedad podría edificarse en un mundo donde todos somos injustos y perseguimos todas las injusticias presentes y pasadas? ¡Tendríamos que encarcelar a toda la población humana! Y note que no hay perdón ni reconciliación en estos movimientos, por lo tanto, no tienen nada que ver con el evangelio. En lugar de difundir el evangelio según Marx, clamando por la sangre de todas las injusticias pasadas a cada tribu, lengua y nación, haríamos bien en difundir el evangelio de Jesucristo, según Dios, tal como se revela de Génesis a Apocalipsis, clamando con base en la sangre que justifica e imputa la justicia de Cristo a aquellos de toda tribu, lengua y nación que creen en Él. La sangre de la injusticia clama contra cada uno de nosotros. La sangre de Jesús justifica a cada uno de nosotros que nos arrepentimos y creemos en Él.

## *LA BENEVOLENCIA SOCIAL Y LA JUSTICIA EN LA HISTORIA DE LA IGLESIA*

El cristianismo comenzó en una sociedad injusta. La iglesia cristiana creció, y el evangelio se dispersó, en parte, debido a la injusta persecución. Los cristianos estaban siendo perseguidos y algunos martirizados por su fe, pero la iglesia prevaleció sin una revolución.

> Durante esta transición, los cristianos generalmente no aceptaron la coerción inmediata iniciando una revolución o provocando una guerra. Tampoco culparon a la historia del colonialismo y la opresión sistémica de Roma por su paganismo y decadencia. No destruyeron las estatuas de romanos famosos ni quemaron el capitolio hasta los cimientos, a pesar de la acusación de Nerón de que lo hicieron. En cambio, actuaron como si el corazón humano fuera la fuente última del mal y trabajaron a través de los canales existentes disponibles para reformar Roma de abajo hacia arriba. Este cambio de civilización no surgió de la imposición de una igualdad abstracta, sino de la adopción de la ley, el orden y el amor del Creador que ofrecían un propósito divino y dignidad humana.[21]

---

21. Harris, *Christianity and Social Justice*, p. 122.

La iglesia entendió que la persecución era parte de vivir en un mundo que ya había rechazado a su Cristo y Rey. Y a medida que la iglesia crecía, usó su influencia para fomentar los principios bíblicos sobre la justicia que han transformado la sociedad occidental en una con las libertades que tenemos hoy. El estatus social de las mujeres en la antigua Grecia era como el de una esclava, y una mujer era considerada de mala reputación si abandonaba su casa. En Roma, la mujer era propiedad del hombre, y él podía divorciarse de ella por dejar su casa sin velo.[22] En Judá, a los pastores nómadas, a los gentiles y a las mujeres no se les permitía testificar en los tribunales. Sin embargo, Jesús se les apareció por primera vez a las mujeres en su resurrección, sabiendo que su testimonio era legalmente inválido. Jesús no usa a las personas por lo que pueden darle, sino que las eleva de pecadores a hijos de Dios.

Agustín de Hipona (354-430) promovió el trato justo como una demostración de nuestra fe cristiana.

La persona justa por excelencia es aquella cuya fe se demuestra mediante la caridad: amor a Dios y amor al prójimo. Aun así, en *La Ciudad de Dios*, la relación de las personas con la justicia es solo secundaria porque, para Agustín, la justicia tiene que ver principalmente con Dios. En otras palabras, dondequiera que Dios no reciba lo que le corresponde, no puede haber justicia. Para Agustín, la justicia comienza y termina con la devoción religiosa, el amor y la adoración de Dios. De principio a fin, el enfoque de Agustín es teológico: la justicia tiene que ver con conocer y amar a Dios. [Además, con ayudar a los pobres y necesitados].[23]

Según lo define Agustín, la justicia no es plenamente alcanzable por un ser humano mientras todavía está en la tierra. Esto no debería ser una sorpresa, porque si la justicia es perfección, solo el ser perfecto —Dios, no los humanos— tendría acceso perfecto a ella. Un ser humano solo puede acceder a la justicia cuando se une a Dios, una situación que la religión cristiana contempla solo después de la muerte. «Por lo tanto, la vida solo será verdaderamente feliz cuando sea eterna». Para que una persona sea justa (o, más correctamente, para que busque la

---

22. Biblie.org, «Christianity: The Best Thing That Ever Happened to Women», https://bible.org/article/christianity-best-thing-ever-happened-women.
23. Augnet, «Agustine and the poor of Hippo», http://augnet.org/en/works-of-augustine/his-ideas/2325-the-poor/.

justicia), debe negar el amor propio que forma parte de la naturaleza humana y orientarse activamente hacia el amor a Dios. Pero, debido al pecado, los seres humanos son incapaces de conocer y amar a Dios a menos que acepten la gracia de Dios.[24]

El gran reformador Martín Lutero (1483-1546) escribió: «De acuerdo con este pasaje [Mateo 25:41-46] estamos unidos los unos a los otros de tal manera que nadie puede abandonar al otro en su angustia, sino que está obligado a asistirlo y ayudarlo como a él mismo le gustaría ser ayudado».[25]

Y sobre la justicia, escribió: «La regla debería ser, no "Puedo vender mis mercancías tan caras como pueda o quiera", sino: "Puedo vender mis mercancías tan valiosas como debo, o como sea correcto y justo". Puesto que tu venta es un acto realizado hacia tu prójimo, más bien debe estar gobernado por la ley y la conciencia de tal manera que lo hagas sin daño ni perjuicio para él, estando tu preocupación dirigida más a no hacerle daño que a obtener ganancias para ti mismo».[26]

Hoy en día tenemos acceso a biografías de grandes personajes de la historia de la iglesia que muestran el amor y la dedicación a través de los cristianos, como David Brainerd, que llevó el evangelio a los nativos americanos, y George Müller, que abrió orfanatos sin pedir dinero, pero Dios siempre proveyó. Ya mencionamos a Spurgeon, cuyos más de sesenta ministerios paraeclesiásticos trajeron misericordia y benevolencia para suplir las necesidades de innumerables personas. Un gran número de hospitales, universidades, orfanatos y otras instalaciones de nuestro mundo fueron construidos y financiados por cristianos.

## *UN HÉROE IMPROBABLE*

En el siglo XVIII, un capitán de un barco de esclavos se convirtió a Cristo y se dio cuenta del pecado contra Dios y el hombre que era la esclavitud que robaba al hombre. Él dejó su mala profesión y en 1764 fue ordenado ministro. Pasó su tiempo predicando el evangelio en la iglesia

---

24. Augnet, «Justice», http://augnet.org/en/works-of-augustine/his-ideas/2317-justice/.
25. Martín Lutero, «Si se puede huir de una plaga mortal» (1527). Carta en respuesta a una consulta del reverendo Johann Hess, quien le preguntó si era moralmente correcto que un cristiano huyera de una peste. https://blogs.elca.org/worldhunger/martin-luthers-top-ten-quotes-ministry-among-people-poverty/.
26. Martín Lutero, «Comercio y usura» (1524), https://blogs.elca.org/worldhunger/martin-luthers-top-ten-quotes-ministry-among-people-poverty/.

y llevándolo a la gente de casa en casa. En una casa que frecuentaba, predicando desde el exterior, un niño escuchaba con asombro. Este joven se llamaba William Wilberforce (1759-1833), y el capitán del barco de esclavos convertido en ministro era John Newton (1725-1807).

Newton escribiría más tarde: «Quizá, en conciencia, me vea obligado a avergonzarme con una confesión pública que [...] llega demasiado tarde [...] Siempre será un tema de reflexión humillante para mí que una vez fui un instrumento activo en un negocio ante el cual ahora mi corazón se estremece».[27] Newton, al ver su pecado a la luz de la gloria de Dios, ahora viviría sabiendo que había causado mucho dolor, pero también sabía que la gracia de Dios en Jesús era suficiente.

Wilberforce creció y dedicó su vida a la participación política. Su amigo y predicador, John Newton, apoyó sus esfuerzos por la abolición de la trata de esclavos y, después de una larga y prolongada batalla legal, el 2 de marzo de 1807, el Parlamento británico aprobó la Ley del Comercio de Esclavos. Wilberforce y Newton no se tiñeron el pelo de verde ni derribaron estatuas ni causaron disturbios civiles. Trabajaron duro durante años, y Dios bendijo los frutos de su labor.

John Newton, entre otras composiciones, es hoy más conocido por su himno, «Faiths Review and Expectation» [Revisión y expectativas de la fe], aunque lo conocemos por el nombre de «Amazing Grace» [Sublime Gracia].

Abraham Lincoln (1809-1865) fue el máximo responsable del fin de la esclavitud en Estados Unidos. Aunque existe un debate sobre si era evangélico, Lincoln creía en Dios y, basándose en principios bíblicos, desafió la esclavitud que robaba hombres.

Charles Spurgeon (1834-1892) hizo algunos enemigos entre los ciudadanos estadounidenses debido a su oposición pública a la propiedad de esclavos.

> Yo detesto la esclavitud desde lo más profundo de mi alma [...] y aunque comulgo en la mesa del Señor con hombres de todas las creencias, con un dueño de esclavos no tengo ningún tipo de comunión. Siempre que [un dueño de esclavos] me ha llamado, he considerado mi deber

---

27. John Newton (1788), *Thoughts Upon the African Slave Trade* (transcripción editada de Wikisource), London: J. Buckland & J. Johnson, recuperada el 1 de septiembre de 2021 (transcripción más legible y descifrable por máquina), p. 84.

expresar mi detestación por su maldad, y pensaría lo mismo al recibir a un asesino en mi iglesia [...] que a un ladrón de seres humano.[28]

Los cristianos y las personas de convicciones religiosas, en promedio, hacen mucho más donaciones hoy en día a las organizaciones benéficas que los no creyentes (consulte la nota al pie de la cita para corroborar esta afirmación).

En lugar de entretener esquemas utópicos centrados en el hombre, los cristianos intentan seguir el ejemplo de Jesús al dar personalmente a los pobres. Esto requiere mucho más sacrificio, y a menudo inversión personal, que simplemente votar para que una autoridad central redistribuya involuntariamente los recursos de otros. Dadas estas diferentes concepciones del amor, no debería sorprender que las personas religiosas y conservadoras donen a la caridad en promedio mucho más que las personas no religiosas y liberales en los Estados Unidos, aunque tienden a tener menos dinero.[29]

La encuesta del Pew Research Center de 2014 mostró que dentro de los siete días anteriores a la encuesta, en los Estados Unidos, el 65 % de los cristianos que asisten a la iglesia dan a los pobres en comparación con el 41 % de los no cristianos. Los cristianos dieron siete veces más donaciones caritativas que los no cristianos y un 20 % más a causas seculares que los no cristianos.[30] No cuesta nada ir a las redes sociales y atacar a los diferentes grupos de identidad y a la fe cristiana

---

28. George, Christian (22 de septiembre de 2016). «The Reason Why America Burned Spurgeon's Sermons and Sought to Kill Him» [La razón por la que Estados Unidos quemó los sermones de Spurgeon y trató de matarlo], The Spurgeon Center. Kansas City, Missouri. Consultado el 19 de abril de 2018. Godfrey Holden Pike (1894). *The life and work of Charles Haddon Spurgeon* (Edimburgo: The Banner of Truth Trust), p. 331.
29. Jon Harris, *Christianity and Social Justice: Religions in Conflict* (Ann Arbor, MI: Reformation Zion Publishing, 2021), p. 108. (Fuentes estadísticas: Bradford Richardson, «Religious People More Likely to Give to Charity, Study Shows», *The Washington Times*, 30 octubre 2017, sec. Faith & Family, https://www.washingtontimes.com/news/2017/oct/30/religious-people-more-likely-give-charity-study/; Nicholas Kristof, «Opinion | Bleeding Heart Tightwads», *The New York Times*, 21 diciembre 2008, sec. Opinion, https://www.nytimes.com/2008/12/21/opinion/21kristof.html; David Masci, «How Income Varies among U.S. Religious Groups», Pew Research Center, 11 octubre 2016, https://www.pewresearch.org/fact-tank/2016/10/11/how-income-varies-among-u-s-religious-groups/; Andy Green, «The Growing Divide: Red States vs. Blue States», Georgetown Public Policy Review, 21 febrero 2020, http://gppreview.com/2020/02/21/growing-divide-red-states-vs-blue-states/).
30. Philanthropy Roundtable, «Less God, Less Giving? Religion and generosity feed each other in fascinating ways», https://www.philanthropyroundtable.org/magazine/less-god-less-giving/.

por las injusticias del pasado y la postura de la Biblia sobre la sexualidad, la identidad y la vida humana tanto dentro como fuera del vientre materno. Pero se necesita trabajo, sacrificio y disciplina para poner tu dinero donde está tu boca. La iglesia cristiana está superando a todos, aunque en promedio, en los Estados Unidos, ganan menos dinero que los no creyentes.[31]

### ¿Y MARTIN LUTHER KING JR.?

Martin Luther King Jr., o MLK (1929-1968), fue una voz influyente en el movimiento por los derechos civiles de Estados Unidos. Aunque jugó un papel crucial en la desegregación en los Estados Unidos, su acción social no legitima su cristianismo. Como un ejemplo, aquí encontramos uno de los peligros del evangelio social cuando buscamos el impacto social para medir el cristianismo. De ninguna manera me importaría minimizar el impacto de MLK en la sociedad, pero tengo cuidado de no verlo como «reverendo» o un hermano en Cristo. MLK era un adúltero consecuente[32] con lazos marxistas,[33] y al menos en un ensayo negó que Jesús naciera de una virgen, sus milagros, su resurrección y su segunda venida.

> Otras doctrinas como un plan sobrenatural de salvación, la Trinidad, la teoría sustitutiva de la expiación y la segunda venida de Cristo son bastante prominentes en el pensamiento fundamentalista. Tales son los puntos de vista del fundamentalista y revelan que se opone a la adaptación teológica al cambio social y cultural. Él ve una era científica progresiva como una era espiritual regresiva. En medio de los cambios que le rodean, está dispuesto a preservar ciertas ideas antiguas, aunque sean contrarias a la ciencia.[34]

MLK, a menos que se arrepintiera y creyera antes de la muerte, negó lo que las Escrituras afirman sobre la fe salvadora. Y la reacción violenta que recibe la gente por señalar esto solo sirve como evidencia adicional contra el evangelio según Marx. El hecho de que la fama y el impacto de

---

31. Harris, *Christianity and Social Justice: Religions in Conflict*, p. 108.
32. BBC, «Explosive Martin Luther King document amid JFK files», https://www.bbc.com/news/world-us-canada-41871956i
33. *Ibidem*.
34. *Papers of Martin Luther King, Jr.*, Volume I: Called to Serve, January 1929-June 1951 (University of California Press, 1992).

alguien en la sociedad tengan más peso que su negación abierta de todo lo necesario para la fe salvadora es solo una muestra de lo que está por venir si adoptamos este falso evangelio.

Por otro lado, la iglesia no puede juzgar su compasión hoy por ejemplos históricos. Las comunidades a las que llegó la iglesia vivían entonces, no ahora. Los que viven hoy también tienen necesidades, la más importante es la necesidad de Cristo.

Aunque, al menos en los Estados Unidos, los cristianos superan al resto de la población, eso no significa que los cristianos en nuestros países estén haciendo lo mismo. Y por mucho que los cristianos muestren benevolencia hacia su prójimo, siempre podemos orar y pedirle a Dios que nos muestre dónde podemos hacer más. Sin embargo, nuestro amor práctico por las personas al satisfacer sus necesidades físicas debe ser una expresión de nuestro deseo de satisfacer su necesidad espiritual y eterna, su necesidad de un salvador. El máximo Guerrero de la justicia, el Rey de gloria, Jesucristo, viene. Y Él viene con la vara de la justicia. Y todos los que no han sido justificados por medio de la fe no tendrán identidad, grupo o condición de víctima para interceder por ellos. Solo hay un Mediador entre Dios y el hombre, y su nombre es Jesús, el Cristo (1 Timoteo 2:5).

## CONCLUSIÓN

El evangelio según Marx es un evangelio muerto e impotente, por lo tanto, no es un evangelio. No obstante, simplemente porque rechazamos al grupo de la Justicia Social que utiliza una cuadrícula de interseccionalidad para acusarnos de discriminación inherente, no debemos asumir nuestra inocencia. Nuestro Juez es el Señor y debemos mirar a su ley, no al manifiesto de Marx, para ver si estamos albergando actitudes, motivos, pensamientos, acciones e indiferencia contra las luchas de nuestros prójimos. No importa quién seas, caes en algún lugar dentro de un grupo de identidad que socialmente ha estado cargado de culpa del pasado y del presente. No tenemos ninguna razón para reaccionar a sus acusaciones asumiendo nuestra inocencia. C. H. Spurgeon ofrece algunos consejos piadosos para cuando somos acusados por otros:

> Hermano, si alguno piensa mal de ti, no te enojes con él; porque eres peor de lo que él cree que eres. Si te acusa falsamente en algún punto,

siéntete satisfecho; porque si te conociera mejor, podría cambiar la acusación, y no saldrías ganando con la corrección. Si tienes pintado tu retrato moral, y es feo, siéntete satisfecho; porque solo necesita unos pocos toques más negros, y estaría aún más cerca de la verdad.[35]

¿No es liberador saber que cualquier acusación que se nos imputa es, en última instancia, un cumplido? Somos mucho peores de lo que cualquiera podría decir en contra de nosotros. ¡Nuestros corazones son tan malvados que ni siquiera podemos saber cuán malvados son! (Jeremías 17:9). Es por eso que nuestra única esperanza está en la justicia de Cristo. Si no fuera porque recibimos justificación por nuestros pecados a través de la fe por gracia, estaríamos condenados.

Además, si has estado jugando con el falso e impotente evangelio según Marx, puedes encontrar verdadera paz y esperanza en el verdadero y poderoso evangelio según Jesús. En Él, no tenemos que escondernos detrás del estatus de grupo de identidad para ocultar la vileza de nuestro propio pecado. Jesús tomó nuestro pecado sobre sí mismo en la cruz. No necesitas estar «despierto» para buscar la salvación, necesitas arrepentirte de tu pecado y creer en la persona, la vida, la muerte y la resurrección de Jesús como tu única esperanza de perdón y salvación. Por lo tanto, les imploro, arrepiéntanse hoy y crean en el Señor Jesús.

---

35. C. H. Spurgeon, *The Complete Works of C. H. Spurgeon*, Volume 34, Delmarva Publications, 2013 (publicado originalmente en 1888), sermones 2001-2061, pp. 454-455.

# CONCLUSIÓN

Los seres humanos son terribles historiadores, entre los que me incluyo. No le otorgamos a la historia el respeto que merece, especialmente lo suficiente como para detectar una falsificación cuando alguien o algún movimiento promete llevar al mundo a algo nuevo y perpetuo. Tendemos a fomentar la idea de que toda la historia es la evolución del caos al orden (Marx), y hoy es nuestro turno de dar otro salto desde los pueblos ignorantes de la historia hacia un lugar que ellos nunca habrían podido imaginar. Por lo tanto, debido a la falta de respeto por aquellos que tuvieron la mala suerte de nacer antes de nuestra época de nuevos horizontes, podemos no ver la naturaleza cíclica de la historia.

Cada siglo es testigo del ir y venir de las multitudes que sueñan con romper con lo viejo para alcanzar las alturas grandiosas de la gloria del hombre. Sin embargo, estos sueños siempre son efímeros. Las promesas utilizadas para construir un seguimiento nunca se cumplen, y con demasiada frecuencia la tragedia golpea, los feligreses se dispersan y una generación queda amargada, aunque mucho más sabia.

El dolor de la desilusión solo dura una generación, y luego llega la siguiente generación, queriendo una revolución, rompiendo con las formas anticuadas y polvorientas. Los adolescentes felices se convierten en víctimas enojadas porque están convencidos, de alguna manera, de que todos les han quitado lo que es suyo. Odian a la iglesia, odian al mundo, y se sientan en grupos, discutiendo cuán moralmente iluminados son y cuán malvados eran los que estaban antes que nosotros. Se levantan para allanar su camino y dejar su huella, solo para ser derribados por promesas y sueños rotos. Se dispersan en la amargura y se enfurruñan en la desilusión. Pero no hay que temer, la próxima hornada está lista, y una nueva generación de jóvenes destrozará el mundo y, dicen, nos salvará a todos.

# CONCLUSIÓN | 411

Ningún sistema, ideología o filosofía ha resistido la prueba del tiempo. Estamos al borde de otro intento de reescribir la historia y llevar a la humanidad a lo que nunca pudo haber sido antes que nosotros, o al menos eso es lo que queremos pensar. Pero nuestro mundo terminará de nuevo en amargura, ya que nada ni nadie puede hacer lo que Aquel que era, es y será por siempre ya ha hecho por nosotros.

## MALCOLM MUGGERIDGE

Thomas Malcolm Muggeridge (1903-1990) fue un periodista británico, una personalidad de la televisión y autor famoso, simpatizante del comunismo y ateo, que pasó su vida en los peores rincones del pecado. Más tarde perdió su fe en el comunismo soviético y sus promesas de gloria, y dejó la vida que había forjado en la Unión Soviética como un anticomunista. No obstante, poco a poco, Muggeridge se enfrentó a algo mucho más oscuro que cualquier régimen: el mal en su propio corazón. Una vez, en la India, vio a una mujer bañándose en el río Ganges y sus fantasías lujuriosas le hicieron darse cuenta de que si le hacía una proposición, nadie se enteraría nunca. En sus propias palabras:

> Ella llegó al río, se quitó la ropa y se quedó desnuda, su cuerpo moreno apenas iluminado por el sol. De repente me volví loco. Sentí esa sequedad en la garganta; esa sensación... de irracionalidad salvaje que se llama pasión. Me lancé con todas mis fuerzas nadando hacia donde ella estaba, y luego casi me desmayo, porque era vieja y horrible, sus pies estaban deformados y se torcían hacia adentro, su piel estaba arrugada y lo peor de todo, era leprosa. Supongo que nunca has visto a un leproso; hasta que no ves uno, no sabes lo peor que puede ser la fealdad humana. Esta criatura me sonrió, mostrando una máscara sin dientes, y lo siguiente que supe fue que estaba nadando como siempre en el centro del río, pero temblando [...] Fue el tipo de lección que necesitaba. Cuando pienso en la lujuria ahora, pienso en esta mujer lasciva. Oh, si tan solo pudiera pintar, haría una maravillosa imagen de un niño apasionado corriendo tras eso y la llamaría: «Las lujurias de la carne».[1]

---

1. The Old Preacher, Flesh-Lust, https://theoldpreacher.com/flesh-lust/, cita secundaria ya que el libro no está actualmente en impresión, Ian Hunter, *Malcolm Muggeridge: A Life*, pp. 40-41.

En lo primero que pensó Muggeridge fue en su miseria, hasta que se encontró con el desdichado que, hasta ese momento, estaba obsesionado con un encuentro sexual lejos de su esposa, lejos de su casa. Muggeridge finalmente denunciaría su ateísmo y seguiría a Dios. Más tarde en su vida, escribió una pieza muy citada que ha provocado la reflexión de muchos. Describió la naturaleza pasajera de los grandes líderes y naciones que prometen algo nunca visto, solo para dejar atrás naciones destrozadas con sueños destrozados que otros tendrían que recoger.

Miramos hacia atrás en la historia y ¿qué vemos? Imperios que se levantan y caen, revoluciones y contrarrevoluciones, riqueza que se acumula y luego se desembolsa, una nación dominante y luego otra. Shakespeare habla del «ascenso y caída de los grandes que fluyen y refluyen con la luna».

En una vida he visto a mis propios compatriotas gobernar más de una cuarta parte del mundo, la gran mayoría de ellos convencidos, en las palabras de lo que sigue siendo una canción favorita, de que «Dios, que los ha hecho poderosos, los hará aún más poderosos». He oído a un austriaco enloquecido y agrietado proclamar al mundo el establecimiento de un Reich alemán que duraría mil años; un payaso italiano anuncia que reiniciará el calendario para comenzar con su propia asunción del poder; un bandolero georgiano asesino en el Kremlin es aclamado por la élite intelectual del mundo occidental como más sabio que Salomón, más iluminado que Asoka, más humano que Marco Aurelio.

He visto a Estados Unidos más rico y, en términos de armamento militar, más poderoso que todo el resto del mundo junto, de modo que los estadounidenses, si así lo hubieran querido, podrían haber superado a Alejandro o Julio César en el alcance y la escala de sus conquistas. Todo en una pequeña vida. Todo se lo llevó el viento.

Inglaterra ahora es parte de una isla frente a la costa de Europa y está amenazada con el desmembramiento e incluso la bancarrota. Hitler y Mussolini muertos y recordados solo en la infamia. Stalin, un nombre prohibido en el régimen que ayudó a fundar y dominar durante unas tres décadas. Estados Unidos atormentado por el miedo a quedarse sin el líquido precioso que hace que las autopistas sigan rugiendo y el *smog* se asiente, con recuerdos turbulentos de una campaña desastrosa en Vietnam y de las grandes victorias de los Quijotes de los medios de comunicación cuando cargaron contra los molinos de viento de Watergate. Todo en una vida, todo en una vida, todo se ha ido. Lo que el viento se llevó.[2]

Muggeridge escribió este artículo hace unos cincuenta años. ¿Qué hemos visto desde entonces? ¿Qué es lo que el evangelio según Marx podría traer que no hayamos visto antes? ¿Hay algo o alguien más constante, más firme, más perdurable, o estamos destinados a repetir lo mismo hasta que todo vuelva a caer? Entonces, ¿qué hemos visto?

He visto un solo acto de terrorismo poner de rodillas a mi patria, la que defendí y de la que me glorié. He visto a la dictadura pseudomesiánica de un país latino prometer igualdad para todos, solo para dejarlos igualmente arruinados. He visto cómo un virus microscópico doblegaba la fuerza, la economía, la autosuficiencia y el bienestar de todas las tribus, lenguas y naciones, dando testimonio de su flácida soberanía. He visto cómo escándalos nacionales e institucionales derriban nuestras esperanzas para prometernos otras. He visto cómo el ateísmo, el marxismo social y el humanismo existencialista han prometido un escalón elevado en nuestro supuesto avance evolutivo. La utopía que ganaron sus padres promovió más muerte y genocidio, cuyo número supera en órdenes de magnitud a todas las ideologías anteriores combinadas. ¿Qué harán los hijos de los positivistas materialistas que sus padres no pudieron hacer? El racismo no ha sido vencido, la corrupción no ha sido legitimada y la bandera de la injusticia sigue ondeando. He visto... He visto... Pero lo que más me desanima de lo que he visto, es que nada en nuestro mundo es peor que lo que escondo en mi pecho.

Entonces, ¿qué mesías occidentales nos esperan en la segunda mitad del siglo XXI? ¿Qué sistema de gobierno, deconstrucción, reconstrucción, neomarxismo, neocristianismo, neorreligión o exreligión nos salvará? ¿Y si nos quedamos sin pronombres antes de que se haya conquistado la igualdad? ¿Durante cuánto tiempo le mentiremos al emperador no binario diciendo que no podemos distinguir a una mujer de un hombre? Tal vez mañana podamos desviar la atención alabando su ropa

---

2. The Gospel Coalition, «All in One Little Lifetime: All Gone with the Wind», https://www.thegospelcoalition.org/blogs/justin-taylor/all-in-one-little-lifetime-all-gone-with-the-wind/, citando a Malcom Muggeridge, «But Not of Christ», *Seeing Through the Eye: Malcolm Muggeridge on Faith*, ed. Cecil Kuhne (San Francisco: Ignatius Press, 2005), pp. 29-30.

extravagante. ¿Cuántas extremidades desmembradas debemos usar para llenar los contenedores de nuestra clínica hasta que el espíritu de los tiempos acepte nuestro holocausto del vientre?

¡La respuesta se nos escapa, mis globos aleatorios de nada que ahora llamamos amigos! Si somos simplemente el desecho animalista de un universo ciego e indiferente, ¿no es nuestra sonrisa más que una broma cruel que jugamos con nosotros mismos? ¿No lo creen, mis aglomerados de carbono, carne parlante sin rumbo? Nuestro peregrinaje hacia la verdad fue desviado hace mucho, pero seguimos aferrándonos al sueño de descubrir quiénes somos.

El mundo se sacude otra vez con delirios de convertirse en cualquier cosa menos en lo que fuimos, de ir a cualquier parte excepto al lugar de donde venimos. Y mientras tanto, detrás, por encima y más allá de la cortina de humo —las nubes de escape de nuestras desgastadas máquinas ideológicas— permanece un Hombre.

Cada uno de nosotros no es más que un vapor, susurrando una mentira antes de que pase, pero este Hombre es la verdad.

Su reino es eterno, y su gloria sobre todo. Este Hombre, es decir, Jesús, ha hecho lo que ningún fanfarrón podría hacer. Tomó esa vergüenza que tenía en el pecho y la usó como una túnica. Ahora, Cristo ha resucitado y reina para siempre. Su reinado no tiene igual, su reino no tiene amenaza, y su evangelio ha sido, y es, y siempre será relevante.

> Porque Dios, que mandó que de las tinieblas resplandeciese la luz, es el que resplandeció en nuestros corazones, para iluminación del conocimiento de la gloria de Dios en la faz de Jesucristo.
> —2 Corintios 4:6

Por eso, hasta que tú y yo contemplemos la gloria de Dios en el hermoso rostro de Cristo, seguiremos clamando por el próximo mesías de la muerte y la vergüenza, siempre a tientas para saciar nuestras crisis existenciales en la mesa del estiércol mientras huimos de la invitación al banquete inminente, inmanente y eterno en la mesa del Señor resucitado.

¿Con cuál nos quedamos? El evangelio según Marx o el evangelio según Aquel que fue enviado por el Padre, murió en una cruz, resucitó de entre los muertos y nos ha sellado con el Espíritu Santo. Así, nos enfrentamos a otro binario: ¿será la muerte o será la vida?

**ESCANEA PARA ACCEDER A VIDEOS EXCLUSIVOS DEL AUTOR Y EXPLORAR MÁS SOBRE *EL EVANGELIO SEGÚN MARX*.**